공동체는 어디에 있을까?:

우리 시대의 삶과 문화와 교육, 그리고 질적연구

서 근 원

교육과학사

••• 머리말

인간은 지구상에 존재한 이래로 지금까지 단 한 번도 그 어느 누구도 혼자서 살아오지 않았다. 인간은 늘 직접적으로건 간접적으로건, 명시적으로건 암묵적으로건, 물리적으로건 심리적으로건, 타인들 그리고 여타의 사물들과 관계를 맺고 살아간다. 그 관계가 원만하지 못하거나 어긋날 때 인간은 삶의 위기를 느낀다. 그리고 그 위기를 해결하기 위해 타자들과의 관계를 회복하거나 새로운 관계를 모색하기 위해서 애쓴다.

지금 우리가 살아가고 있는 이 시대 이 나라는 관계의 위기에 놓여 있다. 산업과 교통과 통신이 발달함으로써 각 산업 부문이나 영역 사이의 기능적 결합은 점점 더 밀접해가지만, 사람들 사이의 관계는 점점 더 멀어져간다. 가진 사람과 가지지 못한 사람, 도시 사람과 시골 사람, 늙은이와 젊은이, 원주민과 이주민, 보수주의자와 진보주의자, 그들은 서로 거리를 벌려가며 자기만의 세계 속에서 살아가고 서로 갈등한다. 기능적으로는 통합되어 있지만 심리적으로는 분열되어 있다. 그 속에서 개인들은 소외감을 느낀다.

이러한 관계의 위기는 우리 학교 교육의 장면도 예외는 아니다. 우리 학교는 지금까지 사회가 기능적으로 원만하게 결합될 수 있도록 하기 위해서 인재를 양성하고 선발하는 기능을 수행해왔다. 그런데, 학생수가 늘어나고, 수학 기간이 늘어나고, 학교의 교육체제가 점점 더 정교해갈수록 학습 부진아와 중도 탈락자는 더 늘어나고, 학교 붕괴 현상도 악화되어 왔다. 학생들은 100미터 달리기 선수처럼 주변을 돌아볼 틈도 없이 각자 자신의 주로를 달려야 하고, 교사는 학생들로 하여금 더 빨리 달리도록 채찍질한다. 학생에게 친구는 경쟁자이고, 교사는 관리자일 뿐이다. 그 속에서 동료 간의 우애나 사제 간의 정은 찾아보기 힘들다.

많은 사람들이 우리 사회의 이러한 관계의 위기를 해결하기 위해서 애쓴다. 그 해결책 가운데 하나가 공동체다. 공동체 속에서는 사람들이 서로 돕고 유대감을 느끼면서 살아갈 수 있을 것이라고 믿는다. 그래서 일부 사람들은 실지로 별도의 장소에 그들만의 "공동체"를 이루고 살아가기도 한다. 그러나, 거기에도 관계의 위기는 존재한다. 때로는 그 위기는 그들만의 "공동체" 밖의 위기보다 더 심각하기도 하다.

이런 사실은 우리에게 두 가지 질문을 가지게 한다. 하나는 공동체란 무엇이며, 그것은 어디에 존재하는가 하는 것이다. 만일 우리가 지금까지 생각해온 공동체가 현재 우리가 겪고 있는 관계의 위기에 대한 해답으로 적절하지 않다면, 우리는 다른 종류의 공동체를 모색하거나 공동체 아닌 다른 어떤 것을 해답으로 찾아야 할 것이다. 다른 하나는, 우리가 서로 공동체를 이루고 살아가기 위해서, 또는 현재 우리가 겪고 있는 관계의 위기를 해결하기 위해서 어떤 노력을 기울여야 하는가 하는 점이다.

이 책은 바로 이러한 질문에 대한 대답의 기록이다. 나는 2001년부터 2004년까지 우리나라의 지방에 위치한 "산들초등학교"(가명임)를 3년 동안 참여관찰하여 연구를 수행했다. 산들초등학교의 학부모와 교사들은 기존의 학교 체제 속에서 학생과 교사와 학부모가 소외되는 문제를 해결하기 위해 대안교육을 추구하는 교육공동체를 만들어가고자 했다. 그런데, 그 과정에서 그들은 서로 갈등하고 학교의 존립 위기를 경험하게 된다. 그리고 그들은 그들이 기존에 가지고 있었던 공동체와 교육의 개념을 되돌아보고, 그들이 추구해야 하는 공동체와 교육이 무엇인지를 새롭게 모색하게 된다.

나는 그들의 삶을 곁에서 지켜보는 과정에서 공동체란 무엇이고, 그 공동체는 교육과 어떻게 관련되어 있으며, 우리가 타인들과 함께 공동체를 이루며 살아가기 위해서는 어떤 대안적인 노력이 필요한지를 함께 고민하고 대답을 모색하고자 했다.

나는 이 글이 현재 우리가 겪고 있는 관계의 위기에 대한 완전한 대답을 제시해주리라고 믿지는 않는다. 다만, 이 글을 읽는 독자가 현재 이와 유사한 관계의 위기 속에서 살아가고 있는 사람이라면, 또는 더불어 살아가기를 진지하게 꿈꾸고 있는 사람이라면 "산들초등학교" 사람들의 사례를 거울삼아서 자신의 문제에 대한 해답을 찾는 데 도움을 얻을 수 있을 것이라고 믿는다.

이 책이 지금과 같은 모습으로 태어나기까지 여러 사람의 도움이 있었다. 이 자리를 빌려서 그분들에게 감사드린다. 이 책은 내 박사학위 논문 "산들초등학교의 교육공동체 형성에 관한 교육인류학적 연구" (2004, 서울대학교 대학원 교육학과)를 일부 수정한 것이다. 내가 이 논문을 작성하는 데 가장 큰 도움을 준 사람들은 산들초등학교의 교사와 학생과 학부모, 그리고 지역사회의 주민들이다. 그분들은 외부인인 내가 그들의 일상을 들여다보고 들을 수 있게 해주었다. 그들의 도움이 없었다면 나는 그 논문을 쓸 수도 없고, 지금과 같은 생각도 할 수 없었을 것이다. 한편 서울대학교 교육학과 조용환 교수님 역시 내가 이 논문을 작성하는 데 큰 도움을 주신 분이다. 조용환 교수님은 내가 교육인류학의 세계로 입문할 수 있도록 안내하고 지도해주셨다. 그분이 안 계셨다면, 이 글은 물론이고 지금의 나도 없을 것이다. 그리고 땅과 공기처럼 나를 도와준 또 다른 사람들이 있다. 우리 가족들이다. 내 처는 내가 논문을 쓰기 위해서 연구현장으로 떠돌고, 집에서도 책상 앞에만 앉아 있는 동안 아이들과 가정을 돌보느라고 자신의 공부를 소홀히 할 수밖에 없었다. 우리 아이들은 나로 인해서 원하지도 않는 가운데 산들초등학교를 수시로 방문해야 했다. 아빠로서 아이들을 돌보고 함께 놀기 위해서 산들초등학교에 데리고 간 것이 아니라, 연구자로서 산들초등학교에 방문하기 위해서 아이들을 데리고 간 것이다. 그로 인해서 우리 아이들은 유아 시절을 아버지인 나와 함께 지낼 기회가 별로 없었다. 그 시간을 되돌릴 수 없어 안타깝고 미안하기 그지없다.

끝으로 이 책을 출판할 수 있도록 기다려준 교육과학사에 감사드린다. 이 책의 출판을 처음 시도한 것은 내가 박사학위를 마친 뒤 4개월쯤 뒤인 2004년 12월경이다. 모 출판사가 내게 출판을 제의해왔다. 나는 만족스럽지 못한 부분을 수정하여 출판하고자 했지만 다른 일에 얽매여 그럴 수 있는 시간을 내지 못하고 미뤄두기만 했다. 그 후로 2009년 5월에는 모 재단의 지원을 받아서 출판하고자 했으나 선정에서 제외되었다. 앞의 머리말은 그때 쓴 것이다. 그리고 2011년 9월에 교육과학사에서 출판을 제의해왔다. 아마도 내가 서둘렀다면 지난해에 이 책이 나왔을 것이다. 그렇지만, 내가 다시 다른 일에 쫓기느라고 교정 작업을 하지 못해서 일 년이 훌쩍 지나고, 이제야 마무리하게 되었다.

그런데, 나는 이 책의 출판을 처음 제의받았을 때 수정하고자 했던 대로 수정하지는 못했다. 나는 당시 공동체에 관한 다양한 논의들을 더 검토하고, 교육학의 관점에서 우리가 살아가는 세상을 새롭게 조망하고자 했다. 그러나 8년이 지난 지금도 그 작업을 하지 못하고 있다. 모자란 것은 다른 책을 통해서 채워갈 수 있기를 바란다. 독자의 깨우침과 도움을 바란다.

2012년 12월 9일
너른 들 솔마을에서
서근원 씀

차 례

머리말_3

I. 인간으로서의 과제 ······ 11

1. 더불어 살아가기 ······ 11
2. 공동체와 교육 ······ 27
3. 산들초등학교에서 ······ 39
4. 못다 한 과제 ······ 74

II. 공동체 학교 ······ 77

1. 이게 교육인가! ······ 77
2. 새로운 시스템 ······ 89
3. "교육"을 위한 "공동체" ······ 113

III. 이게 공동체냐? ······ 119

1. 어디까지 공동인가? ······ 119
2. 공동체가 아니라고 자신 있게 말할 수 있어요 ······ 173
3. 불면의 통증 ······ 197

IV. 공동체는 평범한 날들 속에 ······ 211

1. 이상이 아니라 사람을 ······ 212
2. 산들에서 살아온 세월의 힘으로 ······ 236
3. 교육에 의한 공동체 ······ 258

V. 교육의 눈으로 보는 삶 ······ 275

1. 공존으로서의 실존 ······ 276
2. 공동체와 결회체 ······ 285
3. 교육적 존재 ······ 295
4. 삶과 교육 ······ 309
5. 학교와 대안교육 ······ 315

VI. 인간으로서 살아간다는 것 ······ 323

1. 산들초등학교와 더불어 지새운 3년 ······ 323
2. 또 하나의 공동체 ······ 331

[부록] 질적연구를 한다는 것: 산들초등학교에서 교육인류학자로 태어나다 ······ 337

1. 부끄러운, 그러나 설레는 ······ 337
2. 우연한 만남 ······ 340
3. 그림자의 기대 ······ 346
4. 거미의 기다림 ······ 351
5. 반성과 전환 ······ 357
6. 독자와의 대화 ······ 362
7. 미완의 글쓰기 ······ 367
8. 교육인류학자로서 살아가기 ······ 371

참고문헌_377
찾아보기_383

[그림 차례]

〈그림 1〉 산들초등학교 인근 지역 약도 ………… 78

[사진 차례]

〈사진 1〉 산들초등학교 전경 ………… 43
〈사진 2〉 놀이터 모습 ………… 46
〈사진 3〉 트랙 위에 학부모들이 앉아 있는 모습 ………… 48
〈사진 4〉 교사·학부모 간담회 (2004년 2월 26일) ………… 63
〈사진 5〉 산들산에서 내려다본 희망시 ………… 84
〈사진 6〉 산들초등학교 졸업생 (현수막에 졸업생 이름이 적혀 있다) ………… 93
〈사진 7〉 산들초등학교의 입학식 장면 (앞자리 아이들이 신입생) ………… 94
〈사진 8〉 내 아이의 입학식 장면 (한 학급에 45명씩 12학급이다) ………… 94
〈사진 9〉 토요 체험학습 중 한 장면 (짚풀 박물관) ………… 99
〈사진 10〉 숲속학교의 한 장면 (산들산성 일주) ………… 99
〈사진 11〉 숲속학교의 한 장면 (가족 야영) ………… 100
〈사진 12〉 여름계절학교의 한 장면 (음식 만들기) ………… 100
〈사진 13〉 여름계절학교의 한 장면 (서각) ………… 101
〈사진 14〉 가을계절학교 발표회의 한 장면 (난타 연주) ………… 102
〈사진 15〉 방과후 특기적성활동 중 한 장면 (대금 연주) ………… 102
〈사진 16〉 다 함께 만들어가는 새로운 공동체 학교 ………… 103
〈사진 17〉 2003년 여름계절학교 작품 전시회 ………… 133

I 인간으로서의 과제

1 더불어 살아가기

우리 인간은 무수히 많은 타자와 더불어 이 세상을 살아간다. 하늘의 바람과 구름, 땅의 산과 들, 숲의 새와 짐승, 들판의 나무와 꽃, 바다의 파도와 물고기들이 이 세상을 함께 이룬다. 이 세상을 이루는 각각의 존재자는 서로 다르다. 서로 다른 존재자들이 하나의 세상을 이룰 수 있는 것은 그들 사이에 질서가 존재하기 때문이다. 하늘은 대지에 비를 뿌리며, 나무와 꽃은 바람과 비를 마시고 자라 뭇짐승을 살찌우며, 생명이 있는 모든 것들은 죽어서 흙으로 돌아간다. 만일 이들 사이에 이런 질서가 존재하지 않는다면, 그들은 이 세상을 함께 이룰 수 없다. 인간인 우리가 타자와 더불어 이 세상을 살아간다는 것도 바로 이런 질서 안에서 살아간다는 것을 의미한다. 우리는 이 질서를 벗어나서는 존재할 수 없다. 그 점에서 인간을 비롯해서 이 세상의 모든 존재자는 타자와 더불어 질서를 이루어야 하는 과제를 안고 있다고 볼 수 있다.

우리 인간은 인간 이외의 다른 존재자와 더불어 살아갈 뿐만 아니라 타인과도 더불어 살아간다. 인간은 고립된 개체로서는 살아갈 수 없다. 그 점은 무리를 지어 살아가는 다른 동물들의 경우도 마찬가지다.

개미와 꿀벌은 개체로서는 존재할 수 없으며, 무리로부터 떨어진 얼룩말이나 사자 역시 개체로서의 삶을 오래 유지하지 못한다. 따라서 인간을 비롯하여 무리를 지어 살아가는 동물들은 무리 내의 타자와도 더불어 질서를 이루어야 하는 과제를 동시에 안고 있다고 볼 수 있다. 인간을 비롯하여 무리를 지어 살아가는 동물들이 오늘날까지 존재할 수 있는 이유 가운데 하나는 바로 그 과제를 해결했기 때문이다. 인간이 무리 생활을 하는 동물과 다른 점은, 그들은 주어진 해답에 따라서만 살아가는데 비해서 인간은 끊임없이 새로운 해답을 찾아나간다는 점이다. 그리고 바로 이 점으로 인해서 인간의 사회는 다른 동물들의 사회와 근본적으로 다르다.

인간에게 무리 내의 질서를 유지하는 일이 생존을 위한 중요한 과제로서 대두된 것은 인간의 삶의 터전이 나무 위로부터 땅 위로 바뀌면서부터다. 지금으로부터 1,500만 년 전 동부 아프리카의 울창한 숲에 살고 있던 인류의 조상은, 지각의 융기로 인해서 나무들이 말라죽자 땅에 내려와서 살아갈 수밖에 없게 되었다. 땅 위로 내려온 그들은 먹을 것을 구하기 위해서 돌아다녀야 할 뿐만 아니라 맹수들로부터 자신을 보호해야 했다. 그들은 자신을 보호하기 위해서 무리를 형성하게 되었고, 무리가 클수록 생산과 방어, 즉 생존에 유리하다는 것을 알게 되었다. 그러나 무리가 커짐에 따라서 먹이나 잠자리 등을 두고 경쟁과 갈등이 발생하게 되었으며, 이 문제를 해결하는 과정에서 무리 내의 서열과 동맹이 나타나게 되었다. 그리고 그들은 먹이를 습득하고 외적과 대항하는 방법뿐만 아니라 무리 내에서의 자신의 서열과 다른 구성원과의 관계를 생각해야만 했다. 즉 인류의 조상들에게 무리 내의 질서는 생산과 방어와 함께 생존을 위한 중요한 과제가 되었으며, 그 과제를 해결하는 과정에서 두뇌가 발달하게 되었다(Bauer and Ziegler, 2001/2003: 32-43).

그 이후로 인간은 두뇌와 도구의 지속적인 발달에 힘입어 생산을 늘려갔고, 그에 따라서 무리의 규모도 점점 더 커져갔다. 그리고 마침내 인간의 신체가 감당할 수 있는 범위라고 생각되는 150명을 훨씬 넘어서서 수천, 수만 때로는 수억 명이 하나의 무리를 형성하게 되었다. 인간이 이처럼 거대한 규모의 무리를 형성할 수 있는 것은 두 가지 이유 때문이다. 하나는 인간의 두뇌를 비롯하여 신체를 대신할 수 있는 각종 도구를 만들어냈기 때문이고, 다른 하나는 분업 때문이다. 인간은 언어와 문자와 통신수단, 그리고 교통수단에 의해서 멀리 떨어져 있는 수많은 사람들을 하나의 집단으로 결속시킬 수 있었다. 인간은 분업에 의해서 구성원들에게 서로 다른 지위와 역할을 맡게 함과 동시에 그들을 유기적으로 결합시켰다. 그로 인해서 생산성은 더욱 높아지고, 구성원들 사이의 경쟁과 갈등도 해결할 수 있었다. 즉, 각종 도구와 분업에 의해서 생산성이 높아지고 구성원 사이의 긴장이 완화됨으로써 무리의 규모가 커지고, 그에 따라서 생존의 가능성도 더욱 커졌다.

그러나 인간은 이렇게 해서 안정적으로 생존할 수 있게 된 대신 실존의 가능성을 점점 더 상실하게 되었다. 인간이 생존을 위해서 만들어 놓은 질서는 '구조화'되었다. 구조화된 질서는 한편으로는 인간으로 하여금 문제 사태에 직면했을 때 행동의 방향과 내용을 지시해주는 편리함도 제공하지만, 다른 한편으로는 다른 행동의 가능성을 차단했다. 미군에게 포로로 잡혀서 고문을 받고 풀려난 이라크 여인들이 이방인의 손을 탔다는 이유로 이라크인들에 의해서 학대받는 사실을 통해서 알 수 있듯이, 인간은 문제 사태에 적합한 해결책을 찾기보다는 구조화된 질서에 비추어서 문제 사태를 바라보고 해결할 수밖에 없게 되었다. 즉, 인간이 스스로 사고하고 행동하기보다는 구조화된 질서가 그의 몸을 빌어서 행동하게 되었다. 그의 안에서 사고하는 자아와 행위하는 자아가 분리된 것이다.

또한 개개인은 구조화된 질서에 따라서 분화되고, 분화된 개인들은 기능적 분업에 의해서 서로 관계를 맺게 되었다. 내가 지금 사용하고 있는 이 컴퓨터는 공장의 어느 노동자의 손에 의해서 만들어졌지만 나는 그가 누구인지 전혀 모른다. 그와 나는 생산자와 소비자로서만 관계를 맺고 있을 뿐이다. 또한 나는 어제와 마찬가지로 오늘도 하루 동안 마을버스의 운전기사, 동행한 승객, 식당 주인, 연구실 건물의 청소부 등 여러 사람들을 만났고 내일도 만날 것이지만, 그들이 누구인지 모르고 알아야 할 필요도 느끼지 못한다. 누군가가 나를 학교까지 실어다 주고, 내게 밥을 주고, 건물을 깨끗하게 청소해주면 그것으로 충분하다. 오늘의 마을버스 운전기사가 반드시 어제의 그 기사일 필요는 없다. 나는 그들과 결합되어 있지만 사실은 분리되어 있는 것이다.

이처럼, 인간은 생존을 위해서 더불어 살아가야 하는 과제에 대한 해답으로서 대규모화와 분업에 의한 유기적 조직화라는 대답을 찾아냈다. 그리고 그것은 구조화되었다. 그에 따라 인간은 한편으로는 안정적으로 살아가게 되었지만, 다른 한편으로는 타인뿐만 아니라 자신으로부터도 분리된 채로 살아가게 되는 역설적인 상황이 발생했다. 그런 상황 속에서 오늘날 대부분의 사람들은 자신의 행위가 어떤 의미가 있는지, 자신이 타인과 어떤 관계를 맺고 있는지 인식하지 못한 채 방황하면서 거대한 기계의 부품과 같은 존재로서 살아가게 되었다. 즉, 무의미와 무규범, 그리고 고립감 속에서 소외된 채로 살아가게 된 것이다.

이러한 사실은, 현대의 인간은 생존을 위해서뿐만 아니라 실존을 위해서도 더불어 살아가야 하는 과제를 새롭게 안게 되었음을 의미한다. 그리고 지금까지 사회학자, 정치학자, 윤리학자, 교육학자, 그리고 각 분야의 실천 운동가 등 많은 사람들이 이 과제에 대한 해답으로서 공동체에 주목했다. 그들은 현대 사회가 안고 있는 소외의 문제를 공동체에 의해서 해결할 수 있을 것이라고 믿었다.

인류가 사회의 질서 문제에 관심을 갖고 사회를 대상으로 삼아서 의식적이고 체계적으로 사고하기 시작한 것은 18세기부터다. 유럽의 경우 16세기와 17세기의 과학혁명이 18세기의 산업 혁명으로 이어지고, 산업혁명은 사회의 급격한 변동을 가져왔다. 인구가 도시로 이동하고, 귀족이 몰락했으며, 신흥 부르주아들이 점점 권력을 장악하는 가운데 부조리가 만연하고, 사회는 점점 더 무질서해졌다. 프랑스에서는 이를 견디지 못한 시민들이 폭력혁명을 일으키기도 했다. 이런 상황에서 사상가들은 새로운 질서를 창조할 필요를 느끼게 되었다.(Turner, Beeghley, Powers, 1995/1997: 23-25)

새로운 질서를 창조하는 일은 크게 두 가지 방향에서 이루어졌다. 하나는 개인들의 이질성에 기초한 결회(societas)의 원리에 의해서 질서를 구성하는 것이고, 다른 하나는 동질성에 기초한 공동(communitas)의 원리에 의해서 질서를 구성하는 것이다(신용하, 1985: 12). 결회의 원리에 의해서 사회의 질서를 구성한다는 것은 남자와 여자, 농민과 군인, 상인과 정치인 등의 경우처럼 서로 다른 사람들이 결합해서 하나의 집단을 이루는 방식으로 질서를 구성하는 것이다. 공동의 원리에 의해서 질서를 구성한다는 것은 민족, 언어, 지역 등과 같은 점에서 동질적인 사람들끼리 또는 사람들 사이의 동질성을 토대로 하나의 집단을 이루고 질서를 유지하는 것이다. 이때 어떤 원리를 기초로 해서 사회의 질서를 구성하건, 그처럼 질서를 구성한다는 것은 사회를 각각 결회체(society) 또는 공동체(community)로서 본다는 것을 의미한다.

여기서 결회체(結會體)는 영어 society의 본래 의미를 드러내서 우리말로 옮긴 것이다. 소사이어티(society)는 동료나 짝을 의미하는 라틴어 소키우스(socius)에서 나온 말이다(YBM시사영어사, 1999: 2431). 이

어원에 비추어서 해석하면 society는 부부처럼 짝으로 이루어지거나 무엇인가를 함께 하는 사람들의 경우처럼 결속으로 이루어진 집단을 의미한다고 볼 수 있다. 그 용례에 정확히 해당하는 경우가 우리가 잘 아는 영화 "죽은 시인의 사회"에 등장하는 '죽은 시인들(Dead Poets Society)'이라는 비밀스러운 모임이다. 그들이 그 모임에 society라는 단어를 붙인 이유 가운데 하나는 그들만이 가지는 결속을 표현하기 위한 것이라고 볼 수 있다. 각종 학회나 협회를 society라고 부르는 것도 마찬가지다.

이 society를 일반적으로 사용되는 단어인 사회(社會)로 번역하지 않는 이유는 그렇게 할 경우에 society가 가지는 본래 의미가 살아나지 않기 때문이다.[1)] 그것은 '죽은 시인들의 결회체'를 "죽은 시인의 사회"라고 번역함으로써 그 의미가 전혀 전달되지 않는 데서도 잘 알 수 있다. 또한 오늘날 우리말에서 사회라는 단어가 '사람들이 모여서 살고 있는 세상'을 가리키는 일상적인 의미로부터 '개인들의 유기적인 결합'을 가리키는 학술적인 의미에 이르기까지 너무 다양하게 사용되고 있는 것도 그 단어를 피한 이유다.[2)] 물론 결사(結社)라는 단어가 있기는 하지만, 결사는 일반적으로 '특정한 목적을 달성하기 위한 사람들의 모임'에 해당하는 영어 단어 association의 번역어로 사용되고 있기 때문에 society의 번역어로는 적합하지 않다.

결회체(結會體)라는 단어를 사용하는 가장 중요한 이유는 공동체(共同體)와 대비해서 구분하는 데 있다. 우리말에 있어서 사회를 '여러 사람이 모여서 살아가고 있는 세상 또는 집단'이라는 의미로 사용할 때

1) 야나부에 따르면, 사회(社會)는 19세기 후반 일본에서 society를 번역하기 위해 당시 유행하던 말 "사(社)"와 "회(會)"를 조합한 것이다. 그 이전에는 반려, 집합, 동료, 교제 등 다양한 단어로 번역되었다(야나부 아키라/서혜영, 2003: 14-34).

2) 여기서 나는 사회를 주로 '사람들이 모여서 살아가고 있는 세상 또는 집단'이라는 의미로 사용한다.

그 사회는 동질성을 기초로 한 공동(communitas)의 원리에 의해서 구성될 수도 있고, 이질성을 기초로 한 결회(societas)의 원리에 의해서 구성될 수도 있다. 그리고 동질성을 기초로 하여 구성된 것이 '공동체'라고 한다면, 이질성을 기초로 구성된 것에 해당하는 용어가 필요하고, 나는 그것을 '결회체'라고 부르고자 한다. 그렇게 할 경우 사회와 공동체의 관계가 더 잘 드러나고, 공동체를 형성하기 위해서 어떤 노력이 필요한지도 새롭게 알 수 있게 된다.

18세기의 계몽주의 사회사상가들은 공동의 원리를 기초로 해서 존재했던 전통적인 공동체들이 개인의 자유를 억압해왔음을 지적하고, 사회는 사회 계약에 의한 결회의 원리에 의해서 이성적으로 조직될 수 있는 것이어야 한다고 보았다. 계몽주의 사상가들의 이러한 주장에 영향을 받아서 유럽 각국에서는 시민 혁명과 산업 혁명이 이루어지고, 결회의 원리에 기초한 근대 사회가 형성되었다. 그러나 근대 사회 속에서 개인들은 자유를 얻을 수는 있었지만 사회가 더욱 분화됨에 따라서, 개인들은 점점 더 개별화되고 무규범 상태에 빠지며 고독감과 소외감을 느끼게 되었다. 이런 문제를 해결하기 위해서 콩트(A. Comte), 뒤르케임(E. Durkheim), 맑스(K. Marx) 등의 19세기 사회학자들은 사회가 공동의 원리에 의해서 형성되어야 하는 것으로 보고, 사회 속에 공동을 회복함으로써 이 문제를 해결하려고 했다(신용하, 1985: 11-13).

초기 자본주의 산업사회가 유발하는 각종 문제가 정점에 달한 무렵인 19세기에 맑스(K. Marx)와 엥겔스(F. Engels)는 자본주의 사회구조가 노동자는 물론이고 자본가마저도 소외시킨다고 보고, 프롤레타리아 혁명에 의해서 자본주의 사회구조의 토대가 되는 사적 소유를 철폐함으로써 공산주의 사회를 건설해야 한다고 주장했다(Marx, Engels, 1848/2002: 30, 34, 59-60; 이진우, 2002: 133). 이 외에도 많은 사회운동가들이 다양한 형태의 소규모 공동체 집단을 구성하고 살아감으로써 현대 사회의 소외의 문제를 해결하려고 노력해왔다(Popenoe and Popenoe, 1983; 최협 외, 2001; 한국도시연구소, 2003).

한편, 맑스와 비슷한 시기의 프랑스 사회학자 뒤르케임(E. Durkheim)은 당시의 유럽 사회가 산업화와 도시화 그리고 직업의 전문화에 의해 기계적 연대의 사회에서 유기적 연대의 사회로 전환되는 과정에서 개인이 사회적 집합체로 통합되지 못함으로써 무규범 상태인 아노미 상태에 놓이고 소외감을 느낀다고 보았다. 그는 이 문제를 해결하기 위해서 한편으로는 개인들로 하여금 직업집단에 소속되도록 하고, 다른 한편으로는 교육을 통해서 자라나는 세대에게 그 사회의 공통적인 가치와 신념을 내면화할 것을 주장했다(Durkheim, 1897; 1902; 1922; Turner, Beeghley, Powers, 1995/ 1997: 396-398, 412). 또한 매킨타이어(A. MacIntyre)나 테일러(C. Taylor)와 같은 현대의 공동체주의자들은 현대 사회의 많은 문제가 지나친 개인주의로부터 발생했다고 보고, 개인들로 하여금 개인적인 가치를 무한정 추구하도록 허용하는 대신 공동체의 가치를 추구하도록 하는 정치제도를 마련해야 한다고 주장했다(김선구, 1999: 18, 103; 최협 외, 2001: 279). 그리고 일부 교육학자들은 이런 사고에 기초해서 어린 학생들에게 공동체의 일원으로서 살아가는 데 요구되는 덕목들을 길러주어야 한다고 주장했다(유병렬, 2002).

그러나, 이러한 해결책들이 현대인의 소외 문제, 즉 자신이 자신과 타인으로부터 분리되고 마침내 세계로부터도 분리된 채로 살아감으로써 실존의 가능성을 상실해가는 문제를 근본적으로 해결해주기를 기대하기는 어렵다. 그것은, 그들이 추구하는 공동체를 현실 속에서 실현하는 것이 가능하지 않을 뿐만 아니라, 설령 부분적으로 가능하다고 해도 또 다른 소외의 문제를 발생시키기 때문이다. 이런 난점이 발생하게 되는 근본적인 원인은 그들이 가지고 있는 공동체의 개념에 있다. 그들은 공동체는 동질적인 개인들의 집합이며, 기존의 사회와는 별도로 존재한다고 생각한다. 따라서 그들은 현대 사회에서 이질화된 개인들을 동질화함으로써 소외의 문제를 해결하려고 한다.

맑스는 이와 같은 사고를 전형적으로 보여준다. 그는 자본주의 사회구조가 계급간의 불평등과 갈등을 낳는다고 보고, 그 구조를 제거하면 만인이 평등해질 것으로 기대했다. 즉, 맑스는 개인 간의 차이를 발생시키는 구조를 제거함으로써 개인들이 동질적으로 되고, 모든 개인이 서로 분리된 상태로부터 벗어나서 통합되어 살아가는 공동체를 형성할 수 있을 것이라고 기대했다. 그에게 있어서 공동체는 구조가 제거된 상태에서만 존재가 가능하며, 양자는 양립할 수 없다.

그러나 인류학자 터너(Turner, 1969)에 따르면 공동체는 구조와 대립되는 것이 아니라, 한 사회 내에서 변증법적 순환의 과정을 거치면서 함께 존재한다. 그는 중부 아프리카 지역에 살고 있는 뎀부(nDembu)족의 의례 연구를 통해서 이 점을 밝혀냈다. 그에 따르면 뎀부족은 다산을 숭상하지만 가축의 젖은 사람에게 먹이지 않는 풍습 때문에 쌍둥이가 태어났을 때 양육에 어려움을 겪는다. 즉 사회의 구조화된 질서로는 해결할 수 없는 문제 상황에 직면한다. 이런 문제를 해결하기 위해서 그들은 일종의 주술적 치료 행위인 우브왕그우(Wubwang'u) 의례를 치른다. 이 의례에 참가한 사람들은 얇은 옷을 하나만 걸치거나 거의 입지 않음으로써 기존 사회 구조로부터 발생하는 지위나 부, 친족 내 서열 등이 사라진 평등한 상태를 유지한다. 그리고 쌍둥이의 어머니들은 인근의 마을을 돌며 춤을 추고 마을 사람들은 그에게 음식과 옷과 돈을 준다. 그들은 이런 의례를 통해서 구조화된 사회 질서로는 해결할 수 없는 문제를 해결하고, 사회는 다시 안정된 구조를 유지하는 것이다. 터너는 이러한 의례의 과정에서 나타나는 평등한 사회적 관계를 공동체로 보았다. 즉 그에게 있어서 공동체는 특정한 지역 등에 자리 잡고 있는 고정된 집단이 아니라 구조(structure)와 함께 한 사회가 보이는 두 개의 국면 가운데 하나다. 그리고 그는 이 점을 강조하기 위해서 공동체를 코뮤니타스(communitas)라고 불렀다.

한편 에이브럼스와 보만(Abrahams and Bauman, 1978)은, 터너가 코뮤니타스 또는 반구조 상태라고 불렀던 의례의 상태에도 일상의 지배적인 질서와는 상이하지만 그것에 복종하고 뒷받침하는 또 다른 질서가 존재하고 있음을 밝혔다. 또한 한경구(1983) 역시 "가꾸 타임"과 같은 전도의례(顚倒儀禮)의 상태에는 구조가 존재하지 않거나 일상의 구조에 반하는 반구조가 존재하는 것이 아니라, 일상생활에서 인정받지 못하는 규범이나 질서 체계의 대체구조가 존재한다는 것을 밝혔다. 즉 터너가 공동체(communitas)라고 보았던 의례 상태는 구조가 제거된 평등한 상태가 아니라 또 다른 구조가 존재하는 상태이며, 구조는 인간이 무리로서 존재하는 곳에는 항상 존재할 수밖에 없고, 구조가 존재하는 한 개인 간의 불평등이 발생할 수밖에 없는 것이다.

이런 사실에 비추어 보면, 개인 간의 차이와 불평등을 낳는 자본주의 사회구조를 제거함으로써 개인 간의 동질성을 회복하고, 개인들이 서로 통합된 평등한 공동체를 건설하려는 맑스의 이상은 인간으로서는 영원히 실현불가능하다고 볼 수밖에 없다. 그럼에도 불구하고 일부 사회운동가들은 세계 각지에서 소규모 공동체를 만들어서 구성원들이 평등하게 살아가는 사회를 만들기 위한 시도를 해오고 있다. 집단의 규모가 작을 경우에는 집단의 규모가 클 경우보다 상대적으로 구조가 유연하거나 기존 사회의 구조화된 질서가 불필요하고, 그로 인해서 구성원들이 평등하게 살아갈 수 있을 것이라고 믿기 때문이다. 예를 들면 미국의 뉴욕에 자리 잡았던 오나이더(Oneida) 공동체(1848-1881)는 재산의 공유뿐만 아니라 사람의 공유까지도 추구함으로써 잡혼체제를 유지했으며, 그들 사이에 선택적으로 출산한 아이들을 공동으로 양육했다(Popenoe and Popenoe, 1984/1993: 16). 캔터(Kanter, 1974)에 따르면 1970년부터 1971년 사이에 미국에는 대략 2,000개에서 3,000개의 공동체가 존재했으며, 그들은 대부분 30명 내외의 구성원으로 이루어져 있다(Poplin, 1979). 그리고 현재 우리나라에도 이와 유사한 공동체들이 곳곳에 만들어지고 있다.

그러나, 이러한 소규모 공동체에서 구성원이 서로 유대감을 느끼고 공동체에 강한 소속감을 가짐으로써, 개인과 개인, 개인과 집단이 분리되지 않고 통합된 채로 살아간다고 해도 그들이 현대사회의 소외 문제를 해결했다고 보기는 어렵다. 그들은 외부 사람들과는 분리되어 있거나 기능적으로만 관계를 맺고 있기 때문이다. 그 점은 대부분의 소규모 공동체들이 외부인의 진입을 쉽사리 허용하지 않으면서도 외부 사회와는 경제적 관계를 유지하고 있다는 점에서 잘 나타난다. 그들이 외부 사람들과 맺는 관계는 내가 오늘 아침에 탄 마을버스 운전기사나 함께 탄 승객과 맺은 관계와 근본적으로 다르지 않은 것이다.

그뿐만 아니라 그들은 구성원들에게 각 공동체가 추구하는 삶의 방식만을 인정하고 다른 삶의 가능성을 허용하지 않는다. 그 점에서 그들은 외부의 사회보다 더 강한 구조를 가지고 있다고 볼 수 있다. 그들이 제거한 것은 바깥 사회의 구조화된 질서일 뿐이며, 그 안에는 또 다른 구조가 자리 잡고 있는 것이다. 즉, 그들은 현대의 대규모로 조직화된 사회의 소외 문제를 해결하기 위해서 소규모 공동체를 만들어서 살아가지만, 그들 역시 타인으로부터 뿐만 아니라 자신으로부터도 소외될 수밖에 없다. 그 점은 그러한 공동체들이 수시로 내부적인 갈등을 빚고, 그로 인해서 해체되거나 변화를 겪는 데서도 알 수 있다(Popenoe and Popenoe, 1984). 그것 역시 독특하지만 하나의 작은 결회체(society)일 뿐이다.

이와 달리 뒤르케임을 비롯해서 현재의 공동체주의 교육론자들은 기존 사회의 구조를 제거하는 대신 구조를 유지하는 가운데 사회의 구성원들에게 공통의 가치와 규범을 내면화함으로써 구성원들의 동질성을 형성하는 길을 택했다고 볼 수 있다. 그러나 여기에도 역시 두 가지 난점이 존재한다. 하나는 무엇을 공통의 가치로서 선택할 것인가 하는 점이다. 한 사회 내에는 다양한 집단과 개인이 존재하고, 그들이 추구하는 가치는 서로 다를 수 있다. 그럼에도 불구하고 하나의 가치를 공통의 가치로 선택할 때 그들 간에 갈등이 발생하고, 선택된 가치를 타인에게 내면화하는 과정에서 문화적 폭력이 가해질 수 있다. 다원화되고 상대주의적인 관점이 일반화된 현대 사회에서는 이런 가능성이 더욱 농후하다. 다른 하나는 이런 방식으로 구성원의 동질성을 형성했을 경우에 한 사회와 다른 사회 사이의 관계는 앞서 살펴본 하나의 소규모 공동체와 외부 사회 사이의 관계처럼 분리될 수밖에 없다는 점이다. 단지 규모에 있어서만 차이가 날 뿐이다. 그리고 그 분리는 경우에 따라서 집단 간의 가치 차이나 이해관계로 인해서 전쟁과 같은 심각한 갈등으로 나타날 수 있다.

최근 들어서는 기존 공동체 논의의 이상과 같은 난점을 해결하기 위해서 일부 공동체론자들은 차이의 공동체(community of differences)를 주장한다. 차이의 공동체는 기존의 공동체가 구성원들의 동질성을 토대로 하는 것과 달리 구성원의 개성적인 생활양식, 가치관, 이해관계를 허용하는 다원성과 차별성을 특징으로 한다. 이 공동체에서는 구성원들이 최소한의 개연적 목표만을 설정하고 개인의 이해를 상호 간 조율함으로써 공동체의 각종 문제를 다원적으로 해결한다.(Young, 1990;

최병두, 2003: 69; 조명래, 2003: 90-91) 이들에 따르면, 이질적인 사람들이 갈등을 일으키지 않고 단일한 목적이나 이념 아래 조화롭고 통합적인 관계를 유지하는 상태로서의 공동체는 현실에 존재하지 않는다. 그런 공동체는 단지 지향해야 할 목표이거나 이상적인 개념일 뿐이다. 인간에게는 서로 간의 이질성을 극복하고 양보와 이해를 바탕으로 인간관계를 회복하고 공동의 목표를 이끌어내는 과정만이 과제로 남아 있다. 이 과정에는 구성원들이 서로의 다름을 인정하고 수용하는 똘레랑스(tolerance)정신과 타인과의 협력이 요구된다. 개인들은 별도의 교육이 아니라 일상의 삶 속에서 이러한 과정에 참여함으로써 인간관계의 변화를 경험한다(신명호, 2003: 145-149). 그들은 이러한 과정으로서의 공동체를 "결사적 공동체(associational community)"라고 부른다(김두환·정병순, 2000; 조명래, 2003: 91).

공동체에 관한 이상과 같은 새로운 견해는 현대인이 안고 있는 소외의 문제에 대한 해결책으로서의 가능성을 보여준다. 현대인들은 대규모로 분업화된 사회 속에서 자신에게 주어진 일만 하는 가운데 타인들과 의미 있는 관계를 맺지 못하고 집단에 소속감도 느끼지 못한 채 기계적으로 살아간다. 이런 사회 속에서 개인들은 기능적 역할에 따라서 점점 더 분화되고 이질화되며, 마침내 타인으로부터 뿐만 아니라 자신으로부터도 분리된다. 개인들 사이의 통합의 여지는 점점 줄어들고 갈등의 가능성이 많아진다. 이런 상황 속에서 이질적인 개인들이 일상의 생활 속에서 서로의 다름을 인정하고 수용하며 협력할 경우에 그들 사이에 유대감이 발생할 뿐만 아니라, 새로운 질서가 형성될 수 있다. 즉 그들은 스스로 새로운 삶의 질서를 함께 만들어 나감으로써 자신과 타인, 사고하는 자아와 행위하는 자아가 통합되고, 실존적인 삶을 살아가게 된다고 기대할 수 있다.

그러나 여기에도 두 가지 제한점이 따른다. 첫째는 서로 다른 개인들이 어떤 계기에 의해서 그와 같은 공동체를 형성하게 되는가 하는 점이다. 자연적인 상태에서는 서로 다른 개인들이 상대를 인정하고 수용하기보다는 대립하거나 갈등할 가능성이 많다. 앞에서 신명호(2003: 149)는, 개인들이 일상의 삶 속에서 인간적 유대의 가치와 효용을 직접 체험하고 확인함으로써 가능하다고 말하지만, 바로 그러한 체험이 어떤 상황에서 어떤 계기에 의해서 어떻게 이루어지는지는 충분히 설명하지 못하고 있다.

둘째는 위와 같은 차이의 공동체에서 서로 다른 개인들을 결합시키는 원리가 무엇인지 분명하지 않다는 점이다. 위에 나타난 용어만을 가지고 말하면 차이의 공동체에서 개인들은 서로의 다름을 인정하고 수용하는 관용(tolerance)의 관계와 협력하는 관계를 맺고 있다고 말할 수 있다. 그리고 이것은 두 가지 해석이 가능하다.

하나는 그것은 뒤르케임이나 파슨스(T. Parsons)와 같은 기능주의 사회학자들이 사회를 설명하는 원리와 동일하다고 보는 것이다. 기능주의 사회학자들은 사회는 서로 다른 개인과 집단이 분업에 의한 협력관계에 의해서 유기적으로 구성된다고 보고 있다. 여기에도 서로의 다름에 대한 인정이 전제되는 것은 분명하다. 이러한 사실에 근거해서 차이의 공동체에서 개인들이 맺는 관계는 기능주의 사회학의 관점에서 보는 사회적 관계, 즉 결회체적 관계와 다름이 없다고 볼 수도 있다.

다른 하나는 차이의 공동체는 서로 다른 사람을 하나의 질서나 가치 또는 규범에 의해서 유기적으로 통합하는 것을 지향하는 것이 아니라, 사람들이 갈등을 최소화하는 가운데 각자의 개성과 자유에 따라서 간섭받지 않고 살아가는 것을 지향한다고 보는 것이다. 즉 차이의 공동체에서 강조하는 관계는 협력이 아니라 차이의 인정이라고 보는 것이다. 그러나 이 경우에는 극단적인 상대주의를 허용함으로써, 옆집에서 어떤 일이 벌어져도 그것이 나에게 피해만 주지 않는다면 눈길조차 주지 않는 것처럼 사람들을 서로 무관심하도록 만들거나 사람들 사이에 관계가 성립하는 것 자체를 불가능하게 할 수 있다. 그것 역시 또 다른 소외를 불러일으키는 것이다.

이러한 두 가지 제한점에 비추어보면 차이의 공동체는 현대인이 처한 소외의 문제를 해결하는 방안으로서는 아직 부족하다고 볼 수밖에 없다. 따라서 차이의 공동체가 현대인의 과제에 대한 적절한 대답이 되기 위해서는 일차적으로는 공동체 구성원 간의 관계를 고유한 관점으로 설명할 수 있어야 한다. 그리고 그런 공동체는 현실 속에서 어떤 형태로 존재하며, 그것은 언제 어떤 과정에 의해서 어떻게 형성되는지 설명할 수 있어야 한다.

그런데, 차이의 공동체는 그 설명의 가능성을 부분적으로 내포하고 있기도 한다. 그것은 차이의 공동체가 서로 간의 다름을 인정하고 수용하는 관용의 관계를 중요시한다는 점이다. 물론, 서로 간의 다름을 인정하고 수용하는 것만으로는 하나의 집단이 형성될 수 없다. 서로 다른 개인들이 하나의 집단을 형성하려면 양자 사이에 관용 이상의 적극적인 상호작용이 요구되기 때문이다. 위에서는 그 적극적인 상호작용으로서 협력을 제시했지만, 그것은 결회체적 관계를 설명할 수는 있지만 결회체와는 구분되는 공동체만의 고유한 관계를 설명하지 못한다. 따라서 차이의 공동체가 구성원 간의 관계를 고유한 관점으로 설명하기 위해서는 서로의 다름을 인정하고 수용하는 관계가 어떤 것인지를 극단적인 상대주의와는 다른 방향에서 더욱 적극적으로 밝혀야 한다. 만일 그 점이 밝혀진다면 차이의 공동체는 현대 사회가 안고 있는 과제에 대한 해답으로서 충분히 고려될 수 있을 것이다. 그리고 그 이전에 결회체적 존재가 아니라 공동체적 존재, 소외된 삶이 아니라 실존적인 삶을 살아가는 인간의 모습을 설명할 수 있는 개념적 도구가 될 수 있을 것이다.

요컨대, 인간은 지금까지 생존의 과제를 해결하기 위해서 한편으로는 집단을 대규모화하고, 분업에 의한 유기적 조직화에 의해서 대규모 집단을 통합해왔다. 그러나 그것은 개인들을 유기적으로 통합하는 데는 성공했지만 인격적인 분리라는 결과를 낳았다. 이 속에서 현대인들은 자신과 타인으로부터 분리된 채 소외된 삶을 살아가게 됨으로써 실존의 가능성을 점점 더 상실하게 되었다. 그리고 인간은 이 문제를 해결하는 것을 또 하나의 과제로 안게 되었다. 지금까지 많은 사람들이 혁명이나 교육을 통해서 서로 다른 개인 간에 동질성을 형성하는 것을 그 과제에 대한 해답으로서 삼았지만, 그것은 또 다른 소외를 낳을 뿐이었다. 최근 들어서는 일부 사람들이 기존 대답의 한계를 극복하기 위해서 차이의 공동체를 주장하지만 개인들 사이의 관계를 고유한 관점으로 설명하지 못하므로 그 역시 해답으로 삼기에는 아직 미흡하다. 그렇기는 하지만 차이의 공동체는 개인 간의 동질성이 아니라 차이에 주목해서 분리된 개인들의 통합을 비분업적인 방식으로 모색한다는 점에서 현대인들이 실존적인 삶을 살아갈 수 있는 새로운 가능성을 열어놓고 있기도 하다.

따라서 현재 우리에게 놓여 있는 과제는 서로 다른 개인들이 분업적 협력이 아닌 방식으로 통합된다는 것이 무엇인지를 밝히는 것이라고 볼 수 있다. 그리고 그와 함께 서로 다른 개인들이 언제 어떤 과정에 의해서 비분업적인 방식으로 통합되는지를 밝힐 필요가 있다. 이런 점이 밝혀질 때 우리는 결회체와 구분되는 것으로서의 공동체가 무엇인지 알 수 있으며, 현대 사회에서 실존적인 삶을 살아가고자 할 경우에 타인과 어떤 관계를 맺고 어떻게 살아가야 하는지도 시사받을 수 있을 것이다.

2 공동체와 교육

앞서 살펴본 것처럼 지금까지 여러 분야의 사람들이 공동체를 통해서 현대 사회의 소외의 문제를 해결하려고 했지만, 그들이 추구하는 공동체 역시 또 하나의 결회체일 뿐이었다. 이런 이유에서 차이의 공동체를 주장하는 사람들은 이질적인 사람들이 조화롭고 통합적인 관계를 유지하는 상태로서의 공동체는 현실에 존재하지 않으며, 현실에 존재하는 것은 그런 공동체를 향해 나아가는 과정으로서의 공동체일 뿐이라고 주장한다. 그러나 그들이 주장하는 차이의 공동체 역시 하나의 결회체다. 그렇다면 어떤 종류이건 이 세상에는 공동체가 존재하지 않는다고 볼 수밖에 없다.

그러나, 그렇다고 해서 이 말이 이 세상에는 결회체만이 존재한다는 것을 의미하는 것은 아니다. 차이의 공동체를 주장하는 사람들이 말하는 의미로서의 존재 여부를 두고 말하면 이 세상에는 결회체 역시 존재하지 않는다. 이 세상에는 무리를 지어서 살아가는 사람들, 이를테면 사회만 존재할 뿐이다. 우리가 그 무리를 결회체(society)라고 부르고, 이 세상에 결회체가 존재한다고 말하는 것은 우리에게 결회(societas)라는 개념이 있기 때문이다. 우리가 결회라는 개념을 가지고 이 세상을 볼 때 거기에 결회체가 존재한다. 그리고 우리가 가지고 있는 결회의 개념에 따라서 이 세상에 존재하는 결회체의 모습은 서로 다르다. 기능주의 사회학자는 이 세상에 존재하는 모든 개인이나 집단이 서로 유기적으로 관계를 맺는 가운데 하나의 통합된 전체를 구성하는 형태로 결회체가 존재한다고 본다. 맑스(K. Marx)류의 갈등주의 사회학자는 이 세상의 모든 개인과 집단은 노동과 자본을 매개로 생산관계를 맺고 있는 가운데, 한정된 자원과 재화를 두고 갈등하는 형태로 결회체가 존재한다고 본다. 또한 베버(M. Weber)류의 갈등주의 사회학자는 이 세상의 모든 개인과 집단은 각각 상이한 가치를 지향하며, 서로 자신의 가치를 실현하기 위해서 갈등하는 형태로 결회체가 존재한다고 본다. 또한 구성주의 사회학자들은 이 세상에는 질서화된 결회체가 객관적으로 존재하는 것이 아니라, 개인들의 행위만 존재할 뿐이며, 결회체는 개인들이 상호작용하는 과정 속에서 구성되어 가는 것이라고 본다.

이런 사실에 비추어보면, 공동체가 현실에 존재하지 않는다는 말은 현실의 세상 속에서 공동체를 포착해낼 수 있는 개념이 존재하지 않는다는 것을 의미한다. 달리 말하면 지금까지의 공동체 개념은 현실 속에서 공동체를 포착해내지 못했거나, 공동체가 아닌 다른 것, 예를 들면 결회체를 포착해왔다고 볼 수 있다. 따라서 공동체가 현대 사회의 소외의 문제에 대한 해답이 될 수 있으려면, 공동체가 현실에 존재할 수 있어야 하고, 공동체가 현실에 존재할 수 있으려면 그것을 포착할 수 있는 개념을 명료하게 해야 한다. 그리고 그 일을 하는 데 있어서 먼저 해야 할 것은 개념으로서의 공동체(community)와 실체로서의 "공동체"(the community)를 구분하는 일이다. 사회학자 힐러리(Hillery, 1955)에 따르면, 1910년대부터 1950년 초까지 이루어진 공동체 관련 논의에서 그가 찾아낸 공동체 개념은 94개였다. 그리고 그는 그 개념들이 사람과 관련되어 있다는 것 이외에는 일치되는 점을 찾기 힘들다고 말했다. 이런 사정을 반영해서 스타시(Stacey, 1969)는 공동체라는 말을 사용하지 말 것을 제안하기도 했다. 그리고 버나드(Bernard, 1973)는 이런 개념적 혼란을 피하기 위해서 공동체(community)와 지역공동체(the community)를 구분할 것을 제안했다. 그에 따르면 공동체는 여러 가지 상황에서 사람들 사이에 발생할 수 있는 공동의 유대나 집합 정신이며, 지역공동체는 지역적인 차원을 지닌 사회조직체의 단위이다(Poplin, 1979/1985: 47). 또한 앞서 살펴본 터너(Turner, 1969)는 공동체와 지역공동체의 구분을 더욱 분명히 하기 위해서 공동체를 코뮤니타스(communitas)라고 불렀다. 그에 따르면 공동체(communitas)는 한 집단이 의례의 과정에서 보이는 평등한 사회적 관계 양식이고, 지역공동체(the community)는 한 집단이 공동으로 살아가는 지역이다. 그리고 힐러리(Hillery, 1955)는 앞의 검토 결과를 바탕으로 기존의 공동체 개념을 일반적 공동체(general community)와 농촌 공동체(rural community)로 분류했다. 그의 분류는 용어상에서만 차이가 있을 뿐 버나드나 터너의 구분과 정확히 일치한다.

이처럼 개념으로서의 공동체(community)와 실체로서의 공동체(the community)를 구분하게 되면 적어도 과거의 농촌 마을과 같이 특정한 지역에 존재하는 집단을 공동체와 동일시하는 오류는 피할 수 있게 된다. 그러나 아직은 그런 구분만으로는 공동체가 무엇인지 알 수 없다. 공동체가 무엇인지 알려면 공동체를 그 자체로서 규정할 수 있어야 한다. 그 일을 확인하는 데는 퇴니스(F. Tönnies)와 베버(M. Weber)의 논의가 중요한 단서를 제공한다.

퇴니스(Tönnis, 1887)는 인간의 집단을 공동태(gemeinschaft)와 결회태(gesellschaft)로 구분했다.[3] 그에 따르면 인간은 결합에의 의지를 가지고 있으며, 그 의지가 본질적인 것인가 선택적인 것인가에 따라서

3) 일반적으로 독일어 게마인샤프트(gemeinschaft)와 게젤샤프트(gesellschaft)는 공동사회와 이익사회로 번역된다. 그리고 영어로는 community와 society 또는 association으로 번역된다. 그러나 이와 달리 오오츠카(大塚, 1970/1982: 12)는 독일어 게마인데(gemeinde)는 공동체로, 게마인샤프트(gemeinschaft)는 공동태로, 게마인베젠(gemeinwesen)은 공동조직으로 번역했다. 내가 보기에는 그의 번역이 퇴니스가 말하고자 했던 것을 정확히 옮기고 있다. 퇴니스는 게마인샤프트와 게젤샤프트가 특정한 집단으로 고정되어 있는 것이 아니라 집단의 한 측면임을 강조하고 있다. 여기서 나는 오오츠카의 번역을 따른다.

공동태와 결회태로 구분된다. 본질의지는 인간의 선천적 호감, 습관, 기억 등으로부터 비롯되는 것으로서, 가족, 친족, 이웃 등이 이러한 의지에 기초해서 형성된다. 이러한 집단의 구성원들은 상호긍정(mutual affirmation)하거나 이해(understanding)하는 가운데 관계를 맺고 있다. 이와 달리 선택의지는 이해관계로부터 비롯되는 것으로서, 상사나 협회 등이 선택의지에 기초해서 형성된다. 이러한 집단의 구성원들은 이해관계에 합리적으로 부합하는 범위 내에서 기계적 관계를 맺는다. 따라서 집단은 구성원들 간의 상호작용 양상에 따라서 공동태와 결회태로 구분되고, 그 상호작용의 양상은 구성원이 어떤 의지를 가지고 참여하는가에 따라서 달라진다. 즉, 그에 따르면 한 집단의 구성원들이 상호긍정하거나 이해하는 방식으로 상호작용할 때 공동체가 형성되고, 그러한 상호작용은 본질의지로부터 비롯된다.

베버(Weber, 1976) 역시 비슷한 방식으로 집단을 구분한다. 그는 한 집단 내 개인들이 관계를 맺는 방식을 공동태적 결합(vergemeinschaftung)과 결회태적 결합(vergesellschaftung)으로 구분한다. 공동태적 결합은 감정적 또는 전통적인 동기에 의해서 이루어지며, 그런 결합을 나타내는 것으로는 성적인 사랑의 관계, 전우애로 뭉쳐진 부대, 가족 등이 있다. 결회태적 결합은 합리적인 이해관계를 바탕으로 이루어진 것으로서, 교환이나 타협 관계, 목적 결사체, 신념 결사체 등이 있다. 따라서 집단은 구성원들 간의 상호작용 양상에 따라서 공동태와 결회태로 구분되고, 그 상호작용의 양상은 구성원이 어떤 동기를 가지고 참여하는가에 따라서 달라진다.

요컨대, 퇴니스와 베버에 따르면 공동체는 이념형(ideal type)이다. 그것은 별도의 집단으로서 존재하는 것이 아니라 모든 집단에 한 측면으로서 존재한다. 퇴니스에 따르면 한 집단의 구성원이 서로의 의지를 유기적으로 결합시키고 상호 긍정하는 곳에서는 언제나 공동체가 존재한다(Tönnies, 1887/1984: 42). 또한 베버 역시 모든 집단은 정도의 차이만 있을 뿐 공동태적 결합의 성격과 결회태적 결합의 성격을 동시에 가지고 있다고 말한다(Weber, 1976/1997: 171-172). 따라서 가족의 경우라고 해도 구성원 중 한 사람이 나머지 가족을 자신의 목적을 위해서 이용할 경우에는 결회체가 될 수 있고, 철저히 이익을 추구하는 회사라고 해도 고객과의 관계에서 또는 직원들 간의 관계에서 이익 추구를 넘어서는 감정을 공유하게 되면 공동체라고 할 수 있다. 물론 이 경우에도 회사는 결회체로서의 성격을 여전히 가지고 있다.

이상의 논의로부터 우리는 다음과 같은 사실을 알 수 있다. 첫째는 공동체가 실체로서 존재하는 것은 아니지만, 그렇다고 해서 현실에 존재하지 않는 것도 아니라는 점이다. 공동체는 어느 집단에나 존재할 수 있으며, 그것은 우리가 공동체의 개념을 명료하게 가질 때 드러난다. 둘째는 공동체는 집단의 구성원들이 특정한 방식으로 상호작용할 때 구성된다는 점이다. 앞서 살펴본 퇴니스는 그것을 상호긍정 또는 이해라고 보았다. 달리 말하면 공동체는 집단의 구성원들이 서로를 긍정하거나 이해하는 관계를 맺고 있는 전체라고 말할 수 있다. 셋째는 현대 사회가 안고 있는 소외의 문제를 해결하는 대안으로서 공동체를 모색한다는 것은 한 집단의 구성원들이 적극적으로 서로를 긍정하거나 이해하는 관계를 맺는 일이라고 말할 수 있다. 즉, 그것은 한 집단이 가지고 있는 결회체와 공동체의 두 측면 가운데 공동체로서의 속성을 더욱 부각시켜서 드러내는 것이다. 그리고 그것이 한 집단 내에서 공동체를 형성하는 일일 수 있다.

그런데 이런 사실만으로는 아직은 공동체가 무엇인지, 공동체가 언제 어떻게 형성되고, 한 집단 속에서 어떤 형태로 존재하는지 충분히 알 수 없다. 공동체 속에서 개인들이 맺는 관계, 즉 상호긍정하거나 이해하는 관계가 어떤 것이며, 그런 관계가 어떻게 해서 형성되는지 충분히 설명되지 않았기 때문이다. 퇴니스는 그것이 이미 본질의지로서 주어져 있는 것으로 바라보고 있다. 그의 논의에 비추어서 한 가지 짐작할 수 있는 것은, 개인들이 상호긍정한다는 것은 서로가 상대를 부정하거나 모종의 가치를 기준으로 판단하지 않는 것이다. 결회태적 결합 속에서 공동체가 형성될 수 없는 이유는 그 집단이 추구하는 가치나 목적에 비추어서 개인 행위의 옳고 그름 또는 적합성과 부적합성이 판단되기 때문이다. 이런 상황 속에서 구성원 사이의 상호작용은 목적을 달성하거나 가치를 실현하는 데 적합한 것만으로 제한될 수밖에 없고, 구성원들 사이의 유대감 역시 한정될 수밖에 없다. 이와 달리 상호긍정하는 방식으로 상호작용을 할 경우에는 상대의 행위를 판단하거나 부정하지 않고 있는 그대로 허용하게 된다. 그 경우에 상대는 서로에게 수용된다는 느낌을 가지고, 그로 인해서 신뢰하고 유대감을 갖게 된다. 이런 사실은 공동체적인 관계는 개인 사이의 인식의 과정에서 형성될 수 있음을 시사한다. 그리고 그 점은 공동체에 관한 현대의 논의를 통해서도 드러난다.

앞서 살펴본 힐러리(Hillery, 1955)는 94개의 공동체 개념을 분석한 결과, 그 가운데 69개가 공동체의 개념적 요소로서 지리적 영역(geographical area), 사회적 상호작용(social interaction), 공통의 연대(common ties)를 공통적으로 포함하고 있다는 것을 알아냈다. 그리고 그 세 가지는 비교적 최근까지도 많은 사람들에 의해서 공동체의 개념적 요소로서 받아들여졌다. 그러나 새로운 세기에 접어들면서 교통과 통신, 특히 인터넷의 비약적인 발전으로 인해 공동체의 개념이 달라지게 되었다. 강대기(2001)에 따르면, 이동이 자유롭지 못했던 과거에는 특정한 지역에 거주하는 사람들을 중심으로 상호작용이 주로 이루어졌으므로 지리적 영역이 공동체 개념의 기본 요소로서 인식되었다. 그러나 현대사회에서는 교통과 통신수단이 발달함에 따라 상호작용이 지리적 영역을 초월하여 이루어짐으로써 상호작용이 공동체 개념의 중심으로 자리 잡았다. 그 후 오늘날에는 인터넷이나 무선전화와 같은 정보통신 기술의 발달로 인해서 공간의 장애가 획기적으로 개선됨으로써 공동체 개념의 중심 내용은 집단적 공통유대로 변화되었다. 그에 따르면 지리적 영역이나 상호작용은 공동체를 형성하는 조건일 뿐 공동체 자체는 아니다. 공동체 개념의 핵심은 공통의 유대이며, 그것이 물리적 사회적 상황 조건에 의해서 변화할 뿐이다(강대기, 2001: 22-28).

그러나 그의 지적과 달리, 오늘날 사람들이 인터넷으로 또는 화상전화를 통해서 지구촌의 어느 곳에 있는 사람하고도 공통의 유대를 맺을 수 있게 되었다고 해서 공동체의 요소로서 상호작용의 중요성이 사라진 것은 아니다. 상호작용이 면대면으로 이루어지던 것에서 언어를 중심으로 이루어졌을 뿐이다. 이러한 사실은 오히려 언어로 이루어지는 상호작용만으로도 공동체가 형성되거나 유지될 수 있음을 의미하는 것이고, 그만큼 공동체를 형성하는 데 있어서 언어적 상호작용이 중요하다는 것을 역설적으로 보여주는 것이다. 그리고 언어적 상호작용은 대부분 인식과 관련되어 있다는 점에서 공동체 형성에 있어서 인식의 중요성을 보여주는 것이라고도 볼 수 있다.

이러한 사실은 공동체가 무엇이고, 언제 어떻게 형성되며, 어떤 형태로 존재하는지 확인하기 위해서 집단의 어떤 점에 주목해야 할지 알게 해준다. 지금까지의 논의에 따르면, 공동체는 서로 다른 개인이 서로를 긍정하거나 이해함으로써 비분업적인 방식으로 통합되어 있는 상태이다. 따라서 여기서 우리가 해야 할 일은 서로 다른 개인이 서로를 긍정하거나 이해하는 일이 어떤 것인가를 밝히는 것이라고 볼 수 있다. 그와 함께 만일 서로 다른 개인들이 서로를 긍정하거나 이해하는 일이 결회체적 관계가 아닌 공동체적 관계를 맺는 것이라면, 서로 다른 개인들이 언제 어떤 과정에 의해서 서로를 긍정하거나 이해하는 관계를 맺는지 확인할 필요가 있다. 그 점이 확인된다면 구조화된 사회 속에서 소외된 채로 살아가는 현대인들이 타인들과 통합되는 가운데 실존적인 삶을 살아가는 일이 구체적으로 어떻게 가능한지도 알 수 있을 것이다.

그런데, 지금까지의 논의는 그에 대한 더 이상의 해답은 제시해 주지 않는다. 다만 그 과제를 좀 더 구체적으로 일러줄 뿐이다. 그리고 나는 그 해답의 가능성을 산들초등학교4)에서 찾고자 한다. 산들초등학교는 우리나라의 한 중소도시 근교에 위치한 소규모 공립 초등학교이다. 이 학교는 학생 수가 감소됨으로 인해서 한때 폐교될 예정이었으나, 인근 도시에 거주하는 학부모들이 자신의 자녀를 전학시킴으로써 폐교 위기를 벗어났다. 그리고 이 학교의 교사와 학부모는 2001년부터 2004년 현재까지 학교의 다양한 교육과정을 공동체적으로 운영하기 위해서 노력했다.

그들은 모든 일에 모든 사람이 평등하게 참여하는 것이 공동체라고 믿었다. 그들은 학교의 각종 행사를 함께 참여해서 치러낼 뿐만 아니라, 학교 운영과 관련된 각종 사안도 함께 의논해서 결정했다. 그러나 그 과정에서 서로의 역할에 관한 인식의 차이, 가치관의 차이, 각자 놓여 있는 상황의 차이로 인해서 끊임없이 갈등을 빚었다. 그러한 갈등 속에서 긴장과 불안을 느끼고, 일부 교사들이 학교를 떠나는 사태가 발생하기도 했다. 이런 사태를 겪는 동안 그들은 공동체에 관한 자신들의 생

4) 산들초등학교는 가명이다. 이하에 등장하는 인명, 지명, 단체명, 기관명은 모두 가명이다.

각을 바꾸어나갔다. 그들은 일상 속에서 서로의 다름을 인정하고, 상대의 처지에서 상황을 바라보는 관계를 공동체로서 인식하게 되었다. 그리고 그러한 관계 속에서 인식의 변화를 경험하는 삶의 과정을 교육으로 보게 되었다. 즉, 그들에게 있어서 공동체는 서로를 교육하는 관계인 것이다.

내가 보기에 그들의 이러한 삶의 과정 속에는 앞서 제기한 두 가지 핵심적인 과제, 인간이 서로를 긍정하거나 이해한다는 것이 무엇인지, 인간은 언제 어떤 과정에 의해서 그러한 관계를 맺는지에 관한 해답이 구체적으로 들어 있다. 특히 서로를 이해하는 과정에서 교육을 경험하게 되고, 그런 경험을 가능하게 하는 것이 공동체라는 그들의 자각은 공동체와 교육의 관계 또는 삶과 교육의 관계에 관하여 새로운 이해를 제공한다.

앞서 살펴보았듯이 지금까지 교육은 이미 만들어진 공동체를 유지하거나, 공동체를 만들기 위해서 공통의 가치를 내면화하는 일로 인식되어 왔다. 그러나 그 경우에 교육은 개인을 기존의 구조화된 사회 질서 속에 편입시키는 결회화(societalization)[5]이거나, 특정한 개인이나 집단의 가치를 나머지 사람에게 강요하는 문화적 폭력일 수 있다. 그런 것들을 모두 허용한다고 해도, 차이의 공동체를 주장하는 사람들의 지적처럼 그런 교육의 결과 개인들이 일상의 삶 속에서 항상 조화로운 삶을 살아가기를 기대하기는 어렵다. 또한 교육을 그와 같은 도구적 활동으로

5) 결회화(societalization)는 결회체에 대응해서 내가 조어한 것이다. 조용환(1997)은 이것을 사회화(socialization)라고 부른다. 이 문맥에서 나는 사회를 '사람들이 모여서 살아가는 세상'이라는 일상적인 의미로 사용했기 때문에, 사회화라고 할 경우에는 '개인을 구조화된 사회 질서 속에 편입시키는 일'이라는 의미가 잘 드러나지 않을 것으로 보았다. 따라서 나는 사회화 대신 결회화를 썼다. 이 문맥을 벗어날 경우에는 양자의 의미가 동일하다고 볼 수 있다.

파악할 경우에는 교육의 가치는 그것이 전달하는 내용의 가치에 의해서 판단될 수밖에 없다. 그것은 그릇의 가치가 그 안에 담긴 내용물에 의해서 판단되는 것과 마찬가지이다. 그것은 한편으로는 교육 고유의 가치가 존재하지 않음을 의미하고, 다른 한편으로는 문화나 정치 또는 경제와 달리 교육은 세상을 바라보는 고유의 관점이 될 수 없음을 의미한다.

그와 달리 개인들이 일상 속에서 서로를 이해하는 과정에서 교육이 이루어지고, 그런 관계를 맺고 있는 상태가 공동체라는 견해는 일상의 삶 자체를 교육의 관점에서 해석할 수 있는 가능성을 제공한다. 이러한 견해에 따르면, 교육은 무엇인가를 전달하는 활동이 아니라, 개인들이 일상 속에서 관계를 맺는 방식 가운데 하나이고, 개인들은 그 관계를 통해서 인식의 변화를 경험한다. 그리고 그러한 관계를 맺고 있는 개인들의 전체를 공동체로서 파악할 수 있는 것이다. 따라서 일상의 삶은 교육의 과정으로, 그러한 삶을 살아가는 개인들은 교육적인 존재로 해석될 수 있다. 또한 그 과정에서 개인들은 타인과의 관계 속에서 기존의 구조화된 질서를 벗어나서 새로운 인식의 지평을 넓혀나간다는 점에서 타인과 더불어 실존하는 존재로 해석될 수 있다. 그리고 그것은 현대의 인간이 과제로 안고 있는 문제, 즉 자신과 타인으로부터 분리됨으로써 소외되는 문제에 대한 하나의 해답으로서도 받아들여질 수 있을 것이다. 따라서 이하에서 나는 산들초등학교 사람들이 지난 3년 동안 살아온 과정을 다음과 같은 질문을 중심으로 살펴보고자 한다.

1) **산들초등학교 사람들이 초기에 만들고자 했던 공동체는 무엇이며, 그들은 그것을 어떻게 만들어갔는가?** 산들초등학교 사람들 가운데 다른 지역으로부터 온 사람들은 대부분 기존의 학교에서 소외를 경험했다. 그들은 산들초등학교에서 그 문제를 해결

하기 위해서 "다 함께 만드는 새로운 공동체 학교"라는 기치 아래 기존의 학교에서는 시도하지 않은 새로운 교육활동을 펼쳐 나갔다. 그들에게 있어서 산들초등학교 공동체는 교사와 학부모가 아이들의 교육을 위해서 평등하게 참여하는 것이고, 교육은 그들이 가치 있다고 생각하는 것을 아이들에게 학습하게 하는 일이었다.

2) **산들초등학교 사람들은 그 공동체를 만들고 유지하는 과정에서 어떤 갈등을 겪었으며, 그들은 왜 갈등을 겪을 수밖에 없었는가?** 산들초등학교 사람들은 자신들이 새롭게 펼쳐놓은 교육활동을 시행하는 과정에서 학부모들 사이, 교사들 사이, 교사와 학부모 사이에 다양한 갈등을 빚었다. 그들은 그런 갈등의 과정 속에서 불안감을 느끼고 또 다른 소외를 경험하였으며, 일부 교사들은 학교를 떠났다. 이런 갈등은 산들초등학교 사람들이 가지고 있던 공동체의 개념과, 그들이 새롭게 만들어 놓은 학교의 상황 속에서는 불가피했다.

3) **산들초등학교 사람들은 그런 갈등을 겪는 과정에서 공동체의 개념을 어떻게 바꾸었으며, 그들의 삶의 과정에 비추어 볼 때 공동체란 무엇인가?** 산들초등학교 사람들은 서로 갈등하는 과정에서 위기의식을 느끼게 되고, 그 문제를 해결하는 과정에서 공동체의 개념을 새롭게 깨달았다. 그들은 공동체는 모두가 평등하게 참여하는 것이 아니라 서로의 다름을 이해하는 가운데 함께 바뀌어나가는 관계라고 생각하게 되었다. 그리고 그것이 교육이고, 그 점에서 공동체는 교육공동체라고 생각하게 되었다. 그들의 이런 삶에 비추어 볼 때 공동체는 서로 다른 개인들이 교육이라는 관계로 맺어진 상태다.

4) **산들초등학교 사람들의 공동체 개념은 왜 변화하게 되었으며, 그 점에 비추어볼 때 공동체는 어떻게 형성되는가?** 산들초등학교 사람들이 공동체의 개념을 새롭게 깨닫게 된 것은 어쩔 수 없이 다양한 사람이 함께 살아가야 하는 산들초등학교의 상황과 관련이 있다. 이 점에 비추어 볼 때 공동체는 개인의 자발적 선택에 의해서라기보다는 상황의 압력에 의해서 형성된다고 볼 수 있다.

5) **공동체를 이와 같이 파악하는 것은 인간의 삶을 이해하는 데 어떤 도움이 되며, 현대 사회를 살아가는 우리에게 어떤 시사를 주는가?** 공동체를 이와 같이 파악할 경우에 인간의 삶의 한 측면이 새롭게 드러난다. 산들초등학교 사람들의 삶에 비추어볼 때 공동체 속의 개인은 상대로 인해서 그리고 상대와 더불어 새로운 자신을 지속적으로 열어나간다는 점에서 실존하고 동시에 공존한다. 또한 공동체는 결회체와 함께 인간 삶의 또 다른 한 축을 구성하며, 결회체적 측면이 가지고 있는 구조적 경직성을 보완해준다. 따라서 인간의 삶은 결회체와 공동체가 상호보완적이고 변증적으로 상호작용하는 가운데 유지된다고 볼 수 있다. 그리고 그것은 인간의 삶을 교육의 관점에서 해석하는 하나의 예시가 될 수 있으며, 현대 사회에서 우리가 일상의 삶을 어떻게 살아가야 하는지, 최근에 활발하게 전개되고 있는 대안교육이 어느 방향으로 나아가야 하는지에 관해서도 시사점을 제공해줄 수 있을 것이다. 그리고 그것은 현대 사회의 소외의 문제를 어떤 관점에서 바라보고, 그에 대한 해답을 어떻게 모색해야 하는지에 대한 하나의 해답이 될 수 있을 것이다.

3 산들초등학교에서

내가 이상과 같은 질문과 문제의식을 가지게 된 것은 산들초등학교로 인해서다. 나는 산들초등학교를 만나기 전까지만 해도 공동체에 관해서 전혀 관심이 없었다. 다른 사람들과 마찬가지로 공동체는 여러 사람들이 평등한 관계 속에서 무엇인가를 함께 해 나가는 집단이라고만 생각했다. 그러나 지난 3년 동안 산들초등학교 사람들이 살아가는 모습을 보면서 내 생각은 변해갔다. 한때 나는 그들이 갈등하는 모습을 보면서 실망하기도 했지만, 그들이 그런 삶을 통해서 해결하려고 하는 문제가 무엇이었는지, 그들의 삶은 어떤 질문에 대한 대답의 과정이라고 볼 수 있는지 등을 공동체와 관련된 기존의 논의들과 관련해서 다시 생각해보는 과정에서 위와 같은 문제의식에 도달했다. 그 과정을 살펴보면 다음과 같다.

그때가 2000년 12월 말쯤이었던 것 같다. 오래전부터 알고 지내던 김정식 교사로부터 산들초등학교에 관한 이야기를 처음 들었다. 당시 그는 40대 초반으로서 교직 경력이 20년 정도 되었으며, 대한교사연맹(이하 대교연) 무릉도지부 정책실장 일을 맡아보고 있었다. 그의 말에 따르면 산들초등학교는 여러 해 동안 복식학급으로 운영되다가 학생 수가 26명까지 감소됨으로써 폐교 위기에 놓여 있던 시골의 공립학교였지만, 인근 도시 주민들이 자녀를 조직적으로 전입시키고, 자신을 비롯해서 몇몇 뜻있는 교사들이 그 학교에서의 근무를 자청함으로써 새롭게 살아나고 있다는 것이었다.

그는 산들초등학교의 교사와 학부모들은 기존 공립학교가 시도하지 못했던 교육활동들을 다양하게 시행함으로써 우리나라 공교육이 안고 있는 문제를 해결하는 새로운 대안을 제시하게 될 것이라고 말했다.

학교의 각종 사안은 교사들이 모두 참여한 가운데 민주적인 토론을 거쳐서 결정하고, 수업은 교실이 아닌 현장에서 체험학습을 중심으로 하겠다고 했다. 모든 아이들로 하여금 저렴한 비용으로 국악기와 불가(佛家)의 전통무예인 선관무(禪觀武)를 배울 수 있게 하고, 여름과 겨울에는 방학을 앞두고 각각 1주일 동안 계절학교를 열겠다고 했다. 그 기간 동안 아이들은 일상적인 수업은 하지 않고 역사, 문화, 예술, 일상생활 등과 관련된 활동을 선택해서 "체험"을 통해 학습하게 하고, 그 결과물을 전시하거나 무대에서 발표할 수 있게 하겠다고 했다. 또 아이들이 학교에서 생활하는 동안 학습에 대한 부담이 없이 즐겁고 행복하게 지낼 수 있게 놀이 시간과 놀이터를 충분히 제공하겠다고 했다. 아이들이 학습하는 데 필요한 모든 물건을 학교에서 제공하고, 사물함도 제공해서 책가방 없이도 학교에 다닐 수 있게 하겠다고 했다. 그리고 그러한 활동들을 학부모들과 함께 공동체적으로 하겠다고 했다.

나는 그가 희망찬 어조로 펼쳐 보이는 그림을 그리 주의 깊게 듣지 않았다. 아니 주의 깊게 들을 수가 없었다. 그 하나하나가 나쁜 것은 아니겠지만, 그는 그 모든 것들을 학교에서 동시에 수용하는 것이 적절한지 생각해볼 겨를도 없이 쏟아냈기 때문이었다. 오히려 나는 그가 대교연 정책실장이라는 자리를 내려놓고, 학교 현장으로 돌아가 다시 아이들과 함께 생활하게 된다는 데 더 큰 관심을 가졌다. 나는 그가 학교를 새롭게 구상하는 데 있어서 교사들끼리 교과를 충실히 공부하고, 그 공부한 결과가 아이들에게 자연스럽게 전수됨으로써 학교에서 교사와 학생이 함께 성장할 수 있는 방안을 모색해보기를 기대하고 당부했다. 그것은 내가 초등학교 교사로서 근무하는 동안에 줄곧 시도했지만, 학교의 경직된 교육과정 운영 관행 탓에 제대로 해보지 못한 것이기도 했다.

그 이후로 나는 한동안 산들초등학교를 잊고 지냈다. 내 머릿속에는 시골 마을 한쪽에 세월을 머금은 나무들에 둘러싸인 낡고 허름하지만 아담한 단층건물의 모습으로만 남아 있을 뿐이었다. 그때 나는 박사과정을 수료하고 학위논문을 작성하기 위한 연구 현장으로서 선승(禪僧)들이 공부하는 선방(禪房)을 염두에 두고, 참여관찰하기에 적합한 곳을 물색하고 있었다. 그 이전에는 대중문화 가운데 포크송을 연구해보려고 생각하기도 했다. 교육학이 하나의 고유한 학문으로서 자리 잡기 위해서는 세상의 다양한 장면들을 교육의 관점에서 해석할 수 있어야 한다고 믿었기 때문이었다. 포크송에서 선방으로 바꾼 이유는 나로부터 조금이라도 더 낯설고 더 격리된 곳을 연구 현장으로 택해서 제대로 된 참여관찰연구를 하고 싶었기 때문이었다. 경제적인 형편이 허락한다면 외국의 오지에 가서 연구하고 싶었다. 나는 아내에게 머리 깎고 일 년만 산에 들어가서 살다 오겠다는 말을 농담반 진담반으로 하곤 했다.

그러던 중 한 가지 예상하지 못한 일이 발생했다. 2000년 하반기부터 교육부에서 대학의 연구인력을 양성하기 위해서 두뇌한국21(이하 BK21) 사업을 실시했고, 2001년에 내가 속한 서울대학교 사범대학교 교육학과와 윤리교육과가 연합하여 결성한 서울대학교 두뇌한국21 아시아태평양교육발전연구단(약칭 iAPED)이 BK21 사업 기관으로 선정되었다. iAPED에는 교육공동체연구팀이 있었고, 나는 그 팀의 연구조원으로 참여하게 되었다.

그 팀에서 내가 맨 처음 한 일은 교육공동체연구팀이 연구하기에 적합한 현장을 선정하는 일이었다. 그해 3월에 나는 각지의 시, 군 단위 지역을 조사하고, 그중 산들초등학교가 속한 지역을 포함하여 네 개 지역을 후보지역으로 추천했다. 산들초등학교가 속한 지역의 보고자료에는 산들초등학교에 관한 세 페이지 분량의 자료도 첨부했다. 거기에 나는 다음과 같이 적었다.

〈1〉

산들초등학교는 우리나라에서 유례를 찾아보기 힘든 실험을 하려고 한다. 공립학교 가운데 이와 같은 대담한 대안적 실험을 시도를 한 학교는 아직까지 없다. 교사가 실질적인 학교운영을 결정하고 실행한다는 점에서도 그렇고, 그 과정에 학부모가 실질적으로 개입한다는 사실 역시 그렇다. 그 실험은 공립학교에서 교사를 중심으로 하나의 교육공동체 구성을 모색하는 것이라고 볼 수 있다. 이 학교 교사들은 자신의 시도가 성공적으로 자리 잡고, 그 결과를 이웃학교에도 전파할 수 있기를 기대하고 있다. (2001년 3월 15일)

나는 그 보고자료에 "교육공동체"라는 말을 적기는 했지만 그것이 무엇을 의미하는지는 명확히 알지 못했다. '아이들의 교육을 위해서 교사와 학부모가 조화롭게 협력하는 집단'이라는 정도로만 생각했을 뿐이었다. 그리고는 다시 산들초등학교는 내 책상에서 사라졌다. 산들초등학교가 포함된 지역이 교육공동체연구팀의 연구현장으로 선정될 가능성도 별로 없어 보였다.

그로부터 두 달쯤 뒤에 나는 김정식 교사로부터 산들초등학교 이야기를 다시 들었다. 그는 하늘로 날아올라갈듯이 들뜬 표정으로 학교 이야기를 늘어놓았다. 아이, 학부모, 교사 모두 아주 행복해한다는 것이었다. 그러면서 내게 조심스럽게 제안했다. 그 학교에서 일어나는 일을 기록해줄 사람이 필요한데, 자신들은 너무 바쁘므로 내가 그 일을 전문적으로 해주었으면 좋겠다는 것이었다. 그때까지도 교육공동체연구팀에서는 연구현장을 선정하지 못하고 있었고, 나는 이미 머리 깎고 산으로 들어갈 수도 없는 형편이 되었기 때문에 내 학위논문을 위한 연구현장을 따로 물색해야 했다. 그리고 그 연구현장은 가능하면 교육공동체연구팀의 연구와 관련이 있어야 했다. 두 개의 연구를 동시에 진행하기에는 부담스러웠기 때문이다. 그렇게 해서 나와 산들초등학교 사이의 애증어린 만남이 시작됐다.

그로부터 한 달쯤 뒤인 2001년 6월 26일에 나는 필드노트와 녹음기를 들고 처음으로 산들초등학교를 방문했다. 그 학교는 해발 400미터 정도 되는 산지에 자리 잡고 있기 때문에, 거기에 가기 위해서는 곳곳에 추락 위험이 도사리고 있는 꼬불꼬불하고 가파른 산길을 5킬로미터 정도 더 차를 타고 달려야 했다. 학교의 교문에 들어서자 먼저 파란 하늘과 학교 뒷산의 울창한 숲, 운동장보다 한 길 정도 높은 곳에 기다랗게 지어진 아담한 교사(校舍), 교사의 단층 지붕을 가지런히 덮고 있는 청록색 기와, 군데군데 교사를 가린 채 낮고 아름차게 서 있는 검붉은 단풍나무 등이 눈에 들어왔다. 자연 경관만으로도 반할만한 학교였다. 숨을 한 번 크게 들이쉬고 운동장을 가로질러 교무실로 향했다. 가슴 속 가득히 신선함이 밀려들어 왔다. 서울에서는 맛볼 수 없는 것이었다.

〈사진 1〉 산들초등학교 전경

나는 김정식 교사의 안내로 교장실로 갔다. 양현철 교장 선생님이 격의 없이 나를 맞아주었다. 그는 50대 중반의 남자로서 작은 키에 온화하고 인자한 모습을 하고 있었다. 그에게 산들초등학교는 교장으로서 첫 부임지였다. 그 곁에는 신미희 교감 선생님이 앉아 있었다. 그는 50대 초반의 여자로, 다른 학교에서 교무부장 일을 맡아서 해오다가 2001년에 산들초등학교에 교감으로서 처음 부임했다. 나는 교장, 교감 선생님께 그 학교에 가게 된 경위와 목적을 설명했다. 교장 선생님은 선선히 허락했다. 그날은 마침 교사 주례회의가 있었다. 교사들에게도 마찬가지로 소개하고, 회의 장면을 참관했다. 일곱 명의 전 교사와 교장, 교감 선생님이 현관 로비에 둘러앉았다. 회의를 시작하기에 앞서 교사들이 돌아가면서 한 주 동안 학급에서 있었던 일을 이야기하는 모습이 인상적이었다. 그로부터 3일 후인 6월 29일에 있은 교사 연수 장면은 더욱 인상적이었다. 학부모 가운데 한 사람이 강사로 초빙되어서 교사들에게 발도르프 교육에 관하여 강의하고 있었기 때문이다. 나는 그 자리에서 발도르프에 관해서 처음 알았다. 나중에 들은 바로 그는 독일의 발도르프 교사 양성기관에서 6개월가량 머물다가 왔다고 했다.

그 외에도 나는 나머지 일 학기 동안 학부모 모임, 여름계절학교와 숲속학교, 교사 학부모 평가회, 학부모 연수 장면 등을 관찰했지만 이 학교가 내 연구 현장으로서 적합한지는 확신할 수 없었다. 교사와 학부모들이 뭔가를 의욕적으로 추진하고는 있지만 어수선하고 체계가 없어 보였기 때문이었다. 일상적인 교과 교육활동은 다른 학교와 다를 바 없이, 또는 오히려 더 무질서하고 산만하게 진행하면서 계절학교나 숲속학교 등과 같은 몇 가지 특화된 교육프로그램을 운영하는 데만 힘을 쏟고 있는 것처럼 보였다. 교과학습을 경시하는 면도 보였다. 당시 내가 가지고 있던 교육, 학교 등의 개념에 비추어볼 때 이 학교가 공교육의 적절할 대안을 제시하거나 모색하고 있다고 보기 어려웠다. 그런 모습을 교육공동체라는 이름으로 부르는 것도 주저되었다. 그러던 중 2학기에 들어서 산들초등학교가 위치한 지역이 교육공동체연구팀의 연구 현장으로 선정되고, 나는 그 팀의 책임연구조원 역을 맡게 되었다. 우리 연구팀의 연구 주제는 "지역사회 교육공동체 형성에 관한 연구"였다.

그렇다면 이제 나는, 얼떨결에 결혼식을 올리고 혼인신고까지 마친 부부가 어떻게든 잘 살아보려고 노력해야 하듯이, 어떻게든 산들초등학교에서 교육공동체가 형성되어가는 모습을 발견해야 했다. 바로 여기에 연구기간 내내 끊임없이 나를 괴롭힌 문제가 도사리고 있었다. 그것은 당시의 산들초등학교를 교육공동체라고 볼 수 있는가 하는 점이었다. 만일 당시의 산들초등학교를 교육공동체라고 부를 수 있다면, 내가 할 일은 사람들을 만나서 산들초등학교가 폐교의 위기에 놓여 있을 때부터 새롭게 개교할 때까지의 과정을 조사하는 것으로 충분했다. 내 주변의 일부 사람들은 내게 그렇게 하도록 조언하기도 했다. 내 연구 주제가 교육공동체의 형성에 관한 것이었으므로 그렇게 조언하는 것도 무리는 아니었다. 그러나 나는 그렇게 할 수 없었다. 거기에는 앞서 언급한 것 외에도 다른 이유들이 있었다.

첫째는 산들초등학교의 곳곳에서 모순과 불일치가 발견되었다. 나는 그 전형적인 장면을 운동장 한쪽에 설치된 복합놀이터에서 보았다. 산들초등학교 교문에 들어서면 운동장 오른쪽 끝에 바깥쪽으로 볼록 튀어나간 공간이 서른 평 남짓 있고, 거기에는 오륙십 년쯤 된 밤나무와 전나무가 십여 그루 서 있었다. 내가 그 학교에 처음 갔을 때 나무 아래에는 배수가 잘 되는 제법 단단한 모래 바닥이 있었고, 그 위에 낡은 철제 미끄럼틀 하나와 콘크리트 벤치가 서너 개 놓여 있었다. 아이들은 여름이면 벤치에 드러누워 푸른 밤나무 잎 사이로 반짝이는 하늘을 볼 수 있었고, 가을이 되면 정갈하게 비질된 모래 바닥에 떨어진 밤톨을 줍느라고 재잘거리며 뛰어다닐 수 있었고, 좀 더 시간이 지나면 밤나무 잎이 땅 위를 구르느라고 바스락거리는 소리를 들으면서 계절이 깊어가고 있음을 느낄 수 있었다. 그리고 나는 그 자그마한 숲의 호젓함이 좋아서 간혹 벤치에 앉아 석양을 바라보곤 했다.

그러던 어느 날 그 곳에 인부들이 드나들더니 아파트의 놀이터에서나 흔히 볼 수 있는 울긋불긋한 놀이터가 나무 사이사이에 자리를 잡았다. 학교를 아이들이 즐겁고 자유롭게 생활할 수 있는 공간으로 만들기 위해서였다. 그렇지만 그곳에서 아이들은 더 이상 전과 같이 계절을 느낄 수 없게 되었다.

〈사진 2〉 놀이터 모습

그 이후로도 학교는 여기저기서 공사를 계속하고, 빈터는 점점 줄어들었다. 그런데 이 학교 교사들은 아이들로 하여금 교실 안에 갇혀서 지식 공부에만 매달리지 않고 자연과 교감하고 조화롭게 어울릴 수 있도록 해야 한다고 주장해왔다. 그런 이유에서 학교 뒷산에 놀이터도 만들고, 토요일마다 실시하는 체험학습의 주제 가운데 하나도 "자연체험"이었다. 학교의 이런 변화들에 대해서 한 아이는 다음과 같이 말했다.

〈2〉

학교가 제가 1학년 때 들어왔을 때 그대로 있었으면 좋겠어요. 애들이 편하게 해준다는 게 큰 건물이랑 화장실도 짓고 그러잖아요. 그런데 전 옛날 그대로 제가 처음 들어왔을 때 그대로 있었으면 좋겠어요. 학교가 바뀌어서 다른 사람은 좋을지 몰라도 전 왠지 이상한 느낌이 들어요. 왠지 학교가 바뀌니까 그다지 좋다는 생각이 안 들어요. 저도 잘 모르겠는데. (4학년 연수)

내 머릿속에 짙게 자리 잡고 있는 또 다른 장면은 2001년 가을운동회 때의 모습이다. 이 학교 역시 다른 학교의 경우와 마찬가지로 운동회 말미에 계주 경기를 했다. 나는 계주 경기를 준비하는 모습을 보면서 또 다시 당황하지 않을 수 없었다. 뜨거운 햇살이 내리쬐는 운동장 트랙 위에 학부모들을 앉혀놓았기 때문이다. 나는 이 학교가 과연 공교육의 대안을 모색하는 학교인지, 어떤 종류의 대안을 모색하는 학교인지, 그동안 이 학교의 교사들은 무엇을 했는지 의심하지 않을 수 없었다. 나는 그때 운동회 장면을 찍은 사진들을 그 학교의 홈페이지에 올리면서 다음과 같은 글을 함께 적었다.

〈사진 3〉 트랙 위에 학부모들이 앉아 있는 모습

〈3〉

여기 뜨거운 햇살 아래에서 운동장 바닥에 주저앉아 있는 사람들은 우리 어머니들입니다. 어떤 어머니는 햇살을 조금이라고 피하기 위해서 모자를 쓴 채 손을 들어 올려 해를 가리기도 하고, 어떤 어머니는 아예 등을 돌리고 앉아 있습니다. 우리 운동회에 왜 우리 어머니들이 저렇게 뜨거운 햇볕 아래에 앉아 있어야 할까요? 물론 어머니들은 우리를 위해서 그렇게 하시겠지만, 그것이 과연 우리를 위한 일일까요?

언제부터, 왜 운동회에서 달리기, 특히 계주 경기를 할 때면 사람들이 트랙 위에 앉게 되었을까요? 우리 학교에서는 아버지 어머니들이 앉았지만, 학생이 많은 학교에서는 학생들이 앉기도 합니다. 또 어떤 학교에서는 트랙의 곡선주로를 따라서 기를 세워두기도 합니다. 이런 일들이 왜 벌어질까요? 서는 사람, 세워 둔 물건은 조금씩 달라도 그 목적과 원인은 동일할 것 같습니다. 아마도 주자들이 승부에 집착한 나머지 트랙을 침범하기 때문이 아닐까요? 트랙 위에 장애물이 놓여있으면 아무래도 덜 침범할 테니까요. … (2001년 9월 22일)

나는 이와 유사한 장면들을 산들초등학교에서 셀 수 없이 많이 보았다. 그 가운데 내 눈에 가장 염려되는 것은 교사들이 계절학교나 숲속학교 등의 행사에 매달리느라고 일상의 수업에 대한 관심, 일상의 아이들 생활에 대한 관심을 소홀히 한다는 점이었다. 그럼에도 불구하고 그들은 그런 종류의 비일상적인 행사에 환호하고, 그곳에서 즐거움과 만족감과 자부심을 느끼고 있었다. 산들초등학교의 일부 주도적인 교사들과 나 사이에는 학교의 개념과 관련해서 근본적인 시각차가 존재하고 있었던 것이다. 그렇다고 해서 국외자인 내가 내 시각을 그들에게 강요할 수는 없었다. 내부자의 시각을 존중하고, 그들의 시각에서 세상을 보도록 훈련받은 질적연구자로서 그것은 용납되기 어려운 일이었다. 그럼에도 불구하고 나는 그들이 하는 일을 잘하는 것이라고 볼 수는 없었다.

내가 그때의 산들초등학교를 교육공동체라고 말할 수 없는 좀 더 근본적인 이유는, 일부 주도적인 교사들이 학교의 각종 업무를 추진하는 방식에 대한 실망감에서 찾을 수 있다. 산들초등학교에는 7명의 교사가 있었다.[6] 그중 2명은 2000년부터 근무했고, 5명은 산들초등학교가 2001년에 3학급 규모에서 6학급 규모로 커지면서 새로 발령받아 왔다. 5명 가운데 4명은 대교연 무릉도지부에서 활동하던 교사였고, 그 4명 가운데 이정호 교사는 김정식 교사와 함께 대교연 무릉도지부에서 요직을 맡던 40대 초반의 남자였다. 박명준 교사 역시 대교연 무릉도지부에서 활발하게 활동하던 30대 중반의 남자였다. 정명신 교사는 20대 후반의 여자로서 대교연에서 두드러지게 활동하지는 않았지만, 좋은 교사가 되기 위해서 교사 소모임을 만들어서 운영했다. 그리고 새로운 5명 가운데 나머지 1명인 송현주 교사는 교대를 갓 졸업하고 산들초등

6) 병설유치원 교사와 유치원 보조교사까지 포함하면 산들초등학교에는 9명의 교사가 있었다.

학교에 처음 발령받은 여교사였다. 2000년부터 있었던 교사 가운데 한상희 교사는 회화를 공부하는 40대 중반의 여자로서 도시 학교의 번잡함이 싫어서 산들초등학교로 옮겨 왔다. 그는 아이들의 정서를 잘 이해하고 아이들과 잘 어울렸다. 끝으로 진도향 교사는 40대 후반의 남자였다. 그는 교대를 졸업하고 20대 초반에 몇 년 동안 교직에 근무하다가 일반 회사로 직장을 옮겨서 20년 가까이 근무한 적이 있다. 그는 IMF 사태로 대규모 감원이 있던 시기에 직장을 그만 두고, 교사 정년 단축으로 인해서 교사가 부족하던 시기에 교사 임용시험을 거쳐서 2000년에 산들초등학교에 처음 부임했다. 그는 오랜 기간의 공백으로 인해서 학교에 새롭게 적응하는 데 많은 어려움을 겪었다.

이들 가운데 대교연에서 활동하던 교사들, 그중에서 김정식 교사와 이정호 교사가 전륜자동차의 앞바퀴와 같은 역할을 했다.[7] 전륜자동차의 앞바퀴가 자동차의 진행하는 방향을 결정하기도 하고 움직이게 하기도 하는 것처럼 그들은 산들초등학교가 무엇을 위해서 어떤 일을 해야 할지를 제시하고 이끌어나갔다. 그들은 자신이 하고 있는 일에 대단한 사명감과 자부심을 느끼고 있었다. 그런 만큼 그들은 어느 누구보다 열심히 일을 했으며, 때로는 지나친 열심이 물의를 일으키기도 했다. 그들은 자신들이 의미 있다고 여기는 일에 반대하거나 이의를 제기하는 사람과 갈등을 빚고, 때로는 공립학교에서 교사들이 일반적으로 따르는 절차나 요구를 무시하기도 했다. 그로 인해서 신미희 교감과는 자주 마찰을 빚었다. 예를 들면 다음과 같은 경우다.

7) 이하에서 나는 김정식 교사와 이정호 교사, 그리고 박명준 교사를 "앞바퀴 교사"로 부르고, 나머지 교사들은 "뒷바퀴 교사"로 부르겠다. 자동차가 앞바퀴만으로 갈 수 없는 것처럼 산들초등학교에도 "뒷바퀴 교사"가 꼭 필요했다.

〈4〉

그 사람이 전에 있던 학교에서 교무를 계속 보던 사람이고 원칙적인 것만 배워온 사람인데 여기 와서 보니까 시간표 작성하는 거라든지 교육과정 운영 면에서 못마땅한 거여. 체험학습한다고 이쪽저쪽 빼들어갔는데 그것도 맞지도 않지, 영어 수업도 선생님이 하는 게 아니라 강사들 불러다가 하지, 수업 시간에 강사들을 많이 집어넣어서 수업 시수도 선생님한테는 적게 돼 있지, 특기적성활동 강사가 오전부터 들어와 있다든지 그런 것이 굉장히 불안해 보였지. 교감인데 교감 대우를 안 해주는 것도 (불만이었고). (양현철 교장)

위에서 지적한 것처럼 신미희 교감은 교육과정 운영 등과 관련하여 두 교사에게 문제점을 자주 지적했고, 두 교사는 교감이 자신들을 관료적인 방식으로 통제한다고 생각하고 반발하곤 했다. 그리고 각종 문서나 계획서를 작성할 때 교감을 거치지 않고 교장에게 직접 결재를 받은 후 교감에게는 뒤늦게 그 결과를 알리기도 했다. 그들은 교감을 비롯하여 일부 교사들을 자신들이 계몽해야 하는 사람으로 바라보고 있었다. 일부 교사들이 학교가 한꺼번에 너무 많은 일을 동시에 추진해서 벅차므로 천천히 조금씩 해나가자고 제안할 때도 '개혁의 고삐를 늦추면 수구반동으로 돌아선다'는 이유를 내세워서 오히려 새로운 일을 추진하기도 했다.

이런 상황을 지켜보면서 나는 산들초등학교를 '교육공동체의 형성'이라는 관점에서 바라보기 위해서는 어떻게 하는 것이 적절한지 자문하였다. 당시의 모습을 공동체라고 볼 수 없음은 자명했다. 만일 그런 사실을 알면서도 산들초등학교를 교육공동체라는 이름으로 그려낸다면 나는 연구자라기보다는 산들초등학교를 미화하여 대변하는 선전원이 될 수밖에 없다는 생각이 들었다. 연구자로서 그런 일을 할 수는 없었다. 그렇다고 해서 연구를 중단할 수도 없었다. 여기에 대해서 어떻게든 해답을 찾아야 했다. 나는 잠정적으로 다음과 같이 답을 내렸다.

〈5〉

이 학교에는 교육공동체와 관련하여 주목할 점이 두 가지 있다. 하나는 현재 어떤 사람들이 어떤 참여를 통하여 어떤 종류의 공동체를 구성하고 있는가 하는 점이고, 다른 하나는 이들이 그 과정에서 어떤 체험을 하고 어떤 내적인 갈등을 빚고 있으며 그 갈등을 어떻게 해결해나가고 있는가 하는 점이다. 내가 보기에 우리가 더 주목할 점은 전자보다는 후자이고, 이 후자에서 '만들어진 공동체'가 아니라 '만들어가는 공동체', 즉 '교육공동체'로서의 모습을 볼 수 있다고 생각한다. (2001년 10월 15일, 교육공동체연구팀 중간보고서 가운데)

나는 당시의 산들초등학교는 교사들 간의 갈등이 잦기 때문에 공동체라고 보기는 어렵겠지만, 언젠가는 그 갈등이 해결되어서 공동체적인 모습을 보이게 될 것이므로 그들이 갈등을 해결해나가는 과정을 주목해서 보면 거기서 교육공동체로서의 모습을 찾을 수 있을 것이라고 생각한 것이다. 즉 나는 산들초등학교의 교육공동체와 공동체를 시간 순서에 따라서 구분하고, 공동체를 만들기 위해서 협력하는 모습을 교육공동체로 보려고 한 것이다. 그것은 학교에서 이루어지는 제도적인 교육활동이 아니라 일상에서 이루어지는 다양한 삶의 모습들을 교육의 관점에서 해석해 보고자 하는 내 관심에서 비롯된 것이다.

그런 생각에 따라서 나는 2001년 9월부터 2004년 2월까지 산들초등학교에서 벌어지는 각종 행사와 교육활동과 일상의 모습들을 비디오카메라로 촬영하면서, 그들이 갈등하는 장면과 그 갈등을 해결하는 방식을 주의 깊게 살펴보았다. 그때의 나로서는 그것이 산들초등학교를 교육공동체의 형성이라는 관점에서 파악할 수 있는 유일한 방안이었다.

내가 보기에 산들초등학교의 교사들은 비록 서로 갈등하고 싸우기도 하지만 공동체로서의 가능성도 충분히 가지고 있었다. 보기에 따라서는 기존의 학교가 안고 있는 문제를 해결하기 위해서 한곳에 모여서 새로운 교육을 함께 도모하고 있다는 것만으로도 충분히 “교육공동체”라고 말할 수도 있었다. 그뿐만 아니라 그들이 기존의 학교가 안고 있는 문제를 해결하고 아이들이 학교에서 행복하게 살아가게 하기 위해서 내보이는 열정만큼은 어디에서도 쉽게 찾아보기 어려울 것이라고 나는 생각했다. 그런 열정 속에는 그들 사이의 갈등마저도 상생적으로 해결하는 지혜도 포함되어 있을 것이라고 믿었다. 그 지혜가 발현되는 데는 단지 시간이 좀 필요할 뿐이라고 생각했다. 그들은 거의 매일 같이 해가 지고도 저녁 늦게까지 남아서 학교 일을 하거나 아이들 교육의 문제에 관하여 이야기를 나누었고, 행사가 임박한 즈음에는 열두 시가 다 되어서 퇴근하는 것은 예사였다. 나는 그때 교사들의 모습을 다음과 같이 역설적인 제목의 글로 적었다.

〈6〉

나쁜 선생님

운동장을 세로 질러 길이 나 있다
교문에서 세상으로 길이 열려 있다
그 길로 낯선 걸음이 아침 해를 타고 온다
호기심, 기대, 환호를 안고 와서
스러지도록 꽃피우고
흑단 같은 밤톨들을 담아서 뿌듯한 하루를 채운다.

오늘도 초신성으로 산다
별이 질 녘에야 누이고 해보다 먼저 일으킨다
힘들지 않다고 말한다
공기가 좋아서?
그렇게 말하는 것은 그의 영혼이다
몸을 태우고 영혼이 빛나고 있는 것이다.

그는 그림자마저 함께 소진하게 한다
나쁜 선생님이다
나쁜 학교다.

그때부터 나는 '교육공동체란 한 집단의 사람들이 조화롭게 협력하는 공동체를 형성하기 위해서 그들 간의 갈등을 상생적으로 해결해 나가는 과정'이라고 내 나름대로 정의했다. 나는 그것이 앞서 검토한 차이의 공동체 또는 결사적 공동체를 주장하는 사람들의 생각과 동일하다는 것을 최근에서야 알았다. 다른 점이 있다면, 차이의 공동체를 주장하는 사람들은 이상으로서의 공동체는 현실에서 존재할 수 없다고 보는 데 비해서, 나는 그것이 산들초등학교에서 언젠가 실현되리라고 믿었다. 그리고 그것이 비교적 안정적으로 정착되는 때를 내 연구의 1차 종료시점으로 잡았다.

이처럼 나는 다소 자의적이고 편의적인 개념의 그물을 쳐놓고, 그들이 수행하는 각종 교육활동과 행사와 회의와 일상적인 대화 장면들을 비디오카메라에 담으면서 그 개념에 부합하는 장면이 나타나기만을 기다렸다. 줄을 치고 먹잇감이 걸려들기만을 기다리는 거미처럼. 지금 돌이켜보면 그 거미줄에 걸려든 것은 그들이 아니고 나였다. 나는 지난 3년 동안 그 거미줄에 걸려서 꼼짝도 하지 못한 셈이었다.

내가 교육공동체의 개념을 수정하고, 그들이 갈등을 해결하는 방식과 과정에 관찰의 초점을 맞춘 것은 적절해 보였다. 그렇게 함으로써 나는 연구자와 대변인 사이의 갈등에서 벗어날 수 있었고, 그들이 갈등하는 모습들을 가능성에 초점을 맞추어서 바라볼 수 있게 되었다. '교육공동체란 상생적으로 공동체를 형성해가는 과정'이라는 개념으로 보면 그들이 갈등하는 모습은 교육공동체로서의 가능성을 담고 있는 장면이었다. 그리고 다행히도(?) 그들은 서로 협력하는 모습과 함께 갈등하는 모습을 도처에서 보여주었다.

그러나 그것으로 전부였다. 일부 교사들은 서로가 가치를 인정하거나 필요로 하는 사안에 대해서는 협력했지만, 그렇지 않은 사안에서는 각자의 주장을 포기하지 않았다. 상대가 자신보다 열세에 있을 때는 명분을 내세워 자신의 생각을 강요하거나, 자신의 생각대로 일을 진행했다. 숫자에 있어서나 명분에 있어서 열세에 있는 교사들은 그 일이 자신을 크게 불편하게 하지 않는다면 묵묵히 따르거나 방관할 뿐이었다. 나는 그 전형적인 장면을 2001년 12월 8일에 있었던 송년회를 준비하는 과정에서 보았다.

2001년 가을이 깊어지기 시작할 무렵부터 김정식 교사와 이정호 교사는 불안에 빠지기 시작했다. 그들은 산들초등학교를 알고 있는 많은 사람들이 자신들이 하는 일을 우려와 의심의 눈초리로 바라보고 있다는 것을 알고 있었다. 산들초등학교를 관할하고 있는 매향시 교육청에서는 골수 대교연 교사들이 한 학교에서 모여서 학교를 저희들 멋대로 좌우하고 있다고 보았다. 양현철 교장은 교육청을 방문할 때마다 "대교연 선생들 때문에 힘들지 않으세요?"라는 말을 인사말처럼 들어야했다. 인근 지역의 교사들 사이에는 산들초등학교 교장, 교감은 허수아비라는 말이 돌기도 했다. 그 두 교사는 주변의 그러한 인식으로 인해서 그동안 자신들을 믿고 지지해준 교장의 마음이 돌아서지나 않을까

하고 걱정했다. 그리고 학교 내의 방관자적인 위치에 있는 교사들과, 반신반의하는 학부모들에게도 자신들이 하고 있는 일이 가치 있는 일이라는 것을 인식시킬 필요도 있었다.

그들은 이러한 안과 밖의 불신과 우려를 일시에 해소하는 방안으로써 외부의 공신력 있는 기관으로부터 인정받는 길을 택했다. 그렇게 해서 그들은 나머지 교사들과 충분한 논의를 거치지 않고 암묵적인 동의하에 자신들이 한 해 동안 해 온 일을 정리하여 "좋은학교선양회"에 제출했다. 그곳은 민간 기관으로서 2000년부터 해마다 전국의 초·중·고등학교를 대상으로 우수학교를 선정해서 시상했다. 나머지 교사들은 그 일이 예정에 없던 일이기는 했지만 자신이 해야 하는 일이 아니기 때문에 강하게 반대할 이유가 없었다. 그리고 그해 산들초등학교는 그 기관으로부터 학교 시설과 환경, 그리고 교육과정 면에서 가장 우수한 학교로 선정되고, 교사와 일부 아이와 학부모들이 시상식에서 참가하게 되었다. 그리고 갈등은 그 다음에 발생했다.

두 교사는 시상식을 계기로 산들초등학교의 모든 교사와 학부모가 함께 모여서 산들초등학교가 최우수학교로 선정된 것을 자축하고, 한 해 동안의 노고를 서로 치하하고 격려하는 자리를 마련할 것을 교사주례회의 석상에서 제안했다. 이 역시 예정에 없던 일이었다. 이에 대해서 박명준 교사가 강하게 반발했다. 그는 산들초등학교가 다시 시작할 때 김정식, 이정호 교사와 함께 자진해서 부임해왔지만 여러 가지 사안을 두고 두 교사와 마찰을 빚었다. 김정식 교사와 이정호 교사는 학교의 전체적인 행사를 중심으로 학교를 이끌어가고 나머지 교사들도 거기에 참여하기를 바랐고, 박명준 교사를 비롯한 나머지 교사들은 개별 교사의 재량에 따라 이루어지는 학급의 일상적인 수업 활동에 더 관심이 많았다. 다음은 그와 관련하여 갈등을 빚은 내용이다.

〈7〉

이정호: (송년회) 이 일을 크고 어려운 일이라고 하는데, 나는 이런 행사 하나를 가지고 이 행사의 의미는 어떤 것이며, 이것은 우리가 얼마만큼 집중해야 할 것이며, 그런 형태로 학교의 모든 작은 이런 일까지 사전에 사람들 의견을 물어서 조율해야 하는 그런 일이라고 보지 않았다는 거지.

박명준: 나는 선생님하고 다르게 생각해요. 지금 진행되는 이 상황이 절대 작은 일이 아니에요. 이게 행사지 어떻게 작은 일이에요. 어쨌든 학교가 다 움직여야 하잖아요. 선생님도 투여해야 하고. 우리는 지금 계절학교 하나만 해도 제대로 잡힌 게 있어요? 지금 그거 준비하기도 바빠요. 수행평가 해야지, 졸업식 준비해야지, 송년회 준비해야지. 도대체가 우리는 이거 끝나고 애들을 다음 학년으로 넘겨줘야 하는데 넘겨주는 것도 부담스러워요. 또 토요일에 일곱 시까지 남아서 하는 게 도대체 쉬는 상황이에요? (시상식장에 갔다가) 집에 가서 애 데려다 주고 다시 송년회장까지 가는 상황이? 그만큼 중요성이 없으면 선생님들은 자발적으로 움직이기 힘들다고. 그 상황을 체크해야 한다고 보는 거예요. 그 중요성에서 선생님하고 나하고 완전히 다르잖아요.

이정호: 박명준 선생님은 토요일 저녁에 일곱 시까지 남아서 그러는 것이 아무런 의미 없는 일이라고 생각해?

박명준: 의미가 없다고 생각해요. 그 정도로 할 필요가 없다고 생각해요. 시상식 끝나고 저녁 먹는 거라면 몰라도 이렇게 행사 중심으로 하면 준비해야 하고, (준비해서) 가지고 내려가야 할 테고…….

당시 산들초등학교는 12월 20일부터 28일 사이에 예술체험활동을 중심으로 하는 겨울계절학교를 운영하고, 12월 29일에 학년을 마무리할 예정이었다. 따라서 교사들은 박명준 교사의 지적대로 12월 19일까지 학생들이 다음 학년으로 진급할 수 있게 모든 평가와 서류 정리를 마무리하고, 동시에 겨울계절학교를 여는 데 필요한 준비도 마쳐야 했다. 그런 와중에 12월 8일의 송년회를 위해 또 다른 준비를 하고, 송년회 당일에는 서울의 혜화동까지 가서 시상식장에 참석하고, 다시 돌아와서 송년회장에 참석해야 했다. 그런 일들이 다른 교사들에게는 부담일 수밖에 없었다. 그럼에도 불구하고 두 교사는 자신의 의지대로 송년회를 준비하고 개최했고, 나머지 교사들은 마지못해 그 자리에 참석해야 했다.

이와 유사한 갈등은 도처에서 발생하였고, 그 해결 방식은 늘 동일했다. 해가 바뀌면서 나는 교사들에게서 당시 내가 생각했던 교육공동체의 모습을 발견할 수 있으리라는 기대를 잠시 접었다. 그 대신 상대적으로 내가 관찰을 게을리했던 학부모에게 주목했다. 산들초등학교가 시행하는 대부분의 행사들이 학부모의 참여하에 이루어지는 것이므로 학부모에 주목하면 학부모들이 협력하는 모습과 함께 교사와 학부모가 협력하는 모습도 볼 수 있으리라고 기대했다.

내가 그렇게 생각한 것은 2002년부터 2003년까지 학교운영위원장이었던 윤수현 씨가 자신은 더 이상 기존의 학부모 운동가들이 해왔던 것처럼 조직을 만들고 세력화해서 상대를 굴복시키는 방식으로 학교일을 하지 않겠다고 표명했기 때문이기도 했다. 당시 그는 30대 후반의 여자로서, 대학에 재학하던 시절부터 민주화 운동, 노동운동, 시민운동 등에 지속적으로 참여했다. 그에게는 초등학교 4학년인 남자 아이와, 만 5살짜리 여자 아이가 있었다. 그의 큰 아이는 다른 초등학교에 다니는 동안 교사의 엄격한 통제 방식에 적응하지 못해서 두 달 가까이 학교에 가지 않기도 했다.

나는 그가 학교의 각종 행사와 교육활동에 참여하는 과정에서 내가 원하는 모습, 즉 갈등을 상생적으로 해결하는 모습을 볼 수 있기를 기대했다. 학부모들은 학교의 각종 행사를 치르기 위해서 표면적으로는 협력했지만, 그 이면의 모습은 교사들과 크게 다르지 않았다. 학부모 가운데 한 사람은 새로 부임한 교사가 아이들을 집단별로 경쟁시킴으로써 아이들 사이의 공동체적인 관계를 악화시키고, 아이들이 교실 밖의 자연 환경 속에서 공부하게 하기보다는 교실 안에서만 생활하게 한다는 이유를 들어서 그 교사에게 "선생님은 산들초등학교의 가치관하고 안 맞는 사람이에요."라고 말했다. 이와 유사한 일은 병설 유치원에서도 발생했다. 여기서도 새로 부임한 교사가 기존의 다른 유치원에서 하던 것처럼 유아들을 데리고 주로 실내에서 생활하자 부모들은 그것은 산들초등학교가 추구하는 교육이 아니라고 이의를 제기하고 매주 정기적으로 아이들을 데리고 나들이를 나가도록 요구했다. 그러나 거기에 요구되는 자원 봉사는 아무도 하겠다고 나서지 않았다. 그리고 일부 부모는 사적인 자리에서 유치원 교사를 내보내야 한다고 공공연히 주장하기도 했다.

그러는 와중에도 산들초등학교는 점점 더 외부의 많은 사람들에게 좋은 학교로 알려지고, 전입을 문의해오는 학부모도 많아졌다. 그들에게 산들초등학교는 아이들이 억압받지 않고 자연 속에서 자유롭게 마음껏 뛰어놀면서 즐겁게 공부할 수 있는 곳으로 알려졌다. 물론 산들초등학교에 그런 면이 없는 것은 아니지만, 내가 보기에 그것은 산들초등학교의 일부 모습이고 보기에 따라서는 그런 모습들이 모두 긍정적이라고만 말할 수도 없었다.

이런 상황에서 나는 산들초등학교를 어떤 관점에서 보아야하는지를 다시 생각해야 했다. 산들초등학교를 연구현장으로서 포기하거나, 산들초등학교를 교육공동체로서 보는 것을 포기하는 것도 한 가지 방안이기는 하지만 그때까지는 그것을 고려하지는 않았다. 산들초등학교가 내 개인적인 연구만을 위한 현장이 아니고, 아직까지는 공동체로서의 가능성에 대한 기대가 더 크게 남아 있었기 때문이었다.

나는 더 기다리기로 했다. 산들초등학교가 교육공동체로서의 모습, 즉 갈등을 상생적으로 해결해가는 모습을 보이려면 좀 더 시간이 필요하다는 것이 그때의 내 결론이었다. 아이들이 어릴 때는 티격태격 하다가도 철이 들면 더 이상 안 싸우게 되듯이, 시간이 지나면 그들도 그렇게 될 것이라고 믿었다. 그래서 나는 아이들이 어떤 계기에 의해서 철이 드는지 알아내듯이 산들초등학교 사람들이 어떤 계기와 과정에 의해서 상극적인 문제 해결 방식을 버리고 상생적인 방식을 취하는지를 면밀하게 관찰하기로 했다.

그러나 2002년이 다 저물도록 그들은 크게 달라지지 않았다. 오히려 상극적인 대결의 모습이 더 심해졌다고 보아야 할 정도였다. 신미희 교감은 교사들과 잦은 마찰을 빚다가 8월에 다른 학교로 옮겼고, 진도향 교사는 학급의 아이들을 지도하는 데 어려움을 겪던 중 학부모와 갈등을 빚자 도중에 담임직을 그만두었다가 이듬해에 다른 학교로 옮겼다. 20년 만에 학교로 돌아온 그에게 현재의 학교, 그것도 여러 가지 면에서 일반 학교와 다른 산들초등학교는 단기간에 적응할 수 있는 곳이 아니었다. 그렇지만 다른 교사들은 그 문제를 적극적으로 예방하거나 해결하려는 노력을 보이지 않았다. 교사들은 한 달에 한 번꼴로 벌어지는 행사를 준비하느라고 각 교실에서 그리고 아이들 사이에 어떤 문제가 발생하고, 그 원인이 무엇인지 등에 대해서 찬찬히 살펴보고 의논할 여유가 없었다.

또한 송년회 문제로 갈등을 빚었던 박명준 교사는 매향교육청에서 실시하는 학교평가 문제로 다시 갈등을 빚고 2003년 2월에 역시 학교를 떠났다. 산들초등학교는 2002년 가을에 다른 학교와 마찬가지로 교육청으로부터 학교평가를 받아야 했다. 두 "앞바퀴 교사"는 이 기회를 이용해서 자신들이 하고 있는 여러 가지 교육활동이 제7차 교육과정에 부합하는 것임을 보임으로써 자신들이 하고 있는 것이 옳다는 것을 공식적으로 인정받고자 했다. 그래서 그들은 여름 방학부터 철저하게 각종 서류를 준비했다. 그리고 각 부서를 책임 맡은 교사들에게도 각종 공문서와 서류를 철저히 준비해줄 것을 요구했다. 박명준 교사의 눈에 그것은 자신들이 극복하고자 했던 기존의 관료주의적인 관행을 반복하는 것으로 보였고, 그로 인해서 자신의 일상적인 수업활동과 생활리듬이 깨지는 것을 허용할 수 없었다.

일부 학부모들은 자신의 아이가 저학년 아이들에게 폭력을 행사하자 상대 부모에게 사과하고 재발하지 않게 하겠다고 약속하는 대신 사실을 부인하거나 무마하려고만 했다. 또한 "앞바퀴 교사"들은 아이들 사이에 그런 문제가 왜 발생하게 되었는지 면밀하게 검토하고, 자신이 추진해온 교육활동에 문제가 없었는지를 되돌아보는 대신 피해 아이들로 하여금 전교생이 모인 자리에서 그 문제를 공개하도록 종용했다. 학부모 가운데 일부 사람들, 특히 윤수현 씨는 이런 문제 해결 방식에 회의를 느끼고 교사와 해당 학부모가 함께 의논해서 문제를 해결하게 하려고 노력했지만, 다른 학부모들을 성급하게 종용함으로써 오히려 문제를 덮으려고 한다는 비난을 받기도 했다.

그렇게 해서 두 해가 지나고 세 해째 접어들었다. 2003년에도 크게 달라진 것은 없었다. 박명준 교사와 진도향 교사가 떠나고, 오상두 교사와 손영애 교사가 새로 왔을 뿐이었다. 오상두 교사는 30대 중반의 남자로서, 춘래면에 이웃하고 있는 희망시에 근무하다가 김정식 교사의 소개로 자원해서 오게 되었다. 손영애 교사는 30대 후반의 여자로서 춘래면으로부터 50킬로미터 이상 떨어진 미래시에 근무하다가 정기 전보

시기에 해당되어서 오게 되었다. 오상두 교사와 달리 그는 산들초등학교에 관해서 사전에 알고 있는 것이 거의 없었다.

2003년에 들어서 한 가지 달라진 점이 있다면 6월에 있은 숲속학교 행사와 7월에 있은 여름계절학교 행사를 거치는 동안 학부모의 학교 참여 범위를 두고 교사 집단과 학부모 집단 간의 갈등이 발생하고, 그로 인해서 둘 사이의 골이 더 깊어졌다는 사실이었다. 그로 인해서 양자는 모두 이 문제를 해결해야 할 필요성을 느끼기 시작했다. 나는 그 상황이 내게 주어진 마지막 기회라고 생각했다. 만일 그들이 이 갈등을 충돌 없이 잘 해결해 낸다면, 그래서 이후로는 서로 화목하게 생활할 수 있게 된다면, 그 해결 과정에서 보이는 상생의 모습을 교육공동체로 볼 수 있을 것이라고 생각했다.

그래서 나는 이들이 이 문제를 해결해가는 과정을 주의 깊게 살펴보았다. 나는 여름방학 동안 이루어진 교사 워크숍과 학부모 대표 워크숍, 개학 이후에 있은 학부모 대표단 회의, 학년별 학부모 회의, 학부모 학년말 평가회, 교사 주례회의, 교사 겨울방학 워크숍 등에 참석하면서 문제에 접근해나가는 과정을 주의 깊게 살펴보고, 비디오카메라에 담았다. 양자는 모두 서로가 대화해야 한다는 데에는 생각을 같이 했다. 시기가 문제였다. 양쪽은 2학기 내내 그 시기를 저울질하다가 2004년 2월 26일에 교장 교감을 비롯한 교사 9명과 학부모 21명이 교사학부모 간담회라는 이름으로 한 자리에 모였다. 처음에 이 자리는 '교사학부모 토론회'라는 이름으로 추진되었지만 도중에 성격이 변질되었다. 그렇지만 이런 자리가 마련되었다는 사실만으로도 큰 의미가 있다고 나는 생각했다.

마침내 간담회가 열렸다. 나는 그 간담회를 계기로 그동안 교사와 학부모가 서로 나누지 못한 이야기를 충분히 나눔으로써 서로가 가졌던 오해를 풀고 상생의 길로 나아갈 수 있을 것이라고 확신했다. 그렇게

만 된다면 내가 지난 3년 동안 들인 시간과 노력, 비디오테이프 값과 자동차 기름값 등은 전혀 아까울 게 없었다. 내 비디오테이프에 담긴 수많은 갈등 장면들은 고통스럽지만 아름다운 성장의 과정이었으며, 그런 고통스런 성장의 과정이 있었기 때문에 산들초등학교가 시행하고 있는 각종 행사와 활동이 또 다른 의미를 갖는다고 다른 사람들에게 자신 있게 말할 수 있다고 믿었기 때문이다. 나는 그 장면을 좀 더 극적으로 담기 위해 하루 전에 학교에 가서 교감, 교장 선생님과 면담을 하고, 학부모 모임에도 참석했다. 그리고 그날 아침에는 미리 가서 학부모운영위원이고 운영위원회 총무인 유선희 씨와도 면담했다. 그는 30대 중반의 여자로서, 그 역시 대학에 재학하던 시절부터 학생 운동과 시민운동에 오랫동안 참여했다. 그는 이날의 간담회를 앞두고 지난 여름부터 학부모 모임을 주도적으로 준비해왔다. 그는 나와 면담하던 도중 간담회 자리에서 교사와 학부모 모두가 서로의 속내를 거리낌 없이 터놓고 이야기하기를 바란다면서 눈물을 보였다.

〈사진 4〉 교사 · 학부모 간담회 (2004년 2월 26일)

그러나, 이번에도 내 기대는 여지없이 빗나갔다. 교사들은 산들초등학교가 2004년을 기점으로 제2기에 접어들었다고 선언하고, 이후로는 그동안 소홀히 했던 교과 지도에 치중하겠다고 밝혔다. 교사와 학부모 사이에 왜 골이 깊어졌는지, 그 문제의 근본적인 원인은 어디에 있는지, 아이들은 현재 어떻게 자라고 있으며 혹시 문제점이 발견된다면 그렇게 된 데에는 교사와 학부모 각각에게 어떤 책임이 있는지, 그리고 그런 문제들을 해결하려면 교사와 학부모 각각은 어떤 노력을 해야 하는지 등에 관한 논의는 전혀 없었다. 여느 해와 다름없이 새 학년도 교육과정 운영 방향과 계획을 학부모에 안내하고 그와 관련된 몇 가지 의문 사항을 질의하고 대답하는 것이 전부였다고 보아도 과언이 아니었다. 어느 면에서는 기존의 문제를 드러내서 함께 해결하기보다는 새로운 문제 상황을 만듦으로써 기존의 문제를 희석시키는 자리였다고 볼 수 있을 정도였다. 그 간담회를 마친 뒤 사석에서 한 학부모는 "오늘 거의 소득이 없다고 봐야지. 그냥 결정한 것을 브리핑한 것 외에 어떤 것을 들었지?"라고 말했다.

결국 나는 3년 내내 내가 미리 그려놓았던 교육공동체로서의 모습을 산들초등학교에서 발견할 수 없었다. 더 이상 연구를 진행한다는 것도 불가능했다. 몸과 마음이 모두 지쳤을 뿐만 아니라, 2002년 12월 이후로 BK21의 지원이 끊겨서 경제적으로도 어려운 상황이었다. 더 이상 빚을 낼 데도 없었다. 언제까지나 학위논문 작성을 미룰 수도 없는 노릇이었다. 내 아이들에게도 아빠는 항상 밖으로만 돌아다니고, 집에서는 책상 앞에 앉아서 뒷모습만 보이는 사람으로 남아 있을 수도 없었다.

'어디에 문제가 있는 것일까?', '내가 연구 현장을 잘못 선택한 것일까?', '내가 연구 주제를 잘못 잡은 것일까?' ……. 문제의 원인은 내 안에 있었다. 그때까지도 나는 공동체가 무엇인지, 질적연구가 무엇인지 모르고 있었던 것이다. 그들이 공동체를 어떤 것으로 보고 있는지, 그것을 실현하기 위해서 어떤 노력을 하고 있는지, 그들이 공동체를 통해서 해결하려고 하는 문제가 무엇이었는지, 그런 문제는 왜 발생할 수밖에 없는지 등을 살피기보다는, 내가 편의적으로 만들어 놓은 교육공동체라는 개념의 그물로 그들의 삶을 재단해서 바라보려고만 해왔던 것이다.

그 일이 있은 뒤 나는 그동안 구상해놓았던 이후의 모든 연구 계획을 포기했다. 그리고 다시 시작했다. 그동안 모아놓은 촬영 자료들을 모두 폐기하다시피하고 3월 한 달 동안 교사, 학부모, 학생, 지역주민 등을 포함하여 43명과 70여 시간 동안 개별 또는 집단면담을 했다. 나는 이 과정에서 그동안 내가 이야기를 들을 기회가 별로 없었던 학부모들을 의도적으로 만났다. 침묵하고 있는 다수의 학부모들의 의견도 듣기 위해서였다. 나는 대체로 다음과 같은 내용을 질문했다.

- 산들초등학교에 왜 왔습니까?
- 아이가 어떤 사람으로 자라기를 바랍니까?
- 산들초등학교에 대해서 만족합니까?
- 어떤 점이 왜 만족스럽습니까?
- 산들초등학교에서 생활하는 동안 어떤 어려움이 있었습니까?
- 그 어려움을 어떻게 해결했습니까?
- 산들초등학교는 공동체라고 생각합니까?
- 어떤 장면이 공동체다운/공동체답지 못한 모습이라고 생각합니까?
- 공동체의 일원으로서 살아가려면 어떻게 해야 한다고 생각합니까?

나는 그들과 면담하면서, 면담 내용을 전사하면서, 전사된 내용을 서너 차례 반복해서 읽으면서 몇 가지 중요한 사실들을 발견했다. 그들은 그동안 내가 생각해왔던 것과는 다른 의미로 공동체를 생각하고, 내가 보려고 애써왔던 것과는 다른 장면에서 공동체를 느끼고 있었다. 그것들을 간단히 정리하면 다음과 같다.

첫째, 그들은 대부분 계절학교 등과 같이 교사와 학부모가 함께 힘을 합해서 행사를 치루는 장면을 공동체다운 사례로서 제시하지 않았거나 큰 비중을 두어서 말하지 않았다. 나는 그들이 그런 장면을 가장 먼저 거론할 것으로 예상했다. 나는 면담 중에 그 점이 이상해서 왜 그런지를 한 학부모에게 질문했다. 그는 다음과 같이 대답했다.

〈8〉

저도 그것 때문에 계속 고민됐거든요. 우리가 정말 같이 하고 애쓰고 그랬는데 그것을 어떻게 갖다 붙여야 하나 고민이 돼가지고 머릿속이 어지러워요. '그거다 하고 말이 왜 안 나오지?' 이런 생각이 계속 있으면서 속상하네요. (소담 엄마)

둘째, 그들은 하나 같이 공동체는 저 멀리 특별한 곳에 따로 있는 것이 아니라 가까운 일상 속에 있다고 말했다. 그들은 주변의 가까운 사람들과 일상적인 관계를 잘 맺어나가는 것이 공동체를 이루는 일이라고 말했다.

〈9〉

일은 관계 속에서 어떤 행사를 하는 거지요. 가정에서도 대소사가 있잖아요. 그거는 그냥 어떤 행사예요. 진정한 공동체는 그 무수한 평범한 날들 속에 있는 거예요. 아주 평범한, 일상이라는 거 있잖아요. 밥 먹고, 자고, 사소한 것 갖고 얘기하고 그런 과정 속에 있는 거지요. (수민 엄마)

셋째, 그들은 공동체를 이야기할 때는 '관계'라는 단어를 많이 사용했다. 경우에 따라서는 '관계'를 공동체와 거의 동의어로 사용한다는 뉘앙스를 풍기기도 했다. 다음은 그 한 예이다.

〈10〉

공동체라고 했을 때는 혼자는 아닌 것 같애. 더불어서 하는 것이고, 그 더불어서 하는 것이 처음에 두 명이 출발할 수도 있고 여럿이 출발할 수도 있고. 넓게 시작했다가 나중에 두 명만 남는 것도 공동체가 되기도 하더라고요. 그 속에는 관계의 문제가 있는 것 같더라고요. 둘 이상의 사람이 관계를 맺어가면서 일을 해나가고 삶을 살아가는 어떤 형태들이라는 생각이 들어요. 그 속에서 이뤄내는 게 다양하게 나타나는 것이고……. (소담 엄마)

넷째, 그들은 산들초등학교 사람들이 공동체적으로 살아가기 위해서는 다름을 인정해야 한다는 말을 역시 공통적으로 했다. 그들이 말하는 다름을 인정하는 길은 여러 가지이지만 그 가운데 가장 핵심적인 것은 상대를 이해하는 것이다.

〈11〉

(공동체로 살려면) 도 닦아야죠. 다름을 인정하는 거. 다름을 인정하고 그것을 흉으로 보지 않는 거죠. 너와 내가 다른 거, 하지만 둘 다 소중하다. 이 세상에는 소중하지 않은 것이 없는 까닭에 너와 내가 다르나 다르지 않다. 소중함에 있어서는 진짜 다르지 않아요. 하지만 너와 내가 다르거든요. 다르지 않다는 것은 인정에서 가는 거예요. 인정과 이해. 그게 되면 공동체는 돼요. (수민 엄마)

다섯째, 그들은 공동체의 일원으로서 살아가기 위해서는 자신을 낮추어야 한다고 말했다. 그들은 하나같이 자신이 정해놓은 상을 향해서 나머지 사람을 이끌고 가는 경우가 가장 공동체답지 못하다고 말했다. 다음은 학생 중 한 명이 한 이야기다.

〈12〉

다 함께 어울려서 살려면 자기 자신을 조금이라도 낮춰야 할 것 같아요. 왜냐하면 자기 자신이 강하다고 자신이 잘났다고 그러면 누구나 다 행복할 수 없어요. 자기 자신만 생각하면 사회를 이뤄나갈 수 없으니까 자신을 조금이나마 낮춰서 서로를 생각해서 친절하게 만날 수 있는 느낌을 가지면서 생활하는 게 더 좋다고 생각해요. (졸업생 연지)

여섯째, 그들은 공동체 속에서 자신이 변화한다고 말했다. 어떤 사람은 이 점을 "시선을 조율해가면서 가는 과정이 공동체"라고 말하고, 또 다른 사람은 "공동체는 시간의 과정 속에서 점차 변해가는 것"이라고 말했다. 한 학부모는 아래와 같이 말했다.

〈13〉

변화되는 모습을 발견할 수 있다는 것이 공동체 아닐까. 어차피 똑같은 마음으로 시작한 것이 아니잖아요. 아무 생각 없이 산들초등학교를 선택했는데 의외의 수확이야. 아이들도 좋아지고, 엄마도 좋아지고. 변화를 본인도 느끼고, 다른 사람도 분명히 느낄 거야. 처음하고 많이 다르다는 것을. 그런 모습을 서로 발견하고 본인들이 느끼는 게 공동체가 아닐까. (연하 엄마)

일곱째, 그들은 공동체에 관해서, 그리고 공동체의 한 구성원으로서 살아가기 위해서는 어떻게 해야 하는지에 관하여 위와 같은 생각을 하게 된 것은 그동안 산들초등학교에서 살아왔기 때문이라고 대답했다. 이정호 교사는 그 점을 "산들초등학교에서 살아온 세월의 힘"이라는 말로 표현했다.

〈14〉

산들에서 지금까지 살아온 세월의 힘으로 바뀌어져 나가는 거라니까요. 서로가 갈등의 과정을 겪으면서 힘든 과정을 겪으면서 이것은 문제다, 이것은 별로 바른 것이 아니라는 것을 감각적으로 이해하는 부분이 크다고 생각해요. 우선 내 속에서 그러니까. (이정호 교사)

요컨대, 그들에게 있어서 공동체란 학교에서 실시하는 각종 행사를 교사와 학부모가 다 함께 참여해서 치러내는 데 있는 것이 아니라, 일상 속에서 주변 사람들과 더불어서 살아가는 가운데 자신을 낮추고 타인이 자신과 다르다는 것을 인정하고 이해함으로써 함께 변화해나가는 관계 속에 있다. 그들은 겉으로는 지난 삼 년 동안 산들초등학교에서 새로운 학교를 만들기 위해서 땀을 흘리기도 하고 서로 갈등하기도 했지만, 그 이면에서는 그동안 내가 알지 못했던 또 다른 세계가 펼쳐지고 있던 것이었다.

공동체에 관하여 그들이 가지고 있는 생각은 그동안 내가 생각해왔던 공동체의 개념과 상당한 거리를 두고 있었다. 그동안 나는 '공동체란 동일한 목적을 달성하거나 가치를 실현하기 위해서 여러 사람들이 평등한 가운데 조화롭게 협력하는 집단'으로만 생각해왔다. 나는 이런 점들을 발견하고서 잠시 머뭇거리지 않을 수 없었다. 그들이 말하고 있는 공동체는 과연 무엇인가? 공동체가 아니라고 말해야 하는가? 공동체가 아닌 것은 아니지만 편협하고 저급한 개념인가? 따라서 아이들이 서툴게 그려놓은 그림을 어른이 근사하게 다듬어 주듯이 그들의 공동체 개념을 기존의 공동체 이론에 비추어 재정의해야 하는가? 아니면 그들이 처한 상황에만 특수하게 적용되는 개념이므로, 예외적인 것으로 남겨놓아야 하는가?

나는 지도 교수님께서 나를 나무라실 때마다 하신 말씀을 떠올렸다. "질적연구는 발견하는 일이다!" ……. '여기서 무엇을 더 발견해야 하는가?', '무엇을 더 발견할 수 있는가?' 무엇을 어떻게 해야 하는지 종잡을 수가 없었다.

나는 잠시 숨을 돌리고, 세 가지 작업을 새로 했다. 우선 전사 자료를 다시 읽고, 코딩을 다시 했다. 다음에는 그들이 왜 그런 생각을 가지게 되었는지를 그들이 놓여 있는 상황과 관련해서 검토했다. 나는 이 분석의 과정에서 상징적 상호작용론의 아이디어를 반영해서 그들의 삶을 문화(또는 사고)의 차원, 상황(또는 환경)의 차원, 행위의 차원, 내면(또는 정서)의 차원으로 나누고, 그들 사이의 관계를 살펴보았다. 그리고 그들이 말하는 공동체가 기존의 공동체 논의와 어떤 관련이 있는지, 기존의 공동체 논의는 왜 등장하게 되었는지, 그들이 해결하고자 하는 문제가 무엇이었는지, 그 문제는 인간으로서의 삶과 어떤 관련이 있는지 등을 검토하고 추론했다.

나는 지난3년 동안의 일들을 떠올리면서 전사 자료를 다시 읽는 과정에서 몇 가지 사실을 더 발견했다. 그 가운데 하나는 그들의 이야기 속에 서로 다른 네 가지 유형의 공동체가 등장하고, 그 네 가지는 동일한 차원에서는 분류되지 않는다는 것이었다. 그 네 가지 유형 가운데 첫째는 꼬뮨(commune)형이다. 이것은 대부분의 사람들이 공동체에 관하여 가지고 있는 생각으로서, 한 집단의 구성원들이 소유, 지위, 역할 등을 평등하게 유지하는 가운데 조화롭게 살아가는 것이다. 앞서 검토한 맑스가 추구한 공동체와 소규모 공동체가 여기에 해당한다. 산들초등학교에서 이런 공동체의 모습은 새롭게 시작하던 초기에 많이 나타났고, 일부 사람들은 아직도 그것을 공동체의 이상적인 모습으로 간직하고 있었다.

둘째는 초유기체형이다. 이것은 개미나 꿀벌 집단 등의 경우처럼 각 구성원 사이에 지위와 역할이 항상 고정되어 있는 가운데 그들이 유기적으로 결합됨으로써 하나의 전체를 구성하는 것이다. 뒤르케임이 개념화한 사회가 여기에 해당한다. 이런 형태의 공동체는 산들리 지역에 거주해오던 원주민을 비롯하여 학교 일에 자주 참여하지 못하는 학부모와 2002년 이후로 산들초등학교에 전입해온 교사들에 의해서 주로 주장되었다. 특히 새로 온 교사들에게는 학부모들이 학교의 일에 적극적이고 활발하게 때로는 교사보다 더 주도적으로 참여하는 모습이 아주 낯설고 불편했다. 이런 문제를 두고 2003년 6월의 숲속학교와 7월의 여름계절학교에서 교사와 학부모가 갈등을 빚은 이후로 초유기체형으로서의 모습이 점점 더 강하게 드러났다.

셋째는 두레형이다. 이것은 농촌에서 모내기나 벼 베기 등과 같이 특정한 사안이 있을 때만 구성되었다가 사안이 해결되면 해체되는 공동의 조직이다. 이때 조직의 형태는 꼬뮨형이 될 수도 있고 초유기체형이 될 수도 있다. 산들초등학교에서는 숲속학교와 계절학교 등과 같은 큰 행사가 있을 경우에 그 행사를 위한 소위원회를 만들고, 그 위원회를 중심으로 교사와 학부모가 함께 그 행사를 치루는 것이 그 경우다. 이때 학부모가 위원장이 되는 경우도 있으며, 그 경우에는 교사도 학부모의 지시를 받게 된다. 그 행사를 마친 뒤에는 교사와 학부모의 관계는 평상으로 돌아간다.

넷째는 관계로서의 공동체다. 그런데 이 공동체는 앞의 세 가지 공동체와는 성격이 크게 달랐다. 우선 그것은 앞의 세 가지와 같은 차원에서 분류될 수 없었다. 앞의 세 가지는 외부와의 경계의 강약과 구성원 사이의 역할 경계의 강약을 기준으로 분류할 수 있었지만, 관계로서의 공동체는 그 기준만으로 분류되지 않았다. 그것을 다른 세 가지와 함께 분류하기 위해서는 제3의 기준을 동원하지 않을 수 없었다. 비밀은 '관계' 속에 있었다. 그들은 일상 속에서도 관계라는 말을 많이 했다. '관계가 문제다', '관계를 먼저 해결해야 한다', '관계만 해결되면 다른 것은 아무 문제없다' 등등. 그동안 나는 내 관심에 매몰되어서 그 말을 주의 깊게 듣지 못했다. 그들이 관계라는 말에 담아서 전하고자 하는 의미가 무엇인지 생각해보지 못했다. 그 '관계'가 무엇인지 이제부터 다시 생각해야 했다.

그것을 알기 위해서는 그들이 왜 관계라는 말을 자주하고, 왜 일상 속에서 공동체를 찾으려고 하고 찾았는지 알아보아야 했다. 그러기 위해서는 그들이 그동안 살아온 삼 년 동안 어떤 일들이 있었는지 다시 살펴보아야 했다. 그 과정에서 그들 사이의 관계를 불편하게 만든 주요한 사건 세 가지가 발견되었다. 첫째는 산들초등학교가 새롭게 시작하는 각종 교육활동과 행사에 모든 사람을 강제로 참여하게 한 사건이고, 둘째는 학부모가 학교 일과 관련하여 참여할 수 있는 범위와 역할을 두고 벌어진 갈등이고, 셋째는 통학버스 운행과 관련된 갈등이다. 내가 보기에 이러한 갈등의 씨앗은 산들초등학교가 새롭게 출발할 때부터 파종되어 있었으며, 그 씨앗은 다름 아닌 그들이 처음에 공동체에 관해서 가지고 있었던 생각이었다. 그들은 산들초등학교가 새롭게 시작할 때부터 공동체를 내세웠으며, 그들이 생각한 공동체는 모든 일을 모든 사람이 평등하게 참여해서 하는 것, 즉 꼬뮨에 가까운 것이었다. 그러나 그러한 공동체 개념은 현실 속에서 여러 가지 어려움에 부딪히면서 점점 각각의 역할을 엄격하게 구분하는 초유기체형으로 변화해갔다. 그리고 그와 함께 그들은 관계로서의 공동체 개념을 새롭게 형성해갔다.

나는 산들초등학교 사람들이 느끼는 관계로서의 공동체를 공동체라고 할 수 있는지 여부를 판단하기 위해서, 기존의 공동체 관련 논의 가운데 공동체의 개념을 직접적으로 거론한 이론들을 중심으로 검토했다. 그리고 그 과정에서 또 다른 사실을 발견했다. 앞서 지적한 것처럼, 기존의 공동체 이론들이 공동체가 무엇인지는 부분적으로 설명하고 있지만, 서로 다른 개인들이 차이를 유지하면서도 비분업적인 방식으로 결합되는 것이 무엇인지, 그 공동체가 어떻게 해서 형성되는지에 관해서는 설명하지 못한다는 것이었다. 그리고 바로 그 점을 산들초등학교의 공동체가 설명했다. 더 나아가 기존에 공동체라고 여겨져 왔던 많은 집단들, 즉 구성원 사이의 동질성을 기반으로 구성되는 모든 집단은 구조화의 방식이나 정도의 차이만 있을 뿐 결회체(society)로 보지 않을 수 없었다. 그렇게 했을 때 공동체를 형성한다는 것의 의미가 무엇인지 분명해지고, 공동체를 형성하기 위해서 어떤 처방이 필요한지를 좀 더 현실적인 방향에서 제시할 수 있게 되었다. 서로 다른 개인들이 서로 소외되지 않는 가운데 결합될 수 있는 방안이 모색될 수 있었다. 그 공동체의 개념과 공동체의 형성 과정 속에는 교육이 중요한 개념으로 자리 잡고 있었다. 또한 그들이 공동체의 개념을 새롭게 알게 되고, 공동체를 형성해온 과정을 교육의 과정으로 해석할 수 있는 여지가 발견되었다. 이것은 일상의 다양한 삶의 장면들을 교육의 관점에서 해석할 수 있는 가능성을 열어놓는 것이기도 했다.

이하에서 나는 지난 3년 동안 산들초등학교 사람들이 어떤 과정을 거쳐서 위와 같은 공동체 개념을 가지게 되었는지, 왜 그런 공동체 개념을 가지게 될 수밖에 없는지, 그들의 그러한 변화는 어떤 의미가 있는지 등을 좀 더 자세히 이야기하겠다.

4 못다 한 과제

그런데 나는 이상의 과제를 해내는 데 있어서 아직까지 충분히 해결하지 못한 점이 있다. 그것은 산들초등학교 사람들이 살아오는 동안에 공동체나 교육에 관하여 새로운 생각을 가지게 되었다고 해서 그와 유사한 삶의 과정을 모두 교육의 과정이라고 보기에는 아직 충분하지 않다는 것이다. 그 점은 내가 논문을 심사받는 과정에서도 핵심적으로 지적받은 것이었다. 만일 그런 관점으로 교육을 규정할 경우에 누구든 살아가는 동안 문제 상황에 봉착해서 어떤 방향으로건 자신의 생각을 바꾸어가면 교육으로 볼 수 있는 가능성이 있기 때문이다. 나는 그 전형적인 경우가 영화 "얼라이브(Alive)"에 등장하는 사건이라고 생각한다. 거기에는 우루과이의 한 대학 미식축구 팀이 비행기를 타고 남미의 안데스 산맥을 넘던 중 눈 덮인 산에 추락해서 먹을 것이 떨어지자 먼저 죽은 동료의 시신을 먹고서 구출된다는 이야기가 실려 있다. 그 경우에 그들은 한계 상황에 처해서 식인 금기를 깨트렸다. 나는 그런 문제 상황에서 이루어지는 사고의 형식과, 그때 적용되는 사고의 기준, 그리고 그 기준은 어디로부터 오는지 등을 검토함으로써 그 문제를 해결하려고 했지만 아직은 충분하지 않다. 그 점은 이후로도 계속 고민해야 할 문제다.

또한 나는 산들초등학교의 공동체를 다시 살펴보는 과정에서 여러 가지 사실들을 새롭게 알게 되었다. 그 가운데 하나가 주체와 타자와 공동체 사이의 관련이다. 일반적으로 공동체는 평등한 주체들의 결합이라고 인식되지만, 공동체 속에는 주체가 없을 뿐만 아니라 사회적인 의미의 평등도 존재하지 않았다. 사회적인 관점에서 볼 때 공동체 구성원들은 오히려 불평등했으며, 각자가 주체임을 부정함으로써 공동체를 형성했다. 그 공동체 속에서는 주체와 타자의 구분이 무의미했다. 이것은 공동체를 이해하는 데 있어서 핵심적으로 검토해야 할 또 하나의 내용이지만 이와 관련된 생각이 아직은 내 안에서 충분히 정리되지 못해서 이에 관한 체계적인 이야기는 다음 기회로 넘기려고 한다. 이와 함께 나는 이 글에서 '상황', '자아', '대화' 등의 용어를 자주 사용하면서도 그것을 개념적으로 명확히 정리하지 못하고 있다. 이것 역시 다음 기회에 다듬어서 명료화하려고 한다.

한편, 나는 산들초등학교를 주로 공동체의 관점에서 바라보았기 때문에 그들이 새롭게 시도한 각종 교육활동이 어떤 의미를 갖는지 등은 충분히 살펴보지 못했다. 나는 산들초등학교 사람들 사이의 갈등이 공동체를 형성하는 데 중요한 계기가 된다고 보았고, 그 갈등 속에는 아이들의 문제도 포함되어 있기 때문에 산들초등학교에서 이루어지는 교육활동은 대체로 긍정적으로 기술되지 못했다. 거기에는 교육이나 학교 등에 관한 내 선입견도 작용했을 것이다.

산들초등학교에서 이루어지는 교육활동들이 어떤 의미를 갖는지 이해하기 위해서는 아이들이 산들초등학교에서 어떻게 살아가는지, 그 과정에서 어떤 경험을 하는지, 어떻게 자라가는지, 그것은 아이들에게 어떤 의미가 있는지, 그것은 다른 삶의 장면과 어떤 관련이 있는지 등을 주의 깊게 살펴볼 필요가 있다. 산들초등학교 아이들은 대체로 다른 학교에 다니는 아이들에 비해서 학교에 가는 것을 아주 즐거워하고 행복해하는 것만큼은 분명하지만, 그것만 가지고 산들초등학교를 평가할 수는 없다고 생각한다. 또 졸업생을 대상으로도 평가할 수 없다고 생각한다. 아이들의 현재 삶이나 졸업생의 삶을 어떤 기준으로 볼 것인지, 어느 시점의 삶을 대상으로 할 것인지가 문제가 되기 때문이다. 또한 산들초등학교를 계기로 이와 유사한 학교들이 전국 각지에서 생겨나고 있다. 이 점 또한 산들초등학교가 사회적으로 의미를 갖는 부분이다. 그러나 이 역시 나는 아직 평가할 수 없다. 그 파장의 방향이 이후에 긍정적인 것이 될지 부정적인 것이 될지 아직은 알 수 없을 뿐만 아니라, 현재의 산들초등학교가 학교 제도로서 갖는 의미가 아직 내 안에서 정리되지 않았기 때문이다. 이와 관련된 문제들은 이후의 연구 과제로 남겨놓을 수밖에 없다.

II 공동체 학교

1 이게 교육인가!

산들초등학교는 행정구역상으로 무릉도 매향시 춘래면 산들리에 위치해 있다. 산들리는 해발 400미터 정도의 고지에 위치하고 있으며, 그곳에는 20만 평이 넘는 울창한 소나무 숲과 왕조시대의 건물과 사찰이 산재해 있다. 그리고 산들리 주변에는 조선시대에 축조된 산성이 오늘날에도 거의 완벽한 상태로 보존되고 있어서 무릉도에서는 이 지역을 도립공원으로 지정하고 대대적인 복원사업을 추진하고 있다.

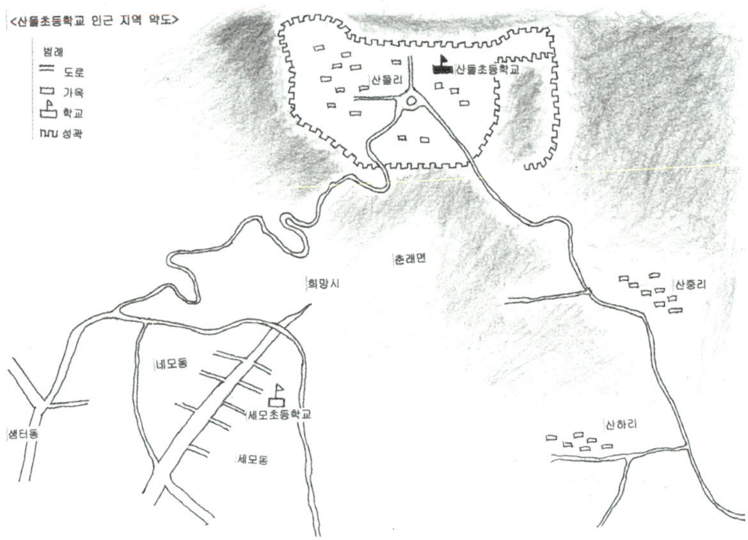

〈그림 1〉 산들초등학교 인근 지역 약도

산들리는 구한말까지만 해도 군사, 행정, 경제의 요충지였으며, 그 안에는 1,300여 호가 살고 있었다고 전해진다. 그러나 우리나라가 일본에 의해서 합방되면서, 일제는 산들리가 무장 독립군들의 근거지가 되는 것을 우려해서 그 지역에 거주하고 있던 주민 대부분을 인근 대도시의 만인동과 매향시 일대로 강제 이주시킴으로써 300여 호만 남게 되었다. 해방 이후로는 산업화의 여파로 나머지 주민 가운데 일부가 이 지역을 다시 떠남으로써 2003년 3월 현재는 100가구 155세대 419명이 산들리 지역 안에 거주하고 있다. 산들리 주민 가운데 80가구는 공원지역을 방문하는 행락객을 대상으로 기념품을 판매하거나 식당을 운영하면서 살아가고 있다. 산들리 이웃에는 산중리와 산하리가 있으며, 산중리에는 80세대 208명의 주민이, 산하리에는 55세대 162명의 주민이 거주하고 있다. 산중리와 산하리 주민 역시 대부분 식당을 운영하고 있다. 이 산들리와 산중리, 그리고 산하리가 산들초등학교의 학구다.

산들초등학교는 산들리의 이러한 역사적 배경으로 인해서 다른 지역보다 빠른 1912년에 개교했고, 2004년 2월 현재까지 총 92회 2,423명의 졸업생을 배출했다. 산들초등학교에는 1971년에는 231명이 재학하였으나, 계속 학생 수가 감소하여 1981년에는 123명, 1991년에는 49명, 2000년에는 26명까지 줄어들었다. 그 결과 산들초등학교는 1996년부터 부분적으로 복식 학급을 편성했으며, 1999년에는 삼복식 학급을 운영하기도 했다. 이런 이유 때문에 매향시 교육청은 교육부가 1982년부터 시행한 "영세초등학교 통폐합 운영 계획"에 따라서 산들초등학교를 통폐합 대상 학교로 지정할 예정이었다.

산들초등학교에 학생 수가 감소하게 된 일차적인 원인은 학구에 거주하고 있는 인구가 지속적으로 감소한 데 있다고 볼 수 있다. 특히 산들리 지역은 산업 기반이 한정되어 있는 데다가 무릉도의 산들성 정비 계획에 따라서 사유지라고 해도 임의로 건물을 증축하거나 개축할 수 없으므로 외부 인구가 유입될 여지가 별로 없었다.

그러나 산들초등학교의 학생 수가 감소한 데는 또 다른 요인이 있었음을 부정할 수 없다. 2000년까지 산들리 이장을 역임한 정유석 씨의 조사에 따르면 2000년에 산들리와 산중리 그리고 산하리에 거주하면서 인근 중소도시나 대도시 초등학교에 재학하고 있는 학생 수가 22명이었다. 그 수는 당시 재학생보다 불과 4명 적었다. 특히 1998년에 입학한 학생 4명은 그 이듬해 모두 다른 학교로 전학했다. 1996년 이전에 자녀를 산들초등학교에 진학시킨 한 학부모 말에 따르면, 교사가 아이 편에 책을 사오라고 해서 책을 사 보냈다가 "얘, 니네 엄마는 뭘 몰라도 한참 모른다."는 면박을 당하고 책을 돌려받았다. 그 교사는 자신의 생일 때면 학부모에게 전화를 걸어서 그 사실을 환기시키고, 전 교직원이 인근 식당에 모여서 학부모와 함께 생일잔치를 벌이곤 했다.

이런 상황 속에서 산들초등학교 학부모들은 자신의 자녀가 산들초등학교에 계속 다닐 경우 학업 능력이 뒤떨어지는 것을 염려하지 않을 수 없었다. 그 우려는 산들초등학교가 복식학급을 운영하면서 훨씬 더 심각한 수준으로 현실화되었다. 아래의 진술이 그 점을 잘 보여준다.

〈15〉

아름이가 4학년 때 무릉도에서 치르는 수학 시험을 보고 저쪽에서 오는데 고개를 푹 떨구고 와요. "왜 그래?" 그랬더니 "엄마, 나 그 시험을 봤는데 빵점이래." 그래요. 시험지를 보니까 손도 다 미처 대지를 못했는데 열여섯 문제 중에 하나를 맞았어요. "김아름, 이거 도저히 모르겠니?", "엄마 나 문제를 읽다가 보니까 나중에 문제 자체를 이해를 못 하겠어", "그러니? 선생님한테 여쭤보지", "엄마, 엄마. 내가 선생님한테 여쭤봤더니 니 인생이 불쌍해서 가르쳐준다." 그러시더래요. 아름이는 지금 아빠한테 배우는 단계라 그렇다 치고, 아름이하고 같이 졸업한 나머지 애들은 형편없는 거예요. 거의 상고 쪽으로 진학할 거라고 하더라고요.

전혀 수업이 안 돼요. 제가 눈으로 확인을 했어요. "선생님 이렇게 살 거예요?" 그랬더니 공부할 의욕이 없대요. 어떻게 한 사람이 4학년 5학년 6학년을 왔다 갔다 하면서 가르치느냐고 그러세요. 출장도 노상 가고 일주일에 한 번 정도나 학교에 계실까 싶어요. 계속 자습이에요. 있다 하더라도 자습해요. 전혀 공부 안 했어요. 아이들이 중간 중간에 검정 봉지 들고 왔다 갔다 왼종일 그래요. 뭔가 하고 보면 선생님 소주, 선생님 담배 심부름 맨날 그래요. 점심 퍼주려고 들어가 보면 선생님은 한 분도 안 계세요. 다 들어가서 소주 마시고 족발 시켜서 먹고 그래요. 도저히 안 되겠다 싶어서 5학년 초에 전학을 시키려고 했어요. 그랬는데 지금 교장 선생님이 오셨어요. 지금까지는 이 학교가 어떻게 됐는지 모르겠는데 나를 믿고 일 년만 지켜봐달라고 사정을 하셨어요. (아름 엄마)

산들초등학교의 학생 수가 감소하고 마침내 통폐합 대상 학교로 지정될 수 있는 상황까지 이르게 된 데는 학구에 거주하는 주민 수가 감소했기 때문이기도 하지만, 학교 사회의 부조리한 관행과 개별 학교의 형편이나 특수성을 고려하지 않는 지역교육청의 획일적인 행정 관행, 그리고 그로 인한 교사들의 자포자기 등이 악순환을 일으켰기 때문이라고도 볼 수 있다.

이런 상황에서 2000년 3월에 현재의 양현철 교장이 부임하게 됐고, 그에게 산들초등학교는 교장으로서 첫발을 내딛는 곳이었다. 그는 학교에 오자마자 학교의 낡은 시설을 교체하고, 학생들의 수업 결손을 방지하기 위해서 교사들을 대신해서 잡다한 업무를 도맡아서 했다. 그 결과 학교에 대한 지역주민의 반응도 호의적으로 돌아섰다. 아래는 당시 상황에 관한 양현철 교장의 진술이다.

〈16〉

내가 2000년 3월 1일에 부임할 당시에 교실에는 옛날부터 내려오던 마룻바닥에 이인용 책상이 있었고, 나무 창문 바깥쪽에는 새시가 너덜너덜 떨어져 있었어요. 한 마디로 폐교되려고 하는 과정에 있어서 시설이나 이런 데 손을 안 댄 상태로 현상 유지만 하고 있던 상황이었지요. 오자마자 분위기를 바꿔야 할 것 같아서 교실 바닥에 모노륨을 깔고, 책상을 유치원처럼 널찍이 공동으로 앉아서 할 수 있는 것으로 사고, 창문 부서진 거 떼 내고 선팅을 했지. 선생님 수업 있으니까 내가 차 타고 교육청에 갔다 온다든지, 앉아서 공문 다 수발하고, 간단히 응신할 것 있으면 해주고, 그런 것들을 주로 했지. 그렇게 환경도 바뀌고 선생님도 바뀌고 그렇게 하고 일이 개월 지나니까 학부형들도 반응이 좋더라고. 나가서 얘기하면 학교에 대해서 호의적이고. (양현철 교장)

그런데 산들초등학교의 학생과 학부모가 겪는 어려움은 단지 산들초등학교에만 국한되는 것은 아니었다. 인근 도시지역의 대규모 학교에 재학하는 학생과 학부모들 역시 형태는 다르지만 근본적으로는 동일한 성격의 어려움, 즉 아이들이 학교에서 하나하나 충분히 보살핌을 받는 가운데 학습하지 못하는 어려움을 겪고 있었다. 아래 예는 그 점을 잘 보여준다.

〈17〉

현수가 1주일 동안 학교에 안 간 적이 있었어요. 제가 출근하면 걔도 나가면서 학교에는 안 갔어요. 처음에는 배가 아프다고 안 갔는데 그 다음날에는 선생님한테 혼날까봐서 안 가고, 그 다음날에도 안 가고 그러다 보니까 1주일 동안 안 갔어요. 계속 알림장을 안 써와서 선생님한테 전화를 했어요. "우리 애가 계속 알림장을 안 써오는데 혹시 무슨 문제가 있어요?" 그랬더니 "어머, 모르셨어요. 현수 계속 학교에 안 왔어요." 그러는 거예요. 그때 좌절감이 느껴졌어요. 내가 애를 못 챙긴 죄책감도 있었지만, 화가 나더라고요. "선생님 왜 저한테 말씀 안 하셨어요." 그랬더니 그걸 왜 내가 말해야 되느냐, 나 바쁘다 그러시더라고요. 그래서 바로 학교에 달려가서 죄송하다고 하고 어떻게 된 건지 물었어요. 그랬더니 "신경 쓰지 마세요. 애들 가끔 그래요. 공부하다 가는 애들도 많구요. 내가 애들 밥 먹었는지 안 먹었는지도 몰라요. 애들이 많아서." 그렇게 말씀하시는 것을 듣고 이게 교육인가 하는 생각이 들면서 마음이 아팠어요. (현수 엄마)

위에 예에서 교사가 학생이 출석했는지조차 관심을 두지 않는 것은 교사 개인의 무성의 때문이라기보다는 지역과 학생의 특수성이나 개별성을 고려하지 않은 채 획일적인 방식으로 학교가 운영되기 때문이라고 볼 수 있다. 위의 인용문에서 "바빠서", "애들이 많아서"라는 말에서 알 수 있듯이 대규모 학교 안에서 교사들은 하루하루를 기계적으로 살아가는 가운데 아이들을 하나의 인격체로 바라보기보다는 숫자로서 취급하지 않을 수 없게 된다. 그리고 이런 학교 속에서 교사 역시 좌절하지 않을 수 없다. 이정호 교사는 다음과 같이 지적한다.

〈18〉

승진구조를 둘러싸고 사람들이 벌이는 교활한 행태들, 그것이 파괴하는 교직문화들, 겉으로는 아이들을 위한다고 하면서 단 한 번도 아이를 위하는 학교라고 느껴지지 않는 것들, 그 속에서 놀 공간 하나 아이들의 감성이나 욕구나 이런 것을 환경적으로도 배려하지 못하고 정책적으로도 배려하지 못하고 지적인 것으로도 어느 것으로도 배려하지 못하는 그야말로 수용소에서 사는 것 같은 아이들. 이런 얘기를 들으면 나도 숨이 막히죠. (이정호 교사)

결국 이와 같은 학교 상황에서 상당수의 아이와 부모와 교사들은 학교로부터 소외되고, 아이와 부모와 교사들은 그런 소외로부터 벗어나기 위해서 나름대로 애쓰지 않을 수 없다. 아이를 다른 학교로 전학하게 하거나, 등교를 거부하거나, 학교의 개선을 요구하거나, 대안학교를 설립하는 것 등이 모두 학교로부터의 소외를 극복하기 위한 시도라고 볼 수 있다. 한때 많은 사람들이 학교의 문제로서 지적한 학교붕괴 현상 역시 학생들이 학교로부터의 소외를 극복하기 위해 몸부림치는 과정에서 발생하는 한 가지 현상이라고 볼 수 있다.

한편, 산들리 이웃에는 산들산을 경계로 희망시가 위치해 있다. 희망시는 1960년대 후반까지만 해도 농촌형 자연취락이 산재한 지역이었다. 이 지역에 1970년을 전후로 인근 대도시의 철거민이 집단으로 이주해옴으로써 불과 2년 만에 인구가 14만 명으로 증가하고, 그 후로도 인구가 증가하자 1973년에 독립된 시로 승격되었으며, 현재는 인구 95만 명 규모의 도시가 되었다. 희망시는 그 발생 연원에서 짐작할 수 있듯이 다른 도시에 비해서 일용직 노동자를 비롯하여 빈민이 많이 거주하고 있으며, 도시 한 지역에는 지방산업단지가 위치해 있어서 공장 노동자 또한 많이 거주하고 있다. 그리고 이러한 도시 특성에 따라서 1980년대 이후로 다수의 민주화운동가, 노동운동가, 빈민운동가, 환경운동가, 시민운동가들이 중점적으로 활동하고 있기도 하다. 그 한 예로 지난 제17대 국회의원 선거에서는 이 지역에서 노점상 등을 하면서 20년 이상 빈민운동을 했던 사람이 국회의원에 당선되기도 했다.

〈사진 5〉 산들산에서 내려다본 희망시

이러한 운동가들은 결혼하고 자녀가 성장함에 따라서 자녀의 교육에 관심을 갖게 되었다. 그들은 기존의 학교 제도가 지나치게 억압적이고, 자신들의 교육적 이상과 동떨어져 있는 데에 불만을 가졌다. 그들 가운데 일부는 자신들의 교육적 이상에 따라서 자녀가 자유롭게 생활할 수 있게 하기 위해서 공동육아협동조합을 운영하기도 하고, 자녀가 초등학교에 취학하면서부터는 학교운영위원회에 운영위원으로 참여해서 학교의 교육현실을 개선하기 위해 노력하기도 했다. 그리고 이와는 별도로 '동화 읽는 어른모임' 등과 같은 소규모 지역 모임 만들어서 동화를 함께 읽고 그에 관해서 의견을 나누고, 외부의 강사를 초빙해서 자녀의 교육에 관하여 강의를 듣기도 했다.

이러한 여성운동가 집단 가운데 희망시 세모동과 네모동을 중심으로 활동하는 "오순도순"이라는 동화 읽는 어른모임이 있었다. 오순도순은 1995년 처음 활동을 시작한 이래로 구청의 지원을 받아 복지관 안에 마을 도서관을 설치하여 운영해왔다. 1997년부터는 해마다 여름이면 자신들의 자녀와 도서관 회원 아동을 대상으로 무주 구천동의 폐교된 학교에서 자신들이 어릴 적에 살았던 환경과 놀이를 경험할 수 있게 하는 캠프를 열기도 했다. 그러던 중 2000년 여름에는 아이들에게 가까운 곳에 위치한 산들성에 관하여 알게 하기 위해서 "산들성 역사이야기 캠프"를 준비하고, 여러 차례 부탁한 끝에 양현철 교장의 허락을 얻어 캠프 장소를 산들초등학교로 옮겼다. 이렇게 해서 운명적인 만남이 시작됐다.

그들은 7월 20일과 21일 이틀 동안 산들초등학교에 머물면서 한편으로는 산들초등학교가 천혜의 자연 환경 속에 놓여 있다는 데 감탄했고, 다른 한편으로는 조만간 폐교될 운명에 놓여 있다는 데 안타까워했다. 그러던 중 학생 수가 늘면 학교가 폐교되지 않을 수 있다는 사실을 교장으로부터 들어서 알게 되고, 캠프를 마치고 돌아가자 "작은 학교 살리기 및 새 학교 만들기"라는 취지 아래 '산들초등학교 전입학 추진 학부모 모임'을 만들었다. 이들은 2000년 9월부터 2001년 3월에 이르기까지 20여 차례 모임을 가지면서 학생 모집 방법, 학생 선정 기준, 새 학교에서 학부모의 역할과 위상, 교사 초빙, 통학버스 운행 문제 등을 논의했다. 또한 이들은 이 학교에 새로 부임하게 될 교사들과의 공동 연수를 통해 산들초등학교가 추구하는 학교상과 학교 운영 방안, 교육 프로그램 등을 협의했다. 이와 함께 오순도순의 회원들과 이웃 주민에게 학교의 여건과 형편을 설명하고, 전학 또는 입학 희망자를 모집했다. 그들은 자신들의 아이가 재학하고 있는 세모초등학교 교장의 도움을 얻어 그 학교에 가서 산들초등학교 전입생 유치를 위한 설명회를 열기도 했다. 그렇게 해서 그들은 2000년 12월 9일부터 2001년 3월 5일까지 73명의 학생을 모집하여 산들초등학교에 전학 또는 입학시켰다.

그들은 학생을 유치하기 위한 설명회를 하면서 산들초등학교에 입학하면 통학버스를 무료로 운행하고, 방과후 특기적성 교육을 무료로 하고, 영어교육 역시 외국인 강사를 초빙하여 무료로 하겠다고 밝혔다. 또한 학급당 학생 수를 10명에서 15명 이내로 편성하겠다는 약속도 함께 했다. 학교의 이러한 설명 내용 가운데 학부모들의 마음을 가장 많이 끈 것은 아이들이 자연 속의 작은 학교에서 경쟁에 시달리지 않고 자유롭고 즐겁게 생활할 수 있다는 것이었다. 그들의 자녀가 주로 재학하고 있는 세모초등학교에는 학급당 인원이 40여 명씩 되는 가운데 전교생이 2,500여 명이나 재학하고 있었다. 이런 상황에서 아이들이 <사례 17>과 같은 일을 겪는 것은 피할 수 없는 일이다. 한 부모는 당시 자녀를 산들초등학교로 보내기로 결정한 이유를 다음과 같이 말했다.

〈19〉

학교가 도심이 아니고 산 안에 있다는 것을 제일 마음에 들어했지요. 그 다음에 작은 학교를 바랬고, 자유로운 학교를 바랬지요. 작은 학교에서 아이들이 자유롭게 지냈으면 좋겠다는 생각을 했어요. 아이들이 획일화되지 않는 것도 바랬지요. 큰 학교에서는 아이들의 인성이 보장받기 어렵잖아요. 물 한 모금도 편안히 먹을 수 없잖아요. 물도 편안하게 마실 수 있었으면 좋겠고, 가능하면 몇몇 아이에게 맞춰지지 않고 다양한 아이들, 조금 처진 아이, 속도가 느린 아이들도 같이 갈 수 있는 그런 것을 많이 바랬어요. 느리다는 게 지진하다는 것은 아니잖아요. (인석 엄마)

위의 말처럼 학부모들은 대체로 작은 규모의 학교에서 아이의 개별적인 특성이 고려되고, 학습에 대한 부담 없이 자연 속에서 자유롭게 생활하기를 바라는 마음에서 자녀를 산들초등학교로 전학하게 했다. 특히 자신의 자녀가 기존의 학교에서 부적응을 경험하거나 생활하는 데 어려움을 겪은 경우에는 이런 기대가 더욱 컸다. 그리고 이런 아이들은 2001년 3월까지 전학하거나 입학한 아이 73명 가운데 20% 이상을 차지했다. 그 아이들 중에는 학교생활에 적응하지 못해서 두 달이나 학교에 등교하지 않은 아이, 심리치료를 받는 아이, 한 학년을 건너뛴 아이도 있었다.

전입학추진위원회에서 이러한 노력을 벌이는 동안 산들리 주민들은 희망시 아이들을 두세 명씩 자신의 집에 전입신고를 하게 했다. 그리고 이장을 비롯한 일부 주민들은 통학버스가 마련될 때까지 석 달 동안 자신의 승합차를 이용해서 매일 아침마다 아이들을 학교까지 실어 날랐다. 당시 학교가 준비되는 과정에 주도적으로 참여했던 이정호 교사는 그때 과정을 다음과 같이 회상한다.

〈20〉

나는 아직도 선명히 기억한다. 2000년 11월 19일 스산한 늦가을의 일요일, 그날은 입학 예정 학부모 전원에게 우리 학교의 향후 교육방향에 대해 내가 발제를 하던 날이었다. 학습관을 꽉 메운 학부모들은 숨죽이며 내 어설픈 그림을 경청했고, 이어진 토론에서는 학교교육 전반에 대한 그들의 인식과 새 학교에 대한 기대가 거침없이 드러나고 있었다. 나는 그것을 통해 막연히 머릿속에만 있던 교육주체들의 새로운 교육에 대한 갈망이 어떤 것인지 몸으로 느낄 수 있었다. 서둘러 함께할 교사들을 찾아 나섰다. 동화를 쓰는 박명준 선생님이 흔쾌히 동참해주었고, 정명신 선생님이 합류해주었으며, 대교연 무릉도지부의 정책실장으로 파견근무 중이던 김정식 선생님이 2001년 1월 1일자로 근무가 만료되어 우리학교에 먼저 부임하게 되었다. 산들초등학교에 근무하던 선생님 세 분 중 한 분은 전근을 가셨지만, 나머지 두 분은 우리보다 더 깊은 교육적 열정과 힘을 지닌 분들이어서 아무런 문제가 되지 않았다.

교사 팀이 꾸려지고, 아이들의 전입이 세 차례에 걸쳐 이루어졌다. 교사와 학부모의 공동연수가 이어졌고, 마침내 2001년 3월 2일 교문에서 등교하는 아이들에게 장미꽃을 한 송이씩 나누어주며 입학식을 치르고 전교생 103명의 6학급 학교가 완성되었다. 우리는 우리 학교 이름을 '참 삶을 가꾸는 작고 아름다운 산들초등학교'라고 부르기로 했다. 교육을 구호화하는 것에 대한 거부감이 있었지만, 학교의 지향점을 합의하고 언어로 구체화하는 것의 필요성을 느꼈기 때문이다. 그리고 1학년부터 학년별로 꽃마을, 나무마을, 산마을, 들마을, 강마을, 하늘마을이라고 이름을 붙여주었다. (산들초등학교 이야기, 2)

이처럼 산들초등학교는 2000년 9월부터 2001년 2월 사이에 누구도 예상하지 못한 변화를 보이게 되었다. 그것은 우연히 시작되었지만, 그 이면에는 필연이 자리 잡고 있었다. 학교가 현대 사회와 마찬가지로 지나치게 구조화됨으로써 각 지역이나 학생의 특성을 반영하지 못하게 되었다. 그로 인해서 소규모 학교는 사라지고, 대규모 학교는 점점 더 아이들이 살아가기 힘든 곳이 되었다. 대규모 학교에서 살아가기 힘든 아이들이 사라질 위기에 놓여 있는 학교로 옮겨가게 된 것은 바로 지나치게 구조화된 학교의 질서가 낳은 필연적인 결과다. 그리고 그 필연은 짧은 기간 동안 산들초등학교를 새롭게 탄생하게 하는 보이지 않는 원동력이기도 했지만, 동시에 이후 3년 동안 산들초등학교 사람들 사이에 많은 갈등을 낳게 하는 원인이 되기도 했다.

2 새로운 시스템

산들초등학교 교사와 학부모들은 '참 삶을 가꾸는 작고 아름다운 산들초등학교'라는 슬로건이 지시하는 바와 같이 아이들이 학교에서 참 삶을 가꾸고 살아가도록 하는 데 모든 노력을 집중하였다. 그래서 학교의 교육과정뿐만 아니라 각종 시설과 환경, 그리고 학교 운영 관행 등을 아이들의 참 삶을 가꾸는 데 적합한 형태로 바꾸었다. 아래 인용문에서 볼 수 있는 것처럼 그들은 그런 학교를 새로운 시스템의 학교라고 불렀다.

〈21〉

획일과 경쟁을 근본 원리로 삼는 비인간화된 학교는 아이들의 참 삶을 방해하고, 자발적인 참 배움을 끌어내지 못합니다. 아이들은 어른이 되기 위해서 자라는 게 아니라 생각 깊은 어른들이 만들어주는 좋은 환경과 제도 속에서 스스로 자라나 어른이 됩니다. 부모나 교사, 또는 어른들이 바라는 어떤 이상성의 규칙으로 아이들을 몰고 가는 교육이 아닌, 한 명 한 명의 내재된 에너지를 끌어내 주고, 고양시켜주는 새로운 시스템의 학교가 필요합니다. (학교계획 설명회 자료)

위 인용문에서 알 수 있는 것처럼 그들은 아이들이 자연스럽게 생활하는 가운데 스스로 성장할 수 있게 하는 제도와 환경을 만드는 데 시스템의 초점을 맞추었다. 그들은, 어른들이 아이들의 일상적인 삶에 사사건건 간섭하기보다, 아이들이 자유롭고 자발적으로 생활할 수 있는 여건과 환경을 만들어주면, 트인 공간에서 햇볕과 양분을 충분히 받고 자란 나무가 반듯하게 잘 자라듯이 아이들 또한 그렇게 스스로 자랄 수 있으리라고 믿었다.

그런 이상을 실현하기 위해서 산들초등학교가 만들어낸 새로운 학교 시스템은 크게 세 가지로 구성된다고 볼 수 있다. 첫째는 아이들이 학교에서 즐겁고 자유롭게 생활할 수 있어야 한다는 아이중심이라는 사고이고, 둘째는 아이들의 참 삶을 가꾸기 위해서 이루어지는 각종 체험학습 활동이며, 셋째는 그런 교육활동이 원활하게 이루어지도록 교사와 학부모 그리고 아이가 다 함께 참여하고 지원하는 협력체계이다. 그 세 가지를 순서대로 살펴보면 다음과 같다.

1) 아이중심

산들초등학교 교사들이 학교의 각종 시설과 환경과 제도를 새롭게 고치고, 교육활동을 재편성하여 운영하면서 가장 핵심적으로 고려하는 것은 아이들이다. 그들이 새로운 학교 시스템을 만드는 데 있어서 아이중심의 사고가 얼마나 중요한 의미를 갖는지는 다음의 인용문에서 잘 나타난다.

〈22〉

문제의 중심에는 '존중받지 못하는 아이들'이 있었다. 누구나 다 어린이를 위하는 교육을 말하지만 정작 학교와 교육의 중심에는 아이들이 없었다. 그리고 아이들이 중심에 있는 교육을 가능하게 하는 시스템을 한 교사의 능력이나 열정, 그리고 도덕성만으로 구현하는 것은 버거운 일이다. 이것이 새로운 학교가 필요하다고 여겼던 이유이다. 왕따와 폭력 때문에 고통받는 아이, 공부가 늘 두려운 아이, 학교가 싫은 이유를 살피기보다 무조건 학교에는 가야 한다고 윽박지르는 학부모와 교사, 경쟁에 조금이라도 뒤쳐지면 사회적 낙오자가 될 것이라고 협박하는 학교와 학부모, 왜 지켜야 하는지 잘 모르지만 무조건 따라야 하는 강요된 규칙과 질서, 예절……. 한마디로 아이들에게 학교는 끊임없이 긴장하면서 경쟁에 이겨나가야 하는 작은 전쟁터라고 말한다면 지나친 독설일까? 우리는 교사가 아이들의 느낌과 정서를 이해하고, 아이들은 스스로의 존재가 학교와 교사와 친구들에게 존중받고 있다는 느낌을 주는 학교를 만들고 싶었다. 아이들이 어른들의 보상심리나 상업주의에 희생되거나, 시늉뿐인 교육의 대상으로 '취급'되지 않는 학교를 만들고자 했다. (산들초등학교 이야기, 7)

산들초등학교 교사들은 기존의 학교에서는 아이들이 존중받지 못한다고 보았다. 아이들은 자신이 왜 배워야 하는지 모르는 채 단지 경쟁에서 낙오되지 않기 위해서 배우도록 강요당하고, 왜 지켜야 하는지 모르는 채 각종 규범과 질서를 지켜야 하고, 친구로부터 따돌림당할까봐 긴장하면서 살아야 한다. 그것은 마치 늘 생사를 넘나들며 살아가는 전장의 병사의 삶과 다름없다는 것이다. 그들은 이것이 모두 어른들이 아이들의 정서를 이해하지 못하기 때문에 발생하는 문제라고 보았다. 그래서 그들은 아이들이 학교에서 행복해야 한다고 믿었고, 아이들이 학교에서 행복하게 살아갈 수 있게 하려면 아이를 중심에 놓고 학교 시스템을 만들어야 한다고 믿었다. 그렇게 할 경우에 아이뿐만 아니라 교사와 학부모 모두 소외를 극복하고 실존할 수 있다고 믿었다.

산들초등학교가 아이를 중심에 두고 학교 시스템을 만들고 운영하려고 노력하는 점은 많은 곳에서 발견할 수 있다. 첫째는 수업 시간을 운영하는 데서 알 수 있다. 산들초등학교의 일상적인 수업은 1학년부터 6학년까지 모두 80분을 단위로 이루어진다. 그래서 고학년의 경우 오전 두 블럭과 오후 한 블럭 수업을 하고, 오전의 1블럭과 2블럭 사이에는 30분간의 중간 놀이 시간이 주어진다. 오전 2블럭을 마친 다음에는 한 시간가량 점심시간이 있다. 아이들은 다른 학교의 수업 시간에 해당하는 각 블럭 사이의 시간을 이용하여 운동장이나 놀이터 학교 뒷산 등에 올라가서 마음껏 논다.

산들초등학교는 아이들에게 놀이 시간만을 제공하는 것이 아니라 놀이 장소와 시설도 함께 제공했다. 학교의 뒷산 나무에는 밧줄을 사다가 그네와 오르기줄을 매달아 아이들이 수시로 놀 수 있게 해주었고, 운동장 한쪽의 밤나무 숲에는 복합놀이터를 설치했다. 또한 학교 뒷마당에 보도블록이 깔리면서 아이들이 그곳에서 롤러블레이드를 타고 놀자 바닥에 트랙을 그어주고, 그곳에 주차해있던 차들을 운동장 쪽으로 옮겼다.

또한 아이들이 학교에서 사용하는 각종 비품과 학습용품도 아이들이 사용하기 편리하게 제공했다. 각 교실에는 책과 공책을 꽂고 각종 개인용품을 담아둘 수 있는 개인용 사물함을 설치했다. 각종 학습준비물을 학교에서 일괄적으로 구입하여 복도의 학용품함에 비치하고, 아이들이 필요할 때 손쉽게 꺼내 쓸 수 있게 했다. 그로써 아이들은 무거운 책가방에서 벗어날 수 있게 됐다. 아이들이 자주 드나드는 곳에는 신발장을 두어서 편리하게 밖에 나가 놀 수 있게 했다.

이런 외형적인 것뿐만 아니라 아이들의 삶을 불편하게 하거나 불행하게 해왔던 각종 제도도 없애거나 바꾸었다. 운동장 조회와 주번 제도를 없애고, 아이들끼리 경쟁하도록 만드는 각종 선발 제도와 시상 제도를 없앴다. 지역교육청 등에서 실시하는 각종 대회에는 참가하지 않거나 형식적으로만 참가했다. 졸업식 때는 교육청을 비롯해서 외부의 각종 기관에서 제공하는 상을 거부함으로써 아이들이 서열화되는 것을 막았다. 특히 입학식이나 졸업식 때는 플래카드에 아이들의 이름을 하나하나 적어서 모든 아이들을 존중하려고 했다.

〈사진 6〉 산들초등학교 졸업생 (현수막에 졸업생 이름이 적혀 있다)

〈사진 7〉 산들초등학교의 입학식 장면 (앞자리 아이들이 신입생)

〈사진 8〉 내 아이의 입학식 장면 (한 학급에 45명씩 12학급이다)

그리고 모든 주지적 학습은 학교 학습에 국한시키고, 아이들의 자발적인 동의가 없는 한 학교 학습 이외의 학습을 최소화하도록 학부모들에게 주문했다. 교사들 사이에는 아이들을 체벌하지 않고 친절하게 대하며, 아이들이 다소 질서를 어기거나 무례하게 행동해도 성급하게 나무라고 질서를 강요하기보다는 허용하고 기다리는 분위기가 암묵적으로 형성되었다. 거기에는 흙탕물도 시간이 지나면 스스로 맑아질 것이라는 믿음이 있었기 때문이다.

이 외에도 교사들이 휴게실과 화장실로 사용하던 공간을 헐어서 아이들이 언제든지 책을 읽고 빌릴 수 있게 도서관을 만들었다. 그리고 도서관과 함께 교실은 아이들이 가정처럼 편안한 느낌을 갖게 하기 위해서 온돌을 설치했다.

산들초등학교가 이처럼 각종 환경과 시설을 바꾸거나 설치하게 된 데는 학교는 아이중심이어야 한다는 사고, 즉 학교는 아이들이 즐겁고 자유롭게 생활할 수 있는 공간이어야 한다는 사고가 전제되어 있기 때문이다. 아래 인용문에서 그 점을 다시 한번 확인할 수 있다. 산들초등학교는 기존의 학교가 교육공간으로서 가지고 있는 문제를 해결하기 위해서 생활공간으로서의 학교를 추구했고, 그것이 아이를 위하는 일이라고 생각한 것이다.

〈23〉

교사들의 가장 큰 고민은 새로 전입한 아이들이 감시하고 통제하는 권위적인 학교 구조에서 벗어나 학교를 자유롭고 행복한 공간으로 받아들일 수 있게 하는 것이었다. 학교를 효율적으로 공부할 수 있는 교육공간으로만 인식하는 것이 아니라 모든 아이들이 자유롭게 생활할 수 있는 공간으로 거듭나게 만들어야 한다는 것이다. (산들초등학교 이야기, 4)

학교가 아이중심이어야 한다는 이 사고는 산들초등학교의 시스템을 구성하는 핵심에 해당한다고 볼 수 있을 정도로 중요한 위치를 차지한다. 이 사고로 인해서 아이들은 학교에서 자유롭고 즐겁게 생활할 수 있게 되었으며, 그로 인해서 학부모들은 자신의 아이를 산들초등학교에 보낸 것에 만족할 수 있게 되었다. 또 학교 밖의 많은 사람들은 바로 이 점 때문에 산들초등학교를 선망했다. 그러나 동시에 이 사고는 아이들 간, 아이들과 교사 간, 교사와 학부모 간, 그리고 학부모 간에 갈등이 발생하도록 하는 주요한 원인이 되기도 했다.

2) 체험학습

산들초등학교가 아이를 중심에 두고 사고한 것은 학교 시설이나 환경 그리고 제도에만 한정된 것은 아니다. 학교에서 가장 핵심적인 위치를 차지한다고 볼 수 있는 학습의 내용 역시 아이를 중심에 두고 편성되고 운영되었다. 그들은 그것을 "참 삶을 가꾼다."는 말로 표현했다. 참 삶을 가꾼다는 것은 학습의 내용이 아이들의 일상 삶으로부터 유리되지 않는다는 것을 의미한다. 그것은 두 가지를 의미한다. 하나는 학습의 내용을 일상의 삶에서 가져온다는 것이고, 다른 하나는 삶의 현장에서 직접 가서 체험하게 하는 방법으로 학습하게 한다는 것이다. 특히 산들초등학교는 예술, 감성, 노작, 체험, 인성 등이 참 삶을 살아가는 중요한 요소라고 보고, 여러 가지 교육활동을 통해서 각 요소들이 구현되도록 했다.

〈24〉

예술, 감성, 노작, 체험, 인성 등 참 삶을 살아가는 중요한 요소들의 교육이 단순 교과지식 중심보다 우위에 있는 학교: 예술교육, 노작교육, 체험활동, 공동체 지향의 인성교육, 감각교육, 표현교육 등은 모든 교육과정을 통해 그 중요성과 실천가능성이 탐색되어야 하며, 단순히 지적능력 향상이라는 교과서 중심의 기존의 건조한 교육에 우선해야 합니다. 이는 교과교육이 무시되어도 좋다는 의미가 아니라 교과교육뿐만 아니라 학교의 전 교육과정을 통틀어서 이러한 지향이 통합적이고도 지속적으로 이루어지는 방안을 모색해야 한다는 의미입니다. (학교계획 설명 자료)

그런데 산들초등학교가 내세워 강조하고 있는 참 삶의 요소들은 이미 기존의 교육과정에 반영되어 있는 것으로서 그 내용에 있어서는 새로운 것이라고 보기 어렵다. 예술, 감성은 기존 교과 가운데 음악과 미술, 그리고 국어과의 문학 영역에 반영되어 있는 것이고, 노작은 실과에, 인성은 도덕을 비롯한 여러 교과와 일상생활 속에 반영되어 있다. 한 가지 다른 점이 있다면 그러한 내용들의 학습이 일상적인 교과 수업 시간에 교실에서 이루어지는 것이 아니라, 별도의 시간과 활동을 통해서 이루어진다는 것이다. 그들은 그것을 체험학습이라고 부른다. 요컨대 그들이 말하는 참 삶을 가꾸는 교육이란 기존의 학교에서 일반적으로 이루어지는 '교과서 중심의 교실 안 수업'에 대비되는 '현장 체험 중심의 교실 밖 수업'을 의미한다고 볼 수 있다. 그들이 이처럼 체험학습을 강조하는 이유는 다음의 인용문에서 볼 수 있는 것처럼 앎과 삶이 유리되지 않도록 하기 위해서다.

〈25〉

우리는 처음부터 학교 교육과정의 조직과 운영에 있어 체험중심 교육과정을 중심에 두고 학교 그림을 그려왔다. 여기서 '체험'이란 단순히 일회적 경험이나 행사를 의미하지 않는다. 이것은 '앎'의 과정이 '삶'의 과정과 분리되지 않도록 하는 것이고, '참 삶'을 가꾸는 학습의 중요한 키워드이며, 교사와 학생 모두를 능동적인 학습의 주체로 바로 서게 하는 교육의 본질적인 지향을 가리키는 말이다. 그리고 이것은 그동안 우리 교육이 아이들에게 느끼지 못하는 공부, 선택이 없는 공부, 스스로의 필요에 의해 움직이지 않는 공부, 교사와 아이들 간에 상호교감이 없는 공부, 그리고 안다는 것과 산다는 것의 연관성을 놓치는 공부를 강요해 온 것이 가장 큰 문제라는 인식을 전제하는 것이다. (산들초등학교 이야기, 5)

이러한 생각에 따라 산들초등학교는 체험의 영역을 자아 체험, 생활 체험, 자연 체험, 예술 체험, 역사 체험 등 5가지로 나누고, 학생들로 하여금 그것들을 토요체험학습, 숲속학교, 여름계절학교, 가을계절학교 등의 형태로 체험하게 했다.

토요체험학습은 매주 토요일마다 네 시간 동안 체험의 다섯 가지 영역을 돌아가면서 학습하는 것이다. 아이들은 매주 토요일이 되면 도시의 공연장에 가서 공연을 관람하거나, 박물관에 가거나, 시장에 가서 물건을 사거나, 음식을 만들거나, 바느질을 해보거나, 실습지에 가서 밭을 일구거나, 하천에 가서 생태를 조사하는 등의 활동을 한다.

숲속학교는 6월 중 1박 2일 동안 산들성을 순례하고 학교 내에서 야영하는 것이다. 첫날 오전에는 전교생이 8Km 정도 길이의 산들성을 일주하고, 오후에는 텐트를 친 뒤에 밥을 해 먹고 야영을 하면서 장기 발표 등을 한다. 여기에는 학부모들이 함께 참여해서 아이들의 산들성 일주와 야영 등을 돕고, 밤에는 가족별로 숲 속을 산책한다.

〈사진 9〉 토요 체험학습 중 한 장면 (짚풀 박물관)

〈사진 10〉 숲속학교의 한 장면 (산들산성 일주)

〈사진 11〉 숲속학교의 한 장면 (가족 야영)

〈사진 12〉 여름계절학교의 한 장면 (음식 만들기)

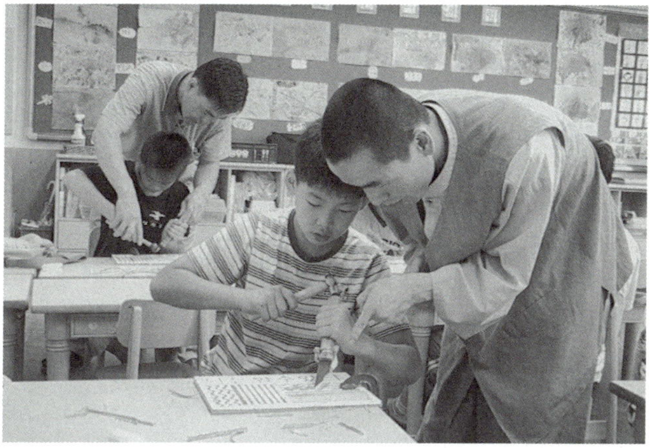

〈사진 13〉 여름계절학교의 한 장면 (서각)

여름계절학교는 방학 전 1주일 동안 생활 영역을 중심으로 실습 중심의 학습을 하는 것이다. 이때 아이들은 일상의 수업은 접어두고, 자신이 희망하는 활동을 선택해서 그 분야를 집중적으로 학습한다. 2001년에는 도예, 천연염색, 수공예, 인형, 수묵화, 서각 등을 학습했고, 2003년에는 끈 공예, 목공, 음식 만들기, 역사체험, 발도르프인형, 자연생태체험, 퀼트 등을 학습했다. 2002년에는 집을 짓는 데 필요한 각종 지식과 기능을 전교생이 순환해가면서 학습했다. 여기에도 학부모들이 강사나 도우미로 참여해서 아이들의 학습을 지도하거나 돕는다.

가을계절학교는 9월 말부터 10월 초까지 1주일 동안 음악과 연극 분야 중심의 예술 영역을 학습하는 것이다. 이때도 아이들은 일상의 수업은 하지 않고 자신이 희망하는 종목을 선택해서 익히고, 마지막 날에는 그동안 학습한 것을 무대에서 발표한다. 아이들이 선택할 수 있는 종목은 해마다 조금씩 다르지만, 2003년에는 탈춤, 노래극, 마당극, 에어로빅, 재즈댄스, 창작무용, 합창, 연극, 뮤직벨과 병 플루트 등을 학습했다.

〈사진 14〉 가을계절학교 발표회의 한 장면 (난타 연주)

〈사진 15〉 방과후 특기적성활동 중 한 장면 (대금 연주)

이 외에도 방과 후에 매주 2회에 걸쳐서 각각 2시간씩 국악을 중심으로 이루어지는 특기적성교육활동 역시 학생들이 직접 악기를 익힌다는 점에서 정규교육과정은 아니지만 체험학습의 하나라고 볼 수 있다.

이러한 활동의 공통적인 특징은 1가지 주제를 짧게는 4시간(토요 체험학습의 경우)부터 길게는 1주일(여름, 가을 계절학교)에 이르기까지 집중적으로 학습하게 한다는 데 있다. 그리고 그 기간 동안 학생들은 교실에서 연필과 공책을 들고 책상 앞에 앉아 있는 대신 산이나 들 또는 공연장 등의 각종 현장에 가서 자신이 무엇인가를 직접 보고 듣고 해보고 익힌다. 아이들은 그런 체험학습 활동을 하는 동안에는 "공부하지 않고 놀아서 좋다."고 말한다.

3) 다 함께

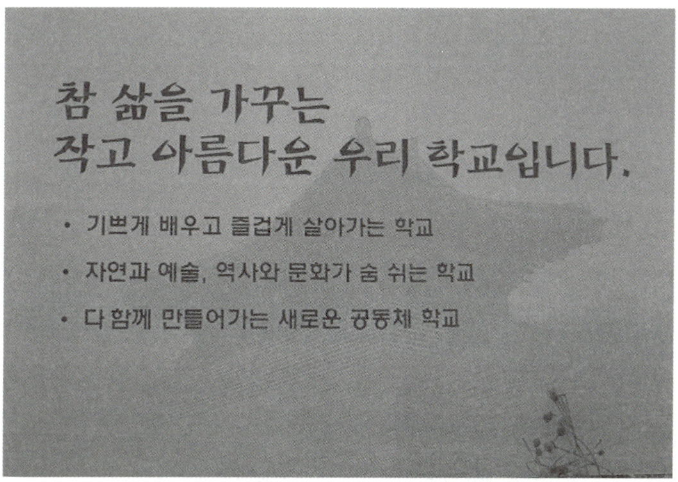

〈사진 16〉 다 함께 만들어가는 새로운 공동체 학교

산들초등학교의 시스템을 구성하는 또 다른 중요한 요소는 "다 함께"이다. 산들초등학교는 스스로를 "다 함께 만드는 새로운 공동체 학교"라고 내세울 정도로 교사와 학부모의 참여를 중요시한다. 산들초등학교가 학부모의 참여를 중요시하게 된 것은 산들초등학교가 새롭게 태어나게 되는 과정과도 관련이 있다.

산들초등학교는 2001년 3월에 새롭게 태어나기 이전부터 많은 일들을 학부모와 함께 해왔다. 어느 면에서 보면 새롭게 태어나기 이전에는 학부모들이 더욱 주도적인 역할을 해왔다고 볼 수 있다. "산들초등학교 전입학 추진위원회"를 구성해서 학생들을 모집한 사람도 학부모였으며, 새로운 학교에 적합한 교사를 물색하고 초빙한 사람 역시 학부모였다. 그리고 계절학교 등과 같은 각종 체험학습 활동은 학부모의 참여와 지원이 없이는 불가능했다. 따라서 "다 함께"라는 원리가 빠진 산들초등학교의 시스템은 성립할 수 없다고 볼 수 있다.

산들초등학교는 이러한 현실적 필요 이전에 기존의 관료적이며 비민주적인 학교 운영 관행을 극복하기 위한 방안으로서 교사와 학부모가 함께 참여하는 민주적인 학교 운영을 의도적으로 모색했다. 다음 인용문이 그 점을 잘 보여준다.

〈26〉

관료적 비효율성을 탈피한 교육주체가 모여 공동으로 운영하는 학교: 교사, 학교, 학부모가 공동의 노력으로 운영하는 새로운 학교운영방식이 모색되는 학교입니다. 우리 교육의 가장 큰 문제점 중의 하나는 관료주의적 경직성에 따른 자율성과 책임성의 부재, 그리고 그것이 만들어내는 비효율성에 있습니다. 산들초등학교는 기존에 관행적으로 이루어져오던 관료제적 학교 운영 방식과 낡은 문화를 거부하고 학교장과 교사, 학부모가 함께 하는 건강하고 민주적인 새로운 학교 문화를 만들어낼 수 있습니다. 현 학교장과 학부모는 그러한 자율적 학교운영방식에 대한 신념과 능력이 있는 분들이고, 새롭게 합류하는 교사들도 공동운영방식의 자율성에 공감하는 교사들이 모여들게 됩니다. (학교 계획 설명회 자료)

산들초등학교는 기존의 학교가 지나치게 경직된 관료주의적인 방식으로 운영됨으로써 교사가 아이들을 자율적으로 지도할 수 없게 된다고 보았다. 그렇게 되면 교사들이 무기력에 빠지고 아이들에 대한 지도를 소홀히 하거나 기계적으로 대할 수밖에 없다. 그것은 결국 학교의 효율성을 떨어뜨리고 말뿐이었다. 이런 문제를 해결하기 위해서 산들초등학교는 비관료적인 운영 방식을 모색했다. 그것이 바로 교장과 교사와 학부모가 함께 민주적으로 참여하는 가운데 학교를 운영하는 것이었다.

이런 생각에 따라서 산들초등학교는 크게 세 가지 영역에서 교사와 학부모 그리고 아이가 다 함께 참여할 수 있도록 했다. 첫째는 각종 의결과정에 다 함께 참여하는 것이다. 산들초등학교 교사들은 매주 주례회의를 갖고 그 자리에서 학교의 교육과정 운영과 관련된 크고 작은 사항들을 의논하고 결정한다. 예를 들면, 여름계절학교 운영계획이라든가, 새 학년도 교육과정 운영 계획 등을 교사들이 함께 검토하고 결정한다. 이렇게 결정된 사안은 운영위원회의 심의를 거쳐 최종적으로 확정된다. 이런 절차는 학부모의 경우도 비슷하다. 학부모들은 매달 또는 학교에 사안이 발생했을 때 학년별 회의와 대표단 회의를 거쳐서 학부모들의 의견을 수렴하고, 운영위원회에서 그 의견을 반영하거나 심의하여 결정한다.

둘째는 의결된 사항을 시행하는 데 다 함께 참여하는 것이다. 이 경우는 학부모가 참여하는 것뿐만 아니라 교사가 함께 참여하는 것도 의미한다. 특히 여름계절학교나 가을계절학교의 경우에는 의결과정에 주도적으로 참여하지는 못했더라도 그것을 실행하는 과정에는 모든 교사가 참여해야 한다. 일곱 명의 교사가 모두 한 영역씩 맡아서 활동하지 않으면 계절학교를 운영할 수 없기 때문이다. 그리고 다수의 학부모들이 교육활동을 지도하거나 보조하기 위해서 자원봉사자로서 참여해야 한다. 계절학교에서 가르쳐지는 내용들은 모두 학생들이 직접 해보고 익혀야 하는 것들이기 때문에 개별지도가 필요하고, 그 일은 교사 혼자 힘으로 할 수 없기 때문이다.

셋째는 교육활동에 모든 아이들이 참여하는 것이다. 산들초등학교는 계절학교나 특기적성 교육활동에 모든 아이들이 참여하도록 한다. 또 가을계절학교를 마치고 발표회를 가질 때는 한 아이도 빠짐없이 계절학교 기간 동안 익힌 내용을 무대에서 발표할 수 있게 한다. 아이들 사이의 경쟁을 배제하고, 소외되는 아이가 없게 하기 위해서이다.

그런데 이상 세 가지 영역에서의 "다 함께"는 모두 권리와 의무의 양면성을 갖는다. 즉, 경우에 따라서는 권리를 요구하는 의미로서 사용되기도 하고, 의무로서 부과되는 의미로서 사용되기도 한다. '권리로서의 다 함께'는 주례회의 등을 할 때 교사 가운데 "뒷바퀴 교사"들이 "앞바뀌 교사"에게 자신들의 의견을 반영해주기를 요구한다거나, 학부모가 교사에게 학교의 교육활동과 관련하여 주요한 사항을 결정할 때 자신들도 동등한 수준에서 논의할 수 있게 해달라고 요구할 때에 주로 사용된다. '의무로서의 다 함께'는 계절학교나 특기적성 교육활동에 모든 학생이 참여하도록 요구받거나, 모든 부모가 자원봉사 활동에 참여하라고 요구받는 경우이다. 계절학교나 특기적성 교육활동에 모든 학생이 반드시 참여해야 하는 것은 아니지만, 일부 학생만 참여할 경우 참가하는 학생이 부담해야 하는 강사비와 재료비 등을 비롯한 참가비가 많아지므로 가능하면 모든 아이가 참가하도록 의무적으로 요구된다. 또한 교사나 학부모들은 한두 아이가 학교의 각종 행사나 체험학습 활동에 빠지면 그 아이가 소외되는 것이라고 생각해서 모든 아이가 함께 참여하도록 하기 위해서 애썼다. 계절학교에 학부모가 자원봉사자로 참여하는 경우도 마찬가지다. 학부모의 참여를 관리하고 지원하는 학부모 대표들은 모든 사람이 평등하게 참여해야 한다는 원리에 따라서 모두 잠깐씩이라도 시간을 내서 참여하게 했다. 맞벌이를 하는 학부모들은 자원봉사를 할 수 없는 경우도 있었지만, 그럼에도 불구하고 의무적으로 자원봉사 등에 참여하도록 요구된다. 학교의 행사에 일부 학부모만 참여할 경우 일이 일부 사람들에게만 쏠리고, 그것은 공동체답지 못하다고 생각했기 때문이다.

요컨대, 산들초등학교의 각종 교육활동, 그 가운데 계절학교로 대표되는 체험학습 활동을 운영하는 데는 모든 교사와 다수의 학부모 그리고 모든 학생의 참여가 권리로서 허용되기도 하고 의무로서 요구되기도 한다. 그러나 이 "다 함께"의 양면성으로 인해서 산들초등학교 사람들 사이에는 늘 갈등이 발생했다. 권리는 경우에 따라서 상대에게 침범으로 받아들여지기고 하고, 의무가 상대에게 강요로 받아들여지는 경우도 있었기 때문이다. 따라서 이 "다 함께"는 산들초등학교 시스템을 구성하는 세 가지 원리 가운데 가장 주변적인 것이기는 하지만, 그 시스템이 구체적으로 운영되는 데 있어서는 가장 중요한 원리로서 자리잡지 않을 수 없다. 이 "다 함께"의 원리가 무리 없이 적용될 경우에는 아이를 중심에 둔 각종 체험학습이 무리 없이 운영될 수 있지만, 그렇지 않을 경우에는 무리가 따르거나 왜곡될 수 있기 때문이다.

4) 우리 아이 출세했어요

산들초등학교가 새롭게 만들어낸 학교 시스템 속에서 아이들은 어른들이 기대한 바대로 하루하루를 행복하게 살아갔다. 아이들은 눈을 뜨자마자 자리에서 일어나서 등교를 서두른다. 아침에 수업이 시작되기 전, 중간 놀이 시간, 점심시간에 운동장에서, 뒷마당에서, 뒷산에서, 놀이터에서 친구들과 축구를 하거나, 롤러블레이드를 타거나, 숲 속을 오르내리거나, 그네를 타면서 놀았다. 밖에 나가서 노는 것을 즐겨하지 않는 아이들은 도서관에서 책을 읽다가도 다른 친구들의 성화에 이끌려 운동장이나 뒷마당으로 자리를 옮겨야 했다.

매주 토요일이면 아이들은 도시의 공연장에 가서 연극과 음악회를 감상하거나, 시장에 나가서 물건을 사보거나, 인근 하천에 가서 생물들을 관찰하거나, 연극놀이를 하거나, 학교 근처에 있는 실습지에 가서 밭을 일구었다. 5월 초가 되면 아이들뿐만 아니라 학부모와 교사가 모두 참여하여 하루 종일 놀이한마당을 펼쳤고, 6월 말에는 전교생이 산들성을 한 바퀴 돌고 학교에 돌아와 텐트를 친 뒤 달빛과 모닥불을 조명 삼아 온 가족이 참여한 가운데 장기자랑을 펼치고 소원을 빌었다.

그리고 7월이 되면 아이들은 여름계절학교 기간인 일주일 동안 교과서로부터 완전히 해방될 수 있었다. 아이들은 자신이 원하는 것을 선택해서 외부에서 초빙된 강사의 도움을 받아 일주일 내내 각종 음식을 만들어보거나, 톱과 망치 등을 이용하여 책꽂이를 만들어보거나, 바느질과 재봉틀을 이용하여 주머니를 만들어보거나, 인형을 만들어보거나, 흙을 빚어 도자기를 만들어보거나, 전통 매듭을 익혀 목걸이나 팔찌 등을 만들었다.

그것을 끝으로 한 학기를 마치고 지루한 여름방학을 보내던 아이들은 학교가 다시 개학하기만을 손꼽아 기다리고, 개학한 지 한 달이 채 되기도 전인 9월 말에 가을계절학교를 맞는다. 아이들은 다시 일주일 동안 딱딱한 의자로부터 해방된다. 아이들은 연극, 마당극, 노래극, 중창, 뮤직벨, 현대무용, 에어로빅, 재즈댄스, 탈춤 등 가운데 하나를 선택하여 일주일 내내 교사 또는 외부 강사의 지도를 받아 익히고, 마지막 날 밤에는 화려한 조명과 음향 시설이 갖추어진 대형 야외무대에서 가족과 지역주민이 지켜보는 가운데 한 아이도 빠짐없이 발표회에 참가했다. 이 순간만큼은 아이들 모두 스포트라이트 아래에서 연예인 못지않은 자부심을 느꼈다.

그렇게 해서 짧지만 진한 해방의 기간이 끝나고 아이들은 다시 일상으로 돌아온다. 그렇지만 일상의 기간 중에도 아이들은 매주 토요일이면 어김없이 교실 밖으로 나가 각종 체험학습 활동을 하고, 토요일이 아닌 날에도 중간 놀이 시간과 점심시간에 충분히 놀 수 있다. 또 수업시간에도 수업을 심각하게 방해하지만 않는다면 자기가 하고 싶은 일을 해도 교사로부터 크게 제재를 받지 않는다. 또 무엇인가를 열심히 하기 위해서 다른 아이들과 경쟁해야 한다는 강박증에 시달리지도 않는다. 이런 학교생활에 대해서 아이들은 다음과 같이 말한다.

〈27〉

애들 수도 적고 후배들 이름도 다 알고 그러니까 친하게 지낼 수 있어요. 산 속에 있으니까 도시 영향 같은 것도 별로 안 받아서 좋아요. 다른 학교는 40분 공부하고 쉬고 40분 공부하고 쉬고 그러는데 여기서는 80분 공부하고 30분 쉬니까 10분 더 이득이지요. 그리고 다른 데서는 10분씩 놀면 놀다가 끝내지도 못하고 쉬는 시간이 끝나는데, 여기서는 한 판이 다 끝날 정도에 쉬는 시간이 끝나니까 놀이를 끝까지 다 할 수 있어요. 그리고 다른 데서는 신발 갈아 신으면 쉬는 시간이 끝나니까 교실 안에서만 놀아야 되는데, 여기는 밖에 나와서 놀 수 있으니까 중간 놀이 시간이 좋지요. 그리고 다른 학교는 토요일마다 맨날 네 시간씩 공부하는데 우리학교에서는 토요일마다 공부하는 날은 거의 없고 실험하거나 활동하거나 여행하거나 그러면 공부하는 시간은 적어도 살면서 평생 해볼 수 없는 것을 체험할 수 있어요. (동식)

〈28〉

가족 같은 분위기를 구성해 줘서 좋구요. 힘든 일이 있어도 거리낌 없이 말할 수 있는 친구가 되어서 좋구요. 선배나 후배나 이런 거 말고 언니나 오빠나 동생 이런 게 있어서 더 좋구요. 그리고 선생님들 하고는 딱딱한 면 말고 부드러운 면 친근한 면만 있어서 좋고요. 그런 것 때문에 산들초등학교가 더 살아 있는 것 같고 좋은 것 같아요. (연수)

요컨대, 산들초등학교 아이들은 자연 환경과 교사들의 친절한 배려 속에서 선후배 사이에도 서로 잘 아는 가운데 교과 학습에 대한 부담 없이 충분히 놀 수 있다는 점을 좋아한다. 그리고 이러한 만족감은 부모에게도 이어진다.

〈29〉

애가 학교 가고 싶어 하고, 즐거워해요. 저는 아이를 프로그램에 넣고 돌리고 싶은 욕구가 강했어요. 다양한 프로그램을 아이에게 많이 접해주어야 한다고 생각했거든요. 그런데 그것을 학교가 다 해줬어요. 다른 데서 하려면 내가 아이를 끌고 다녀야 하는데 그러려면 얼마나 힘들었겠어요. 탁본을 안 하나, 염색을 안 하나, 앞치마를 안 만드나. 내가 원했던 모든 것을 학교가 해주잖아요. 애가 원하는지는 모르겠어요. 무대에 올라가, 학교가 항상 열려 있어, 내가 들여다보니까 너무 즐거워, 선생님하고 술도 먹고. 저는 다 해소됐어요. 애들은 체험학습도 다 나갔잖아요. 그래서 주말에 애들하고 쉴 수 있어서 좋았어요. 아니면 주말에 애들 데리고 나가야 하는데. (예은 엄마)

즉, 부모들은 학교에서 토요체험학습이나 계절학교를 통해서 아이들로 하여금 다양한 체험학습 활동을 할 수 있는 기회를 제공해준다는 점에서 만족해한다. 그리고 다른 한편으로는 일상적인 교실 수업에서도 아이들 숫자가 적기 때문에 아이가 교사와 개별적으로 만나고 교감할 수 있다는 점에서 또한 만족해한다. 모든 교사의 모든 수업이 항상 그런 것은 아니지만, 아래 학부모의 말은 그 점을 잘 보여준다.

〈30〉

전에 우리 아이가 다니던 학교에서 수업도 참관하고 일일교사도 했어요. 마흔두세 명 아이들이 너무 들고 뛰는 거예요. 그런 상황에서 수업이 될 수 있을까 생각이 들었어요. 선생님이 이런 상황에서 떠나지 않는 것만으로도 존경스럽다고 생각했어요. 그런데 여기는 수업 장면 하나하나에서 교감하는 장면들이 너무 새로웠어요. 교사와 아이가 눈을 맞추고 자유로운 분위기에서 한 수업 한 수업들이 이루어지는 것을 보면서 가슴이 벅찬 생각이 들었어요. (윤미 엄마)

그런데 부모들이 아이를 산들초등학교에 입학시키면서 가장 만족해하는 것은 도시의 대규모 학교에서와는 달리 자신의 아이가 한 사람으로서 존중받고 있다는 점이다. 그것은 많은 장면에서 나타난다. 위의 <사례 30>에서 볼 수 있는 것처럼 일상적인 수업의 장면, 특기적성활동을 하는 경우, 계절학교 발표회를 할 때 등 어디에서나 아이들은 항상 한 아이도 빠짐없이 참여할 수 있도록 배려받는다. 그리고 부모들이 그것을 가장 선명하게 확인하는 장면은 운동회의 마지막 순서인 계주 경기에서 자신의 아이가 전 학생과 학부모와 교사의 성원을 받으며 주자로 달리는 경우이다. 아래 인용문은 그 심정을 잘 보여준다. 이 글을 쓴 사람은 인근 도시의 초등학교 교사로 근무하면서 자녀는 산들초등학교에 보내고 있다.

〈31〉

우리 아이 출세했어요.

저희 학교는 올 봄까지는 전통적인 방식, 그러니까 살인적인 연습 때문에 아이들도 싫어하고, 수업 결손이 막대하므로 선생님도 싫어하는 '보여주기 위한 운동회'를 했었습니다. 이번 가을운동회 때야 비로소 몇몇 선생님들의 노력으로 산들초등학교처럼 운동회를 했어요. 그런데 산들은 봄 운동회 때에도 이렇게 무조건 아이들을 위한 운동회였다구요. 역~시 선진 산들입니다. 그런데, 그것보다 더 중요한 건 우리 아이가 작은 학교에 와서 출세했다는 겁니다. 치열한 경쟁을 통과해야만 당선되는 계~주를 다 해보다니. 만약 우리 아이가 계속 대형학교를 다닌다면 초등학교 6년 내내 계주 한 번 못 해보고 졸업했을 겁니다. 참고로 우리 아이는 운동을 좋아는 하는데 자~알 하지는 못하거든요. 특히 달리기는 더욱더. 어쨌든 우리 아이 출세시켜준 교장 선생님 이하 모든 선생님들 감사 또 감사드립니다.

산들초등학교는 불과 1년도 안 되는 기간 동안 아이들을 무책임하게 방치하고 지역주민들로부터도 외면받던 학교에서 아이들이 하루라도 학교에 가지 않으면 견디지 못하는 아이중심의 학교로 탈바꿈했다. 그렇게 된 데는 지역주민과 학부모, 그리고 교사들이 함께 힘을 합해서 새로운 학교 시스템을 만들었기 때문이고, 그 학교 시스템이란 교사와 학부모가 함께 모든 아이들로 하여금 참 삶을 살아갈 수 있도록 다양한 체험학습 활동의 기회를 제공하고, 학교에서 즐겁게 생활할 수 있게 각종 환경과 시설과 제도를 마련하는 것이다.

3 "교육"을 위한 "공동체"

앞서 잠시 언급한 것처럼 산들초등학교가 이처럼 새롭게 태어나게 된 것은 산들초등학교의 학부모와 교사들의 노력 때문이기도 하지만, 학교를 대규모화함으로써 부적응 학생을 양산하기도 하고, 학교의 개별적 특수성을 고려하지 않음으로써 산들초등학교와 같은 소규모 학교를 폐교에 이르게 하기도 하는 현재 우리나라의 구조화된 학교제도 때문이기도 하다.

현재 우리나라의 학교는 초등학교, 중학교, 고등학교, 대학교로 나뉘어 있고, 각 학교마다 학생들이 배워야 할 내용과 분량과 시간과 기간과 시점과 방법이 정해져 있다. 그 점은 대학교보다는 고등학교가, 고등학교보다는 중학교가, 중학교보다는 초등학교가 더욱 엄격하다. 대학교나 고등학교의 경우에는 학교마다 또는 가르치는 선생님마다 과목이나 과목의 내용이 달라지기도 하지만, 초등학교의 경우에는 한두 과목을 제외하고 전국의 모든 학교가 동일한 내용과 방법으로 수업이 이루어진다. 예를 들면, 학교나 교실마다 약간의 차이가 있을 수는 있지만, 초등학교 4학년 아이는 누구나 10월 셋째 주 화요일 둘째 시간이 되면 한 시간 동안 읽기 교과서 34쪽에 제시된 대로 시를 읽고 주제를 찾는 방법을 학습해야 한다. 따라서 현재 초등학교 2학년인 내 아이도 2년 후인 2006년이 되면 비슷한 시기에 동일한 내용을 동일한 방법으로 공부를 하게 된다.

이런 일이 가능한 것은 전국의 모든 초등학교의 수업이 국가가 지정한 교육과정과 교육과정을 토대로 만든 교과서, 그리고 표준화된 연간수업계획에 따라서 이루어지기 때문이다. 교육과정은 각 학교에서 가르쳐야 할 교과목, 각 교과목마다 가르쳐야 할 내용과 시간, 지도 방법, 평가 방법 등을 상세하게 규정하고 있고, 교과서는 그것을 반영해서 수업 시간에 다루어야 할 소재와 구체적인 수업활동과 그 소재를 다루는 데 투여해야 시간과 순서 등을 직접적으로 또는 간접적으로 제시한다. 교사들은 교육과정과 교과서를 토대로 연간 수업계획을 세우고 그 계획대로 수업을 하고, 다수의 다양한 학생을 이끌고 계획대로 진도를 나가기 위해서 학생을 강하게 통제한다. 그리고 학교의 교장이나 교육청의 장학사들은 교사가 계획대로, 교육과정을 준수하면서 수업을 하는지 감독한다(서근원, 2003).

이러한 수업의 과정 속에서 지역의 특성이나 개별 학생의 특성은 실질적으로 반영되지 못한다. 따라서 수업 내용의 수준이나 빠르기가 자신에게 맞지 않는 학생, 또는 현재 흥미를 느끼지 못하는 학생은 수업에 참여하지 못하고 학습 부진이나 부적응을 겪게 된다. 그리고 시간이 지날수록 이런 일은 누적되고, 이러한 학생들은 마침내 학습을 포기하고 학교에 가는 것조차 거부할 수밖에 없는 지경에 이른다. 교사들도 이런 점을 모르는 바는 아니지만 진도를 나가야 할 뿐만 아니라, 수업 외의 다른 업무도 처리해야 하기 때문에 눈을 감을 수밖에 없다.

이와 같은 일은 교사가 수업계획을 세울 때, 교과서가 만들어질 때, 그리고 교육과정이 만들어질 때 이미 예정된 일이다. 교육과정은 해당 학년의 학생이라면 누구나 정해진 수업 시수를 이수하면, 좀 더 현실을 두고 말해서 출석하기만 하면 그 교과목의 내용을 학습한 것으로 간주한다. 그리고 교과서는 모든 초등학교 4학년 학생이 한 시간 동안 읽기 교과서 34쪽에 제시되어 있는 대로 활동을 하기만 하면 시를 읽고 주제를 파악할 수 있었다고 간주한다. 그래서 누구나 만 6세에 초등학교에 입학해서 6년 후에 졸업장을 받는다.

이런 일들이 가능한 것은 모든 학생과 학교나 교실의 조건이 모두 동일하다고 전제하기 때문이다. 그것은 모든 물은 섭씨 영도 이하로 내려가면 얼게 된다고 믿는 것과 다르지 않다. 그리고 그 전제를 충족시키기 위해서 아이들의 입학연령을 동일하게 규정하고, 학교의 시설을 표준화하는 것이다. 교사는 그런 사고를 전제로 수업 계획을 세우고 수업을 한다. 만일 그 점이 전제되지 않으면 수업 계획을 세운다거나, 진도에 따라서 수업하는 일이 있을 수 없다. 그러나 나이가 같다고 해서 모든 학생이 동일하거나, 모든 학교나 교실의 조건이 동일한 것은 아니다. 그런 전제는 영원히 충족될 수 없다. 그럼에도 불구하고 학교는 그처럼 운영된다.

산들초등학교가 폐교의 위기에 처하게 된 것이나, 희망시의 대규모 초등학교에 자녀를 보내던 학부모들이 아이들을 산들초등학교로 전학시킨 것도 바로 이런 배경에서 이루어졌다. 이런 상황에서는 아이와 교사와 학부모, 그리고 관리자까지도 모두 소외될 수밖에 없다. 아이들은 자신에게 맞지 않는 옷을 억지로 입어야 하는 것처럼, 자신의 수준에 맞지 않거나 현재 관심이 없는 내용을 억지로 학습하는 과정에서 교사와 분리될 수밖에 없으며, 그것을 억지로 들어야 하는 자신과 그것을 거부하는 자신으로 분리된다. 교사는 학생들이 자신의 진도 계획에 따르지 못한다는 것을 알면서도 수업 진도를 이끌고 나가는 과정에서 학생과 분리될 수밖에 없으며, 그것이 옳지 않다는 사실을 알면서도 그렇게 할 수밖에 없음으로써 자신으로부터 분리된다. 부모는 자신의 아이가 학교에서 행복하지 못하다는 것을 알면서 아이를 학교에 보내는 과정에서 아이와 분리되고, 그런 사실을 학교에 알려서 문제를 개선하지 못함으로써 교사를 비롯한 학교와 분리된다. 그리고 그런 사실을 알면서도 아이를 억지로 학교에 보냄으로써 자신으로부터 또한 분리된다. 관리자는 그처럼 구조화된 학교제도가 지시하는 대로 살아감으로써 자신으로부터 분리되고, 그것은 결국 교사와 학부모와 아이들로부터 분리되는 결과를 낳는다. 결국 모두가 자신으로부터 뿐만 아니라 타인으로부터, 즉 세계로부터 소외되는 것이다.

이처럼 구조화된 학교제도 속에서는 모두가 분리된 채 소외되고, 교육은 삶으로부터 유리될 수밖에 없다. 그리고 일부 사람들은 이런 소외된 삶으로부터 벗어나기 위해 학교 안에서 저항한다. 우리가 오늘날 학교붕괴라고 부르는 현상이 바로 그것이다. 또 다른 일부는 학교를 떠난다. 오늘날 대안학교를 만드는 사람들이 바로 그들이다. 자녀를 산들초등학교에서 도시의 학교로 전학시킨 부모들, 대도시에서 산들초등학교로 자녀를 전학시킨 부모들도 떠나는 사람들이다. 대교연에서 활동하다가 자신만의 교육적 이상을 실현하기 위해서 산들초등학교를 찾아온 교사들 역시 떠난 사람이다. 그중 이정호 교사는 이전에 근무하던 학교에서 학교 관리자의 파행적이고 비교육적인 처사에 저항하다가 개선될 수 없음에 절망하고, 2000년 10월경에 학교를 그만두고 영국으로 유학을 떠날 준비를 하고 있었다. 그리고 나도 그중 한 사람이다. 나는 1988

년부터 약 10년간 초등학교에서 교사로서 근무했다. 나는 교사로서 근무하던 기간 내내 아이들을 충실히 지도하는 데 관심을 쏟으면 쏟을수록 학교의 경직된 구조와 부딪힐 수밖에 없었고, 마침내는 그것이 소모적임을 알고 교직을 그만두었다.

내가 보기에 산들초등학교 사람들이 '새로운 공동체 학교'를 만들기 위해 노력한 것은 바로 이와 같은 소외의 문제를 해결하기 위해서였다. 그들이 학교에 아이들이 놀 수 있는 놀이시설을 만들고, 중간놀이 시간을 충분히 배치하고, 계절학교 등에 각종 체험학습의 기회를 많이 제공하는 것은 아이들로 하여금 학교에서 소외되지 않고 살아가게 하기 위해서다. 어른들의 그런 노력으로 인해서 아이들은 학교에서 살아야 하는 나와 학교에서 살고 싶은 나가 통합되고, 그로 인해서 그런 통합의 장을 만들어준 교사와 부모들과 통합된다. 교사와 부모는 자신이 해야 한다고 생각하는 것과 하고 있는 일이 일치됨으로써 자신으로부터의 분리를 극복하고, 아이와 학부모 또는 아이와 교사와의 분리도 극복하게 된다.

그들이 학교를 이와 같은 형태로 다시 만든 것은 그것이 올바른 교육이라고 생각했기 때문이다. 그 점은 그들이 산들초등학교를 "참 삶을 가꾸는 작고 아름다운 학교"라고 부르는 데서도 잘 나타난다. 앞서 살펴본 것처럼 산들초등학교를 새롭게 만드는 데 주도적으로 참여한 대부분의 교사와 학부모들은 아이들이 교실 안에만 갇혀 있는 것보다 마음껏 뛰어놀고 직접 체험하는 가운데 학습하도록 하는 것이 올바른 교육이라고 생각했다. 따라서 그들이 산들초등학교에서 다양한 활동들을 새롭게 시도한 것은 그와 같은 교육적 이상을 실현하기 위한 것이라고 볼 수 있다. 따라서 그들에게 있어서 산들초등학교는 그들이 이상적으로 지향하는 '교육'을 실현하기 위한 '공동체', 즉 '교육'을 위한 '공동체'라고 볼 수 있다.

III 이게 공동체냐?

1 어디까지 공동인가?

앞서 살펴본 것처럼 산들초등학교의 시스템을 구성하는 주요한 원리 가운데 하나는 "다 함께"다. 학교를 새롭게 만드는 과정에서 교사와 학부모는 함께 노력했다. 학부모들은 학생을 모집했고, 학교의 운영 방향에 관하여 교사들과 함께 협의했으며, 교사들은 학교 운영 방향에 관한 아이디어를 제시했다. 학교가 새롭게 태어난 이후에는 토요체험학습이나 계절학교 등의 체험학습 활동을 위해서 학부모가 강사나 도우미 등의 역할을 했다. 경우에 따라서는 교사의 연수에 학부모가 강사로 참여하기도 하고, 교사와 학부모가 함께 연수를 받기도 했다. 그리고 연말에는 교사와 학부모가 한 자리에 모여서 송년회를 열었다. 산들초등학교는 이처럼 교사와 학부모가 아이들의 교육을 위해서 함께 노력하고, 함께 어울리는 모습을 "공동체"라고 불렀다. 그리고 그렇게 만들어지는 학교를 "다 함께 만드는 새로운 공동체 학교"라고 불렀다. 그들은 이런 과정을 통해서 교육주체들이 평등하게 참여하는 공동체를 실현하고자 했다.

그러나 교육주체들이 평등하게 참여하는 공동체를 현실 속에서 실현하는 데는 많은 난관이 따랐다. 일부 학부모들이 지나치게 적극적으로 학교의 교육활동에 참여하자 학교를 새롭게 만드는 데 주도적으로 참여하지 않았거나 나중에 발령받아 온 교사들, 즉 "뒷바퀴 교사"들은 자신이 교육의 주체가 아니라 들러리라는 느낌을 갖게 되었다. 그 문제를 해결하기 위해서 교사들이 학부모들의 참여를 제한하자 이번에는 학부모들이 들러리로 취급받는다고 생각하게 되었다. 아이와 학부모로 하여금 평등하게 참여하도록 하는 과정에서 아이들의 현재 상태나 가정의 형편을 고려하지 않음으로써 일부 학부모들은 학교의 행사에 참여하는 것이 아니라 강제로 동원된다고 느끼게 되었다. 그리고 산들초등학교가 외부로 점점 더 알려지면서 산들초등학교의 학구가 아닌 지역에 살면서 입학하거나 위장전입하는 학생이 늘어나게 되고, 이런 학생들을 통학버스에 타도록 할 것인가 여부를 두고 학부모들 사이에 갈등이 발생했다.

산들초등학교 공동체가 "다 함께"로 상징되는 것을 고려하면, 그 갈등은 아래 학부모의 말에서 알 수 있는 것처럼 "다 함께"의 의미와 범위를 무엇으로 어디까지로 볼 것인가라는 질문에 대해서 서로 다르게 대답하기 때문에 발생하는 것이다.

〈32〉

교육공동체라는 말을 듣고 학교에 왔는데 어디까지 열려 있고 어디까지 공동인가, 학부모가 참여할 수 있는 것이 어디까지이고 어디까지 말할 수 있는지가 애매했어요. 학교에 책가방을 두고 다니기로 했는데 책가방을 메고 다닌 것이 1학년이었어요. 이것을 선생님한테 말해야 하는지 그냥 따라야 하는지 모르겠더라고요. 이 문제를 얘기할지를 두고 엄마들끼리 두세 달을 이야기했어요. 그런 게 힘든 거예요. 받아쓰기 문제도 그렇고. (은진 엄마)

위의 인용문에서는 "어디까지 공동인가"라는 질문이 교사와의 관계에 있어서 학부모가 참여할 수 있는 범위가 어디까지인지를 묻는 것이지만, 다른 상황에서는 학교의 각종 교육활동과 행사에 학부모가 어디까지 참여해야 하는지를 묻는 질문이 되고, 또 다른 상황에서는 어떤 사람이 산들초등학교의 구성원으로 포함될 수 있는가를 묻는 질문이 되기도 한다. 그리고 산들초등학교 사람들은 그 각각의 질문에 대하여 서로 다르게 대답함으로써 그들 사이에 '주체와 들러리', '참여와 동원', '공동체와 이기적 집단'의 논쟁이 발생했다. 그 각각은 아래와 같다.

1) "주체"와 "들러리"

산들초등학교가 공동체를 표방한다고 해도 학교의 교육활동과 관련된 모든 사안을 학부모와 교사가 다 함께 참여하여 결정하거나 시행하는 데는 한계가 있을 수밖에 없었다. 그런 한계가 발생하는 가장 기본적이고 일차적인 원인은 시간과 공간과 같은 물리적인 한계였다. 산들초등학교에는 교장, 교감, 초등학교 교사, 유치원 교사 등 11명의 교사와 90여 가족의 학부모가 있다. 이 200명 가까운 사람들이 모두 한 자리에 모인다는 것은 쉽지 않을 뿐만 아니라, 설령 모두 모인다고 해도 모든 사안을 다 함께 협의하고 다 함께 실행한다는 것 역시 거의 불가능하다. 그렇게 할 경우에는 배꼽이 배보다 더 크게 되고, 사공이 너무 많아지기 때문이다. 그래서 다 함께 한다고 해도 학부모의 경우 학년 대표들과 자녀교육에 남다른 관심을 가지고 있으면서 직장에 다니지 않는 일부 학부모들만이 학교의 각종 행사에 적극적으로 참여하게 되었다. 그렇다고 하더라도, 그들이 참여함으로써 산들초등학교는 교사들만의 힘으로는 할 수 없는 여러 가지 교육활동들을 해냈다. 그 가운데 가장 대표적인 것이 여름계절학교이다.

여름계절학교는 해마다 조금씩 달라지지만 2002년의 경우에는 전교생이 1주일 동안 집짓기를 했다. 집짓기를 하기 위해서 교사와 학부모들은 집짓기 활동에 필요한 목재, 공구, 볏짚, 흙 등을 미리 준비했다. 강사로 참여할 학부모들은 사전에 학교에 모여서 집의 구조에 대해서 공부하고, 새끼 꼬기, 발 짜기, 공구 다루기 등과 같은 기술을 익혔다. 계절학교가 개교한 첫날에는 교사가 모든 학생들에게 먼저 집의 역사와 종류를 설명하고, 산들리 지역에 산재해 있는 옛집들을 답사하게 했다. 그 다음에는 각 조별로 나뉘어서 학부모 강사의 지도하에 나무젓가락을 이용해서 모형집을 만들면서 집의 구조를 알게 한 뒤, 집을 짓는 데 필요한 여러 기능들을 돌아가면서 익히게 했다. 거기에는 발 짜기, 매듭 익히기, 목공 기술 익히기, 흙벽돌 찍고 흙담 쌓기, 짚으로 새끼 꼬고 이엉 엮기 등이 있었다. 그런 기능을 각각 익힌 뒤에 모둠별로 저학년의 경우에는 아이들 두세 명이 들어갈 수 있는 크기의 움집을 짓고, 고학년은 서너 명이 올라가 앉아서 이야기를 나눌 수 있는 크기의 원두막을 지었다.

이러한 여러 가지 활동들은 물론 7명밖에 안 되는 교사들만의 힘으로는 할 수 없는 것이었다. 특히 일곱 명의 교사 가운데 3명은 여교사였으므로, 그들에게 집을 짓는 일은 더욱 생소했다. 그래서 학부모들의 도움이 더욱 필요했다. 학부모들은 모형집 만들기, 발 짜기, 매듭 익히기, 목공 기술 익히기, 흙벽돌 찍고 흙담 쌓기, 새끼 꼬고 이엉 엮기, 움집 짓기, 원두막 만들기 등 8개의 영역에 각각 3명 이상씩 참여해서 아이들을 지도했다. 그리고 학부모 가운데는 어릴 적에 시골에서 자라서 새끼 꼬기와 이엉 엮기를 잘하는 사람도 있었고, 전문 목수도 있었으며, 오랫동안 건축 현장에서 일해 온 사람도 있었다. 그들은 경우에 따라서 하루에 몇 십 만원의 손해를 감수하면서 강사나 도우미 등으로 참여했다. 1주일 동안 그렇게 참여한 학부모가 총 200여 명에 이르렀다. 그리고 거기에 참여하는 봉사자를 선정하고 배치하는 일은 모두 학부모회의 대표와 총무가 도맡아서 했다. 그리고 매일 활동이 끝나면 교사와 학부모가 함께 모여서, 그날 지도하는 과정에서 있었던 일을 함께 이야기하면서 개선 방안을 모색했다.

"앞바퀴 교사"들에게는 학부모가 교사와 대등한 위치에서 협의하고 활동하는 모습이 낯설거나 불편하지 않았다. 오히려 자랑스럽고 뿌듯했다. 그러나 "뒷바퀴 교사"들, 특히 새로 발령을 받아서 온 교사들에게는 그런 모습이 거부감을 불러일으켰다. 일반적인 학교 상황에서는 자신들이 해야 할 일을 학부모들이 하고 있음으로써 교사들은 아이들을 관리하는 것 이외의 일은 할 수 없었다. 그렇기 때문에 오후 협의 시간에도 할 수 있는 말이 별로 없었다. 결국 그 기간 동안 "뒷바퀴 교사"들은 무력감을 느끼고 자신이 들러리가 되었다는 생각을 하지 않을 수 없었다. 거기에다가 "앞바퀴 교사"들이 자신들보다는 학부모와 더 긴밀하게 의논하고 친하게 지내는 모습을 보면서, 그리고 같은 평교사인 그들로부터 지시를 받으면서 그런 생각은 더욱 심해졌다.

만일 "뒷바퀴 교사"들이 계절학교와 같은 체험학습 활동을 하는 동안에만 위와 같은 기분을 느꼈다면 그것은 별 문제가 되지 않을 수도 있었다. 그러나 일부 학부모들은 "뒷바퀴 교사"의 일상적인 교육활동에도 부적절한 방식으로 이의를 제기했다. 다음은 그런 사례 가운데 하나이다.

〈33〉

우리 애들이 2학년 때는 박명준 선생님하고 맨날 숲 속을 산책하고 산과 들로 뛰어다녔잖아요. 숲에서 왕건놀이 하고 다니고, 비오면 맨발로 밟고 다니고 그러던 아이인데 3학년이 돼서 조현숙 선생님이 아침에 교실에 앉혀놓고 종이접기, 그림 색칠하기 이런 것을 시킨 거예요. 그러니 애들이 쥐가 나지요. 더구나 아침은 애들이 얼마나 선호하는 시간인데요. 1호차를 타려고 애를 쓰거든요. 그리고 아이들에게 스티커를 주고 모둠별로 경쟁시켰어요. 처음에는 애들이 재미있어하는 것 같았어요. 모둠에서 잘하면 스티커를 주는 것은 괜찮아요. 그런데 중요한 것은 한 애가 잘하면 하나를 줬는데 못하면 두 개를 다시 거둬 가시는 거예요. 그러니까 모둠에서 누군가가 잘못하면 힘들여 쌓은 스티커를 뺏어가는 적과 같은 아이가 되는 거지요. 걔가 나쁜 놈이 돼가지고 다른 애들이 비난하는데, 그런 애들이 정해져 있어요. 그래서 모둠 짤 때 걔네들을 서로 안 끼게 하는 거예요. 걔네들이 점수를 깎아 먹으니까. 우리 엄마들끼리 모여서 회의를 하면서 선생님이 학교 실정이나 우리 아이들을 잘 모르시고 그러니까 누군가 선생님한테 얘기해야 하지 않겠느냐고 얘기를 나눴어요. 우리 애들이 그 전에 그렇게 생활했다는 것을 말씀드리면 선생님한테 참고가 되겠다는 거였어요. 그런데 회의가 끝나고 며칠 안 지나서 인석 엄마가 거두절미하고 "애들을 경쟁시키고, 숲 속에 애들을 안 풀어놓고 교실 안에 꽉 가둬놓고 하는 당신은 이 학교에 맞지 않는 사람이야." 이렇게 말한 거예요. 엄마들이 회의하면서 이런 얘기가 나왔다고 얘기한 거예요. (유섭 엄마)

위에서 학부모가 언급하고 있는 조현숙 교사는 교직 경력이 20년 이상 된 40대 후반의 여교사였다. 조현숙 교사는 교감으로의 승진을 위해서 2002년에 산들초등학교에 전근해왔다. 산들초등학교에는 승진을 위해서 점수를 받으려고 하는 교사가 없었으므로, 그는 산들초등학교에 오면 다른 교사와 경쟁하지 않고 손쉽게 승진에 필요한 점수를 받을 수 있을 것이라고 기대했다. 당시 그가 맡은 3학년에는 학생이 28명으로서 다른 학년보다 8명이나 많았다. 일반 학교 교실 크기의 절반쯤 되는 교실에 28명의 아이들과 함께 있는 것은 교사에게도 부담스러웠다. 거기다 28명 가운데 남자가 21명이었고, 아이들 중에는 정신지체 장애아를 비롯해서 일반적인 학급 상황에서는 적응하는 데 어려움을 겪을 수 있는 아이가 7명 있었다. 그 아이들은 수업 중에도 수시로 자리를 떠나서 돌아다니거나, 괴성을 질러서 수업의 흐름을 끊어놓기 일쑤였다. 어느 면에서는 수업을 진행한다는 것이 불가능할 정도였다. 그래도 그는 아이들을 체벌하거나 강하게 통제할 수 없었다. <사례 22>에서 볼 수 있는 것처럼 그것은 이 학교가 추구하는 아이중심 사고와 어긋나기 때문이었다. 그는 주례회의 석상에서 다른 교사들에게 아이들의 무질서한 모습에 관하여 몇 차례 문제를 제기했지만 번번이 묵살당하고, 오히려 아이들의 정서를 이해하지 못하고 함께 호흡할 줄 모르는 무능한 교사로 취급당했다. 결국 그는 나름대로의 해결책을 모색해야 했다. 그것이 위 인용문에서 볼 수 있는 것처럼, 아이들에게 스티커를 주어서 보상하고 강화하는 것이었다. 그것은 학교에서 체벌이 없어진 이후로 많은 교사들이 일반적으로 사용하는 통제방법이었다. 그러는 동안에 위 학부모의 항의 사건이 발생한 것이었다.

조현숙 교사는 학부모로부터 "당신은 이 학교에 맞지 않는 사람이야."라는 말을 듣고 충격에 빠졌다. 그는 어떻게 해도 교사의 말을 듣지 않는 아이들을 통제하기 위한 수단으로써 스티커를 이용하여 학생들을 강화하려고 했지만 그것조차 학부모의 반발에 부딪힌 것이다. 그가 스티커를 이용해서 아이들을 경쟁시킨 것은 기존의 일반적인 학교에서 아이들을 통제하던 방식에 익숙해 있던 탓도 있지만, 그 학급의 아이들이 가지는 특성 때문이기도 했다. 그 후로 그는 학부모들을 두려워하고, 아이들이 다소 질서를 어기거나 자신이 해야 할 일을 하지 않아도 적극적으로 지도하기보다는 한 발 물러서서 모른척하게 되는 경우가 많아졌다. 그리고 아래 인용문에서 알 수 있는 것처럼 아이들은 그런 사실을 알고 이용했다.

〈34〉

산들초등학교는 너무 아이중심적인 것이 저로서는 부담스러웠어요. 어느 정도 절제될 수 있는 부분도 교육이 되어야 한다고 생각하는데 산들은 그 부분이 너무 약해져 있어요. 아이들도 자기가 어떤 행동을 했을 때 선생님이 알지만 모른척한다는 것을 알고 있어요. 저학년 아이들조차도. 수민이 같은 경우도 외부 강사 선생님이 그것은 잘못된 것이라고 했을 때 "우리 선생님은 모른척하는데요."라고 말을 했다는 것을 들었거든요. (오미진 교사)

이와 유사한 일들은 다른 학년에서도 발생했다. 그 결과 아이들의 부정적인 특성은 개선되기보다는 더욱 강화되었다. 고학년 학급에서는 다음과 같은 일이 발생하기도 했다.

〈35〉

아이들이 최소한 수업 시간은 지켜야 한다고 생각하는데 늦게 오는 거예요. 그리고 죄송해하는 게 없고 굉장히 당당하다는 거예요. 산들에서는 그거를 놔둬야 하는 분위기가 아닌가 생각해요. 제가 "왜 이렇게 늦었니? 15분이나 늦게 들어온 것은 너무 늦었다." 그랬더니 빈정거리는 투로 말해요. "선생님 15분은 너무 과장 아닌가요. 14분 정도나 13분 아닌가요?" 이러는 거예요. 그래서 수업 마치고 "다음부터는 늦으면 중간놀이 시간에 너 그만큼 늦게 가자." 그랬더니 "나는요, 종 치자마자 들어온 거예요. 종이 늦게 쳤나 보지요." 계속 그런 식으로 핑계를 대요. 제가 한 시간가량 알아듣도록 얘기했음에도 불구하고 끝까지 자기네가 잘했다는 거지요. 늦으면 어떠냐는 거지요. 그리고 수업 시간에 아이들하고 계속 얘기해요. 그래서 그것을 제지를 하면 "조용히 했는데요. 떠들었으면 미안하고요." 이렇게 얘기를 해요. 저는 그런 문화에 접하지 않아서 그런지 그런 것들이 굉장히 힘들더라고요. 내가 이럼에도 불구하고 교사라는 이 자리에 서 있어야만 하나……. 아이들한테 가끔 그런 게 느껴져요. 너무 속상하더라고요. (손영애 교사)

그럼에도 불구하고 "앞바퀴 교사"나 학부모들은 "뒷바퀴 교사"가 아이들을 강하게 통제하지 않게 된 것을 보고 그가 '산들초등학교 교사 다워졌다'고 생각하고, 일부 학부모들은 더욱 적극적으로 교사의 교육활동에 개입해서 교사를 변화시키려고 했다. 그래서 유치원에서는 학부모들이 교사의 허락도 없이 자신들이 가치 있다고 생각하는 교육적 이상을 실현하는 방향으로 교실의 환경을 바꾸기도 했다.

〈36〉

학부형회에서 교실을 정리하고 나서 플라스틱 교구를 다 치워달라고 말했을 때 저는 굉장히 자존심이 상하고 갈등이 됐어요. 그리고 제 동의를 구하지 않고 소꿉장난이니 이런 것들이 다 창고로 들어갔어요. 그때는 참 인간적으로 갈등이 됐어요. (오미진 교사)

산들초등학교에서 학부모들이 이처럼 적극적으로 교사의 교육활동에 관여하게 되는 것은 한편으로는 산들초등학교가 교육주체들의 평등한 참여에 의한 공동체를 추구하기 때문이기도 하지만, 다른 한편으로는 그들이 보기에 교사의 교육활동이 지향하는 교육적 가치가 자신들이 지향하는 가치와 일치하지 않기 때문이다. 그런 경우는 주로 "뒷바퀴 교사"들과 과거에 민주화 운동이나 노동운동 또는 시민운동을 했던 학부모들과의 사이에서 발생했다. 그들은 대체로 자기주장에 대한 확신이 강했고, 그 주장을 공사석에서 관철시키려고 노력했다. 그리고 학부모가 교사를 대하는 이러한 태도는 일상 속에서도 나타났다.

〈37〉

교사로서의 권위를 내세우는 것은 아니지만 서로 존중하는 마음이 있어야 하잖아요. 그런데 학부형이 교사를 존중하는 마음이 아니라는 것이 느껴지더라고요. 저희들 사고 속에서는 일단 교사가 옆에 있으면 어렵잖아요. 그래서 자신의 행동을 조금은 통제하게 되잖아요. 그런데 통제력이 없는 거예요. 그것은 아이나 학부형이나 똑같은 것 같아요. 자기가 표현하고 싶은 것은 다 해버려야 되더라고요. 한번은 교무실에서 학부모 하나가 컴퓨터를 좀 만지다가 안 되니까 벌떡 일어나더니 책으로 책상을 탁 치면서 "아씨, 안 되네!" 하고 소리를 버럭 지르는 거예요. 이게 마음대로 안 된다면서. 교감 선생님도 옆에 계신데. 저는 그런 상황이 너무 이해가 안 되는 거예요. (손영애 교사)

일부 학부모들의 이와 같은 도에 지나친 언행들은 "뒷바퀴 교사"들을 위축시켰고, 자신들은 이 학교에서 들러리라고 인식하게 되었다. 심지어는 학부모는 장학사고 자신들은 그 밑에 소속된 직원이라는 자조 섞인 푸념을 하기도 했다. 그 결과 "뒷바퀴 교사"들은 학교의 각종 교육활동에 소극적으로 참여하게 되었고, 마침내 학교를 떠날 생각을 하게 되었다.

〈38〉

내가 계속 있을 거면 모르는데 어차피 1년만 하고 간다면 서로 부딪히고 싶지 않거든요. 나가게 되면 확실히 나가야지 있게 되면 더 괴로울 것 같아요. (손영애 교사)

그리고 일부 교사들은 이런 점들이 한 가지 이유가 되어서 학교를 떠났다. 2002년에는 한상희 교사와 신미희 교감이 떠났고, 2003년에는 박명준 교사와 진도향 교사가 떠났으며, 2004년에도 조현숙 교사와 송현주 교사와 오미진 교사가 떠났다. 결국 2001년부터 근무한 교사는 김정식, 이정호, 정명신 교사뿐이다. 3년 새에 유치원 교사를 포함하여 5명의 교사가 떠난 것이다.[8] 그리고 현재 남아 있는 교사들 중에도 한두 명의 교사가 학교를 떠나려고 마음먹고 있다.

이와 같은 상황은 "앞바퀴 교사"들을 힘들게 만들었다. 교사 중 한 명이라도 학생지도를 소홀히 할 경우 학교의 전체적인 균형이 깨지고, 그 학급의 아이들이 보이는 행동들이 다른 학급에게도 파급되기 때문이다. 그리고 그런 영향은 특히 계절학교 등과 같은 체험학습을 할 때는 눈에 보이는 어려움으로 나타난다. 한 명의 교사만이라도 참여하지 않거나 소극적으로 참여할 경우 행사가 원활하게 진행될 수 없기 때문이다. 그리고 "앞바퀴 교사"들도 점차 일부 학부모들이 교사에게 보이는 태도는 도가 지나치다고 생각하게 되었다.

"앞바퀴 교사"들은 이 문제를 해결하기 위해서 2003년 여름계절학교부터는 학부모의 참여를 제한시키고, 이전과는 달리 교사들로 하여금 계절학교의 각 영역을 책임지고 맡아서 준비하고 진행하도록 했다. 활동에 필요한 물품을 교사가 직접 조사하여 구입하고, 그 활동에 필요한 강사와 자원봉사자 역시 교사가 개별 학부모에게 직접 연락해서 선정하도록 했다. 그렇게 함으로써 "뒷바퀴 교사"들의 자발성을 이끌어 내고, "앞바퀴 교사"들은 자신이 학부모 편이라는 비난으로부터 벗어날 수 있게 되었다. 이정호 교사의 다음 말은 이러한 정황을 잘 보여준다.

---

8) 유치원 보조교사까지 포함하면 11명 가운데 7명이 떠났다.

〈39〉

그때 오상두 선생은 학부모가 참여하는 것에 대해서 알러지가 있었어요. 놀이마당과 숲속학교를 거치면서 학부모에 대한 거부감이 너무 컸던 거예요. 계절학교 기획안을 잡고 의논을 하고 그러는 과정에서는 무리 없이 갔는데 마지막에 학부모들을 가능하면 참여를 배제시키자는 쪽으로 의견이 나온 거예요. 그때 학부모회에서는 전에 있어왔던 계절학교 운영방식에 맞추어서 준비를 하고 있었어요. 전에는 각 마당별로 사람을 배치하는 것을 학부모회에다 일임해주었어요. 학교에서는 부탁만 하고 학부모회에서 알아서 적재적소에 배치하고 관리하고 그랬는데, 각 마당별 도우미를 선생님들이 개별적으로 연락해서 섭외하자 이렇게 된 거예요. 학부모회에 줬던 것을 가져오는 거지. 그것은 교사가 마당 운영의 주체적 능력을 기르고 어쩌고 하면서 결정된 거예요. 교사들이 마당 준비의 역동성이 떨어지니까 맨날 학부모한테 미룰라고 하고, 강사 데려다 쓰고 나면 그냥 뒤에서 할라고 하고 그랬거든요. 그러니까 각자가 도우미도 섭외하고 준비도 하고 강사도 각자 섭외해서 교사의 역동성을 살려 낼려는 의도였어요. 그런데 문제는 이것을 학부모한테 설명하려는 과정이 한번도 없었던 거예요. 학부모들은 어떻게 해야 하냐고 물어오는데 학교에서는 아무런 결정이 없다가 막판에 가서 우리는 도우미를 극소수로 필요로 하는 만큼만 쓰겠다. 한마디로 말하면 '학부모들 간여하지 마라.' 이런 식으로 돼버리니까 이것은 학교가 기존의 학부모를 배제하고, 교사들이 학부모를 개별적으로 마음에 맞는 사람을 자기편화시키려고 한다는 오해가 발생하게 된 거예요. (이정호 교사)

그러나, 이런 변화는 위의 인용문에서 볼 수 있는 것처럼 학부모와 학교 사이에 갈등을 불러일으켰다. 2001년과 2002년 계절학교에서는 학부모 대표들이 각 영역별로 필요한 학부모 강사나 도우미를 선정하고 배치했으므로, 학부모 대표들은 2003년에도 그런 방식으로 진행되리라고 생각하고 학교로부터 연락이 오기를 기다렸다. 그러나 계절학교가 임박해서도 연락이 오지 않다가 엉뚱하게도 일부 학부모로부터 선생님으로부터 도우미를 해달라고 연락이 왔는데 어떻게 된 거냐고 묻는 연락이 왔다. 그 순간 학부모 대표들은 자신들이 배제되었다고 생각하고 강한 불만을 가지게 되었다. 그리고 학교에 의해서 자신들이 들러리가 되었다고 생각했다.

그런데 주체와 들러리 사이의 논쟁은 학부모 사이에서도 다시 발생했다. 2003년 여름계절학교는 비록 학부모대표들과 교사 사이에 갈등을 불러일으키면서 시작했지만 지난 두 해에 비해서 훨씬 더 짜임새 있고 안정적으로 진행되었다. 아이들은 끈 공예, 목공, 음식 만들기, 역사 체험, 발도르프 인형 만들기, 도예, 자연생태체험, 퀼트 가운데 한 가지를 선택해서 1주일 동안 그 한 가지 영역만을 집중적으로 익혔다. 그리고 각 영역에 참가한 부모들은 그 분야에서 전문적인 지식이나 기능을 가지고 있었기 때문에 학교 교육활동의 한 부분에 주체로서 참여한다는 느낌을 가질 수 있었다. 또한 1주일 동안 아이들을 지도하고 하루하루 아이들의 기능이 향상되는 모습을 보면서 아이들과 아이들이 만든 작품에 더욱 애착을 가지게 되었다.

그런데 계절학교가 사흘째 접어드는 날 오후에 일부 교사와 학부모들은 아이들이 각자 선택한 영역에서 열심히 익히는 모습을 보면서, 아이들이 정성스럽게 만든 작품들을 한곳에 전시해놓고 학부모들을 모두 초대해서 같이 볼 수 있게 하자고 제안했다. 그 제안에 대해서 일부 교사들은 그렇게 할 경우에 강사들이 전시에 대한 부담 때문에 무리하게 아이들을 이끌어가게 되고, 전시회도 아이중심이 아닌 어른 중심의 전시회가 되며, 다음 해에는 전시회를 염두에 둔 계절학교를 하게 될 것이라는 우려를 제시했다. 그렇지만 전시회는 강행되었다. 그리고 우려대로 일부 강사들은 전시회에 뭔가 그럴듯한 작품을 내놓아야 한다는 부담 때문에 아이들이 해야 할 것을 강사나 학부모가 대신 해주기도 하고, 별도의 강사를 더 초빙해서 쓰기도 했다.

비록 몇몇 영역에서 이처럼 무리하게 계절학교를 진행하기는 했지만 각 영역을 맡은 교사나 학부모 강사들은 만족해했다. 자신이 1주일 동안 지도한 아이들이 그 전에는 전혀 할 수 없던 것을 할 수 있게 되고, 근사한 작품들을 하나씩 만들어냈기 때문이다. 강사들은 자신이 지도한 아이들이 만든 작품들을 각각의 개성이나 특성이 잘 살아나는 방식으로 전시하기 위해서 액자를 만드는 등의 준비를 따로 했다. 그리고 그렇게 준비한 작품들을 전시장으로 가지고 갔다. 그러나 그렇게 준비된 작품들은 전시회를 책임지고 맡았던 한 학부모에 의해서 이리저리 흩어지거나 뜯어져서 새로 놓이게 되었다. 그 전시회를 맡았던 학부모가 전시장에 자연조형물들을 미리 설치해서 전시장 자체를 하나의 작품으로 만들어놓고, 거기에 어울리는 방식으로 작품들을 배치하려고 했기 때문이다. 그날 강사로 참여했던 한 학부모는 그때의 상황을 다음과 같이 말했다.

〈40〉

1학년에서 끈 공예 작품이 엄청 나왔어요. 그것을 채수 엄마가 세 시간 정도 준비해서 잠자리는 잠자리대로 뭐는 뭐대로 까만색 골판지에 하나씩 핀으로 꽂아가지고 보기 좋게 대여섯 판을 만들어서 전시장에 가지고 갔어요. 그런데 그 아줌마가 컨셉에 안 맞는다고 다 뜯어서 다시 하라고 했어요. 각 마당의 엄마들은 마당별로 어떻게 놓았으면 좋겠다는 생각이 있었고, 돕자, 같이 해야 한다 하는 마음을 가지고 기를 쓰고 만들어서 가지고 갔는데 해체하라고 하지 않나 '촌스럽게 그게 뭐냐'는 둥 이렇게 돼버리니까 막 열이 난거지요. 니 하고 싶은 대로 하라고 하고서 집어던지고 왔어요. 그걸 보면서 여러 가지로 기분이 안 좋더라고요. (소담 엄마)

〈사진 17〉 2003년 여름계절학교 작품 전시회

계절학교에 강사나 도우미로 참여했던 학부모들은 아이들의 손을 빌려 아이들과 함께 정성들여 만든 작품이 다른 누군가가 미리 만들어 놓은 전시 컨셉 속에 수동적으로 배치되는 것을 지켜볼 수밖에 없었다. 즉, 전시 장면에서 강사나 도우미로 참여했던 학부모들은 다시 들러리가 될 수밖에 없었다.

2) "참여"와 "동원"

산들초등학교가 주체들이 평등하게 참여하는 공동체를 실현하는 데는 또 다른 어려움이 있었다. 그것은 설령 모든 사람에게 동일한 참여의 기회를 제공한다고 해도 현실적인 여건의 차이로 인해서 모든 사람이 동등하게 참여할 수 없다는 점이었다. 공동체라는 이름으로 모든 사람에게 동등하게 참여할 수 있는 기회를 제공하는 일이 참여할 형편이 되지 않는 사람들에게는 동원되고 있다는 느낌을 갖게 만들었다. 이와 같은 일이 발생하는 원인은 산들초등학교의 구성원이 다양하다는 데서도 찾을 수 있었다.

산들초등학교에는 이질적이라고 해도 과언이 아닐 정도로 다양한 사람들이 함께 모여 있다. 교사들의 경우는 "앞바퀴 교사"와 "뒷바퀴 교사"로 구분된다. "앞바퀴 교사"는 산들초등학교를 주도적으로 이끌고 가는 김정식 교사와 이정호 교사를 가리키고, "뒷바퀴 교사"는 나머지 다섯 명의 교사를 가리킨다. "앞바퀴 교사"는 교육에 관한 신념이 뚜렷하고, 그 신념을 실현하기 위해서 자기주장을 좀처럼 굽히지 않는 데 비해서, "뒷바퀴 교사"는 투철한 신념에 따라서 살아가기보다는 동료 교사들과의 관계를 원만하게 하는 가운데 교사로서 주어진 역할을 충실히 하면서 하루하루를 살아가는 데 만족한다.

학부모들은 크게 "산들사람"과 "희망사람"으로 나뉘고, 희망사람은 다시 "쎈사람"과 "밥퍼아줌마"로 나뉘었다.9) 그들을 좀 더 자세히 살펴보면 다음과 같다. 2003년의 경우 산들초등학교 학부모는 총 95가정이 있었으며, 그 가운데 대대로 산들리와 산중리, 그리고 산하리에서 살아오는 가정이 27가정이고, 희망시에 거주하는 가정이 68가정이었다. 산들리와 산중리 그리고 산하리에 살고 있는 학부모들은 거의 대부분 그 지역에서 식당 등을 운영하면서 살아가기 때문에 생활 여건이나

9) 여기서 희망사람은 '원칙주의자'와 '도덕주의자'로도 구분될 수 있다. 원칙주의자는 통학버스나 전입학 문제 등에 있어서 엄격한 원칙을 적용할 것을 주장하고, 도덕주의자는 그런 문제를 결정하는 데 있어서 산들초등학교나 희망사람들이 배타적인 입장을 취해서는 안 된다고 주장한다. 그런데 이 구분은 "쎈사람"과 밥퍼아줌마의 구분과 중첩되는 면이 있고, 두 구분을 모두 사용할 경우에는 혼란스럽기 때문에, 여기서는 편의상 "쎈사람"과 밥퍼아줌마로만 구분했다. 그리고 밥퍼아줌마의 경우는 산들초등학교 사람들이 일상적으로 사용하는 용어는 아니지만 마땅한 용어가 없기 때문에 잠정적으로 사용하기로 한다.

풍습, 사고 등이 비슷했다. 이들은 자녀의 교육에 있어서는 공통적으로 아이들이 학교에서 공부를 잘해주기를 바랬다. 그들은 대부분 고등학교 졸업 이하의 학력을 가지고 있고, 과거에 산들초등학교가 복식학급으로 운영되면서 학습 결손이 너무 많았기 때문에 학습에 관한 기대가 상대적으로 컸다. 학부모들 사이에 이들은 "산들사람"이라고 불렸다.

희망시에 거주하는 학부모들은 "희망사람"이라고 불렸다. 희망사람은 크게 "쎈사람"과 "밥퍼아줌마"의 두 개 집단으로 나뉘고 양자는 사고에 있어서 큰 차이를 보였다. "쎈사람"은 과거에 민주화 운동, 노동운동, 시민운동, 사회봉사 활동 등과 같은 크고 작은 운동에 참여했거나 참여하고 있는 사람들이다. 이들은 20가정 안팎에 이르며, 산들초등학교가 새로 태어나는 데 주도적인 역할을 했다. 그 이후로도 학교의 각종 활동에 주도적으로 참여하는 사람도 이들이다. 그들은 대부분 자녀의 교육에 관하여 나름대로의 일가견을 가지고 있다. 그들은 아이들은 학교에서 교과 학습으로 인한 부담감을 느끼지 않는 가운데 자유롭게 생활할 수 있어야 한다고 믿고 있으며, 자신의 그러한 교육관을 실현하기 위해서 산들초등학교를 선택했다. 그리고 그러한 교육관을 다른 사람에게도 확산시키려고 하고, 그것이 저지당할 경우에는 관철시키기 위해서 노력하기도 했다. 앞의 <사례 33>과 뒤의 <사례 78>이 그중 하나다.

"밥퍼아줌마"는 가정에서 살림만 하거나 맞벌이 직장에 다니는 사람들이다. 이들 가운데 일부가 "쎈사람"에 대비해서 자신을 스스로 "밥퍼아줌마"라고 불렀다. 이들은 산들초등학교가 좋은 자연 환경 속에 위치해 있고, 적은 수의 아이들이 공부함으로써 아이들이 하나하나 배려받을 수 있으며, 각종 특기적성 활동을 무료로 가르쳐준다는 데 기대를 가지고 아이를 전학시키거나 입학시켰다. 이들은 대체로 아이들이 학교에서 즐겁게 생활하고 있다는 데 대해서 만족하고 있으며, "쎈사람"

들처럼 자녀 교육에 관하여 나름대로의 일가견을 가지고 있지 않았기 때문에 학교에 대하여 그 이상의 기대는 하지 않는 편이었다. 그런데 이들 중에는 경제 형편이 넉넉하지 못한 집이 여럿 포함되어 있다. 그중에는 단칸방에 다섯 식구가 사는 가정도 있었고, 아버지가 실직해서 엄마에게 수입을 의존하는 경우도 있었다.

학부모 집단의 이와 같은 다양성은 산들초등학교가 새롭게 출발하던 때부터 어려움을 발생하게 했다. 앞서 살펴본 것처럼 산들초등학교는 아이들이 학교에서 학습하는 내용이 그들의 삶과 유리되지 않도록 하기 위해 체험학습을 주로 하고, 기존 학교의 관료적인 운영방식이 안고 있는 문제를 해결하기 위해 공동체를 강조했다. 그러나 산들사람들의 가장 큰 기대사항은, 과거에 학교가 복식 수업을 한 이후로 아이들이 제대로 공부를 할 수 없었기 때문에, 수업을 충실히 해주는 것이었다. 그들은 대부분 장사하느라고 바쁘기 때문에 학교에 자주 찾아가 볼 수도 없었다. 그러나 학교를 새롭게 만들기 위해 준비하는 과정에서 산들사람들의 의견은 거의 반영되지 못했다. 그 점은 아래의 말에서 잘 알 수 있다.

〈41〉

어느 날 학교에 모이라고 갔더니 생소한 엄마들이 잔뜩 와 있어요. 여기서는 네 명인가 나가서 얘기하는데 우리는 앉혀놓고 그쪽하고 이미 다 끝난 얘기더라고요. 이쪽 어머니 대표로 말씀을 해달래요. 그래서 "희망 어머니들이 하시는 말씀이 여기를 선택한 이유가 자연과 접하고 있고 너무 교육환경이 좋다고 그러는데 저는요, 자연과 한 십년 너무 지겹게 접했거든요. 근데 공부 좀 했으면 좋겠어요." 화가 나서 그렇게 나갔어요. 그랬더니 눈들이 똥그라세요. 저희는 지금껏 너무 자연하고는 잘 접하고 살아왔으니까 공부만 잘 가르쳐줬으면 좋겠다고 제가 말씀을 드렸어요. (아름 엄마)

학교를 새롭게 준비하는 사람들은 교사와 학부모 모두 자신이 접해왔던 학교의 문제점에만 중심을 두느라고 산들사람이 겪는 어려움이 무엇이고, 그것을 어떻게 해결해야 하는지는 고민하지 않았던 것이다. 또한 산들초등학교에서 치러지는 모든 행사가 주말에 이루어지고, 산들사람들이 운영하는 식당은 주말에 손님이 가장 많기 때문에 그나마 참여할 수 있는 기회가 더욱 적어질 수밖에 없었다. 그 결과 산들사람들은 이후로 산들초등학교에서 실시하는 각종 행사에 주체적으로 참여한다기보다는 배제되거나 동원된다고 느낄 수밖에 없었다.

산들초등학교가 공동체를 추구한다고 하면서 학부모들이 동원되고 있다는 인상을 강하게 받았던 것은 2001년 7월에 첫 번째 여름계절학교를 진행하면서이다. 그 당시 산들초등학교의 "앞바퀴 교사"들이나 "쎈사람"들은 기존의 공교육 제도가 안고 있는 문제를 해결할 수 있는 대안적인 학교 시스템을 만드는 데 온 관심이 쏠려 있었고, 여름계절학교는 그런 시스템이 본격적으로 가시화되는 첫 행사였다. 산들초등학교의 첫 시험대라고 볼 수 있었다. 따라서 그들은 그 행사가 많은 사람들의 적극적인 참여하에 성황리에 이루어지고 있음을 보여줄 필요가 있었다. 그렇게 될 경우에 대외적으로 인정받을 수 있을 뿐만 아니라, 산들초등학교가 새롭게 추구하고 있는 여러 일들에 대하여 비판적인 입장을 고수하고 있던 신미희 교감의 비난을 잠재울 수 있고, 그들이 하는 일을 한 발짝 물러서서 바라보고 있던 "뒷바퀴 교사"들을 "앞바퀴 교사"들 쪽으로 끌어올 수 있었다.

그런데 문제는 희망사람들 쪽에서 발생했다. 당시 5학년에는 9명의 학생이 있었다. 그 가운데 7명이 희망시 아이들이었으며, 그중 1명을 제외한 나머지 6명의 가정 형편이 어려웠다. 그때는 IMF 충격이 채 가시기 전이었고, 일부 학부모는 IMF로 인해서 실직된 상태에 있기도 했다.

그들이 어려운 가정형편에도 불구하고 아이들을 산들초등학교로 전학시킨 이유는 아이들이 자연환경 속에서 자유롭게 자랄 수 있기를 기대했기 때문이기도 하지만, 다른 한편으로는 학교에서 국악과 영어 등을 무료로 가르쳐주고, 통학차량도 무료로 제공한다고 했기 때문이다. 가정 형편이 어려워서 자녀를 학원에 보내지 못하는 그들로서는 솔깃한 제안이 아닐 수 없었다.

그런데 막상 학교에 입학하게 되자 통학버스비, 특기적성비, 급식비, 학부모회비, 체육복 값 등을 내야 했다. 이 학교에 아이 둘을 보내는 집에서는 그 비용이 한 달에 30만 원에 달했다. 그 비용은 하루하루 벌어서 살아가는 집이나, 아버지가 실직한 집에는 큰 부담이 아닐 수 없었다. 그리고 계절학교가 시작하게 되자 계절학교 참가비를 별도로 내야 했다. 그럼에도 불구하고 "쎈사람"들은 모두가 참여하라고 강요했다. 아래의 이야기는 그때 상황을 보여준다.

〈42〉

그때가 여름계절학교를 앞두고 학년 대표들이 모여서 회의하는 자리였어요. 그 자리에는 교장, 교감 선생님도 참석하셨고, 저는 5학년 대표로 참석했어요. 사회를 보시는 분이 5학년 말씀해보세요. 그러더라고요.

저희 5학년에 형편이 굉장히 안 좋은 가정이 많았어요. 아홉 명 가운데 거의 그랬더라고요. 이 학교에 보내기는 너무 벅찬 집이었어요. IMF 때문에 그런 영향이었던 것 같아요. 여름계절학교 하는데 돈을 걷어야 해요. 기존의 학교 프로그램이 아니라 우리가 프로젝트를 해가지고 교육에 참여하는 거잖아요. 일련의 공교육 커리큘럼이라면 그럴 필요가 없는데 그게 아니잖아요. 그런데 한꺼번에 급식비하고 특기적성비하고 그런 게 하다 보니까 돈이 꽤 들었어요. 우리 학년이 두 아이를 가진 집안이 많은 거예요. 동생까지 할려니까 당시에는 돈이 꽤 들었어요. 삼십만 원이 넘었던 것 같아요. 처음에 올라올 때는 모든 게 없다고 했는데 이렇게 되니까 학교 상황이 굉장히 부담되지요. 학교고 뭐고 그게 아니라 개인 사정도 중요하잖아요. 우리 학교가 다 같이 가기로 했으니까 이런 사람들 형편을 봐서 같이 가야지 의견을 묵살할 수는 없다고 생각했어요. 우리가 학급비에서 일부 보조할 수 있어요. 그렇지만 그것 가지고는 도저히 상황이 안 돼요. 다들 낼 사람은 뻔하거든요. 오히려 도울 사람보다 도와주어야 할 사람이 더 많은 거예요. 그래서 저는 정부의 보조금을 생각했어요. 우리가 올라오기 전에는 풍물을 국가에서 지원한다고 들었거든요. 그 비용을 이런 아이들한테 지원하고, 형편이 되는 사람은 그냥 자기 돈 내서 하면 되겠다고 생각했어요.

5학년 차례가 됐어요. 그래서 제가 그 말을 했지요. "우리 반에는 이러이러한 아이들이 있어서 이렇게는 다 안 되니까 보조를 좀 받았으면–" 하고 말하는데 그 순간에 인석 엄마가 자리에서 딱 일어나는 거예요. 그러더니 우리 교육하는데 다 망친다면서 고함을 질렀는데 저는 그 후로 기억이 없어요. 아버지한테 많이 맞고 엄하게 자랐지만 일생일대 그런 충격은 처음 받아봐요. 그 자리에서 눈물이 펑펑 쏟아져서 앞도 안 보여요. …

그때부터 5학년은 따돌림이에요. 학교에 협조적이지 않다고 생각해요. 협조적이지 않은 게 아니라 같이 가려고 하는데, 버거우니까 같이 모색해보자는 상황이었는데 그것을 그렇게 안 받아들여요. 5학년은 반대가 많다. 왜 브레이크를 거느냐 이렇게만 말해요. 돈을 원래는 안 내기로 했는데 왜 내냐고 자꾸자꾸 말하니까요. 이 사람들이 납득할 만한 충분한 설명을 해줬어야 하거든요. 동네에서 통학버스를 사려고 했는데 안 됐다. 그래서 우리가 해야 한다. 그런 식으로 설득하는 작업이 필요했는데 그 당시에는 설득 작업할 시간이 없었어요. 진행하는 사람들 일이 너무 많기 때문에 그 일을 다 감당할 수 없었던 거예요. 그런데 우리 학년만 그런 것이 아니라 다른 학년 중에서도 그런 생각이 있음에도 불구하고 말을 못하는 사람들이 있으니까 그렇게 뭉쳐가는 거지요. 그래서 보이지 않는 갈등이 생기더라고요. (영민 엄마)

위의 사례에서 5학년 대표는 산들초등학교가 내세우는 바와 같이 다 함께 같이 가기 위해서 형편이 어려운 학부모들이 함께 참여할 수 있는 방안을 함께 모색해보자는 제안을 했지만 "쎈사람"에 의해서 폭력적인 방식으로 묵살을 당하는 충격을 받았다. 그 일 이후로 학부모들은 학교가 하는 일에 감히 이의를 제기하지 못했고, 여름계절학교는 모든 학생과 학부모의 참여(?) 속에 고요한 듯이 마무리되었다.

그때 충격을 받은 영민 엄마는 그해 여름이 끝나기 전에 집을 팔고 두 자녀를 데리고 미국 유학길을 떠났다. 그는 아래와 같은 공허한 구호를 씁쓸하게 되뇌지 않을 수 없었다.

〈43〉

열을 셀 줄 아는 아이는 즐겁게 열을 세고, 백을 세는 아이는 즐겁게 백을 세는 학교, 한 사람의 열 걸음보다 열 사람의 한 걸음을 더 귀하게 여기는 학교, 그런 학교를 학부모님과 함께 만들어 나갑니다. 산들초등학교의 큰 뜻에 생각과 실천을 모아주신 학부모님 모두에게 저희 교사 가족 모두는 진심으로 감사와 존경을 보냅니다. (2001학년도 산들초등학교 학부모 전체 모임 자료)

학부모들이 학교의 각종 행사에 참여하기보다는 동원되는 경우는 이 외에도 많았다. 2003년 학부모회의 활동 내역에 따르면 계절학교와 같은 학교의 교육활동이나 행사 외에도 가족나들이나 학부모대표회의 등과 같이 학부모들만을 대상으로 하는 행사를 포함해서 36개 행사를 치렀고, 그 행사가 치러진 날은 총 54일이었다. 그리고 반 모임과 일부 행사들을 치루기 위해서 사전에 준비하는 날까지 포함하면, 학년 대표와 같은 일부 학부모들은 70일 가까이 학교 또는 학부모회의 행사에 참여해야 했다. 그런데 산들초등학교 학부모 95가정 중에 전업 주부는 10명 미만이었고, 부업을 하는 학부모를 포함해도 학교 행사에 부담 없이 참여할 수 있는 학부모는 20명 미만이었다. 따라서 대부분의 학부모들에게는 학교 행사에 참여하는 것이 부담이 될 수밖에 없으며, 그 점은 대표 학부모 역시 마찬가지였다. 아래 학부모의 말은 그 점을 보여준다.

〈44〉

작년에 치러진 행사는 많이 부담됐어요. 큰 행사가 한 달 전에 기획해서 끝나는 게 아니고, 한 행사가 끝나면서 다음 행사를 위한 준비 모임을 갖다 보니까 행사를 위한 기간이 계속 흘러가는 것 같아서 많이 부담스러웠어요. 대표는 꼭 해야 된다는 책임감이 있기 때문에 그랬겠지만 도우미 하는 엄마들도 많이 부담스러웠을 것 같아요. 행사를 위한 행사가 아니고, 외부적으로 보이는 행사가 아니고 소규모로 해도 우리가 즐기면서 같이 느끼는 작은 행사가 치러졌으면 어떨까 하는 바람입니다. (연하 엄마)

그러나 학부모의 이런 지적과 제안에도 불구하고 학부모 대표들은 여전히 학부모들의 참여를 독려했다. 그것은 아래의 학부모의 말에서 알 수 있는 것처럼 모든 학부모가 반드시 참여하는 것이 평등하다고 생각하기 때문이었다.

〈45〉

여러 가지 참여의 방식이 있는데 우리가 회의하고 토론할 때마다 항상 우리 뒤꼭지에 매달려 있었던 게 모두 다 참여하는 방식이라는 전제예요. 평등한 참여의 방식이라고 하는 얘기가 있었기 때문에 아무리 직장을 다니더라도 30분씩 배정해서 모두가 한 꼭지씩 맡게 구조를 짰어요. (상진 엄마)

2002년과 2003년에 이르러서는 학부모 대표들이 2001년의 경우처럼 강압적인 방식으로 학부모의 참여를 독려하지는 않았지만, 위와 같은 생각 때문에 여전히 나머지 학부모의 참여를 종용했다. 그리고 나머지 학부모들은 현실적인 조건으로 인해서 참여하기 어려움에도 불구하고 참여를 종용받음으로써 자신이 동원된다는 인상을 지울 수 없었다. 아래 학부모의 말은 학부모들의 이런 심정을 보여주고 있다.

〈46〉

산들초등학교는 겉에서 보기에는 공동체예요. 언뜻 바라보기에는 공동체를 만들어가려고 노력하는 학교거든요. 그런데 들여다보면 편안하지 않은 공동체지요. 참석하고 싶어서 참여하는 게 아니라 해야 되고, 부담이 되고 그런 데서 거부감을 느껴요. 참여를 원하면 자발적인 참여야 되잖아요. 그게 같이 하는 공동체가 아닐까 싶거든요. 우리가 정말 편안한 학교 공동체를 만든다면 자연스럽게 참여할 수 있는 자리가 돼야 하지 않을까 라는 생각을 하거든요. 그런데 지금 산들은 특화된 학교로 가고 있는 것 같아서 가끔씩 가슴이 아프지요. 저렇게 가면 학교가 까딱하면 보여지는 학교가 될 수가 있는데 그런 생각을 했어요. (지현 엄마)

위 학부모의 말에서 알 수 있는 것처럼 산들초등학교의 학부모들은 학교에서 크고 작은 행사를 많이 하고, 학부모들을 그런 행사에 참여하도록 요구함으로써 부담감과 불편함을 느끼게 되었다. 그리고 그런 문제를 해결하기 위해서 위의 <사례 44>에서 볼 수 있는 것처럼 행사의 횟수와 규모를 줄이도록 제안했다. 그 점은 학부모뿐만 아니라 교사들도 마찬가지였다. “뒷바퀴 교사”들은 학교가 5월부터 10월까지 매달 큰 행사를 치름으로써 교사들이 힘들 뿐만 아니라 아이들이 교실에 차분히 앉아서 학습에 집중하지 못하게 되는 점을 지적하고 행사를 축소할 것을 제안했지만 번번이 묵살당했다. 아래는 그 한 예이다.

〈47〉

워크숍 할 때도 교감 선생님도 그렇고 저도 그렇고, 조현숙 선생님도 그랬어요. 학교 행사가 너무 많다, 교사의 업무를 떠나서 합칠 수 있는 것은 합치자고 그랬어요. 그랬는데도 불구하고 뭐라고 딱 잘라서 얘기하느냐면 "그러면 학교의 전반적인 것을 다 바꿔버려야지요." 그러고 넘어가더라고요. 본인은 그 행사를 통한 산들의 이미지를 놓치고 싶지 않은 거예요. 실질적인 교육과정을 운영한다고 하면서도 뭔가 보여지는 거에 치중하는 게 아닌가 그런 생각이 드네요. (손영애 교사)

위의 교사가 말하는 것처럼 "앞바퀴 교사"들은 학교의 각종 행사를 운영하는 과정에서 교사의 어려움, 학부모의 어려움, 때로는 아이들의 어려움을 알면서도 부분적인 내용이나 기법은 개선해도 전면적으로 수정하려고 하지는 않았다. 그러한 행사들로 인해서 열 사람의 한 걸음보다 열 사람의 열 걸음이 강요되고, 주체들의 평등한 참여가 아니라 객체들의 강요된 동원 현상이 반복되고 있다는 사실을 애써 듣지 않거나 보지 않으려고 했다. 그렇게 할 경우에 그들이 처음에 만들어 놓은 "새로운 학교 시스템"을 근본적으로 부정해야 하기 때문이다.

그런데 행사를 줄이는 것에 대하여 부정적인 견해를 가지는 사람은 "앞바퀴 교사"들만이 아니었다. 일부 학부모 대표들 역시 행사를 축소하는 것을 원하지 않았다. 계절학교와 같은 학교 행사는 학부모의 도움을 반드시 필요로 하고, 학부모들은 계절학교와 같은 장을 통해서 자신이 주체적으로 참여할 수 있는 입지를 확보할 수 있기 때문이었다. 이런 상황 속에서 다수의 "밥퍼아줌마"들은 무엇이 평등한 참여이고 무엇이 아이를 위한 일인지 다시 생각하지 않을 수 없게 되었다.

3) "공동체"와 "이기적인 집단"

산들초등학교의 교사와 학부모들을 갈등에 빠트린 또 하나의 사건은 산들초등학교가 외부에 알려지면서 시작되었다. 산들초등학교가 전입생을 모집할 때는 많은 학부모들이 전입을 희망했지만, 일부 학부모들은 꾸불꾸불한 산길을 매일 오르내리는 것에 부담을 느끼고 전입을 포기했다. 그리고 또 다른 일부 학부모들은 산들초등학교가 야심차게 제시하는 교육활동들이 예상처럼 운영될지에 의문을 가지고 역시 포기했다. 그러나 그럼에도 불구하고 73명의 학부모들은 주변의 염려와 비난을 무릅쓰고 자신의 아이들을 아침마다 위험한 산길에 실려 보냈다. 그리고 아이들은 저녁에 산에서 내려올 때면 행복을 가득 담아서 온 가족에게 나눠줬다. 이런 모습이 점차 이웃에게 알려지고, 도중에 포기했던 사람도 산들초등학교에 입학할 수 있는 방안을 모색했다.

그 첫 시작은 2001년 당시의 2학년 교실에서 시작됐다. 그때 2학년은 전입학추진위원회의 실수로 한 아이를 누락했다가 다시 포함시키는 과정에서 정원이 21명으로 시작됐다. 이 가운데 남학생이 14명이었다. 그런데 2001년 개학을 며칠 앞두고 남학생 2명이 전입학추진위원회를 거치지 않고 전학해왔다. 그들은 서로 다른 가족으로서 산하리의 사람이 살 수 없을 것 같은 허름한 단칸방에 두 세대가 전입신고를 하고 아이를 입학시켰다. 이들은 산들초등학교는 공립학교이기 때문에 학생이 학구 내에 거주할 경우 받아들이지 않을 수 없다는 사실을 이용했다. 이것은 누구도 예상하지 못한 일이었다. 그리고 그 두 아이의 부모 중 한 어머니는 세 달가량 그 집에 머물러 살면서 다른 학부모들의 비난이 누그러지게 한 뒤 거주지를 본래의 희망시로 옮겼다. 그러나 아이들은 산들초등학교에 계속 다니게 했다. 일반적인 경우라면 거주지를 옮길 경우 학교도 옮겨야 하지만, 이 부모는 그렇게 하지 않았다. 학교 역시 그들의 거주지가 희망시로 옮겨졌다는 것을 알았지만 다시 내려가라고 할 수 없었다. 그렇게 할 경우 산들초등학교를 살리기 위해서 전입해온 학생 73명도 결과적으로는 위장전입한 것이므로 모두 내려가라고 해야 하기 때문이다. 그 이후로 위장전입 문제는 누구도 건드릴 수 없는 산들초등학교의 아킬레스건이 되었다.

2학년의 전입생은 그 후로도 계속 이어졌다. 산들리에 살면서 다른 지역에서 학교를 다니던 아이가 돌아왔고, 지역 내 군부대에 근무하는 군인의 자녀가 전입해 왔으며, 교사 중 한 명이 자신과 같은 동네에 사는 학생을 소개해서 전입시켰다. 그렇게 해서 학생이 28명까지 늘어났다. 공교롭게도 전입한 학생은 모두 남자 아이였다.

전입생은 2학년에만 머무르지 않았다. 산들초등학교는 2001년 말에 좋은학교선양회로부터 상을 받은 이후로 점차 급격히 외부로 알려지기 시작했다. 2004년 3월까지 텔레비전 방송에 네 차례, 라디오 방송에 한 차례, 신문과 잡지 등에도 여러 차례 소개됐다. 그 이후로 더욱 많은 사람들이 산들초등학교를 알게 되고 관심을 갖게 되었다. 2001년 9월에 개통한 홈페이지의 접속횟수가 초기에는 300회 내외를 오르내리다가 최근에는 2000회 이상으로 올라가기도 했다. 그리고 많은 학부모들이 자신의 자녀를 입학시키기 위해서 문의하거나 방문해 왔다. 다음은 한 학부모가 전입을 문의하기 위해서 산들초등학교 홈페이지에 적은 글이다.

〈48〉

참 어렵군요.

몇 번을 가보아도 집은 없고. 어떻게든 이사하는 사람들은 있다고 하는데. 온 가족이 몇 년을 살아야 할 집을 대충 아무 데나 얻을 수도 없는 노릇이고. 제가 운이 없는 건지. 게시판을 보면 계속해서 입학 문의 글들이 올라오는데, 학구 내 이사 외에는 뾰족한 방법이 없는데 참 많이들 기대들을 하고 계시는 것 같네요. 그리고 학교 관계자 분들도 학구 내 이사만 권하고 계시는 것 같고. 집도 없는데 자꾸만 그런 답변 하시니까 혹 무슨 대안이 있어서 저렇게 답변하는 건가 하는 생각도 들기도 하고 그렇습니다. 어딘가에 숨어 있는 집이라도 있나요. 알고 계시면 저도 좀 알려 주세요. 물론 산들초등학교 덕분에 집값이 엄청 올랐다고들 하기도 하더군요. 답답한 마음에 글 올려 봅니다. 저 같은 분들이 계속 계시는데 이러다 말겠지 하고들 지켜보는 것 같아서 속도 상하고 그러네요. (한결같이)

이런 사람들 가운데 일부는 산들리 지역의 집 가운데 창고로 쓰던 방이나, 아궁이에 불을 때고 실내에는 화장실도 목욕탕도 없는 폐가와 다름없는 낡은 집을 전세 내서 이사 오기도 했다. 그렇게 해서 2001년 3월에 94명이던 학생이 9월에는 103명으로 늘었고 2003년 3월에는 130명을 넘어섰다.

그러나 산들초등학교 교사와 학부모는 학급당 정원을 20명 이상 넘기지 않기로 약속하고 있었다. 그것은 약속 이전에 산들초등학교의 정체성과 관련된 문제였다. 산들초등학교가 학생을 모집할 때 주요하게 내세운 것 중 하나가 작은 학교였고, 그때는 학급당 정원을 10명에서 15명 이내로 유지하겠다고 약속했다. 학부모들은 작은 학교에 가면 도시의 과밀학급에서와는 달리 자신의 아이가 교사로부터 좀 더 많은 관심과 지도를 받을 수 있을 것이라고 믿었다. 그리고 교사들 역시 학급당 학생 수가 20명 이내여야 교사가 아이들을 하나하나 돌보고 교사와 아이 간에 교감이 원활하게 이루어질 수 있다고 믿었다. 또 각종 체험학습 활동을 충실히 하기 위해서는 학생 수가 적어야 했다. 이런 이유에서 교사와 학부모는 산들초등학교의 입학 자격을 산들초등학교에 거주하고 있는 부모의 자녀와, 기존에 희망시에서 전입해 온 학생들의 동생, 산들초등학교 병설 유치원을 졸업한 아이로 한정 지었다. 결원이 생길 경우에는 1학년 또는 유치원 입학 희망자 중에서 추첨하여 선정하기로 했다. 그리고 학기 중에 전입해오는 학생이 있을 경우 아래와 같이 교사와 학부모회에서 선임한 전입학심사위원회에서 입학 여부를 결정하기로 했다.

〈49〉

학급당 정원은 20명 이내로 함. 당분간은 학교 버스의 사정과 학급당 인원수를 참조하여 학부모대표, 교사대표의 합의를 거쳐 전입신고를 하고, 입학 전입을 하게 됨. 차후에 입학이나 전입을 원하는 어린이와 학부모는 학부모회의에서 선정한 대표, 그리고 교사대표, 혹은 담임교사와의 면담을 통하여 이 학교의 취지에 공감하는지의 여부와 이 학교에서 보다 적극적인 발달이 기대되는 어린이인가에 대한 확인을 거친 다음 학교버스의 사정과 입학, 전입하고자 하는 학급의 학생 수를 고려하여 입학이나 전입을 허가하는 방안이 모색될 수 있음. (학교 계획 설명 자료)

이 전입학심사위원회에서 심사 대상으로 염두에 둔 사람들은 산들초등학교 학구 이외의 지역에 거주하면서 전입학하기를 희망하는 아이들이었다. 전입학심사위원회는 산들리나 산중리 그리고 산하리는 산들성보호지역이기 때문에 건물을 임의로 개축하거나 증축할 수 없고, 기존의 건물들은 대부분 식당을 운영하기 때문에 세를 들어올 수 있는 여지가 전혀 없다고 생각했기 때문이다. 그러나 이 전입학심사위원회는 단 한 명만을 심사한 이후로 유명무실해지고, 학급당 정원을 20명으로 유지하겠다는 약속 역시 지켜지지 못하게 되었다. 앞서 본 것처럼 예상하지 못한 일들이 발생했기 때문이다.

이런 상황에 대하여 가장 민감하게 반응하는 것은 당시의 2학년 학부모, 특히 그 가운데 여자 아이들의 학부모였다. 2학년 학급에서는 2001년 2학기가 되면서부터 남자 아이들이 여자 아이들의 치부를 만지면서 장난치는 일이 여러 날을 두고 발생했다. 여자 아이들의 학부모는 교사에게 그 문제의 해결을 요청했고, 담임교사는 얼마 후 남자 아이들에게 반성문을 쓰고 부모의 확인을 받아오게 했다. 반성문의 내용 가운데는 '저질', '변태' 등의 단어가 들어 있었다. 그 반성문을 본 부모들은 대경실색했다. 그로 인해서 남자 아이들의 학부모와 여자 아이들의 학부모 사이에 심각한 갈등이 발생했다. 여자 아이들의 학부모는 이 문제가 발생한 원인 가운데 하나가 학생 수가 많은 데 있다고 보았다. 좁은 교실에 학생 수가 많아지고, 거기에다 정신지체 장애아까지 그 반에 있게 됨으로써 산들초등학교의 처음 취지와 달리 담임교사가 아이들의 일상생활을 주의 깊게 살피지 못했다고 본 것이다.

학생 수가 늘어나는 것에 대해서 부정적인 시각을 갖는 것은 교사들 역시 마찬가지였다. 산들초등학교의 슬로건이 "참 삶을 가꾸는 작고 아름다운 학교"라는 데서 알 수 있듯이 학생 수가 많아지는 것은 산들초등학교가 내세우는 한 가지 중요한 장점을 포기하게 되는 것이기 때문이다. 그러나 교장을 비롯한 교사들은 위장전입한 학생들을 돌아가라고 말할 수 없었다. 교사들 자신이 일부 학생을 위장전입시켰고, 이미

입학한 학생을 돌려보내는 것은 교육적이지 못하며, 아이를 중심에 두고 사고하는 것이 아니라고 생각했기 때문이다. 또한 지역주민의 직계 자손 가운데 희망시에 거주하면서 입학을 희망하는 경우는 지역주민들과의 관계를 고려해서 입학을 거부할 수도 없었다. 교장은 단지 "다른 아이를 소개한 사람은 자기 아이 자리를 그 아이에게 내주고 내려가라.", "아이들 데리고 올라왔다가 내려가면 아이도 데리고 내려가라." 라는 말을 우회적으로 할 뿐이었다. 내가 보기에는 그것이 교장의 본심이었지만 아무도 그 말이 진짜 호랑이 이빨이라고 생각하지는 않았다.

이런 상황에서 일부 교사와 학부모는 학생 수를 실질적으로 통제하는 방법을 찾았다. 그것은 다름 아닌 통학버스였다. 산들초등학교가 처음에 학생을 모집할 때는 통학버스를 무료로 운행하겠다고 약속했다. 그리고 교장은 그 약속을 이행하기 위해서 지역교육청에 통학버스 지원을 요청했다. 지역교육청에서는 희망시에 거주하는 아이들이 관할 지역에 거주하지 않기 때문에 통학버스를 지원할 수 없다고 대답했다. 희망시교육청에서도 역시 산들초등학교가 관할 학교가 아니기 때문에 지원할 수 없다고 대답했다. 그러자 산들리와 산중리, 그리고 산하리에서는 각 마을별로 500만 원씩을 통학버스 구입비용으로 내놓았다. 산들초등학교 동문회에서는 1,000만 원을 내놓았다. 그러나 차량의 구입보다 더 중요한 문제는 통학버스의 운행과 유지였다. 운행에 필요한 운전기사의 봉급과 기름값, 차량의 내구연한이 지난 이후에 새로운 차량을 구입하는 방안 등이 마련되어야 했다. 그러기 위해서는 차량을 이용하는 사람들이 적립금을 마련해야 하는데 학부모들이 거기에 선뜻 응하지 않았다.

그리고 그보다 더 해법을 찾기 어려운 문제는 차량을 구입하고, 위와 같은 문제가 다 해결된 이후에 그 차량을 누구 이름으로 등록할 것인가 하는 것이었다. 이 문제는 모두가 다 피했다. 산들산에 오르는 찻길은 급경사인 데다가 꼬불꼬불해서 곳곳에 추락위험이 도사리고 있었다. 실지로 나는 그 길을 오르내리면서 오토바이나 자동차가 추락하거나 방호벽에 충돌한 모습을 여러 차례 보았다. 모두 만일에 있을지 모를 사고를 두려워했다. 통학버스가 사고를 당할 경우에 대형사고로 이어질 게 뻔하고, 그 경우에 수많은 민형사상의 소송에 휘말릴 것이기 때문이다. 그렇게 해서 결국 통학버스를 구입하는 일은 무산되고 말았다.

산들초등학교는 2000년 12월에 희망시 아이들이 전입해 온 뒤로 2001년 5월 초까지 통학버스를 운행하지 못했다. 그 기간 동안은 당시 산들리의 전 이장과 산들초등학교 운영위원장, 운영위원 세 명이 아침마다 희망시에 내려가서 아이들을 학교까지 실어 날랐다. 그러던 중 산들초등학교의 교장은 아이들이 불편을 겪는 것을 더 볼 수 없어서 자신의 이름으로 통학버스 운행 계약을 체결했다. 그러나 그 역시 만일의 사고에 대한 불안감으로부터 자유로울 수는 없었다. 특히 그는 통학버스를 학교의 이름으로 공식적으로 계약한 것이 아니라, 도의적인 심정에서 사적으로 계약했기 때문에 사고가 발생할 경우 모든 책임을 져야 했다. 거기에다 그는 방과후 시간에는 아이들이 교사와 함께 자연스럽게 생활하면서 교사가 가진 장기들을 배우고 익히기를 원했는데, 통학버스 시간에 맞추느라고 서둘러 집에 내려가야 하는 것이 안타까웠다. 그래서 결국 그는 2001년 12월을 끝으로 통학버스 운행 계약을 해지했다. 그리고 통학버스 운행을 중지한 이유와 대안, 그리고 자신의 심경을 다음과 같이 써서 학교 홈페이지에 올렸다.

〈50〉

우리 학교의 민감하고 시급하게 해결해야 할 문제가 통학 문제라고 생각한다. 처음 전학문제의 전제 조건이 통학버스였으나 1년간의 노력에도 불구하고 현실적으로 불가능함에 교육청이나 학교 자체의 버스 구입 문제를 접어 두어야 할 지경에 이르렀다. 지난 1년간 자구에 의한 노력으로 통학 문제를 해결해왔으나 장기적인 안목으로 볼 때 지금과 같은 통학 방법은 바람직하지 못하다고 생각된다. 바람직하지 못한 이유는 다음과 같다. 첫째, 등하교 시간이 정해져 있어 학교 교육과정 운영이 제한적이다. 아침 활동 시간의 참여 문제, 하교 시간이 정해져 내려가는 시간에 쫓겨 허둥대야 하는 실정이며, 저학년 어린이들의 빠른 하교에 맞춰 학원을 보내야 하는 맞벌이 부모의 고충과 부담이 있다. 둘째, 이런 사고는 없어야 하겠지만 만에 하나 사고 발생의 경우 과연 학교장과 선생님들의 책임 부담 문제를 위해 어떻게 누가 무엇을 해줄 수 있는가? 위험 부담이 뒤따르는 것을 사전에 해결하여 교직원의 근무 의욕을 높여 아동 교육에 전념할 수 있는 여건 조성이 필요하지 않은가. 셋째, 현재 월 34,000원을 교통비로 부담하고 있으나 운전기사의 현실에 맞게 계약할 경우 월 40,000원 이상 주어야 한다. 그 경우 경제적으로 부담이 가중될 수밖에 없다.

다음과 같은 대안이 있을 수 있다. 첫째, 자유로운 통학을 할 경우 현재 등하교로 나타난 문제점을 해결할 수 있다. 노선버스를 탈 경우 등하교 시간대 배차 시간 조정과 아침 늦장으로 인한 불안감이 해소된다. 편도 500원이면 하루 차비 1,000원, 한 달 수업일수 25일 잡으면 매월 25,000원 이내이다. 방과 후 활동, 특히 담임교사의 능력에 따라 다양한 형태의 활동이 용이하며, 자연 속에서 지내다 원하는 시간대에 하교할 수 있다. 둘째, 나야 내가 자초한 일이지만 다음 교장이나 선생님이 왔을 때 위험 부담이 따르는 곳에서 누가 있으려고 하겠는가. 누군가 모든 것을 책임져줄 사람이 있으면 좋으련만 솔직한 심정으로 나도 이런 상황에서 벗어나고 싶다. 학부모들이나 어린이들이야 짜여진 시간에 학교 보내고 시간이 되어 집에 오면 그것보다 편한 것이 없을 터이지만 장기적인 안목으로 보면 어떻게 하는 것이 바람직한 것인지 깊이 생각해 보아야 할 것이다. (양현철 교장)

이 일은 즉각 학부모들의 강한 반발을 불러일으켰다. 일부 학부모들은 "교장이 사기 쳤다."라는 말을 하기도 했다. 그리고 한 학부모는 차량 문제로 교장에게 항의했다가, 차량문제가 그렇게 힘들면 내려가라는 말을 듣기도 했다. 그러나 학부모들은 이미 학교를 떠날 수 없었고, 교장에게 모든 책임을 요구할 수도 없었다. 아래 학부모의 말은 그러한 부모의 심정을 잘 보여준다.

〈51〉

소인수 학급에 영어도 사교육이 필요 없게 원어민 교사 써가지고 끝장나게 해준다고 했어요. 마음껏 뛰어놀고 덜 부딪히고 덜 경쟁하게 해준다고 했어요. 통학버스에 영어에 소인수 학급에 급식도 된대지요. 온갖 좋은 소문이 있어서 왔는데 이것도 아니고 저것도 아니고. 내가 느끼기에는 교장 선생님은 책임지기 싫어한다는 느낌을 받고 홈페이지에 글을 올렸어요. 그랬더니 교장 선생님한테서 쪽지가 왔어요. 그러면 내려가라고. 그렇게 힘드시면 내려가라고. 엄마들 심정에는 어떤 점에서 우리 애들이 실험 대상이 된다는 생각도 들고, 우리들이 벼랑 끝에 와 있다는 느낌도 들어요. 부모가 선택해서 끌고 왔잖아요. 그런데 와서 보니 이래저래 좀 마음에 안 든다고 해서 휙 돌아서 다시 갈 수 없다는 거예요. 부모로서 선택했기 때문에 책임을 져야 하는 부분이 있어요. 아닌가벼 하고 휙 데리고 갈 수 없는, 이제는 선택의 여지가 없는 느낌이 들어요. 다시 내가 사는 동네에 있는 초등학교로 데려갈 수 없는 심정이 있어요. (주연 엄마)

위 학부모의 말에서 알 수 있는 것처럼 그들에게 있어서 산들초등학교는 더 이상 갈 데가 없는 벼랑 끝이었다. 되돌아가는 길이 열려 있기는 하지만 그것은 자신의 선택을 스스로 부정하는 것이므로 용납할 수 없는 일이었다. 또 다시 내려갈 경우 주변 사람들의 시선도 부담스러웠다.

이런 상황에서 학부모들은 스스로 통학차량을 마련하지 않을 수 없었다. 매일 같이 자녀를 산들산까지 데려다 줄 수 있는 학부모가 많지 않았고, 주변 사람들끼리 카풀을 했을 경우 만일의 사고에 대한 책임 때문에 선뜻 내켜하지 않았다. 시내버스를 이용할 수도 있었지만 배차 시간이 일정하지 않은 데다가 출근시간에는 중고등학생이 많이 타서 초등학생이 그 안에 끼어 타기에는 무리였다. 또 행락철에는 술 취한 승객이 많이 타고 있어서 여학생을 자녀로 둔 학부모들은 더욱 근심이 컸다.

이런 우려 때문에 학부모들은 일종의 통학차량운영조합을 결성해서 버스 회사와 통학버스 운행 계약을 맺었다. 이때도 이들이 가장 염두에 둔 것은 만일의 사고에 대한 대비, 즉 안전이었다. 학부모들은 사고가 났을 경우에 보상 문제로 인한 혼란이 없게 하기 위해서 차량반에 가입할 때 차량을 계약한 학부모 대표에게 민형사상의 책임을 묻지 않겠다는 서약을 하도록 했다. 그리고 차량반에 가입하지 않은 아이들은 타지 못하도록 했고, 교사 역시 무료로 승차할 수 없도록 했다. 그들은 사고가 발생할 경우 보상의 대상이 되지 못하기 때문이었다. 버스 기사가 차량반 아이인지 여부를 쉽게 구분할 수 있게 하기 위해서 교통카드를 발급하고, 차량반 아이가 차량반이 아닌 아이와 함께 하교할 경우에는 함께 시내버스를 타도록 했다. 또한 통학차량이 안정적으로 유지될 수 있도록 하기 위해서 계약 기간 동안에는 가입을 철회하거나 가입을 요구할 수 없도록 했다. 이러한 내용은 다음에 제시된 통학차량 이용 신청서 및 서약서에 압축적으로 담겨 있다.

〈52〉

산들초등학교 교육공동체의 한 사람으로서 원활한 교육활동을 위해 통학차량의 이용을 신청하며, 다음과 같은 사항을 지킬 것을 서약합니다.

① 통학차량의 이용은 강제적 조건이 아닌 본인의 자유의사와 필요에 의해 이루어졌습니다.
② 통학차량을 이용하는 내 아이의 교통안전 교육을 철저히 시키겠습니다.
③ 사전에 합의한 지정 장소 이외의 장소에서 승하차를 요구하지 않습니다.
④ 공동체 유지를 위한 선의의 대표자 명의를 지닌 사람에게 불의의 사고 시 개인의 민형사상의 책임을 묻지 않습니다. (이는 보험회사의 책임을 회피하는 것이 아님을 주지합니다).
⑤ 차량 이용 계약은 1년 단위이므로 중도에 가입 및 해지를 요구하지 않습니다. (단 전학을 전제로 한 타지로의 이사 시 허용)
⑥ 내 아이의 안전을 위해 승차 시간을 엄수하겠습니다.

– 산들초등학교 및 병설유치원 통학차량 운영 학부모회 –

그러나 통학버스를 안전하고 안정적으로 운행하기 위한 위의 서약들은 예외적인 상황이 발생하면서 흔들리거나 무너지게 되었다. 처음은 전학생이 발생했기 때문이었다. 이 경우에는 중도 해지를 허용하고, 이미 납부한 차량비를 돌려주었다. 그런데 또 한 학부모는 아침에는 자신이 아이를 학교에 데려다 주고, 오후에는 아이가 학원에 다니게 되어서 통학버스를 이용하지 않아도 되므로 선납한 차량비를 돌려달라고 요구했다. 차량반에서는 이를 거절했다. 한편, 위장전입을 통해서 학기 중에 입학한 한 아이의 부모가 차량 탑승을 요구했다. 차량반은 차량 운영 원칙에 따라서 계약기간 도중에는 가입할 수 없고, 기존의 학생에게 우선권이 있기 때문에 허용할 수 없다고 대답했다. 여기까지는 심각한 어려움이 없이 해결되었다.

문제는 2003년 2월 말에 예상하지 못했던 아이들이 입학함으로써 발생했다. 희망시에 거주하고 있는 산들리 주민들의 손자와 외손자 등 아이 3명이 교장의 허락을 받아 입학하게 된 것이다. 아이의 부모는 입학을 허가받자 당연히 통학버스도 탈 수 있을 것이라고 생각하고, 통학버스를 타려면 어떻게 해야 하는지를 학교에 문의했다. 그 부모는 통학버스를 학교에서 운행하고 있는 것으로 알고 있었다. 학교에서는 그 문제를 차량반과 의논하라고 했다. 그것은 당연한 조치였다. 그렇지만 그 이면에는 또 다른 의중이 깔려 있었다.

학교에서는 그 아이들의 입학을 거절해야 했지만, 아이들이 지역주민의 손자이기 때문에 거절하기가 쉽지 않았다. 입학을 거절할 경우에는 지역주민들과의 관계가 악화되기 때문이다. 교장 역시 그 지역주민의 한 사람으로서 살아가기 때문에 그런 상황은 자신을 불편하게 만드는 것이었다. 그러나 허락할 경우에는 선례를 남기기 때문에 역시 좋지 않았다. 이도 저도 할 수 없는 상황에서 학교는 그 역할을 차량반에게 넘겼다. 차량반에서 학생을 받아주지 않으면 혼자 힘으로 다니다가 힘에 부쳐서 다시 내려갈 것이라고 예상했다. 차량반이 학교 대신 정원을 유지하는 기능을 해주기를 바란 것이다. 그리고 일부 학부모들 역시 그 일을 자임하기도 했다. 특히 정원이 많은 학년에 여자 아이를 둔 부모의 경우는 그 필요성을 더욱 절실히 느꼈다. 그리고 차량반은 그 일을 할 수 있는 가능성이 있었다. 산들산을 오르는 길은 굴곡이 많고 도로 폭이 좁아서 버스의 경우 35인승 이하만 다닐 수 있다. 따라서 통학버스 한 대가 수용할 수 있는 학생 수는 두 번 왕복할 경우 최대 70명이었다. 그런데 희망시에 거주하면서 통학버스 타기를 희망하는 학생은 항상 그보다 많았다.

그 아이의 부모는 차량반 담당자에게 자신의 아이도 통학버스를 타게 해달라고 말했다. 차량반 담당자는 앞의 선례를 제시하고 탈 수 없다고 말했다. 그러자 그 부모는 그러면 내년에는 탈 수 있느냐고 물었다. 차량반 담당자는 아마 내년에도 그리고 졸업할 때까지 통학버스를 타는 것은 쉽지 않을 것이라고 대답했다. 그것은 당시 학부모들의 아래와 같은 분위기 때문이었다.

〈53〉

우리 집에 전화를 했더라고요. 누가 주소를 빌려줘서 입학할 수 있게 됐다고. 저는 축하한다고 하고, "학교에서 보겠네요." 하면서 전화를 끊었는데, 그 다음에 다시 심각하게 전화가 온 거예요. 학교에서 전화가 왔는데 유치원 애들만 그대로 올라가기로 했는데 하나가 주소만 이전해서 끼어서 왔잖아요. 학교에서는 걔네들이 열 몇 명밖에 안 되니까 한 사람 들여보내는 것은 문제가 아닌데 학부모들 입장이 그렇게 해서 들어왔을 때 배척하는 분위기가 엄청 심할 거기 때문에 알아서 나가는 게 들어와서 괴로운 것보다 낫지 않을까 스스로 판단했으면 좋겠다는 얘기를 했대요. 그래서 저도 학교에서 그렇게 얘기했다면 접고 내려가라. 그 아이를 생각했을 때는 좋은 학교라고 생각하는데 그런 문제들이 있는 것 같다. 학교에서 그런 우려를 해서 전화를 했을 정도면 들어와서 생활하기 힘들지 않겠느냐 그랬어요. (윤미 엄마)

그때의 학부모들은 작은 학교에 대한 희망을 강하게 가지고 있었고, 앞서 본 것처럼 일부 학부모가 아이를 입학시키기 위해서 잠시 살다가 내려가는 행태에 대해서 분개하고 있었다. 그로 인해서 나쁜 선례가 생기고 그와 유사한 일이 반복되었기 때문이다. 따라서 그와 유사한 방법으로 들어온 사람들에 대한 배타적인 감정이 고조되어 있을 수밖에 없었다. 차량반 담당자는 그런 점들을 염두에 두고서 아마도 6년 동안 타기 힘들 것이라고 대답했다.

그렇지만, 그 아이의 부모는 그런 정황을 전혀 알지 못했다. 단지 '6년 내내 타지 못할 테니까 알아서 내려가라'는 의미로 들었을 뿐이다. 이 사실이 마을에 알려지자 마을 사람들이 분개했다. 산들리 주민들은 서로 친인척인 경우가 많아서 그 아이들의 일은 금세 마을 전체의 일로 확대되었다. 산들리 사람들의 눈에는 희망사람들이 이기적인 사람들로 비춰졌다. 산들사람들은 교장에게 항의하고, 교장은 차량반 담당자와 마을 주민을 만나게 했다. 그리고 차량반은 총회를 소집해서 이 문제를 해결할 수 있는 방안을 모색했다. 차량반 총회에서 이 문제를 논의하면서 가장 핵심적으로 고려한 것은 아래 인용문에서 알 수 있는 것처럼 '도덕성'이다. 산들리 주민들의 반응이 이 점을 더욱 중요하게 고려하도록 만들었다.

〈54〉

산들에서 누구를 내보내는 순간 우리는 도덕성을 상실하고 이기적인 집단으로 전락한다. 그러니까 입학과 관련된 룰은 있되 그 룰을 지키느냐는 그 사람의 선택으로 넘기자. 양심적인 사람이면 지킬 것이요, 양심적이지 않는 사람은 원칙이 있건 없건 들어올 테니까 그것은 내부적 룰로 두고 전입학과 관련해서는 교장 선생님이 판단하는 것으로 넘기자 그런 거예요. (상진 엄마)

차량반 회의에 참석한 대다수의 학부모들은 어떤 경로에 의해서건 일단 산들초등학교에 입학한 아이는 다 함께 받아들여야 하는 것이 도덕적이고, 그것이 곧 공동체적이라고 보았다. 그 아이를 돌려보내는 것은 이기적 집단이나 하는 일이라고 본 것이다. 결국 차량반 회의에서는 그 아이들 세 명을 모두 탈 수 있게 하기로 했다. 그 대신 고학년 아이들이 자리를 양보하기로 했다. 그렇게 해서 그 문제는 일단락되는 것 같았다. 그러나 2004년 2월 말에 동일한 문제가 반복되었다. 이번에는 상황이 일 년 전보다 더 복잡했다.

2004년 2월이 되자 2002년과 2003년에 걸쳐서 산들리의 열악한 집으로 이사했던 사람들이 하나둘씩 내려가기 시작했다. 한 부모는 둘째 아이 산달이 다가오는데 현재 거주하는 집은 아이를 낳아서 기르기에는 환경이 너무 나빠서 내려가지 않을 수 없었다. 폐가와 다름없는 집에서 아궁이에 불을 때면서 살던 가족 역시 다섯 식구가 살기에는 집의 형편이 너무도 나빴다. 아이들이 작을 때는 그래도 사정이 조금 나았지만, 아이들의 체구가 점점 커지면서 집이 비좁아졌다. 지붕이 낮아서 잠시라도 방심하면 대들보에 머리를 찧기 일쑤였다. 겨울에는 춥고 여름에는 환기가 안 돼서 집에는 항상 곰팡이가 슬었다. 마침 계약 기간도 거의 끝나가고 있었다.

이들이 짧게는 몇 달에서 길게는 2년 가까이 동안 다른 학부모들의 싸늘한 눈초리를 견뎌가면서도 창고나 폐가 같은 곳에서 살아왔던 것은 자신들이 내려가면 아이도 내려가야 한다는 염려 때문이었다. 그리고 이들은 산들리에 이사 온 이후로 학부모들로부터 '다시 희망시로 이사하면 애들도 데리고 내려가야 한다'는 말을 수시로 들었다. 그래서 내려갈 엄두를 내지 못하고 있었다. 그런데 인고의 시간을 보내던 이 학부모들이 보기에 억울할 정도로 불공평하면서도 희망적인 일이 발생했다.

2003년 10월 마지막 날에 한 학부모가 2001년에 두 명의 아이가 전입하느라고 잠시 살았던 산하리의 바로 그 집에 주소지만 옮겨놓고, 실지로 그 집에 살고 있다고 말하고서 자신의 1학년 아이를 입학시킨 것이었다. 그로부터 며칠 후 교장은 그 부모가 단 하루도 그 집에서 살지 않았다는 것을 알았지만 그렇다고 해서 자신의 입으로 아이를 데리고 내려가라고 말할 수는 없었다. 그것은 아이를 위한 일이 아니고, 교육적이지도 않다고 생각했기 때문이다. 교사들은 그 학부모의 행위가 명백히 부당하다고 생각했지만 공식적인 입장을 밝힐 수 없었다. 그럴 경우에 일부 학부모들로부터 비도덕적이거나 비교육적인 사람 또는 아이를 중심에 두고 사고하지 않는 사람으로 인식되기 때문이었다.

학부모들, 특히 1학년 학부모들은 이 문제로 심각한 고민에 빠졌다. 그 아이의 부모를 산들초등학교 1학년 학부모의 한 사람으로서 반갑게 맞아야 할지 배척해야 할지 판단이 서지 않았다. 공동체로서 다 함께 살아가야 한다는 점에서는 반갑게 맞아야 하겠지만, 입학한 과정을 보면 배척하지 않을 수 없었다. 그렇다고 해서 그 부모를 되돌려보내는 것도 부담스럽기는 마찬가지였다. 그럴 경우 <사례 54>에서 지적된 것처럼 주위 사람들로부터 제 자식 욕심만 챙기는 이기적인 사람들이라는 비난을 받을 수 있기 때문이다. 1학년 학부모들은 그 문제를 어떻게 처리할 것인지를 두고 설왕설래하다가, 산들초등학교에 남을 것인지 떠날 것인지 여부는 본인 스스로 판단하도록 하자는 쪽의 의견이 다수를 형성하면서 시간을 끌다가 방학을 맞았다. 실질적으로 그것은 그 학부모를 1학년의 일원으로서 받아들이겠다는 것을 의미했다.

1학년 문제가 이처럼 처리되는 모습을 보면서 산들리에 이사 와서 살았던 사람들은 자신이 그동안 고생한 것이 억울하기도 했지만, 이제는 내려가겠다고 해도 학교에서 아이들을 데리고 내려가라고 하지 못할 것이고, 학부모들이 이제는 자신을 배척하지 못할 것이라는 것을 알게 됐다. 드디어 이들이 내려가기로 마음먹고 교장실에 찾아갔다. 내려갈 경우 아이들을 계속 산들초등학교에 다니게 해도 되느냐고 물었다. 양현철 교장의 머릿속에서는 '그러면 아이도 데리고 내려가시오'라고 명령을 내렸는데 입은 "아이가 무슨 죄가 있어. 아이는 두고 가야지."라고 말했다. 다른 학부모들에게도 내려가겠다는 말을 전했다. 처음 이사

왔을 때의 분위기와 달리 학부모들은 그동안 고생한 것에 대해서 동정하는 입장으로 바뀌어 있었다. 그 1학년 학부모가 상대적인 우위를 마련해준 것이다. 그런데 내려갈 경우 한 가지 문제가 남아 있었다. 아이들이 통학버스를 타는 문제였다. 아이들이 통학버스를 타지 못하면 교장의 허락은 아무런 의미가 없었다.

내려오는 부모들이 아직은 공식적으로 탑승을 요청한 것은 아니었지만, 차량반 부모들은 이 일로 의견이 둘로 나뉘어 있었다. 그들의 의견이 서로 나뉘게 된 이면에는 아이중심과 공동체에 관한 서로 다른 생각이 자리 잡고 있었다. 일반적으로 말하면, 한쪽에서는 도덕성을 기준으로 사태를 바라보았고, 다른 쪽에서는 원칙을 기준으로 사태를 바라보았다.

도덕성을 중시하는 부모들은 산들에서 살다가 내려온 아이들을 통학버스에 타지 못하게 하면 부모들뿐만 아니라 타는 아이와 그렇지 않은 아이 사이에 골이 깊어지도록 하므로, 그것은 아이를 위하는 일이 아니라고 보았다. 따라서 일단 산들초등학교에 입학한 아이는 누구나 탈 수 있게 허용해야 한다고 주장했다. 예를 들면 다음과 같은 점을 염려했다.

〈55〉

차량 기사 아저씨가 어느 날 저한테 그런 얘기를 하시더라고요. 애들이 "야, 너 차비 안 냈는데 내려!" 이런다는 거예요. 자기들끼리 쟤가 차량반인지 아닌지 아는 거예요. 우리 엄마는 차비를 내서 이 차를 운행하는데 니네 엄마는 차비도 안 냈는데 왜 타냐는 거예요. 애들을 내쫓더라는 거예요. 그것을 아저씨가 몇 번을 목격한 거예요. 몇몇 애들이 있어요. 그런 것들을 일부 학부모들이 조장한 거예요. 그게 오래 갈 거라는 거예요. 타는 애와 안 타는 애. 그리고 타는 애와 안 타는 애뿐만 아니라 산들리에서 살다가 거짓말 치고 내려온 애 이렇게 아이들이 인식한다는 거예요. 엄마들의 의식이 아이들에게 그대로 전이되는 게 두려웠어요. 그러려고 애들을 거기에 보낸 거 아니잖아요. 자유롭고 편안하게 교육시키는 데로 보낸 것인데 엄마들이 아이들에게 그런 틀을 심어주더라는 거예요. 차 때문에. 아이들에게 그런 좋지 않은 영향을 주는 것은 없었으면 좋겠다는 생각도 있었어요. (인숙 엄마)

원칙을 중요시하는 부모들은 학생 수가 늘면 교사가 아이들을 세심하게 보살피지 못하게 됨으로써 작은 학교의 취지를 상실하게 된다고 보았다. 학습이 충실하게 이루어지지 못함은 물론이고, 일상생활을 하는 데 있어서도 과거에 2학년 교실에서 있어났던 성추행놀이의 경우처럼 아이들 간에 갈등이 자주 발생할 것이라고 보았다. 특히 이번에도 탑승을 허용하면 그 사람들이 살다가 내려온 집에 다른 사람이 또 이사 들어와서 살다가 내려가는 일이 반복됨으로써 학생 정원이 걷잡을 수 없이 늘어나게 될 것을 우려했다. 이들의 우려대로 산하리의 그 집에는 이미 다른 사람이 이어서 이사해 왔고, 산들리의 폐가와 다름없는 집에도 다른 사람이 이사할 준비를 하고 있었다. 그 점을 한 학부모는 다음과 같이 말했다.

〈56〉

태우지 말자는 사람들도 애들을 고려했지요. 왜냐면 아이들 수가 너무나 많이 늘어나면 아이를 올려 보냈던 처음 의도와 다르게 콩나물 교실에서 아이들이 학습하게 될 거라는 거지요. 애당초 자연주의 학습관이 너무 좋아서 올려 보낸 학부모의 경우는 밑에 학교와 다를 바가 없다는 거지요. 작은 학교라는 틀이 무너지면 내용도 담보할 수 없는데 그 많은 애들을 데리고 어떻게 체험학습도 나가고 아이들 하나하나를 볼 수 있겠느냐 결국 애들을 두 번 죽이는 일이라고 생각하는 것 같아요. (범수 엄마)

양자는 공동체에 관한 생각 역시 서로 달랐다. 도덕성을 강조하는 입장에서는 일단 산들초등학교에 입학한 사람이면 누구나 다 탈 수 있게 해서 더불어 싸안고 가는 것이 공동체라고 보았다. 산들리에 살다가 내려왔다고 해서 탑승을 거부하고, 그래서 학교의 정원을 작게 유지하려고 하는 것은 내 자식만 잘 되기를 바라는 이기적인 행위이며, 그렇게 하는 것은 공동체를 깨뜨리는 것이라고 주장했다. 아래 학부모의 말이 이런 주장을 보여준다.

〈57〉

"누구는 통학버스 신청 안 했는데 탔어."라고 애들이 얘기하고 다닌다고 해서 저도 참 너무나 깝깝하더라고요. 이러려고 통학버스를 만든 것은 아닌데 이런 생각까지도 겹쳐진 거지요. 그리고 여기에 이사 들어온 엄마들이 가지는 피해의식, 다른 사람들이 그 사람을 볼 때 편견을 가지고 바라보는 눈이 불편했어요. 모든 가치가 다 사장되는 거야. '애 교육 때문에 여기까지 올라온 극성맞은 아줌마', '들어와서는 안 되는 데 어떻게 틈새를 비집고 들어온 년' 이렇게 돼버리니까. 우리가 살려고 하는 방향은 그것이 아닌데. 그냥 없으면 없는 대로 많으면 많은 대로 살고. 그래서 그 문제만큼은 정리를 하고 가야 되겠다고 작정을 하고 있었고, 그런 뉘앙스의 말을 여러 번하고 다녔지요. 그게 무슨 공동체냐고. 일단 들어왔으면 품어야지 하는 얘기들을 꾸준히 하고 다녔어요. (범수 엄마)

이에 대해 원칙을 강조하는 부모들은 산들초등학교가 아무나 입학을 허용하게 되면 오히려 공동체가 깨진다고 보았다. 학생의 정원은 공동체 구성원과 관련된 것이므로 누구나 입학하도록 허용하게 되면, 마치 벽이 없는 집은 집이 될 수 없는 것과 같이, 공동체가 이루어질 수 없다고 보았다. 또한 산들리에서 살다 내려왔거나 명백히 부정한 방법으로 입학한 사람을 차에 타도록 허용하지 않음으로써 정원을 유지하는 것이 이기적인 집단이라고 한다면, 다른 사람은 쉽게 입학할 수 없는 상태에서 산들초등학교에 자녀를 보내는 모든 사람은 이기적인 집단이 될 수밖에 없다고 보았다. 한 학부모는 그 점을 다음과 같이 말했다.

〈58〉

그거는 차량반 문제뿐만 아니라 오는 사람에 민감한 것 자체를 그렇게 보는 시각이 있어요. 밖에서는 전체적으로 차 태우고 안 태우고 이전에 '그러면 니네들끼리만 그 학교 다니냐?' 그렇게 보는 시각이 있어요. 우리 이웃 주민들도 그런 얘기를 해요. '어떻게 하면 갈 수 있느냐?', '거기 살아야 됩니다.' '지금 거기 다니는 사람은 어떻게 다니냐?', '동생이기 때문에 다니고–' 이렇게 애기하면, 그러면 '결국은 너희들끼리만 공립학교에서 좋은 교육 받는 거 아니냐.' 집단 이기주의 내지는 그렇게 얘기하거든요. 우리 학교에 오고 싶은데 오지 못하는 많은 사람들이 그런 얘기를 하고 있거든요. 그러니까 이것은 차량반에만 국한되는 문제가 아니라 (우리 학교 전체에 해당하는 문제예요.) (유섭 엄마)

이처럼 양자 사이에는 아이중심과 공동체를 유지하는 것에 관한 서로 다른 생각이 자리 잡고 있었다. 그리고 양자는 이견을 좁히지 못한 상태에서 2004년 2월 24일에 차량반 정기총회를 맞게 되었다. 정기총회인 만큼 이날의 주요 안건은 버스 재계약 문제, 졸업생으로 인해서 발생한 결원을 충원하는 문제, 차량비 인상 문제 등이었다. 그런데 논의는 산들리에서 살다가 내려온 사람을 태울 것인지 말 것인지를 결정하는 것에 집중되었다. 그 논의는 산들리에 살다가 희망시로 이사 내려올 예정인 학부모가 그 자리에 참석해서 자신은 아직 집이 구해지지 못해서

5월경에 이사할 예정인데 그 경우에도 차량을 이용할 수 있는지 물음으로써 시작됐다. 앞서 살펴본 차량반의 규칙상 5월은 계약 기간 도중이기 때문에 허용될 수 없었다.

이에 대해서 차량반 대표가 계약이 시작된 이후에는 도중에 가입할 수 없으므로, 지금부터 차량반에 가입해서 차량비를 내다가 집이 구해지면 그때부터 차를 타라고 말했다. 그러자 한 학부모가 그 문제는 대표가 임의로 결정할 수 있는 문제가 아니므로, 차량반의 규칙대로 2월 현재 희망시에 거주하는 사람을 우선적으로 탈 수 있게 하고 그와 같은 예외적인 경우는 별도의 회의를 통해서 결정하자고 제안했다. 그에 대해서 다른 부모가 지금부터 모두 다 탈 수 있도록 하자고 제안했다. 양자 사이에 그 사람을 왜 허용하면 안 되는지, 왜 허용해야 하는지를 두고 의견이 오고간 뒤 거수로 결정하게 되었다. 거기에 대해서 또 다른 학부모는 그것을 이 자리에서 찬성과 반대로 거수로 결정하기보다, 통학차량의 운영에 관하여 서로 충분히 이야기를 나눈 뒤 통학차량을 탈 것인지 아닌지는 기존의 관행과 버스의 형편을 존중해서 본인이 스스로 정하도록 하자고 제안했다. 그러나 이 제3안은 받아들여지지 않았고, 산들리에서 살다가 내려오는 사람들이 탑승하도록 허용하는 것에 대해서 반대하는 안과 찬성하는 안을 두고 표결을 벌였다. 그 결과 24명의 회의 참석자 중 허용에 반대하는 사람이 7명, 찬성하는 사람이 14명, 나머지는 기권이었다. 그리고 그 문제는 산들리에 살다가 내려오는 사람도(시기에 관계없이) 통학차량에 탈 수 있게 하는 것으로 결정되었다. 그리고 탑승 희망자가 차량 정원보다 많기 때문에 고학년 남자와 여자가 양보해서 저학년과 여자 아이들에게 우선권을 주기로 하고 마무리되었다.

그런데 이 회의에는 절차상에 결함이 있었다. 그 자리에는 기존의 차량반 회원이 12명이 참석했고, 유치원이나 초등학교에 입학할 예정인 사람이 12명 참석했다. 입학 예정인 사람은 아직 차량반의 회원이 아니기 때문에 회의에 참석해서 발언하거나 의결할 권한이 없었다. 그들은 참관인일 뿐이었다. 따라서 그 안건에 대한 결정은 유권자 12명 가운데 7명이 탑승을 불허하고 예외 사안은 별도로 논의하자는 의견에 찬성하고, 2명만이 누구나 다 함께 탑승을 신청할 수 있게 하자는 의견에 찬성했다고 보아야 한다. 그럼에도 불구하고 그들에게 의결권이 주어졌다. 그것은 이민 희망자에게 선거권을 주는 것과 다름이 없었다.

그들이 그렇게 한 데는 이유가 있었다. 그들이 보기에 일부 학부모들이 지나칠 정도로 원칙을 강조하고 나왔기 때문이다. 원칙을 강조하는 사람은 대부분 학교의 정원이 더 이상 늘어나서는 안 된다는 입장이었고, 학교가 정원을 통제하지 못하는 상황에서 차량반이 그 일을 해야 한다고 생각했다. 그 일이란 다름 아닌 통학버스 조합원의 자격기준을 엄격히 제한하는 것이다. 즉 위장전입을 하고 학교에 입학했거나, 잠시 산들리에 거주해서 아이만 입학시킨 다음 다시 내려오는 것과 같이 비정상적인 방법으로 입학한 사람은 통학버스의 조합원으로 받아들이지 않는 것이었다.

여기에 덧붙여서 이들은 통학버스가 안전하게 운행되는 것과 관련된 원칙도 강조했다. 조합원이 아닌 부모의 자녀가 버스에 탄다거나, 기사가 아이들을 태우고 산을 오르내리면서 성당에 오고가는 노인이나 지역주민들을 태운다거나 하는 점을 강력하게 문제 삼았다. 그 일은 통학버스를 마련하면서 가장 중요하게 고려했던 안전의 문제와 사고 시 보상의 문제를 심각하게 위협하기 때문이었다. 2002년에 교장 선생님이 통학버스를 재계약하지 않은 것도 바로 이 점 때문이었다. 그럼에도 불구하고 그 문제는 좀처럼 개선되지 않았다. 거기에다 통학버스가 낡아서 자주 고장을 일으키고, 아이들을 태우고 산길을 내려가던 중 길 한 가운데 멈춰서기도 해서 이런 불안은 더욱 가중되었다. 급하게 구부러진 내리막길을 내려가다가 멈춰 서지 않은 것이 천만 다행이었다.

그 문제를 해결하기 위해서 다수의 차량반 학부모들은 통학버스비 5개월 치를 선납해서 그 기사로 하여금 새 차를 사도록 했다. 그랬는데 차를 바꾼 지 이틀만인 2003년 8월 30일에 그 새 차가 운행 중 기름이 떨어져서 시내에서 멈춰 섰다. 차량 기사는 기름을 사기 위해서 아이들을 차에 태워둔 채 자리를 비웠다. 몇몇 아이들은 걸어서 집으로 돌아갔다. 이 일은 원칙과 안전을 강조하는 학부모들을 다시 한번 들끓게 했다. 이들은 차량 기사가 맺고 끊음이 분명하지 않고, 차량 관리를 소홀히 하는 것을 이유로 내세워 차량 기사를 교체할 것을 요구했다. 그러나 이미 그렇게 할 수 없었다. 학부모들이 버스비를 선납했기 때문이기도 하지만, 버스 기사의 자녀 둘이 그 일이 있기 하루 전에 이 학교에 입학했기 때문이다. 그 역시 산들초등학교 학부모였던 것이다. 그가 학부모가 아니었어도 차량 기사를 교체하는 것에는 또 다른 학부모들이 찬성하지 않았다. 그런 일로 사람을 내보내는 것은 역시 공동체적이지 못하다고 생각했기 때문이다. 결국 그 일은 차량반 대표와 차량 기사가 홈페이지에 다음과 같은 경위서와 사과문을 올리는 것으로 일단락됐다.

〈59〉

어제 차량반과 차량 기사님의 미팅이 있었습니다. 기사님과 만나 이런저런 이야기를 나누다가 기사님과 우리의 출발점이 같지 않다는 것을 알게 되었습니다. 성지 어르신을 태우는 것, 산들 어르신을 태우는 것, 일부 차량반이 아닌 아이들과 학부모님을 태우시는 것 등은 기사님께는 아무렇지 않는 정감 있는 행동이었고, 우리 학부모에게는 아이들 안전과 직결된 중요한 문제라는 사실이었습니다. 어찌됐건 이제부터는 출발선을 맞추기로 했습니다. 공동의 노력에 의해 만들어진 공적인 차량이므로 '인정상', '공동체인데'라는 식의 우유부단함으로는 차량 관련 문제가 끊임없을 것이므로 다분히 공적으로 해결해 주십사 하고 부탁을 드렸습니다. 애당초 정확히 맺고 끊었다면 일어날 일이 아니었는데, 아이들을 힘들게 하고 학교를 염려하게 했습니다. 차량반의 부주의로 일어난 일이므로 더불어 사과를 드립니다. 너무도 쉽게 말하곤 했던 "공동체적 삶"이란 말이 요즘 들어 많이 쑥스러워집니다. 새 차가 나오고 이틀만인 8월 30일 오후에 차량이 노변에서 멈추는 사고가 있었습니다. 다음은 그 건과 관련한 차량 기사님의 경위와 사과문입니다.

지난 8월 30일 귀가 1호차 운행 중 오후 12:40분경에 샘터마을 희망대학 앞에서 차량이 경유가 떨어져 멈춘 일이 있었습니다. 샘터주공 학생들은 걸어가게 하고 나머지 학생들은 차량에 있게 하고 경유를 사러 샘터주공 정문 주유소까지 본인이 갔다 왔고, 이후 2호차가 늦게 내려오게 되었습니다. 본인의 부주의로 차량이 멈췄고, 학생들을 방치해 두고 본인 혼자 문제를 해결하려 함으로써, 안전 소홀로 학생들과 학부모님들께 심려를 끼쳐 대단히 죄송합니다. 앞으로 차량 점검에 최선을 다할 것이고, 긴급 상황 발생 시 차량반과 상의해서 안전 운행할 것을 약속드립니다. 다시 한번 사과드리고 이번 지면을 통해 새로 차량을 구입하는 데 도와주신 학부모님께 감사드립니다.

2003년 9월 3일 차량 기사 임종섭

차량반 대표와 차량 기사가 위와 같은 경위서와 사과문을 올리고, 이후로는 차량을 철저히 관리하고 차량반 이외의 사람은 절대 태우지 않겠다고 약속은 했지만, 도덕성을 더 중시하는 학부모들은 그렇게 하는 것은 공동체답지 못하다고 생각했다. 아래의 말이 그 점을 잘 보여준다.

〈60〉

공동체라고 하면 아저씨가 차가 고장 나가지고 그랬을 때 비난하기보다 어떻게 해결할 것인가 얘기를 했었으면 바랬거든요. 그런데 선생님들도 비난하고 학부모들도 비난하고 그랬거든요. 그런 거 아니라고 봐요. 저는 아직도 급해가지고 막 세우면 세워주는 아저씨가 좋아요. '여기서 경찰한테 걸리면 딱지다.' 그러고 씽 달리는 기사보다 태워주는 기사가 더 좋아요. 그게 여유잖아요. 그러다 사고 나면 어쩔 수 없겠지만, 어쨌든 그런 게 더 좋거든요. 성지의 어르신들이 탔는데 "엄마 그 할머니들이 타 갖고 우리는 서서 왔어." 산들공동체라는 것이 학교 안에서 아이들 안에서 그런 것이 아니라 지역과도 편안하게 어우러질 수 있는 것이 공동체라고 생각하거든요. 학부모들도 그 공동체에 대한 의식 자체가 없는 것 같아요. (인숙 엄마)

위의 말에서 알 수 있는 것처럼 그들은 공동체의 경계를 느슨하게 바라보았다. 어느 면에서는 공동체의 정서적인 측면을 더 중요하게 생각했다고 볼 수도 있다. 그런 이유에서 그들은 통학버스 기사가 지역주민이나 산들산을 방문하는 노인들을 태우는 것이 오히려 더 공동체적이라고 보았다. 그런 일들을 비난하는 행위가 오히려 납득되지 않았다. 그럼에도 불구하고 원칙을 강조하는 사람들은 계속 그런 점들에 관하여 문제를 제기했다. 그리고 마침내 만족스럽지는 못하지만 차량 기사의 사과문을 학교 홈페이지에 올리게 했다.

이 일 이후로 도덕성을 강조하는 학부모들은 더 이상 산들초등학교가 일부 학부모들에 의해서 이기적인 집단으로 변질되어가고, 그런 모습이 홈페이지를 통해서 외부에까지 적나라하게 드러나는 일이 없어야 한다고 생각했다. 그래서 그들은 학부모들 사이에 갈등을 발생하게 하는 주요 사안 가운데 하나인 통학버스 문제를 해결해야 한다고 생각했다. 그들이 통학버스 문제와 관련하여 해결하려고 한 문제는 두 가지였다. 하나는 전입생과 관련하여 발생하는 학부모들 사이의 불편한 관계였다. 그들은 전입생 문제로 인해서 기존의 학부모들 사이에 갈등이 발생하고 골이 깊어지는 것은 바람직하지 못하다고 보았다. 따라서 전입생과 관련된 문제는 학교장을 비롯하여 학교에서 판단하고, 자신들은 일단 학교에 입학한 학생은 누구나 통학버스를 이용할 수 있게 해야 한다고 생각했다. 다른 하나는 산들초등학교가 외부 사람들에 의해서 이기적인 집단으로 비치는 문제였다. 그들은 일부 부모들이 원칙을 내세워서 전입해 온 학부모들을 배척하는 것은 자기 자식만을 생각하는 이기적인 발상이라고 간주했다. 동시에 그것은 대외적으로 산들초등학교를 이기적인 집단으로 비치도록 하는 행동이라고 보았다. 그리고 통학버스를 학교 정원을 유지시키는 도구로 사용하는 것은 타당하지 못할 뿐만 아니라 정원을 유지하는 기능도 하지 못한다고 보았다. 오히려 그로 인해서 외부로부터 부정적인 시선만을 받게 된다고 보았다. 다음은 그와 관련된 학부모의 말이다.

〈61〉

쌓고 닫고 한다고 터질 문제가 안 터지는 것은 아니거든요. 살다가 내려온 애들을 안 태웠는데도 학생 수가 지금 132명이잖아요. 그것으로 봐서 통학버스가 전학을 막는 저지선은 못 된다고 봐요. 현재 우리 사는 것에서 편하게 살지 못하는 하나의 장치가 되기 때문에 될 수 있으면 다 태웠으면 좋겠어요. (범수 엄마)

〈62〉

"니네가 뭔데 교장 선생님이 입학을 허가했는데 왜 못 타게 해?" 이런 거 있잖아요. 그것뿐만 아니라 밖에서 보는 사람들도 "니네 학교는 학부모들 입김이 세다며?" 이렇게 말해요. 저희가 입학을 좌지우지할 만큼 전횡을 휘두르는 것처럼 보이는 것들이 바람직하지 않다고 생각해요. (인숙 엄마)

그래서 그들은 차량반 회의를 계기로 기존에 학부모들 사이에 갈등을 불러일으킨 문제를 말끔히 정리하려고 했다. 사람들로 하여금 사태를 공동체적인 관점에서 바라보고, 공동체적인 관점에서 해결하도록 만들려고 했다. 그것은 앞의 결정 사항에서 알 수 있듯이 산들리에서 살다가 이사해서 내려왔어도 아이가 산들초등학교에 다닌다면 통학버스를 이용할 수 있게 하고, 자리가 부족할 경우에는 고학년 남자 아이와 여자 아이가 양보하는 것이다. 도덕성을 강조하는 학부모들은 궁극적으로는 그렇게 하는 것이 도덕적이라고 보았다. 그날 회의는 시작하기도 전에 이미 결론이 나 있었던 것이다. 한 학부모는 다음과 같이 말했다.

〈63〉

공동체적으로 가기 위해서 그런 결정을 내렸다고 본인들은 생각하거든요. 공동체적으로 가기 위해서 그렇게 오는 사람도 다 받아들이고 태워야 되고, 이렇게 판단과 결정을 딱 내리고 가야 된다는 생각이 있었던 것 같아요. (경화 엄마)

이런 이유에서 그들은 여러 사람들에게 연락해서 회의에 참석하도록 독려했다. 신입 예정 학부모에게도 연락해서 참석하게 했다. 그리고 회의를 시작했다. 회의는 예상하고 기대한 대로 결론을 맺었다. 그 자리에 참석한 학부모는 다음과 같이 말했다.

〈64〉

힘자랑을 한 거지요 사실은. 그렇게 해서 반론이 생기면 붙겠다라는 것까지 전제로 하고 갔거든요. (태우는 것을 반대하는 쪽에서는) 대박에 터지더라도 그 문제는 관철을 시켜야 된다고 생각했을 텐데 개기면 자기만 망가질 거라는 것을 아니까 그 얘기를 정면에서 못하지요. (범수 엄마)

그렇게 해서 학부모들은 통학버스 문제와 관련해서는 '공동체다운' 결말을 지었지만 그 이면에는 사람들 가슴에 또 다른 앙금이 자리잡게 만들었다. 아래 학부모의 지적에서 알 수 있는 것처럼, 학부모들은 그런 기회에 통학버스 문제와 학교 정원 문제, 전입생 문제 등을 논의하는 가운데 해답을 함께 찾아가기를 원했지만, 일부 사람들에 의해서 이미 해답이 내려진 상태에서 그와 다른 의견을 가진 나머지 사람들의 생각은 틀린 것으로 단정 지어졌기 때문이다. 그들은 문제를 함께 해결하기보다 일부 사람들에 의해서 덮어지거나 자신의 의도대로 이끌고 가는 것이 오히려 공동체를 해치는 것이라고 보았다.

〈65〉

이것을 해결하기 위해서 기본 원칙을 환기시키는 사람도 있고, 문제 자체를 해결하자고 가야 하는데 '이게 공동체냐?' 그래 버리면 도대체 어떻게 하자는 거야. 공동체는 어떻게 하자는 거야. 좋은 게 좋은 식으로 무조건 가야 하는 거야? 그러니까 자꾸 원칙을 생각하게 되더라고. 여러 사람이 모이다 보니까 원칙을 지키는 게 편하고 서로가 잘 사는 길이라는 생각이 많이 들어. 좋은 게 좋은 게 아니더라고. 밑바닥 감정을 계속 쌓아가는 것이더라고. (소담 엄마)

그리고 이 일은 사람들로 하여금 무엇이 이기적이고 무엇이 공동체적인지, 무엇이 도덕적이고 무엇이 비도덕적인지, "다 함께" 한다는 것이 무엇인지 등을 다시 생각하게 했다. 특히 산들리에 거주하지 않으면서 거주한다고 거짓말을 하고 입학한 학부모나, 자기 아이를 입학시키기 위해서 갖은 애를 쓰고 아이가 입학한 뒤에도 자기 아이에게만 관심을 갖는 학부모를 어떻게 대해야 하는지 등을 두고 고민하지 않을 수 없었다. 아래는 그와 관련된 한 학부모의 말이다.

〈66〉

학교에 오고 싶어서 저한테 물었던 사람들에게 (제가) '우리 학교가 이런 기준을 가지고 있습니다'라고 했을 때 수긍하고 학교가 유지되기 위해서는 알았다고 하고 (그 기준에) 따라주었던 사람들은 이 학교에 없고, 어떻게든 머리를 디밀었던 사람들은 같이 지내고 있는 경우잖아요. 그러면 과연 세상을 살아가는 데 있어서 옳고 그름을 떠나서 어떻게 살아야 할지 혼란스러웠거든요. (유섭 엄마)

그들이 산들초등학교를 만들고, 현재의 상황을 만들었지만, 그런 상황이 그들을 구속하고 고민하게 하고 있는 것이다. 인간이 생존하기 위해서 사회를 대규모로 조직화했지만, 그로 인해서 소외의 문제가 나타나자 그 문제를 해결할 수 있는 새로운 삶을 모색하는 것과 동일한 양상이 나타난 것이다.

2 공동체가 아니라고 자신 있게 말할 수 있어요

산들초등학교 교사와 학부모들은 지난 3년 동안 학교에서 새롭게 운영하는 각종 체험학습 활동에 참여하면서 교사와 학부모 사이, 학부모 사이, 그리고 교사 사이에 일련의 갈등을 겪으면서 공동체에 관해서 다시 생각하게 되었다. 특히 기존의 관료적인 학교 운영 관행으로부터 비롯되는 문제를 해결하기 위해서 산들초등학교가 교육주체들의 참여를 통한 공동체적 학교 운영을 내세우고 교사와 학부모들로 하여금 참여할 수 있는 장을 마련하고 기회를 제공했음에도 불구하고 산들초등학교의 교사와 학부모들은 산들초등학교가 공동체가 아니라는 확신을 가지게 되었다. 다음은 교사 가운데 한 사람의 말이다.

〈67〉

무슨 행사 있을 때마다 공동체를 많이 외치고, 플래카드에는 항상 더불어 사는 공동체 학교라고 적고, 회의 때도 어떤 행사의 목적은 항상 '더불어 살고 공동체를 함양하기 위함이다.' 그게 들어가는 것 같아요. 그렇지만 공동체가 아니라고 자신 있게 말씀드릴 수 있을 것 같은데요. 여러 가지 면에서 함께 하는 것은 아니라고 생각해요. 교사도 일곱 명밖에 안 되지만 일곱 명 교사를 받으려는 수용적인 태도도 아닌 것 같고, 자기 속에 갇혀 있는 폐쇄된 그런 것 같고. 하여튼 좀 달라요. 여러 가지로. (손영애 교사)

산들초등학교가 공동체가 아니라고 생각하는 것은 교사들만이 아니다. 학부모 역시 산들초등학교를 공동체라고 생각하지 않았다. <사례 8>에서 보았던 것처럼, 학부모들은 산들초등학교가 공동체적으로 진행해왔다고 자부하는 계절학교를 비롯한 여러 행사들조차도 선뜻 공동체의 사례로서 언급하지 못했다. 그 대신 한 학부모는 다음과 같이 말했다.

〈68〉

공통의 목표는 있겠지요. 교육이라는. 그렇게 봐서 공동체라고 할 수 있지만 열린 구조는 아니지요. 마음 맞는 사람들의 공동체일 수는 있어요. 그 사람들 안에서는 남의 아이도 내 아이처럼 잘 돌봐주는 분위기가 있으니까요. 그렇지만 그것은 열린 구조의 진정한 공동체는 아니라고 봐요. 열린 구조는 외부에서 온 사람을 배척하고 제외시키는 것이 아니라 공동의 목표를 달성하는 데 도움이 되면 받아주고 의견을 수렴하고, 교육공동체로서의 목표 의식을 계속 확인하고 가는 거예요. 그런데 그런 것이 공유되어 있지 않아요. 그냥 내 아이를 보내는 것, 몇몇 운영에 참여하는 사람들은 그 방향으로 본인들의 의견을 관철해서 나가는 것 그런 모습이에요. 그 점에서 닫혀 있지요. 구성원 전체가 마음을 나누지 못하고 있다는 거지요. 상처 받는 사람이 있고, 앞으로 나가는 사람이 있고. 그거는 닫힌 구조지요. (성진 엄마)

위의 교사나 학부모의 말에 따르면 산들초등학교는 몇 사람이 중심이 되어서 자신의 견해대로 나머지 사람을 끌고 가는 닫힌 구조이다. 그렇기 때문에 산들초등학교 사람들이 무엇인가를 함께 한다고 해도 그것은 공동체가 아니다. 공동체는 열려 있고, 열려 있는 상태에서는 여러 사람들의 의견을 수렴하는 가운데 서로 마음을 나눈다. 산들초등학교가 공동체가 되지 못하는 것은 닫힌 구조를 가지고 있기 때문이다. 산들초등학교가 닫힌 구조를 가지게 된 원인은 일부 사람들이 자신을 중심으로 사고하고 행동하기 때문이고, 그런 일이 반복됨으로써 일부 사람들은 침묵하거나 마음에 맞는 사람들끼리 어울리고, 그것마저 견디기 힘들 때는 학교를 떠나게 된다. 내가 보기에 이것은 산들초등학교의 교사와 학부모들이 기존 학교에서의 소외 문제를 해결하기 위해서 산들초등학교로 온 것과 동일한 행위였다. 아래에서 그 점을 자세히 살펴본다.

1) 닫힌 구조

산들초등학교를 주도하는 일부 교사들과 학부모들은 새로운 학교 시스템을 만들면서 열린 구조를 만들려고 했고, 열린 구조를 만들었다고 생각했다. 앞서 살펴본 것처럼 산들초등학교의 시스템은 '아이중심', '체험학습', '다 함께'의 세 가지 요소로 구성되어 있다. 이 가운데 '아이중심'이 산들초등학교가 지향하는 바라면, '체험학습'은 내용이고, '다 함께'는 산들초등학교를 운영하는 원리이다. 이 '다 함께'라는 점에서 산들초등학교는 열려 있다고 보았다. 그러나 그 '다 함께'는 어디까지나 체험학습에 한정되어 있고, 체험학습은 계절학교와 토요체험학습 등으로 한정되어 있다. 그리고 그 시기나 운영 방법 역시 이미 정해져 있다. 그래서 정해진 시기에는 반드시 예정된 체험학습 활동을 해야 했다. 결국 산들초등학교의 시스템 역시 닫혀 있다고 볼 수밖에 없다. 앞의 <사례 47>에서 일부 교사가 행사를 줄이자고 제안했을 때 그 제안이 일언지하에 묵살된 것은 이런 이유 때문이다. 만일 산들초등학교의 시스템이 열려 있다면 그것은 그것을 만든 몇몇 사람들에게만 열려 있는 것이다.

물론 주도적인 교사들은 그러한 학교 시스템을 만든 것이 자신들만은 아니라고 주장한다. 그들은 전입학추진위원회를 비롯한 학부모들과의 협의를 거쳐서 만들었다고 말한다. 그러나 거기에는 몇 가지 착오가 있었다. 첫째는 학교 시스템을 구상하는 데 있어서 <사례 41>의 경우에서 볼 수 있는 것처럼 지역주민의 의견을 거의 반영하지 않았다는 점이다.

둘째는 학교 시스템을 만들 때 아이들을 충분히 고려하지 못했다는 점이다. 교사들은 아이들이 학교에서 자유롭고 즐겁게 생활하면서 각종 체험학습 활동을 하게 하면 그들이 기대하는 바대로 아이들이 행복한 가운데 참 삶을 배워나갈 것이라고 생각했다. 설령 문제가 도중에 발생해도 아이들이 스스로 해결해나갈 것이라고 믿었다. 그래서 아이들을 위해서 학교의 각종 환경과 시설과 제도를 바꾸고, 가치 있다고 생각하는 각종 내용과 활동을 선정하고 조직하여 아이들에게 제시했다. 그러나 아이들은 그것을 받아들일 준비가 아직 안 되었거나 관심이 없었다. 한 학부모는 초기의 아이들 모습을 다음과 같이 말했다.

〈69〉

우리가 올라갔을 때 처음에 막연하게 생각했던 것은 오랫동안 학생 수가 적어서 많이 고생했는데 올라가면 참 좋아하겠구나 생각했지요. 그런데 아이들이 올라가면서부터 꽃도 꺾고 그러더라고요. 괜히 꺾어요. 엄마들 모임 하는 데 가서 꽃을 꺾고 이러더라고요. 욕도 하고. 물론 우리는 우리 아이들을 복잡한 도심에서 과밀학급에서 기르지 않으려고 좋은 곳에 온다고 왔는데 이런 문제가 있겠구나 생각을 했지요. (인석 엄마)

이런 상태에서 처음부터 모든 아이들에게 특기적성 교육활동이나 체험학습을 동시에 하도록 한 것은 젖먹이에게 불고기를 먹으라고 건네준 것이나 다름이 없었다. 어느 면에서는 학교의 시스템이 아이들로 하여금 학습 내용에 관심을 덜 갖게 만든 면도 있다고 볼 수 있다. 학교가 아이들로 하여금 충분히 놀 수 있고, 자신들의 흥미와 욕구 그리고 의지대로 행동할 수 있도록 제도를 만들었기 때문이다. 그러나 아이들은 <사례 34>와 <사례 35>의 경우에서 알 수 있는 것처럼 그 제도를 자신들의 방식으로 이용하고, 스스로 더 악화되기도 했다. 그들이 아이중심에서 시스템을 만든다고 했지만 그것은 어른이 생각하는 아이중심이었던 것이다. 그것은 앞의 <사례 2>와 함께 다음과 같은 말에서도 잘 드러난다.

〈70〉

저희 학교 뒤에 보면 어느 나무는 엄청 빨리 물이 들어요. 다른 나무보다. 그런데 그게 빨리 죽어가는 거래요. 뒷마당에 살구나무가 있잖아요. 그 나무가 다른 나무보다 더 빨리 붉게 되고 그래요. 저희들이 가을에 보면 걔가 제일 빨리 져요. 애들이 그거 보면서 저거 금방 죽겠다 그래요. 빨리 그 나무 살렸으면 좋겠어요. 주목도 거의 다 죽어가는데 살리려고 했었잖아요. 다른 나무도 살렸으면 좋겠어요. (졸업생 연지)

위의 아이는 학교 뒷마당에 있는 오래된 살구나무가 다른 나무들에 비해서 빨리 물들고 빨리 잎이 지는 것을 보면서, 그 나무가 아프다고 생각했다. 그리고 그 나무도 조만간 죽게 될 것이라고 생각했다. 물론 살구나무가 실지로 아프거나 곧 죽지는 않지만 아이는 그렇게 보았다. 그것이 아이들이 보는 세상이고 아이들의 눈이고 아이들의 정서다. 산들초등학교 시스템 속에는 아이들의 이러한 눈과 정서 대신 어른들이 만들어놓은 아이들 세계가 자리 잡고 있었다.

다른 사람들로 하여금 학교가 닫혀 있다는 인상을 받게 한 더 중요한 이유는 <사례 47>에서 알 수 있는 것처럼 시행과정에서 발생하는 오류를 근본적으로 수정하려고 하지 않는다는 점이다. 그리고 학교를 새롭게 만드는 과정에 참여하지 못했던 교사들, 새롭게 발령받아서 오는 교사들, 지역주민들, 그리고 새로 입학하는 학부모들은 학교가 추구하는 교육에 관하여 충분한 설명을 듣고 이해할 수 있는 기회가 없었기 때문에 학교는 닫혀 있는 그들만의 공동체라고 느낄 수밖에 없었다. 아래 교사의 말이 그 점을 잘 지적해준다.

〈71〉

교사라고 하는 것은 자기가 가치관에 내면화되었을 때 실행하는 사람이잖아요. 교사들이 교육적인 실행을 하려면 가치관을 공유하는 시간이 필요해요. 교육은 꼭두각시가 아니니까. 그런데 산들은 그것을 내면화시켜서 교육과정으로 가는 부분이 완전히 빠져 있어요. 교사들이 공통적인 가치관을 함께 하는 것을 실패하고 이미 시작하고 있어요. 그것을 인정하고 있지 않는 것 같아요. 대안학교는 어쨌든 가치관이 닮은 사람들이 와서 시작하잖아요. 그런데 산들은 교사도 그렇지 않은 상황이고, 학부형들도 그렇지 않은 사람이 모여 있어요. 그런데 그 속에서 대안적인 모델 하나만 놓고서 그게 맞다고 생각하는데 그게 아니잖아요. (오미진 교사)

위에서 지적하는 것처럼 주도적인 교사들은 자신이 만들어 놓은 대안이 주관적인 것임에도 불구하고 다른 사람들에게도 따르도록 요구했다. 그들은 그러한 요구의 정당성을 그들이 만든 시스템이 기존의 관료적 학교 체제가 안고 있는 문제를 해결할 수 있다는 점에서 확보하려고 했다. 그러나 그것이 상대적인 정당성을 확보할 수 있을지는 모르지만 산들초등학교라는 현실적 상황에서도 정당성을 가지는 것은 아니었다. 그것의 정당성은 무엇보다도 산들초등학교의 학생 특성과 수준, 그리고 학부모와 교사의 여건 등을 고려해서 확보되어야 했다. 그러나 그들은 그런 점을 고려해서 보려고 하지 않고, 오히려 자신이 만들어놓은 시스템에 나머지 조건들을 맞추려고 했다. 그 결과 자신들조차도 그 시스템의 일부가 되어버린 것이다. 이정호 교사와 손영애 교사의 다음과 같은 말은 그 점을 보여준다.

〈72〉

우리가 우리 스스로의 모습을 끊임없이 만들어냈으면서도 그것이 우리를 자꾸 긍정적으로 강제해내는 힘도 있고, 우리 스스로 속박당하는 면도 있고 그래요. 우리가 만들어내긴 했는데 조금 지나다 보면 이미 우리가 만든 것이 아니에요. 우리가 무르거나 바꾸면 없어지거나 이러는 것이 아니라 그 자체의 세계를 가지고 하나의 관성으로 굴러가는 부분도 분명히 있어버리는 거지요. 그런 것들을 나는 가끔 느껴요. (이정호 교사)

〈73〉

선생님들이 업무가 상당히 많아요. 토요체험학습 하나만 잘하려고 준비해도 1주일은 소비해야 할 정도로. 그러니까 서로 상대방을 돌아봐 줄 겨를이 없는 거지요. 자기 준비하느라고 바쁘고. (손영애 교사)

요컨대, 산들초등학교의 "앞바퀴 교사"들은 일반적인 학교에서 교사, 아이, 학부모들이 소외되어 있는 문제를 해결하기 위해서 새로운 시스템을 만들었지만 만드는 과정이나 운영상의 폐쇄성으로 인해서 다른 교사와 학부모, 아이, 그리고 자신마저도 다시 소외될 수밖에 없게 됐다. 따라서 아래 학부모의 말처럼 산들초등학교 공동체는 닫혀 있는 채 행사만 쫓아다니는 공동체가 될 수밖에 없었다.

〈74〉

저희들이 선생님의 권한을 침범하거나 교육관을 바꾸기를 원하지는 않거든요. 단지 그 과정에 같이 참여하는데 솔직한 과정으로 참여하자는 거지요. 아이들을 중간에 두고 만나는 관계인데 부모가 선생님에 대해서 알고, 선생님이 부모에 대해서 많이 알아야 한다고 생각해요. 반영이 다 된다고 보지는 않아요. 편히 받아줄 수 있고, 얘기를 스스럼없이 들어줄 수 있는 분위기를 만들면 좋겠어요. 얘기를 들어줄 수 있는 빈자리를 보여주기만 해도 저희들은 신뢰가 더 간다 이 얘기지. 그런 쪽으로 공동체가 편안하고 솔직한 자리가 되면 어떨까 생각해요. 행사만을 쫓아다니는 공동체가 아니라. (연하 엄마)

2) "자기 중심"

산들초등학교가 위와 같은 닫힌 구조를 가지게 된 것은 그들이 만든 시스템이 스스로 생명력을 가지고 있기 때문이기도 하지만, 오미진 교사의 다음과 같은 지적에서 알 수 있는 것처럼 그것을 운영하는 사람들의 생각이 닫혀 있기 때문이다.

〈75〉

융합할 수 없는 자기만의 어떤 것들이 너무 강한 것 같아요. 좋은 뜻으로 얘기하면 신념이고, 나쁜 뜻으로 얘기하면 편견과 자기 오만에 싸여 있는 거지요. 그게 가장 큰 문제인 것 같아요. 제도적인 것은 참 좋다고 생각해요. 구성원의 생각이나 마음이 열려져 있지 않다는 것이 가장 큰 문제인 것 같아요. 나와 다른 사람의 다름을 인정해주지 않는 거지요. 본인의 생각이 닫혀 있는 것 그게 제일 문제인 것 같아요. 제도는 굉장히 잘된 것 같아요. (오미진 교사)

위의 말에서 알 수 있는 것처럼 일부 "앞바퀴 교사"들은 자신의 생각이 지나치게 확고해서 다른 사람들의 생각을 좀처럼 받아들이지 않는다. 그뿐만 아니라 자신이 옳거나 좋다고 생각하는 것을 미리 결정해 놓고 나머지 사람들을 그 방향으로 이끌고 가려고 한다. 그러면서도 다른 사람들의 요구나 필요는 따르지 않는다. 예를 들면 아래와 같은 경우이다.

〈76〉

앞에서 하는 사람이 상을 미리 그려놓고 거기다 나머지 일들을 대입시키려고 하게 되면 나머지 교사들은 소외가 돼요. 그 양식은 학부모 조직에도 똑같아요. 미리 이게 좋은 거야라고 폼 되어지고 나머지는 동원되는 구조가 그런 것을 해치게 되는 거지요. 미리 일을 많이 경험한 사람은 가지고 있는 상들이 커요. 좋은 큰 틀이 있어요. 그것에 상을 두고 사람들을 끌고 가면서 동원하지요. (오미진 교사)

〈77〉

(하루는 교장단 회의가 있어서 뭘 준비해야 했어요.) 보통의 학교에서는 행사가 있다면 선생님들이 전부 다 협동해서 하거든요. 그런데 일부 선생님 같은 경우는 어떤 행사가 있으면 도와주지 않으세요. 그런 일이 있으면 일체 하지 않아요. 그렇지만 본인이 의미가 있고 가치가 있다고 생각되는 일에는 모든 교사가 동원되어야 하는 그런 게 있어요. 저는 그게 이해가 안 돼요. 더불어 사는 삶이라는 표현을 하면서 어떻게 말만 그렇게 하시나. (손영애 교사)

이런 점은 학부모들의 경우도 마찬가지다. 학부모들 역시 일부 "센사람"들이 미리 결정하고 다른 학부모들로 하여금 그 결정에 따라서 움직이도록 요구한다. 학부모들 가운데 일부 "센사람"들은 다양한 운동 경험이 있고, 자녀가 자라면서 교육과 관련된 공부를 하기도 하고, 공동육아 등과 같은 실천 활동을 해왔기 때문에 평범한 "밥퍼아줌마"들과 달리 자녀 교육에 관하여 남다른 지식을 가지고 있다. 그들은 자신이 알고 있는 지식을 "밥퍼아줌마"들에게 알리기도 하고, 경우에 따라서는 자신의 교육 원리에 따라서 자녀를 지도하라고 요구하기도 한다. 아래가 그 사례다.

〈78〉

저는 "발도르프" 교육은 이 학교 와서 처음 들어봤어요. 첫째 충격은 (아이들이) 어른한테 반말하는 거였어요. 그것을 친근감의 표시라고 하는데 자기네는 좋은지 몰라도 저희가 볼 때는 굉장히 이질감이거든요. 저한테도 어떤 애가 와가지고 반말하니까 반말 찍찍 하는 느낌이 들어서 싫었어요. 우리 딸도 그것 때문에 고민을 많이 했어요. 자기 친구가 저한테 반말하는 거는 자기 엄마인 저를 무시한다고 생각하더라고요. 자기가 그 아줌마한테 존댓말을 하면 걔도 저한테 존댓말을 같이 해주어야 하는데 걔는 저한테 반말한다면서 되게 기분 나빠하더라고요. 그것 때문에 우리 애도 고민하고 저도 싫었어요. 너무 낯서니까. 집에서는 그런 거를 해도 상관없는데 학교에서까지 그것을 영향을 끼치는 것을 원치 않거든요. 그거는 자기네 교육방침이고 그것을 다른 아이들에게까지 굳이 그래야 하나 하는 생각이 들었어요. 우리 딸이 와가지고 "엄마 나는 싫은데 자꾸 그 아줌마한테 반말하래." 그러더라고요. (미소 엄마)

위의 사례에서 볼 수 있는 것처럼 일부 학부모들은 자신의 자녀들에게 일상적으로 반말을 하게 하고, 자녀의 친구들에게까지 반말을 하도록 요구했다. 그리고 주변 학부모들에게는 자녀에게 존댓말을 하도록 하는 것은 낡은 교육방식이라면서 자신의 방식을 따르라고 충고했다. 그러면서 아래에서 볼 수 있는 것처럼 상대가 자신의 생각을 따르지 않을 경우는 비난하기도 했다. "밥퍼아줌마"들은 그런 모습들을 보면서 닫혀 있다는 느낌을 받지 않을 수 없었다.

〈79〉

자기가 어떤 것을 배우는데 그것이 자기에게는 너무나 좋은 거예요. 그리고 아이들 교육에도 너무나 귀중한 것이라고 생각해서 교사들에게 이런 것을 가르쳤으면 하고 얘기했는데 다 일언지하에 거절당했다고 하더라고요. 굉장히 분개하면서 그렇게 닫혀가지고 어떻게 교육하겠냐고 하더라고요. 저는 교육할 수 있는 권한은 교사에게 있어야 한다고 생각해요. 학부모가 볼 때 문제가 있거나 미숙할 수 있지만 그것은 그 사람의 성향과 수준 속에서 될 수 있는 것이지 자신이 객관적으로 옳다고 생각하는 것을 다 취하는 것은 옳지 않다고 생각해요. "이렇게 하는 것은 어떨까요." 하고 제안할 수는 있지만 은연중에 강요하는 것은 아니라고 생각해요. (윤미 엄마)

또한 일부 "앞바퀴 교사"나 "쎈사람"들은 다른 사람이 자신과 다른 의견을 제시하면 사전에 차단해서 말을 못하게 만들거나, 의견을 제시하더라도 묵살하곤 했다. 그럼으로써 나머지 다른 사람은 비록 몸은 그 자리에 있으면서도 불편하고 답답함을 느끼게 된다. 그 문제가 다수의 "밥퍼아줌마"들이 공통적으로 어려움을 겪고 있는 문제, 예를 들면 자녀교육과 관련된 문제일 경우에는 더욱 답답함을 느꼈다. 학부모들 사이에 공통의 화젯거리는 대체로 아이들에 관한 것일 수밖에 없고, 특히 아이들이 학교에서 비슷한 어려움이나 문제를 안고 있을 때는 학부모들끼리 모인 자리에서라도 함께 이야기해서 해결하거나 해소할 수 있기를 기대했다. 그러나 그런 문제를 꺼낼 때마다 일부 "쎈사람"들이 서둘러 문제를 덮어버림으로써 해결의 실마리는 찾지 못하고 아이들의 문제는 점점 더 악화되어갔다. 그리고 그로 인해서 부모들 사이의 관계도 소원해졌다. 아래는 그와 관련된 한 학부모의 말이다.

〈80〉

'다른 반에서는 이러고저러고 말이 많더라.' 그러고 시작하면 괜히 죄진 것 같은 느낌이 들어요. '도대체 누구야 그런 말하는 사람이. 나는 그 엄마를 생각하면 돌겠어.' 이런 분위기로 시작하니까 답답하더라고요. '다른 엄마들은 술집에도 가고 그러지만 우리 엄마들은 점잖다.' 고 그래요. 그렇지만 맥주 한 잔 마실 수도 있고 다른 의견을 낼 수도 있는데. 이견 자체는 의미가 있다고 보거든요. 같이 가야 하는데 이견을 차단하면 공동체를 자신의 방식으로 묶으려고 하는 다수의 횡포라고 생각해요. 그 부분도 공동체를 따뜻하지 못하게 만드는 중요한 요인이라고 생각해요. (윤미 엄마)

〈81〉

상진 엄마는 우리 애들은 선생님이 가장 기대하는 애들이고 걱정할 것 없다고 늘 얘기해요. 아이들은 자라면서 문제를 싸안을 수밖에 없잖아요. 문제를 같이 공유하고 풀어나가는 과정에서 우리도 성숙하고 아이들도 편해질 수 있는데, 우리는 아이들이 멋있어야 하고 포장되어야 하는 것으로 보여주면서 아이들의 문제는 점점 덮여서 해결의 실마리를 못 찾는 거예요. 그래서 엄마들끼리 소통이 안 되고, 소통을 이야기하면서 소통을 가로막고 있는 지점이 상진 엄마 자신이라고 생각해요. 그것을 알았으면 하는 간절한 바람이 있어요. (윤미 엄마)

대부분의 "밥퍼아줌마"들이 산들초등학교가 닫힌 구조라고 느끼는 또 다른 이유는, 앞에 나서서 일하는 "쎈사람"들이 말로만 이야기하고 실천하지 않거나, 행동은 다르게 한다는 점 때문이다. "밥퍼아줌마"들이 보기에 그들은 무엇인가를 의논할 때는 어떻게 해서든지 자신의 주장을 관철시키려고 하지만 막상 그 결정을 시행에 옮길 때는 자신은 참여하지 않았다. 또한 일반적인 문제 상황에서는 당위적이고 규범적인 이야기를 하다가도, 그 문제가 자신 또는 자신의 아이와 직접적으로 관련될 때는 전혀 다르게 반응하기도 했다. 그래서 "밥퍼아줌마"들은 실망하고, 그들을 신뢰하지 않게 되었다.

〈82〉

모임에서 자기 의견은 굉장한 말발로 얘기하지만 도움이 필요하다고 할 때는 안 오거든요. 와서 아이를 위해서 청소를 하거나 커튼을 빨거나 할 때는 오지 않아요. 먹는 것은 유기농을 하지만 프라이팬은 코팅이 다 벗겨졌어요. 자기 의견이 관철되는 데만 너무 관심이 많아요. 아이를 위해서 뭔가를 할 때는 몸을 아끼지 않아야 하는데 그렇지 않아요. (성진 엄마)

〈83〉

나는 그런 사람이 박애주의자라고 생각했어요. 모든 사람을 포용하는 이따만 한 가슴을 가진 사람으로 알고 있었거든요. 그런데 이것을 해결하는 게 무조건 '덮어, 덮어' 이거는 아니라고 생각했어요. 충분히 얘기해서 화나고 들러붙어서 싸울지언정 이렇게 해서 해결해나가야 한다고 생각했어요. 그래서 내가 어차피 앞으로 계속 같이 가야 하기 때문에 이번에 한 번 뒤집어보자 그랬어요. 그랬더니 그 사람들은 그런 수준밖에 안 되니까 그대로 살다 죽게 냅두라는 거예요. 뭘로 한 대 맞은 기분이었어요. 평소에 그 사람은 다 품을 듯이 얘기하고, 나는 가끔씩 '저 사람들 답답해. 왜 저런 식으로밖에 얘기 못하나.' 그랬는데, 결국은 깔보듯이 '저 사람들은 원래 그러니까 그렇게 살다 죽도록 냅둬.' 이렇게 얘기하는 것을 보고 띵했어요. (유섭 엄마)

요컨대, 산들초등학교의 일부 "앞바퀴 교사"들이나 "쎈사람"들은 자신이 설정한 상을 실현하기 위해서 다른 모든 사람을 동원하거나 따르라고 요구하면서 다른 사람의 요청이나 의견은 받아들이지 않았다. 때로는 다른 사람의 의견이 자신도 부정할 수 없을 만큼 타당함에도 불구하고 그것이 자신이나 자신의 아이와 관련되어서 인정하고 싶지 않을 때는 서둘러 덮어버림으로써 다른 사람들로 하여금 그 문제에 관해서 더 이상 이야기를 하지 못하게 만들었다. 거기에다가 말로만 결정하고 그것을 따르지 않거나, 자신의 말과 다르게 행동하는 경우가 잦음으로써 나머지 다수의 사람들로 하여금 실망하게 만들었다. 다수의 "뒷바퀴 교사"나 "밥퍼아줌마"들은 이러한 모습을 보면서 그들이 자기중심적이라고 느꼈다.

〈84〉

제가 볼 때는 학부형들도 약간 편파적인 색을 가지고 있는 것 같고요, 교사들도 편파적인 색을 가지고 있는 것 같아요. 색이 골고루 있어야 하는데 강한 몇 가지 색만 많이 있는 것 같아요. 무지개라는 것이 일곱 색깔이 자연스럽게 퍼져 있어야 하잖아요. 그렇게 자연스럽게 퍼져 있어야 나중에 멀리서 보면 아름다운데 자꾸 색을 섞으려고 하면 나중에 검정색이 되잖아요. 자기중심성이 오히려 더 강한 사람들이 한꺼번에 모여 있다는 생각이 들어요. (오미진 교사)

그러나 불행히도 이 "앞바퀴 교사"들이나 "쎈사람"들은 자신이 자기중심적이라는 것을 알지 못했다. 앞서 지적한 것처럼 "앞바퀴 교사"들은 학교시스템이 닫혀 있음에도 열려 있다고 믿었고, 그것이 자신들의 관점에 기초해서 만들어낸 것임에도 불구하고 "아이중심"이라고 믿었다. 또 "쎈사람"들은 자신은 특정한 가치 기준을 가지고 다른 사람을 이끌어가거나 판단하지 않고, 하나의 사람으로서 다른 사람과 만나서 살아갈 뿐이라고 말했다. 그 과정에서 한 가지 강조하는 것이 있다면 도덕적 강론과 같은 평범한 이야기일 뿐이라고 말했다. 그래서 그들은 학교와 학부모 사이, 학부모와 학부모 사이에 갈등이 발생하면 '도덕성'을 기준으로 판단하고 해결하려고 했다. 통학버스 문제도 그 가운데 하나다. 그들은 그것이 공동체적이라고 믿었다. 아래가 그 예다.

〈85〉

저는 산들 학부형은 어떤 모습을 가져야 한다는 답은 없어요. 무엇인가를 규정짓고 거기에 자기 틀거리를 맞추어나가는 것도 위험한 방식이라고 생각하고요. 중장년을 바라보는 나이이기 때문에 그 정도의 나이 된 사람들은 자신들의 삶의 태도나 관성이 충분히 익은 사람들이거든요. 이런 사람들이 자신의 관성에 무리 지어서 같은 집단과 문화를

> 전파시키고 설득하고 세력화하는 것은 옳은 방식이 아니라고 생각해요. 제가 비싼 수업료를 내고 많이 배운 것 중에 하나가 나는 아무 것도 없다는 거예요. 나는 산들이라는 곳에 하나의 사람으로 들어와 있는 거고, 사람과 사람이 만나서 만들기 시작하는 거라고 생각해요. 만들 때 잘 만들 수도 있고 잘못 만들 수도 있어요. 만들 때 어떤 자세를 가지고 만들 것인가라고 하는 것은 도덕적인 강론이니 하는 것처럼 너무나 평범한 얘기밖에는 할 수 없지 않느냐는 생각이 들어요. (상진 엄마)

그러나 다수의 평범한 "밥퍼아줌마"들은 그 평범한 도덕적인 강론으로 인해서 앞서 살펴보았던 것처럼 하고 싶은 이야기, 해야 하는 이야기, 하고 싶은 행동들을 하지 못하게 됨으로써 답답함을 느꼈다. "쎈사람"들은 자신이 평범하다고 믿는 도덕성 역시 자기중심적인 판단 기준이며, 다른 사람을 구속하는 또 하나의 틀이라는 것을 인식하지 못했던 것이다. 그런 언행에 대해서 "밥퍼아줌마"들은 자신이 대상화된다고 느꼈다. 그리고 점점 더 산들초등학교가 닫혀 있다고 생각하게 되었다.

> 〈86〉
>
> 우리가 대상화되는 느낌이 너무 크고 강해요. 같이 회의를 하더라도 누군가 말을 하면 하나하나 말을 해요. 나는 내 생각대로 내 스타일대로 말했는데 자기 스타일과 맞지 않으면 그렇게 거칠게 말하지 말라고 하고, 누구는 어쩌고저쩌고 하면서 내 얘기가 내 얘기로 받아들여지는 것이 아니라 다른 사람이 다 있는 데서 평가를 해버리는 거예요. (소담 엄마)

산들초등학교의 어른들, 특히 앞에 나서서 일하는 "앞바퀴 교사"와 "쎈사람"들이 자기중심적이고 닫혀 있다는 인상은 "뒷바퀴 교사"나

"밥퍼아줌마"들만 받은 것은 아니었다. 산들초등학교 아이들은 이런 어른들과 한 자리에서 앉아서 이야기를 나누거나 함께 일을 한 적은 없었지만, 어른들이 살아가는 모습을 스쳐보면서 어른들이 자기중심적이라는 것을 함께 느꼈다. 아래는 한 학생의 말이다.

〈87〉

저희 학교 어른들 특징 하나가 자기가 잘났다고 생각하는 어른들도 있어요. 자기가 잘났다고 자기 의견만 내세워서 하는 어른들이 있는 것 같아요. 어른들이 이야기할 때 옆에서 들은 적이 있거든요. 그러면서 어른들이 말하는 투에서 느꼈어요. 어른들이 무슨 말을 했는지 내용은 생각이 안 나는데 그때 어른들이 말하는 것을 들으면서 어른들이 조금만 낮췄으면 하는 생각이 머리에 툭 박히고요, 그 생각이 계속 있었어요. 어른들 앞에서 이 이야기를 꺼내고 싶다 그랬는데 어른들 기에 눌려서 이야기를 못 하겠고요, 그런 적이 종종종 있었어요. (졸업생 연지)

3) 탈출이다

산들초등학교에서 일부 "쎈사람"들과 "앞바퀴 교사"들이 자기중심적이고 다른 사람의 의견을 수용하지 않는 일이 반복되면서 나머지 사람들은 점점 자기만의 살 길을 모색하게 되었다. 이런 상황에서 이들이 가장 먼저 택하는 것은 침묵하거나 참여하지 않는 것이었다. 앞에서 <사례 42>에서도 본 것처럼 자신의 생각에 반하는 의견을 제시할 경우에 강하게 감정적으로 반응하는 것을 보면서 대부분의 사람들은 공포감을 느끼고 자신의 생각을 말하는 것을 두려워하게 되었다. 때로는 그로 인해서 며칠 동안 불면증을 겪는 경우도 있었다. 다음은 그 예다.

〈88〉

저는 회의를 별로 안 좋아해요. 전체적인 의견을 수렴한다고 하는데 과연 거기서 자기 의지대로 자기 의견을 얼마만큼 정확하게 표현하고 있을까라는 의문이 들더라고요. 회의를 진행하는 사람의 의지에 더 가깝지 않은가 이런 생각이 들었어요. 진짜 반대되는 의견이 나와도 감정 표출이 안 됐으면 하는 느낌을 받은 적도 서너 번 있었어요. 작년에 송년회를 어떻게 할 것인가를 놓고 회의를 했잖아요. 편안하게 놀자 그랬을 때 다른 어머니가 교장 선생님과 같이 담화하는 시간도 가졌으면 좋겠다는 의견을 냈어요. 결국 노는 것으로 다다다닥 돼가지고 결정됐어요. 회의를 마치고 걸어가면서 또 담화 얘기를 했는데 놀자는 의견을 낸 분이 다른 의견 내세운 거에 대해서 얼굴이 확 치밀어서 하는 것을 보고 세상에 저 정도까지 가면 어떻게 다른 사람이 의견을 내놓을 수 있을까 이런 생각이 들더라고요. 그건 의견이고 더 들어보고 결론을 내면 되지, 내 의견에 반한다고 저 정도로 감정이 확 표출되면 무서워서 누가 얘기를 어떻게 하나 그런 경험이 있었어요. (수민 엄마)

〈89〉

어떻게 보면 편해지려고 하는 건지도 모르겠어요. 부딪혔을 때 오는 어려움이 겁나는 거지요. 처음에는 제시를 했는데 그런 식으로 여러 사람한테 당하다 보니까 집에 가면 잠도 안 오더라고요. 내가 그렇게 말을 잘못한 건가, 내가 부정적인가. 작년에는 굉장히 힘들었어요. 잠을 못자고, 머리가 항상 무겁고 그렇더라고요. 제가 여태껏 17년 동안 교사생활 하면서 학교 오는데 발이 그렇게 무거웠던 적이 없었던 것 같아요. 어떤 경우에는 준비를 다 해놓고 앉아 있다 나오게 되더라고요. 제가 일찍 다니는 편이거든요. 학교에 오는 게 부담스럽더라고요. (손영애 교사)

"뒷바퀴 교사"들 역시 반복되는 회의 경험을 통해서 "앞바퀴 교사"들이 자신의 의견을 귀담아 듣지 않을 뿐만 아니라, 그들과 다른 의견을 제시할 경우에는 그들의 생각을 끝까지 관철시키려고 한다는 것을 알기 때문에, 그리고 그렇게 할 경우 회의 시간이 길어지고 퇴근도 늦게 하게 된다는 것을 알기 때문에 아예 말을 하지 않게 되었다. 그리고 학부모들의 경우는 학교의 각종 행사에 참여하기를 꺼리게 되었다.

〈90〉

어떤 한 의견에 대해서 반대 의견을 얘기하면 회의를 한 시간 더 지속해야 한다고 생각해야 해요. 왜냐하면 그 사람들은 생각을 바꾸지 않으니까. 기어이 어떤 방향으로든지 자기네들 원하는 방향으로 변론을 하니까요. (손영애 교사)

〈91〉

자꾸 덮으려고 하니까 저는 일하는 그런 거에서 슬그머니 빠지려는 방식으로 하지요. 일하는 거에서 슬쩍 빠져야 되겠구나 그런 선택을 하지요. 가장 쉬운 방법이니까. (유섭 엄마)

이처럼 사람들이 서로 말을 하지 않고, 각종 행사에 참여하는 것을 꺼리게 됨으로써 사람들 사이는 점점 벌어지고, 간혹 만나더라도 피상적인 이야기만 나누게 되었다. 그럼으로써 그들의 내부에는 충족되지 못한 욕구가 점점 더 쌓여가게 되었다.

〈92〉

아이에 대해서 인생에 대해서 진지하게 속 깊은 이야기를 하지 않는 것 같아요. 아이의 상태에 대해서 내 고민이 뭔데 하고 얘기가 들어가기가 쉽지 않고, 다른 사람이 지적하는 것을 받아들이는 것도 쉽지 않아요. 저도 그렇고 마음들이 잘 열리지 않는 것 같아요. 엄마들 간에 회의나 일을 하면서 갈등이나 학교의 갈등 이런 것만 머릿속에 남으니까 짜증이 나는 거예요. 그게 우리 사고의 전부가 아니어야 할 것 같은데 내가 다른 엄마에 대해서 열 받고 흥분하는 그런 것만 남는 거예요. 우리 토론 주제가 왜 이렇게밖에 안 될까 하는 혼란이 오거든요. (미진 엄마)

이처럼 사람들이 자신의 의견을 말하지 못하고, 자신이 할 수 있거나 해야 하는 일마저 안 하게 됨으로써 사람들 사이의 관계가 소원해졌을 뿐만 아니라 <사례 34>와 <사례 35>의 경우에서 볼 수 있는 것처럼 아이들이 점점 더 자신의 편의대로 살아가게 되었다. 그러나 그보다 더 그들을 힘들게 하는 것은 서로가 자신의 생각을 드러내지 않음으로써 서로를 알 수 없게 되고, 그럼으로써 서로를 경계하고 긴장 속에서 살아가야 한다는 것이었다. 아래의 학부모와 교사의 말은 이 점을 잘 보여준다.

〈93〉

우리 학교 시스템에 익숙하지 않은 사람들이 들어오는데 그런 사람들을 내가 어떻게 만나라고 하는지 알 수 없다. 그 사람이 어떤 사람인지 모르고 늘 긴장하고 경계하는 상태로 해야 되느냐. 차라리 조현숙 선생님은 어떤 사람인지 아니까 이렇게까지 부담스럽지 않을 거다. 이런 이야기를 하더라고요. (소담 엄마)

〈94〉

조현숙 선생님이나 오미진 선생님이 처음에는 저를 경계했어요. 저를 몰랐기 때문에 그랬다고 하더라고요. 이 사람은 어떤 생각을 가진 사람인가. 내가 어느 날 어려움을 얘기하니까 조금씩 접근하다가 생각이 같다는 것을 알고 서로의 마음을 편안하게 보이더라고요. 오미진 선생님도 나중에 나한테 미안했다고 하더라고요. 처음에는 그럴 수밖에 없었다고. 본인이 마음대로 생각을 드러낼 수 있는 학교 분위기도 아니고 그래서 미안했다고 그러더라고요. (손영애 교사)

이 불안감은 교사뿐만 아니라 학부모도 여러 곳에서 느꼈다. 그들은 낯선 사람을 경계할 뿐만 아니라, 자신이 가까이 지내지 않는 사람들이 함께 모여 있을 때는 그들이 무슨 이야기를 주고받는지 촉각을 세우고, 자신이 누군가와 가까이 있는 것을 다른 사람이 봤을 때는 그가 자신을 어떤 시선으로 바라볼지를 염려하게 되었다. 그들에게는 하루하루가 불안과 긴장의 연속이었고, 그 긴장을 줄이기 위해서 더욱더 자신을 감추고 은밀하게 사람을 만났다. 그러나 그럴수록 긴장은 더 팽팽해져 갔다.

〈95〉

오미진 선생님도 가끔 여기 올 일이 있어서 들러도 마음이 부담스럽다고 그러면서 얼른 가시고 그러더라고요. 저도 그렇더라고요. 같이 모여서 얘기할 때 부류를 나누어서 생각하는 것도 있고, 그 사람들이 나누는 이야기가 뭘까라는 데 초점이 맞춰지기도 할 것 같고 그러니까 어렵지요. (손영애 교사)

이런 불편함은 나도 느꼈다. 교사들끼리 차를 나누어 타고 이동할 경우에 전에는 아무런 고민 없이 아무 차에나 올라탔지만 언제부터인가 어느 차에 탈지 고민했고, 그 차에 올라서는 다른 차에 탄 사람들이 내가 이 차에 탄 것을 어떻게 생각할지를 염려했으며, 그와 함께 다른 차에 탄 사람들이 무슨 얘기를 나눌지 상상했다. 또 내가 "뒷바퀴 교사"를 자주 만나서 면담을 하면서도 그 장면을 다른 교사가 어떤 눈으로 바라볼지 또한 염려해야 했다. 그리고 더 나중에는 혹시 산들초등학교로부터 쫓겨나지 않을까하는 불안감을 가지기도 했다.

내가 보기에 한 집단 내에서 서로가 서로를 경계하고 긴장 속에서 살아가야 한다는 것은 한 집단 내에서 식인 금기가 깨짐으로써 언제든 내가 다른 사람에게 잡아먹힐지 모른다는 긴장 속에서 살아가는 것과 근본적으로 다르지 않은 것처럼 보였다. 전자가 생물적 존재로서의 불안감이라고 한다면, 후자는 사회적 존재로서의 불안감이라는 점에서만 차이가 있을 뿐 존재로서 느끼는 불안감이라는 점에서는 동일했다. 사람들은 이러한 불안감으로부터 벗어나기 위해서 상대를 알고 싶어 했다. 그것은 상대가 자신을 드러내야 가능했다. 그러나 현실은 그렇지 못했다. 결국 아래의 예에서 볼 수 있는 것처럼 가슴앓이를 하고 있을 수밖에 없었다.

〈96〉

선생님이 그렇게 할 때 왜 그렇게 하는지 약간 설명하면 이해할 수 있는 계기가 되잖아요. 아이들을 바라보기 편할 텐데 그런 것이 없고 다 끝난 다음에 보고 형식으로 받으면 그동안 가슴앓이 하던 것이 오해로 되는 거예요. 가슴앓이는 가슴앓이대로 하고 오해는 오해대로 하고. 선생님도 그렇게 받아들이고 이해해주셨으면 좋겠어요. 권위에 도전하고 간섭이 아니라. 이해하고 받아들이면 아이들 효과도 더 좋을 것인데. (은식 엄마)

그리고 일부 사람들, 특히 일부 교사들은 반복되는 경험을 통해서 상대에 관해서 아는 것이 가능하지 않다고 생각하거나, 굳이 상대에 관하여 더 알고 싶지 않을 때, 또 상대가 자신에 대해서 알려고 하지 않을 때는 <사례 38>처럼 떠날 준비를 하고, 실지로 떠나기도 했다. 이 학교를 떠난 교사 중 한 사람은 산들초등학교에 출근할 수 있는 날을 하루 남겨두고 나와 면담을 나눈 뒤 마지막으로 다음과 같은 말을 했다.

〈97〉

'쇼생크 탈출' 보셨어요? 저는 탈출하는 기분이에요. 너무 기쁜 거 있지요. 어제 오미진 선생님하고 전화하면서 "드디어 탈출이야!" 그랬어요. 오미진 선생님도 "파이팅", "숨 막히는 학교에서 탈출이다." 그랬어요. 저는 다시 날개를 단 거 같아요. 이 학교 있으면서 배운 것도 많지만 꼼짝달싹할 수 없었던 많은 그런 것들이 힘들었어요. 제가 발령 안 나고 다시 이 학교에 근무해야 한다면 휴직계를 내고 싶더라고요. (조현숙 교사)

나는 그 교사의 말을 듣고 "저도 탈출하고 싶어요. 그런데 저는 탈출이 좀 어려울 것 같아요."라고 응답했다. 그때의 내 심정이 그러했다. 그러나 산들초등학교의 모든 사람이 언제든지 탈출할 수 있는 것은 아니었다. 교사들은 적어도 2년 이상의 임기를 채워야 하고, 대부분의 부모들은 적어도 아이가 졸업할 때까지는 이 학교에 남아 있어야 했다. 앞의 <사례 51>에서 주연 엄마가 말한 것처럼 학교가 자신의 기대와 다르다고 해서 쉽사리 돌아갈 수 없고, 다음의 현수 엄마의 말에서 알 수 있는 것처럼 이 학교에는 적어도 다른 학교보다는 나은 점이 있었기 때문이다.

〈98〉

전학 왔을 때 힘들어서 도로 가자 그게 낫겠다 생각도 했어요. 그 때는 심각하게 고민했었어요. 우리 잘못 온 것 같다. 나 도로 내려가야 될 것 같다고 의논을 했어요. 우리가 생각한 교육 방식도 아니었고, 엄마들 관계에 있어서도 너무 이상한 엄마들이 있었고, 사람들이 너무 말만 번지르르 하지 따뜻한 가슴이 없는 것 같았어요. 우리는 이렇게 기대하고 오지 않았는데. 그렇지만 못 내려갔어요. 내려가면 애들이 혼란스럽지 않을까 해서, 오는 것도 쉬운 결정이 아니었는데 다시 내려가는 것도 우스울 것 같아서. 그래도 그나마 일반 학교보다는 나으니까. (현수 엄마)

이런 상황에서 사람들이 취하는 또 하나의 대처 방식은 아래에서 볼 수 있는 것처럼 자신과 이야기가 통하는 사람들하고만 끼리끼리 어울리는 것이다.

〈99〉

그런 얘기를 우연히 하게 되잖아요. 그러면 서로 방향이 합의가 되는 것이 아니라 같은 방향을 보면서 거의 평행선을 가요. 얘기가 전혀 융화가 안 돼요. 어느 정도 합의를 보려고 하는 것이 아니라 저는 제 주장대로 나가버리고 그 엄마도 그 주장대로 나가버리니까... 결국은 색깔이 다르니까 잘 어울리지 않게 되더라고요. 2학년 올라가서는 거의 어울리는 사람들 끼리끼리 있는 것 같아요. (미소 엄마)

요컨대, 산들초등학교에서는 공동체를 내세워서 교사와 학부모가 다 함께 참여하는 가운데 계절학교를 비롯하여 각종 체험학습활동을 운영했지만 대부분의 교사와 학부모들은 그런 모습을 공동체라고 보지 않았다. 그들이 느끼고 싶어 하고 바라는 공동체는 특정한 행사를 위해서 여러 사람이 다 함께 참여하는 것이 아니라, 일상적으로 편안하게 자신의 이야기를 하고 다른 사람의 이야기를 들을 수 있는 관계였다. 즉 그것은 서로가 상대방을 알 수 있는 관계이다. 그럼에도 불구하고 그들 사이에 그런 관계가 형성되지 못한 이유는 "앞바퀴 교사"나 "쎈사람"들이 자신의 사고를 기준으로 다른 사람을 이끌어가거나 자신의 사고를 다른 사람에게 강요하려고 했기 때문이다. 그런 상황에서 다수의 "뒷바퀴 교사"들이나 "밥퍼아줌마"들은 침묵하고 끼리끼리 어울리거나, 극단적인 경우에는 탈출하게 되었다. "앞바퀴 교사"나 "쎈사람"들이 기존의 일반 학교로부터 떠나왔듯이 말이다. 그러므로 그들은 산들초등학교가 내세우는 공동체는 '행사만을 쫓아다니는 닫힌 공동체'이고, 그것은 진정한 공동체가 아니라고 자신 있게 말할 수 있었던 것이다.

3 불면의 통증

1) 또 다른 소외

나는 이런 상황을 지켜보면서, 그리고 시간이 지날수록 사태가 개선되기보다는 악화되는 것을 보면서 안타까움과 함께 초조함을 느꼈다. 아침 일찍 집을 나서서 산들초등학교를 향해 차를 몰고 가다 보면 마음이 점점 무거워졌다. 산들초등학교에 가서 사람들이 갈등하는 모습을 보고 집에 돌아오면 깊은 잠에 들지 못하고 꿈에 시달려야 했다. 그런 다음 날에는 머리가 맑지 못한 것은 당연했다. 그러고도 산들초등학교에 행사가 있거나 관찰해야 할 일이 있으면 다시 달려가야 했다. '오늘은 달라지겠지.', '적어도 어제보다는 나아지겠지.' 하는 기대 때문이었다.

어쩌다가 사람들이 서로 잘 협력하는 모습을 보면 나도 덩달아 기분이 좋아졌다. 그리고 그 모습이 지속되기를 바랐다. 산들초등학교가 공동체로서 정착되어야 내 논문도 마무리될 수 있다고 믿었기 때문이다. 산들초등학교 사람들이 하루가 멀다 하고 갈등하고 긴장하는 속에서 살아가는 모습을 보면서 산들초등학교는 교육공동체라든지, 산들초등학교 사람들은 이러이러한 과정을 거쳐서 교육공동체를 형성해왔다고 말할 수는 없었기 때문이었다. 그런 기대 속에서 하루하루를 살다 보니 3년이 다 돼갔다.

그러나 아무도 내 기대대로 살아주지 않았다. 내가 한때 기대를 걸고 주 제보자로 삼았던 학부모 역시 마찬가지였다. 나는, 어른이 아이의 눈으로 세상을 바라보고 그것을 그림으로 그려내듯이, 연구자의 눈이 아니라 현지인인 그의 눈으로 산들초등학교가 공동체를 형성해가는 과정을 그려내려고 마음먹었었다. 그리고 그 과정에 내 체험이 아니라 그의 체험을 담아내고 싶었다. 나는 그것이 인류학과 현상학과 교육학이 만날 수 있는 지점이라고 생각했다.

그러나 그는 시간이 지날수록 점점 멀어져 갔다. 그것은 너무도 당연했다. 그들에게 나는 조금 친절하고 조금은 편안하기도 한 연구자일 뿐, 그들이 내가 기대하는 바대로 살아야 하는 것은 아니었다. 그리고 사태는 점점 더 악화되어서 2004년 2월에 이르러서는 당시의 내 기준으로 보았을 때 더 이상 나빠질 수 없을 정도로 나빠졌다. "앞바퀴 교사"들은 조현숙 교사와 송현주 교사와 오미진 교사가 떠난 자리를 자신들과 뜻을 같이 하는 교사들로 충원하려고 준비하고 있었다. 사실 그 준비는 2003년 10월부터 이루어지고 있었다.

2003년 가을에 접어들면서부터 두 "앞바퀴 교사"는 내가 있는 자리에서는 중요한 이야기를 하지 않게 되었고, 나도 그런 낌새를 알아차리고 그런 자리를 피했다. 그런 이야기 가운데 하나가 교사의 충원과 관련된 문제였다. 두 "앞바퀴 교사"는 2001년부터 계속 교사들 간의 의견 불일치와 불화로 인해서 고민을 해야 했다. 그들은 "뒷바퀴 교사"들 가운데 일부가 자꾸 학교가 추진하고 있는 교육활동에 이의를 제기하거나 학교가 지향하는 것과는 다른 방식으로 아이들을 지도함으로써 학교의 교육활동이 원만하게 이루어지지 못하고, 학부모와도 자주 마찰을 빚는다고 생각했다. 그들은 그 문제를 해결하기 위해서 계절학교의 운영방식을 바꾼다거나 교사 연수나 협의를 충실하게 해보기도 했지만 그것도 뜻대로 되지 않았다. 그래서 결국 그들이 택한 길이 그들이 나간 자리를 자신들과 뜻을 같이 하는 교사들로 충원하는 것이다. 그래서 그들은 한편으로는 적당한 교사를 물색했고, 다른 한편으로는 그 교사들이 갈 수 있는 곳을 알아봤다. 물론 "앞바퀴 교사"들이 그 세 교사를 강제로 내보낸 것은 아니지만 갈 수 있는 여지를 만들어준 것은 분명하다.

조현숙 교사는 승진을 위해 산들초등학교에 와서 2002년과 2003년에는 이정호 교사의 양보로 승진에 필요한 점수를 받을 수 있었지만 더 이상 점수를 받는 것은 불가능했다. 그래서 그는 승진에 필요한 점수를 받을 수 있는 학교로 옮겨야 했지만 마땅한 곳이 없어서 전근 여부를 결정하지 못하고 있었다. 그런 상황에서 그들은 그가 갈 수 있는 학교를 물색해서 주선해주었다. "앞바퀴 교사"들에게 있어서도 학부모나 아이들과 자주 마찰을 빚는 그가 학교를 떠나주는 것이 유리하다고 생각했기 때문이다. 송현주 교사의 경우는 2001년에 산들초등학교에 처음 발령받아서 낯선 상황에 적응하는 데 많은 어려움을 겪었다. 특히 일반적인 학교에 비해서 교사의 권위가 학생들에게 거의 먹혀들지 않다시피 하는 교실 상황과, 학부모들의 지나친 열성과 간섭이 그로 하여금 담임을 맡는 것을 꺼리게 만들었다. 그래서 그는 2001년과 2002년 1학기까지 교과 전담을 했고, 2학기에는 진도향 교사가 담임을 내놓은 5학년을 한 학기 동안 맡았다. 그때 5학년이었던 아이의 말에 따르면, 송현주 교사가 5학년 담임을 맡았을 때는 아이들이 너무 말을 안 듣자 그가 아이들 앞에 무릎을 꿇고 사정하기도 했다고 했다.

오미진 교사는 산들초등학교의 유치원에 아이를 보내는 부모들이 교사에게 지나친 요구를 하고, 그 요구에 따르는 자기 책임을 하지 않는 데 대해서 힘들어했다. 현실은 고려하지 않고 자신들이 옳다고 여기는 교육적 이상을 유치원에서 무리하게 실현하려고 하고, 자신들의 그런 생각에 따라서 서로 이합집산하거나 이간하는 산들초등학교 유치원 학부모들의 모습을 보면서 그는 두려움을 느끼고 산들초등학교에 더 이상 근무하는 것을 꺼려했다.

두 "앞바퀴 교사"나 학부모들은 이 세 교사가 아이들의 교육에 열의가 없고 보수적이라고 생각했다. 특히 일반 학교에서 교사중심으로 생활해오던 관행에 젖어서 아이를 중심에 놓고 사고하지 못한다고 보았다. 내가 보기에도 그 점은 얼마간 사실이기도 했다. 조현숙 교사와 오미진 교사는 둘 다 오랫동안 일반적인 학교에서 근무해왔기 때문에 학부모들이 학교 일에 적극적으로 참여하고 때로는 교사가 하는 일까지 하는 산들초등학교의 상황이 낯설고 힘들 수밖에 없었다. 그리고 그것은 신이 아닌 인간인 이상 당연할 수밖에 없었다. 그들이 산들초등학교의 상황을 파악하고 거기에 적응하는 데는 시간이 필요했다. 그래서 나는 특히 송현주 교사를 통해서 초임 교사가 어떤 과정을 거쳐서 중견 교사로 성장해 가는지를 지켜보려고 했었다. 그리고 산들초등학교가 그런 초임 교사나 신임 교사의 적응과 성장을 위해서 어떤 배려와 노력을 하는지 살펴보려고 했다. 내가 보기에 그것은 산들초등학교가 안정적으로 지속되는 데 있어서 아주 중요한 문제였다.

그러나 그들은 그런 노력을 별로 하지 않았고, 할 수 없었다. 거의 한 달에 한 번씩 전 교사가 참여하는 행사를 해야 하고, 앞의 <사례 73>에서 손영애 교사가 말한 것처럼 매주 토요일마다 체험학습을 하기 때문에 체험학습 계획을 세우고 준비하다 보면 일상적인 일에 관심을 가질 겨를이 없었다. 내가 보기에는 그들이 떠나가게 된 데는 산들초등학교의 그런 시스템도 중요한 역할을 했다. 먼저 고쳐야 할 것은 바로 그 시스템이었다. 그래서 나는 2004년 1월에 있었던 교사 연수 자리에 가서 그 점을 지적했다. 내가 보기에 산들초등학교에서 이루어지고 있는 일들은 일반 학교에서 이루어지고 있는 일과 근본적으로 다르지 않다고 말하기도 했다. 그러나 "앞바퀴 교사"들은 내 말의 의미를 심각하게 받아들이지 않았다. "앞바퀴 교사"들은 시스템 대신 사람을 바꾸었다. 앞의 <사례 72>에서 이정호 교사가 말한 것처럼 그들은 자신이 만들어 놓은 시스템의 일부처럼 움직이고 있었다.

나는 그런 모습을 지켜보면서 점점 더 답답함을 느꼈고, 이대로 가다가는 영영 논문을 마치지 못하게 될 것이라고 생각했다. 논문을 쓰고 싶지 않다는 생각도 여러 차례 했다. 산들초등학교의 뒷모습은 겉모습과는 달리 내가 기대한 것으로부터 너무 동떨어져 있기 때문이었다. 뒷모습은 외면하고 겉모습만 이야기하는 것은 나를 기만하는 일이었다. 그러던 중 2004년 2월 19일쯤에 나는 세 교사가 학교를 떠나게 된다는 것을 알게 되었다. 그리고 2월 23일에는 교사 송별회장에 참석했다. 그들이 떠나는 모습을 카메라에 담아두기 위해서였다.

그 자리에는 학부모 대표들도 참석했다. 떠나는 교사들을 송별하는 것이 학부모로서의 도리이고, 공동체적이라고 생각하기 때문이었던 것 같다. 그 자리는 화기애애했다. 보내는 사람들뿐만 아니라 떠나는 교사들의 표정도 밝았다. 조현숙 교사는 승진점수를 받을 수 있는 학교로

가게 됐고, 오미진 교사는 학부모들의 간섭을 받지 않아도 되는 신설 병설 유치원으로 가게 됐고, 송현주 교사는 집에서 가까운 모교로 가게 되었기 때문이다. 나는 그 모습을 보면서 '만일 저 사람들이 원하지 않는 곳으로 가게 되었어도 저처럼 표정이 밝았을까?' 하고 자문했다. 나는 2차 자리까지 따라가서 그들이 나누는 대화를 우울하게 바라보다가 12시가 넘어서 집에 돌아와 자리에 누웠다. 그리곤 설핏 잠이 들었다가 깨어서 컴퓨터 앞에 앉았다. 이정호 교사에게 메일을 보냈다.

〈100〉

불면의 통증

문득 잠이 깬 뒤로 다시 잠들기기 어렵네요. 꿈속에서도 무슨 생각인가에 시달리다가 잠이 깼는데……. 언제부턴가 산들초등학교를 생각하면 가슴이 답답함을 지나서 아파오기 시작했는데 지금 또 그러하네요. 그동안 저는 새로 오시는 선생님에 관한 이야기를 얼핏 듣고 손영애 선생님이 고립무원이 되지 않을까만 걱정했습니다. 오늘 이 선생님 표정을 보니 이 선생님이 더 염려됩니다. 지나치게 움츠러드는 것이 아닌가 하고 말입니다.

꿈속에서 시달렸던 것은 아마도 저녁에 송별회 장에서 내가 했던 말 때문인 것 같습니다. 이 선생님이 송현주 선생에게 낮에는 아이들을 가르치고 밤에는 아이들과 연애를 하라는 말을 하기 바로 전에, 송현주 선생이 저에게 어떤 주에는 회의를 사흘이나 하기도 했다는 말을 했습니다. 자신의 의견이 반영될 가능성이 거의 없는 회의를 말입니다.

낮에 소진된 교사가, 낮에 아이들과 연애할 수 없는 교사가 밤에 연애할 수가 있을지, 낮에 연애할 수 없는 상황을 만들어 놓고 밤에라도 연애하라고 요구하는 것이 적절한가 하는 것이 제 의문이었습니다. 제게는 그 주문이 수준이 서로 다른 학생을 한 학년이라는 이름으로 모아놓고, 다시 수준별로 나누어서 수업을 하라고 요구하는 일과 크게 다르지 않은 것으로 보였습니다. 처음부터 수준이 다른 학생을 다른 학년으로 나누고, 그 학년에 따라서 수업을 하면 따로 수준별 수업을 할 필요가 없지 않을까요. 원래 '학년'이라는 말이 그런 의미라고 생각합니다.

저는 선생님이 학교개혁위원회에서 일을 하면서 이 땅의 선생님들이 밤이 아닌 낮에 아이들과 연애할 수 있는 여건을 만드는 일에 기여할 수 있기를 바랍니다. 교사들의 열정에 호소하기 이전에, 왜 교사들이 낮에 연애할 수 없는지 살피고, 그 원인을 제거하는 일을 먼저 하기 바랍니다. 저는 그 팀이 지금까지의 학교 개혁 정책이 왜 실패했는지를 면밀히 살펴보았는지 궁금합니다. 더 이상 열정이라는 고상한 말로 이 땅의 가여운 선생님들에게 모든 책임을 돌리다시피 하고, 착취하는 일이 없기를 바랍니다.

저는 요즘 개혁의 일상화라는 말을 자주 떠올립니다. 어설프게 연속되는 개혁이 부조리라는 바이러스의 면역력만 더 강화시키는 것 같아서 말입니다. 제 눈에는 요즘 신문 지상에 등장하는 정책들이 인체를 위한 치료제라기보다는 바이러스를 위한 백신처럼 보입니다. 제발 이번만큼은 그런 우를 범하지 않았으면 좋겠습니다. 이 선생님이 이미 그곳에 발을 담그고 있는 동안만이라도.

이야기를 늘어놓다 보니 또 엉뚱한 방향으로 흘러갔네요. 왜 나는 늘 이 선생님을 대할 때마다, 이 땅에 존재하는 수많은 선생님 가운데 하나로서 보지 못하는지 모르겠습니다. 지금은 선생님을 학교개혁위원회의 한 위원으로서 보고 있는 거지요? (2004년 2월 24일 새벽 5시 23분)

나는 이정호 교사가 <사례 22>에서 아이를 중심에 두는 교육을 가능하게 하는 시스템은 교사의 열정이나 도덕성만으로 구현할 수 없다고 한 말을 반복한 셈이었다. 내가 보기에 그들은 기존 학교에서의 소외로부터 벗어나기 위해서 산들초등학교에서 새로운 학교 시스템을 만들었지만, 그 안에서 그들 모두는 또 다시 소외되어야 했다. "뒷바퀴 교사"들은 자신의 의사와 무관하게 살아야 하는 자신과 그처럼 살고 싶지 않은 자신으로 분리되었고, 그처럼 살아가도록 강요하는 "앞바퀴 교사"나 "쎈사람"

들로부터 분리되었고, 자신들에게 저항하는 아이들부터 분리되었다. 이 속에서 그들은 고립감과 무력감과 불안감을 느끼지 않을 수 없었다. 그리고 경우에 따라서는 그 고립감과 무력감이 근무 시간을 엄격하게 지키지 않는 일탈 행위로 나타나기도 했다. 이처럼 분리되고 소외되는 것은 "앞바퀴 교사"나 "센사람"이나 아이들 역시 마찬가지였다. "앞바퀴 교사"는 "뒷바퀴 교사"와 분리되고, 때로는 그들 교사 사이에 그리고 "센사람"과도 갈등을 빚었다. "센사람"들 역시 그들 사이에 갈등하고, "밥펴아줌마"와 갈등하고, 아이들과 갈등했다. 아이들은 대체로 놀이 시간이나 각종 체험학습 활동은 즐겁게 참여하지만 교실에 앉아서 책과 공책을 가지고 공부하는 것은 힘들어했다. 특히 받아쓰기와 같은 반복적이고 기계적인 일은 참기 힘들어했다. 놀이시간과 체험학습 활동이라는 탈출구가 있었기 때문에 그들의 참기 힘듦이 상쇄되기도 하고, 그로 인해서 교실에서의 공부가 더 참기 힘든 일이 되는지도 모르는 일이었다.

그들 사이에 이런 갈등과 소외가 발생하는 것은 원천적으로는 그들이 서로 다르기 때문이다. 처음에 그들은 동일한 교육적 이상을 가지고 산들초등학교를 만들었다고 생각했지만 그 과정에서 산들사람들의 요구는 거의 반영되지 않았다. "앞바퀴 교사"나 "센사람"들은 그들 현실이나 요구를 심각하게 고려하지 않았다. 같은 교육적 이상을 가진 사람들 사이에도 가정의 경제적인 형편이 서로 달랐다. 앞의 <사례 42>가 그 점을 잘 보여준다. 또한 같은 교육적 이상을 가지고 있고, 경제적인 형편이 그 이상에 따라서 교육활동을 하는 것을 허용한다고 해도 아이들의 특성이 모두 달랐다. 어떤 아이는 산으로 들로 돌아다니는 것을 즐겨하지만, 어떤 아이는 차분히 앉아서 책을 보거나 글을 쓰는 것을 즐겨했다. 같은 학년이라고 해도 아이들의 수준이 달랐으며, 학생 수가 많지 않음에도 불구하고 그 차이는 일반 학교 못지않게 컸다.

이처럼 사고와 놓여 있는 상황이 사람마다 다르고 다양함에도 불구하고 산들초등학교는 '참 삶을 가꾸는 작고 아름다운 학교'라는 이름 아래 하나의 시스템으로 다양한 차이를 통합하려고 했다. 그 과정에서 그 시스템에 일치하지 않는 사람은 저항하지 않을 수 없고, 그 시스템을 만들었거나 거기에 동의하는 사람은 저항하는 사람을 억압하거나 배척하게 된다. 그들에게 있어서는 자신들이 만들어 놓은 것, 자신들의 생각이 정답이고, 거기에 동의하지 않는 사람들은 그릇된 생각을 가지고 있는 것이다. 그러나 설령 자신들의 생각이 정답(?)이라고 해도, 그것은 그 생각에 동의하지 않는 사람을 억압하거나 배척하는 타인을 소외시킴으로써 자신마저 소외시키는 것이다.

결국 산들초등학교 사람들 사이의 갈등의 원천은 사람들 사이의 다양한 차이에 있지만, 그 차이는 영원히 제거할 수 없는 것이라는 점을 고려하면, 갈등과 그에 따른 소외의 원인은 앞에서 여러 사람이 지적한 것처럼 상대방의 동의 없이 자신의 사고를 중심으로 다른 사람을 이끌어가거나, 자신의 사고를 다른 사람에게 강요하는 데 있다고 볼 수밖에 없다. 그리고 일부 사람들이 자신의 사고를 중심으로 나머지 사람을 이끌고 가는 그 일에는 공동체와 교육에 관한 상식적인 개념이 전제되어 있다.

2) 꼬뮨으로서의 "공동체"

산들초등학교 사람들이 초기에 가졌던 공동체의 상은 꼬뮨에 가까웠다. 꼬뮨은 집단 내 구성원의 평등을 가장 중요시한다. 평등의 원리가 무너질 때 개인이 소외된다고 보기 때문이다. 따라서 꼬뮨은 대체로 사적 소유를 제한하고, 지도자를 두지 않음으로써 소유나 지위에 따른 불평등이 발생하는 것을 막는다(Poplin, 1979/1985: 174). 물론 산들초등학교 사람들이 초기에 가졌던 공동체의 상은 소유와 지위의 완전한 평등을 추구하는 것은 아니었다. 그렇지만 적어도 지위나 역할에 있어서는 꼬뮨에 가까운 평등을 추구하였고, 그러한 모습은 전입생을 모집하는 과정이나, 학교 운영 방향을 협의하는 과정 외에도 많은 데서 드러났다. 그 전형적인 경우가 다음과 같은 장면이다.

〈101〉

'선생님이 너무 힘들 것이다.', '학부모들이 전적으로 도와야 한다.' 그랬어요. '올라올 수 있는 사람 올라오세요.' 수준이 아니라 '다 올라와라.' 하면 다 올라가서 교실을 다 뒤집어엎고, 먼지 다 뒤집어쓰고 청소를 몇 번이나 했어요. 우리는 입학하기도 전에 다 청소하러 올라가서 몇 날 며칠 청소했잖아요. 그놈의 백과사전은 이 교실에서 저 교실로 갔다가, 교장 선생님이 교장실로 가야 한다고 해서 교장실로 갔다가, 이정호 선생님이 "어, 이거 여기 있으면 안 되는데요. 교육연구자룐데요." 그러면 다시 교무실로 가고 그랬어요. 피아노는 이쪽 반에서, 체험학습관에서, 유치원에서, 다시 체험학습관으로 그렇게 옮겨 다녔어요. 피아노가 좀 무거워요. 기술자가 들어야 하는데 우리가 다 옮겼어요. 그래서 나중에는 "뭐야, 누가 시키는 거야. 누구 말을 들어야 돼. 다 결정되면 말하세요." 그랬어요. 그래도 그거에 대해서 짜증 낸 사람 아무도 없었어요. 그리고 선생님인지 아저씬지 구분이 안 가게 지냈어요. 선생님 복장이 그냥 추리닝 입고 청소하러 와서 더 그랬어요. 그래서 저는 선생님인 줄도 모르고 "아저씨, 아저씨. 선생님들 어디 계세요?" 그랬더니 "식사하러 가셨어요." 그러시는 거예요. "언제쯤 오세요?", "조금 있으면 올 거예요", "아저씨는 식사 안 하세요?", "저는 일찍 먹고 왔습니다." 그랬어요. 가다가 선생님한테 일부러 아저씨라고 하기도 하고. 거의 그 정도였어요. 그런 친근감 속에서 지냈어요. (소담 엄마, 예은 엄마, 유섭 엄마)

위의 장면은 학교가 새롭게 개교하기 전인 2001년 2월 말쯤의 일이다. 학부모와 교사들은 학교를 깨끗하게 정돈하고 새롭게 시작하기 위해서 너, 나, 교사, 학부모 구분하지 않고 다 함께 땀 흘리고 먼지를 뒤집어쓰면서 일을 했고, 서로 격의 없이 지냈다. 그리고 교사들뿐만 아니라 교장 선생님 역시 학부모들과 격의 없이 지냈다.

〈102〉

교장실이 교장실이 아니었어요. 동네 사랑방같이 엄마들이 가는 경우도 있었어요. 우리도 학교에 올라가보면 교장 선생님이 아무나 보고 "일루 들어와, 차 마시고 가." 그랬어요. (소담 엄마)

산들초등학교는 이런 일상적인 장면 외에 공식적인 장면에서도 꼬뮨으로서의 공동체를 지향했다. 학교운영위원회의에 운영위원 외에도 학급 대표나 관심 있는 학부모들이 참석해서 참관하고, 발언하기도 한다거나, 학급당 정원을 20명 이내로 유지하기 위해서 전입생이 올 경우에는 학부모 대표와 교사 대표가 함께 심의해서 입학 여부를 결정하기로 한 것 등이 그 예이다.

산들초등학교가 초기에 이처럼 꼬뮨으로서의 공동체적인 성격을 강하게 가질 수 있었던 것은 산들초등학교가 새롭게 태어나는 과정에서 우연히 나타난 것이라기보다는 앞서 언급한 것처럼 학교를 새롭게 준비하는 사람들이 기존의 학교가 안고 있는 관료주의적 경직성에 따른 폐해를 개선하기 위해서 의도적으로 추구했기 때문이다. 그 점은 학교를 새롭게 만드는 데 주도적으로 참여했던 이정호 교사의 다음과 같은 말에서 더욱 분명히 알 수 있다.

〈103〉

저는 학부모들이 단순한 도우미가 아니라 학교 정책을 만들고 학교 프로그램을 만드는 데 대등하게 서로의 생각들을 드러내놓고 교사와 학교 측하고 대등한 관계에서 협의하고 토론하고 거기서 학교의 중요한 방향이 결정되어야 한다고 보는 쪽이었어요. 그러니까 학교가 공동체가 된다면, 공동체는 우리가 어떻게 살 것인가의 문제를 함께 의논하지 않고 어떻게 살라고 정해져 있는데 거기서 내가 방법적으로 몇 가지를 돕는 것으로 공동체의 가치가 실현될 수 있다고 나는 지금도 믿지 않거든요. 죽이 되건 밥이 되건, 설혹 그 방향이 틀린 것이라고 할지라도 함께 의논하고 함께 결정해야 한다. 나는 그런 생각들이 초기에 되게 강했어요. (이정호 교사)

즉, 산들초등학교는 교사와 학부모가 동등한 위치에서 학교의 각종 사안을 협의하고 결정해서 함께 실행하는 공동체를 꿈꾸었던 것이다. 전입생을 교사와 학부모가 함께 심의한다거나 운영위원회에 일반 학부모도 참관하고 발언하도록 하는 것도 이런 생각으로부터 출발한 것이다. 그리고 그 공동체를 모든 구성원의 평등한 참여라는 방식으로 실현하려고 했던 것은 많은 사람들이 공동체를 다음과 같은 모습으로 그리고 있었기 때문이다.

〈104〉

저희는 공동체 얘기를 옛날부터 많이 했어요. 같이 단체 생활하는 선후배들끼리 우리 빌라 하나 지어서 애들 학원도 보내지 말고 다 같이 모여서 아이들 공부도 시키고 놀러 가고 한 형제처럼 그렇게 살자 그런 얘기를 많이 했었거든요. 니 돈 내 돈 할 것 없이 다 모아가지고 땅 넓은 데다가 집 한 채 크게 짓고 그러고 살자. 그런 걸 공동체라고 생각했거든요. (인숙 엄마)

위 인용문에서 알 수 있는 것처럼 초기에 학교를 새롭게 시작하는 사람들의 사고 속에 있는 공동체는 바로 꼬뮨과 같은 모습이었다. 그런 이유에서 '교육주체들의 평등한 참여'가 강조되었고, 다양한 장면에서 그것을 구현하기 위해 노력했다. 그러나 현실의 다양한 차이 속에서 그것을 실현한다는 것은 불가능했다.

3) 사회화로서의 "교육"

산들초등학교 사람들이 산들초등학교를 새롭게 만들면서 가졌던 또 하나의 공통된 생각은 교육은 어른이 아이에게 또는 아는 사람이 모르는 사람에게 무엇인가 가치 있는 것을 전달하는 활동이라는 것이다. 그 전달은 암기를 통해서 이루어질 수도 있고, 교사의 설명을 통해서 이루어질 수도 있고, 산들초등학교에서 중점을 두고 시행하는 것처럼 체험을 통해서 이루어질 수도 있다. 그렇지만 어느 경우건 그 전달의 내용을 어른이 결정하고, 그것은 항상 어른이 현재 가치 있다고 여기는 것이다. 교육을 이와 같은 일로 생각하는 이상 사람마다 가치 있다고 여기는 것이 다를 수 있으므로, 서로 각자 가치 있다고 생각하는 것을 아이에게 전달하고자 할 경우에는 갈등이 발생할 수밖에 없다. 앞의 <사례 78>과 <사례 79>가 그 예다. 이때 서로는 자신의 생각을 상대에게 관철시키려고 하고, 서로가 자신의 생각을 굽히지 않을 경우에 무엇을 가르칠 것인가는 권력에 의해서 결정될 수밖에 없다. 따라서 그 경우에 이루어지는 것은 조용환(1997)이 지적하는 것처럼 교육이라기보다는 사회화라고 볼 수밖에 없다. 그때의 교육은 폐쇄적으로 이루어질 수밖에 없고, 설령 양자가 그것에 동의한다고 하더라도 그것의 가치는 현재의 구조화된 사회, 즉 결회체를 기반으로 하고 있기 때문이다.

요컨대, 산들초등학교 사람들이 서로 갈등하고 소외되는 것은, 공동체에서는 모든 사람이 동일해야 한다는 생각과, 교육은 각자 가치 있다고 여기는 것을 전달하는 일이라는 생각 때문에 발생한다. 그리고 산들초등학교 사람들이 그 생각을 벗어나지 않는 한 계속 갈등이 발생할 수밖에 없었다.

IV 공동체는 평범한 날들 속에

교사 송별회가 있고 나서 3일 뒤인 2004년 2월 26일에 교사-학부모 간담회가 열렸다. 앞에서 이야기했던 것처럼 나는 거기에 마지막 기대를 걸었지만 그마저 나를 저버렸다. 결국 나는 지금까지 내가 기대해왔던 것, 계획해두었던 것을 모두 포기해야 했다. 더 이상 기다릴 시간이 없었다. 내가 직장을 그만둔 지 5년이 지났고, 퇴직금은 벌써 떨어졌고, 아내와 함께 안팎으로 매달 60만 원씩 받던 BK21의 지원은 2002년 12월로 끊겼으며, 더 이상 빚을 낼 데도 없었다. 더 이상 연구를 진행한다는 것은 무리였다. 살 길은 내가 빨리 졸업해서 취직하는 것밖에 없었다.

나는 논문을 서둘러 마무리하기 위해서 주제와 관점을 수정하기로 했다. 즉 산들초등학교의 공동체가 어떻게 형성되어가는지를 중심으로가 아니라 산들초등학교 사람들이 무엇을 공동체라고 생각하는지를 중심으로 논문을 쓰기로 했다. 그것은 교육인류학의 연구에서 가장 기본적이고 일반적인 접근 방법이었음에도 불구하고 나는 어느 시점부터인가 그동안 모아놓은 자료에 대한 미련과 사고의 관성 때문에 거기에는 생각이 못 미쳤다. 나는 그 일을 하기 위해서 3월 한 달 동안 43명의 교사, 학부모, 지역주민, 학생들과 면담을 했다. 그리고 그 과정에서 앞의 제1장 제3절에서 밝힌 것과 같은 새로운 사실을 알게 되었다.

1 이상이 아니라 사람을

산들초등학교 사람들은 이상에서 살펴본 것처럼 공동체를 지향하는 새로운 학교 시스템 속에서 다양한 활동들을 함께 하는 과정에서 "다 함께"의 의미와 범위를 놓고 다른 사람과 갈등했다. 그 갈등은 번번이 "쎈사람" 또는 "앞바퀴 교사"들이 사전에 정해놓은 결론으로 귀결되고, 그 과정에서 다수의 "밥퍼아줌마"들이나 "뒷바퀴 교사"들은 침묵하고, 끼리끼리 작은 집단을 만들거나 떠나기도 했다. 그런 모습 속에서 산들초등학교 사람들은 공동체로서의 산들초등학교를 의심하게 됐다. 그렇지만 그들은 다른 한편으로 그런 갈등의 과정 속에서 자신의 삶을 되돌아보고, 함께 살아가기 위해서는 어떻게 해야 하는지를 새롭게 모색했다.

1) "열린 마음으로"

앞서 살펴본 것처럼 산들초등학교 사람들은 일부 사람들이 자신의 사고를 중심으로 다른 사람을 이끌어가려고 함으로써 사람들 사이에 갈등이 발생하게 된다는 것을 알았다. 그로 인해서 나머지 사람들은 학교의 여러 활동에 참여하면서도 들러리로 동원된다는 느낌을 가질 수밖에 없었다. 그들은, 그것이 산들초등학교 구성원이 서로 다양하고 각자의 처지나 생각이 다름에도 불구하고 무리하게 평등을 주장하고 요구하기 때문이라는 것을 알게 되었다. 그리하여 그들은 사람들 사이의 다양성을 살리는 가운데 다 함께 참여하는 것이 무엇이며 그것은 어떻게 가능한지를 새롭게 모색하게 되었다. 그것을 일컬어 한 학부모는 '다름을 인정하는 것'이라고 말했다.

〈105〉

도 닦아야죠. 다름을 인정하는 거. 참 어렵거든요. 다름을 인정하고 그것을 흉으로 보지 않는 거죠. 너와 내가 다른 거, 하지만 둘 다 소중하다. 이 세상에는 소중하지 않은 것이 없는 까닭에 너와 내가 다르나 다르지 않다. 소중함에 있어서는 진짜 다르지 않아요. 하지만 너와 내가 다르거든요. 다르지 않다는 것은 인정에서 가는 거예요. 인정과 이해. 그게 되면 공동체는 돼요. 근데 그게 상당히 어려워요. 그것에 대해서 깊이 있게 생각하는 사람들은 된다고 보는데, 대부분의 사람은 그것을 별로 신경 안 쓰고 살거든요. (수민 엄마)

산들초등학교 사람들이 지난 3년 동안 살아오면서 느끼는 가장 근본적인 불편함은 일부 사람이 자신의 생각을 다른 사람에게 강요하거나 자신의 생각과 다른 의견을 차단함으로써 자신의 생각을 다른 사람에게 말할 수 없고, 그로 인해서 서로 긴장과 불안 속에서 살아가야 한다는 점이었다. 사람들은 학교의 행사는 힘을 합해서 치러내지만 그들 사이에는 거리감이 존재하고, 아이들의 문제는 자꾸 덮음으로써 더욱 악화되어 갔다. 이런 문제를 해결하기 위해서는 우선 자신의 생각을 스스럼없이 이야기할 수 있어야 했다. 그들은 그처럼 서로 스스럼없이 이야기를 할 수 있으려면 자신의 생각과는 다른 상대방의 이야기를 들어줄 수 있는 마음의 자세가 필요하다고 보았다. 그들은 그것을 "마음의 빈자리" 또는 "열린 마음"이라고 불렀다.

산들초등학교 사람들은 일부 "쎈사람"들이 자기중심적인 언행들을 일삼고 자신의 관점을 기준 삼아서 다른 사람을 비난할 때 한동안은 무기력하게 그들의 비난을 듣기만 했지만, 그처럼 수동적으로 듣기만 해서는 그런 관계가 지속될 수밖에 없다는 것을 알게 되었다. 그래서 일부 "밥퍼아줌마"들과 "뒷바퀴 교사"들은 그런 언행이 자신을 불편하게 한다는 사실을 이야기함으로써 상대가 자신의 기분을 알 수 있게 했다.

〈106〉

그 당시에는 그 말이 충격적이지 않았는데 나중에 생각해보니까 그게 되게 충격적인 거예요. 그런 식으로 나중에 기분 나쁘고 이래서 그냥 얘기 안 하고 그런 적이 있었는데 요즘은 성격이 바뀌어서 기분 나쁘면 그 자리에서 얘기해요. 제가 참고 말 안 하는 게 잘못된 행동이라는 생각이 들어서 내 의사표현을 확실하게 해야겠구나, 당신이 이렇게 얘기해서 나는 기분 나쁘다 이렇게 얘기하는 것이 뒤끝도 없고 그 사람도 나를 이해하는 데 도움이 되지 않을까 생각이 들어서 그냥 저도 하고 싶은 말 있으면 그 사람한테 당신이 이렇게 얘기해서 나는 이런 기분이다. 이렇게 얘기를 하게 돼요. 그러니까 기분이 좋더라고요. (진우 엄마)

그리고 이와 함께 그들은 산들초등학교 아이들이나 어른들 사이의 관계와 관련해서 많은 사람들이 공통적으로 느끼고 있는 문제를 일부 사람들이 무시하거나 덮어버림으로써 문제가 더욱 악화된다는 사실을 알고, 그 점을 공개적인 자리에서 논의해야 할 필요를 느끼게 되었다. 만일 문제를 계속 덮어둘 경우에는 사람들 사이에 이야기가 개별적으로 오고감으로써 서로에 대한 음성적인 비난으로 확산되기 때문이다. 아래는 그와 관련된 한 학부모의 말이다.

〈107〉

드러내놓고 얘기하는 게 참 중요하다고 생각해요. 뒤에서 얘기하고 이러는 거는 결국은 비난이 되거든요. 그게 다른 사람한테 옮겨지면 다른 사람한테까지 말을 옮겼다고 비난이 또 오거든요. 이중삼중의 비난이 계속될 수 있는 거지요. 문제들을 까놓고 드러내서 얘기하다 보면 자신도 그 부분에 대해서 다시 생각하게 되지요. 듣는 사람들도 이거는 같이 얘기해보려고 하는 거니까 여기서는 너무 감정적으로 받아들이지 말아야 되겠다는 생각도 드는 것 같고. 그래서 저는 건강한 토론문화를 만들어가는 게 공동체성을 만들어나가는 데 가장 중요하다고 봐요. 저희 세대가 거기에 익숙하지는 않지만 거칠게라도 만들어나가야 한다고 봐요. (경화 엄마)

그런데 많은 사람들이 드러내서 말하고 싶어 함에도 불구하고 그 일은 쉽지 않았다. 과거의 경험 속에서 자신의 진심을 드러냈을 때 또 다시 다른 누군가에 의해서 무참히 짓밟힐 것이 두려웠기 때문이다. 또한 "앞바퀴 교사"들의 경우에는 학부모와 마주 앉아서 학교의 각종 문제점을 드러내서 말할 경우에 자신들이 그 사태를 감당하기가 어렵거니와, 그렇게 할 경우에 자신들이 지금까지 해온 내용에 대하여 부정적인 시각을 가지고 있는 "뒷바퀴 교사"들에게 정당성을 확보해주게 될 것을 우려했다. 이런 우려에 대해서 양현철 교장은 다음과 같이 말했다.

〈108〉

다양한 사람이 살아가는 데 충돌은 있을 수 있는 문제 아녀. 정답은 그거지 뭐. 어떻게 하면 서로를 이해할 수 있는가. 그 사람이 이렇다고 얘기하는데 너 내려가라 하는 것보다는 설득하고 품어서 더불어 사는 학교를 만드는 게 바람직할 것 같어. 그런데 그게 현실적으로 어렵지. 다른 목소리를 내면서 어울려 살아간다는 것은. 겉으로는 그렇게 하는데 마음속에도 그럴까? 그렇지만 노력을 해야겠지. 이해시키고, 이해하려고 듣고, 서로 관계를 그렇게 맺고. 그런 것들이 이루어지려면 학교하고 학부모 관계에서는 첫째 신뢰라고 봐. 교장이 학부모를 신뢰하면 어떤 소리가 나와도 괜찮은데, 그렇지 않으면 눈엣가시 같은 놈이니까 갔으면 좋겠다든지 여러 가지 생각이 있겠지. (양현철 교장)

즉, 다양한 사람이 함께 살아가노라면 충돌이 발생할 수밖에 없고, 그런 문제를 해결하기 위해서는 어렵기는 하지만 서로를 이해하려고 노력할 필요가 있다는 것이다. 그리고 서로 이해하는 관계가 맺어지기 위해서는 서로를 신뢰할 필요가 있다는 것이다. 그러나 이미 서로를 신뢰하지 못하는 상황에서 일방적으로 신뢰하라고 요구하는 것은 무리였다. 이에 대해서 한 학부모는 학부모들의 얘기를 들어줄 수 있는 빈자리를 보여주는 것이 필요하다고 말했다. 그 학부모는 다음과 같이 말했다.

〈109〉

저희들이 선생님의 권한을 침범하거나 교육관을 바꾸기를 원하지는 않거든요. 단지 그 과정에 같이 참여하는데 솔직한 과정으로 참여하자는 거지요. 아이들을 중간에 두고 만나는 관계인데 부모가 선생님에 대해서 알고, 선생님 부모에 대해서 많이 알아야 한다고 생각해요. 반영이 다 된다고 보지는 않아요. 편히 받아줄 수 있고, 얘기를 스스럼없이 들어줄 수 있는 분위기를 만들면 좋겠어요. 얘기를 들어줄 수 있는 빈자리를 보여주기만 해도 저희들은 신뢰가 더 간다 이 얘기지요. 그런 쪽으로 공동체가 편안하고 솔직한 자리가 되면 어떨까 생각해요. 행사만을 쫓아다니는 공동체가 아니라. (연하 엄마)

학부모들은 자신이 원하는 대로 교사의 교육관을 바꾸기를 원하는 것이 아니라 아이들을 위한 교육의 과정에 관하여 서로 이야기를 주고받을 수 있고, 들을 수 있기를 원했다. 그리고 이러한 지적은 교사에 대한 것이기만 한 것이 아니라 학부모들 사이에도 마찬가지였다. 다른 학부모는 그것을 열린 마음이라고 했다. 서로 다른 상황에서 자라왔기 때문에 자신의 말이 상대에게 어떻게 받아들여질지 고려해야 하고, 다른 사람의 말을 열린 마음으로 받아주는 것이 필요하다는 것이다. 다음은 그 학부모의 말이다.

〈110〉

내가 이런 이야기를 저 사람한테 할 때 저 사람이 어떤 감정으로 받아들일까 (생각해보는 것이 필요해요). 아예 엄마 배 속에서 태어난 가족 같은 경우에는 그것도 다 승화가 되지요. 근데 우리는 다른 환경 속에서 자라왔기 때문에 필요한 부분이라고 봐요. 내 마음속에 나만이 갖고 있는 고유한 생각은 있으면서도 열린 마음으로 받아주는 게 필요한 거지요. 그게 다름을 인정하는 방법이라고 생각하거든요. 나한테 해를 끼친다면 불편한 거지만. 그럴 땐 얘기 해줘야지요. '그렇게 행동하면 내가 불편해. 내가 힘들어져.' (하고 말이에요.) (수민 엄마)

위에서 알 수 있는 것처럼 그가 말하는 열린 마음으로 받아준다는 것은 내 생각을 포기하고 상대의 생각을 전적으로 따르는 것이 아니라, 자신의 고유한 생각을 유지하는 가운데 다른 사람의 생각을 받아들이는 것이다. 그것이 어떻게 하는 것인지는 막연하기는 하지만 그들은 그와 관련하여 다른 학부모나 교사들은 같은 점에 주목하는 것, 상대를 단정 짓지 않는 것, 내 생각을 상대에게 강요하지 않는 것, 상대 언행의 이면을 보는 것 등을 이야기했다.

상대의 이야기를 열린 마음으로 받아주는 첫째 방안은 상대와 나 사이의 같은 점에 주목하는 것이다. 산들초등학교에는 서로 다른 사람들이 어쩔 수 없는 조건에 의해서 같이 모여 살고 무엇인가를 함께 해야 하기 때문에 다른 점에 주목할 경우에는 갈등이 발생하고, 그로 인해서 함께 해야 하는 일들을 하지 못하게 된다. 따라서 산들초등학교는 교사와 학부모 그리고 아이들 모두의 삶에 적어도 긍정적인 의미를 갖는 면이 있으므로 그런 면이 있다는 점에 주목하고 상대의 이야기를 들어야 한다. 그렇게 할 경우에 비록 상대의 이야기가 나와 다르더라도 그 말을 여유롭게 받아들일 수 있다는 것이다.

〈111〉

같이 사는 데는 너 이것 때문에 다르잖아라고 척을 져서 까내는 것보다는 이거는 너하고 나하고 비슷한 거야, 그 점에서만 맞추자 다른 것은 굳이 맞추려고 애쓰지 말자 이런 얘기거든요. 그것은 교사에게도 해당되고 학부모 개인에게도 해당되고 아이들에게도 해당될 거 같애요. 여기가 그래도 자기 삶에서 긍정적으로 느껴지는 곳 내지는 최소한 아이들 교육에 도움이 되는 곳이라고 생각했을 때는 모여 살 수 밖에 없는 객관적인 조건들이 있고, 같이 부딪힐 수밖에 없는 상황들이 끊임없이 만들어지기 때문에 싫든 좋든 같이 살아야 된다는 거거든요. 그런 면에서 볼 때는 같이 살 사람들에 대해서 너는 이거가 나하고 다르니까 척지고 그러는 것보다는 그래도 최소한 우리는 이거는 합의가 되었으니까 그나마 고마워하자. 이런 정도의 합의만 되면 나머지 문제는 여유로워질 수 있지 않을까 싶어요. (범수 엄마)

둘째는 상대가 하는 말을 자신의 기준으로 단정 짓지 않는 것이다. 앞의 <사례 86>에서 보았던 것처럼 다른 사람의 말을 자신의 기준으로 판단할 경우에 상대는 대상화되는 느낌을 받게 되고, 자신의 이야기가 받아들여지지 않는다고 생각하게 된다. 그리고 아래의 예에서 알 수 있는 것처럼 다른 사람을 비교육적이다 또는 비공동체적이다라고 단정 지을 경우 자신의 교육관 또는 자신의 공동체관을 절대화함으로써 상대와는 더 이상의 대화가 불가능해진다.

〈112〉

다른 의견을 가질 수 있잖아요. 상대 의견이 비교육적이라고 함부로 말하는 것은 안 된다고 생각해요. 그 사람도 나름대로의 교육적 관점을 가지고 얘기했는데 비교육적이고 비공동체적이라고 단언하는 것은 싫거든요. 어떤 사람에 대해서 어떻다고 얘기할 때 단언하지 않는 것이 좋다고 생각해요. 단언하기 시작하면 더 이상 이야기가 안 풀리니까. (미진 엄마)

차량반 대표를 했던 한 학부모는 자신이 학부모들을 섣불리 판단한 점에 대해서 스스로의 잘못을 다음과 같이 시인했다. 앞서 언급한 것처럼 2003년 1학기에 통학버스가 자주 고장을 일으키자 학부모뿐만 아니라 교사들은 혹시나 대형 사고로 이어지지 않을까 하고 우려의 눈길을 보냈다. 그러자 차량반 대표들은 차량 기사로 하여금 새 차로 교체하도록 요구하고, 교체하는 데 필요한 돈은 차량반 학부모들이 차량비를 선납해서 지원하기로 했다. 차량반 대표들은 다른 학부모들 역시 그런 결정에 흔쾌히 동의하고 따라줄 것으로 예상했지만 일부 학부모들은 차량 기사의 자질을 의심하고 교체를 염두에 두고 있었기 때문에 그것에 동의하지 않았다. 그러자 차량반 대표들은 그 사람들이 비공동체적이라고 비난했다. 그러나 이후에 차량반 대표들은 자신이 상대의 일면만 보고 평가한 점이 잘못되었다는 것을 알게 되었다.

〈113〉

우리가 작년에 한계에 빠졌던 것이 우리가 차량반 하면서 만난 사람들, 차량반 하면서 나눴던 그 대화들에서 인간평가를 다 해버렸거든요. 그 외의 다른 부분을 못 봤어요. 단점을 너무 강하게 봤기 때문에 이 사람이 뭘 할 때의 장점이 뭔지를 사실 안 봤어요. 저는 아직 4년을 더 다닐 거잖아요. 그래서 다른 학부모들을 볼 여유가 더 많구요. 그리고 차량반이 아닌 다른 일도 하잖아요. 5학년 때는 반대표도 하게 될 거거든요. 길게 보고 그냥 바라봐주고 그러는 거. 포기라기보다는 변화시키려고 집요하게 노력하는 게 아니라 웬만한 것은 시간이 지나면 알게 모르게 해결되고 좋은 방향으로 가지거든요. 그런 것들을 지켜보고 음미하면 될 것 같아요. (인숙 엄마)

셋째는 내 주장을 상대에게 강요하지 않는 것이다. 앞의 <사례 78>에서 볼 수 있는 것처럼 설령 자신이 교육적으로 가치 있다고 생각하는 행위라고 할지라도, 상대가 그것의 가치를 인정하거나 받아들일 준비가 되지 않은 상태에서 상대에게 강요할 경우에 상대는 거부감을 느끼고 거리감을 느낄 수밖에 없다. 또 아래의 말에서 알 수 있는 것처럼 자신의 주장을 상대에게 강요하는 순간 상대를 억누르게 되고, 그것을 결국은 상대의 존재 자체를 인정하지 않는 셈이 된다. 앞의 <사례 86>에서 소담 엄마가 자신이 대상화되는 느낌을 받는 것 역시 이것을 의미한다고 볼 수 있다. 그래서 한 학부모는 다음과 같이 말했다.

〈114〉

내 거를 고집하지 않는 거, 내 거는 있으되 고집하지 않는 거가 필요해요. 내 거를 너무 고집하다 보면 마음속에서 상대를 자꾸 눌러버리고 싶거든요. 그러면 그 사람은 없어지는 거예요. 목소리 큰 사람만 남아 있는 거고. 그게 다름을 인정하는 방법인 것 같아요. (수민 엄마)

나와 다른 견해를 가진 상대의 말을 열린 마음으로 받아주는 넷째 길은 그 사람 말의 이면을 들여다보는 것이다. 이면을 들여다본다는 것은 여러 가지를 의미한다. 그 사람의 말이 아닌 행동을 살펴본다거나, 그 사람이 그 말을 통해서 정작 전하고 싶어 하는 것이 무엇인지 생각해본다거나, 상대가 그렇게 말하고 행동할 수밖에 없는 이유가 무엇인지 살펴보는 것이다. 아래의 경우는 "앞바퀴 교사"인 이정호 교사가 "뒷바퀴 교사"인 오상두 교사에 대해 자신의 인식이 변화하게 되는 계기를 설명하는 내용이다. 오상두 교사는 2003년에 산들초등학교에 전입해 왔고, 전입해 오기 전에 산들초등학교에 대하여 많은 기대를 하고 있었다.

그러나 막상 학교에 왔을 때 아이들의 무절제한 모습과 학부모들이 교사의 교육활동에 대하여 지나치게 개입하는 모습을 보면서 많은 실망감을 표시했다. 그러면서도 그는 아이들과 1년 동안 생활하면서 무절제한 모습을 많이 사라지게 했다. 이정호 교사는 오상두 교사의 그런 모습을 보면서 그에 대한 자신의 시각을 바꿨다.

〈115〉

오상두 선생에 대해서 내가 풀어지는 계기가 있었어요. 2학기 때 내내 보니까 이 친구가 아무리 말로는 애들이 어쩌고 학부모가 문제라고 해도 학부모 관계나 아이들 관계를 잘하는 거야. 말로는 "우리 학교 학부모들은 전부 장학사야. 산들초등학교가 교육을 한다고 하면서 애들을 봐요. 이게 교육이에요?" 그렇게 해도 정작 학부모와 아이들 속에서 굉장히 열정적이고 유능해 보인다는 생각을 자꾸 하게 됐어요. 그렇게 되니까 그 사람이 말하는 표면만 보고 따져서는 안 되겠다는 생각을 가지고 있다가, 지난 1월에 연수에 가서 3박 4일 동안 같이 먹고 자면서 정서적인 교감이 나눠진 것 같아요. (이정호 교사)

다른 사람의 말의 이면을 살펴보는 다른 한 가지는 상대의 말을 축어적으로 받아들이기보다는 그 말을 통해서 상대가 전하고 싶어 하는 것이 무엇인지를 헤아리는 것이다. 달리 말하면 그것은 그 말의 배경을 생각해보는 것이기도 하고, 그 사람의 심리나 정서 상태를 살펴보는 것이기도 하다. 이정호 교사는 그 점을 다음과 같이 말한다.

〈116〉

이해한다는 것은 그 사람 말의 배경을 생각하고 얘기를 들어주는 거지요. 왜 이런 말이 나왔을까 배경을 생각하고, 다독거려주고, 술 자주 먹고, 쪽지나 전화나 이런 것을 자주하고 이런 과정을 통해서 저절로 나는 되던데. 형상화된 언어를 의미 개념으로 이해하는 게 아니라 그 사람의 심리적 상태를 '왜 이런 말을 하게 될까', '그 언저리에는 뭐가 있을까', '뭐가 불만이었을까' 이런 것을 생각하는 거지. 내가 논리로 들어야 될 말과 감정의 연장선에서 억지로 논리화한 말을 구분할 수 있게 되었다는 거지. (이정호 교사)

또한 상대가 자신이 용납할 수 없는 행위를 할 경우에 그 행위가 틀렸다거나 잘못되었다고 말하기 이전에 그 사람이 그렇게 행동할 수밖에 없는 정황을 아는 것도 말이나 행위의 이면을 살펴보는 것이다. 한 학부모는, 일부 학부모들이 학교에서 학생의 정원을 20명 이내로 유지하겠다고 약속했다가 학생 수가 점차 늘어나는 것에 대하여 아무런 설명이나 협의가 없는 것에 대하여 비판하자, 교사들이 왜 그럴 수밖에 없는지를 살펴볼 필요가 있음을 제안했다. 아래는 그 내용이다.

〈117〉

일부 학부모들이 초기에 학교에서 아이들을 모으면서 했던 약속들을 왜 지키지 않느냐고 묻잖아요. 물론 그 시각도 옳을 수 있지만 그렇게 가지 못하는 이유에 대해서도 좀 생각해봤으면 좋겠어요. 단순히 옛날에 했던 방식 관료적인 체제로 회귀하려고 그랬는지, 만약 그렇게 본다면 왜 그랬는지 하는 것들을 짚어봤으면 좋겠다는 거지요. 왜 약속을 지키지 않냐보다 왜 약속을 지킬 수 없게 되었는가라는 부분에 주목을 했으면 좋겠어요. 그러면 사람이 보일 거라고 생각하거든요. 우리가 추구하는 이상이 보이는 것이 아니라 그 일을 만들어가는 사람들 개별 개별의 입장들이나 모습들이나 얼굴들이 보일 거라고 생각해요. 그것이 드러나야 사람에 대한 온전한 이해가 가능할 거라고 보거든요. 그러면 나는 떼 안 쓸 것 같아요. 공감하고 힘을 실어줄 것 같아요. 그런 부분에 대해서. 아 그런 어려움이 있을 수 있겠구나. 몰랐다. 한 번 그럼 같이 해보자. (범수 엄마)

다섯째는, 나와 다른 견해도 그 나름대로 타당성이 있을 수 있다고 인정하는 것도 열린 마음으로 상대의 말을 받아들이는 것이다. 앞서 살펴본 것처럼 차량반 대표들은 차량 기사가 새 차를 살 수 있게 지원해주는 것은 서로 돕는 행위이고, 그것은 궁극적으로 아이들을 위하는 일이기 때문에 누구도 반대하지 않으리라고 생각했다. 그것을 반대하는 사람은 비공동체적이라고 생각했다. 그러나 반대하는 사람들 역시 아이들을 위하려고 했다. 그들은 사고가 발생함으로써 아이들이 모두 본래의 학구로 환원될 경우 그것이야말로 아이를 위하는 일이 아니라고 보았던 것이다. 차량반 대표들은 처음에 이러한 입장을 전혀 받아들이지 못하다가 나중에는 그러한 입장도 타당성이 있다는 점을 인정하게 되었다. 아래는 그와 관련된 내용이다.

〈118〉

다르다는 것이 일을 추진하는 데는 충격이었는데 좀 더 넓은 마음으로 보면 그때 무슨 일이 있었겠지, 그럴만한 사정이 있었겠지, 그 엄마 생각에는 그럴 수밖에 없었겠지, 지금까지 살아온 색깔이 그랬기 때문에 그럴 수밖에 없었겠지 하는 생각이 들더라고요. 처음에 새 차를 사자고 할 때는 100프로 참여할 거라고 확실하게 생각했거든요. 그분들은 그 나름의 주장이 있거든요. 그것을 인정하는 게 함께 가는 길이라고 생각하고. (지연 엄마)

이상에서 살펴본 것처럼 산들초등학교 사람들은 함께 어울려 살아가기 위해서는 각자의 생각을 드러낼 수 있어야 하고, 그러기 위해서는 서로 마음이 열려 있어야 한다고 생각했다. 그리고 마음이 열려 있다는 것은 한편으로는 상대와 나 사이의 공통점에 주목하고 다른 한편으로는 내 생각을 기준으로 상대를 섣불리 평가하거나 내 기준을 상대에게 강요하지 않는 대신, 상대 언행의 이면을 살펴보는 것이다. 그것은 그 사람 말보다는 행동을 주목해서 보는 것일 수도 있고, 그 사람이 말에 담아서 전달하고자 하는 것이 무엇인지를 생각해보는 것일 수도 있고, 그 사람이 그렇게 말하거나 행동할 수밖에 없는 이유가 무엇인지 살펴보고 그 주장의 타당성을 인정하는 것일 수도 있다.

그런데 이러한 과정은 일방적인 것이 아니라 상호적인 것이다. 내가 상대를 열린 마음으로 대할 수 있기 위해서는 적어도 상대가 왜 그렇게 말하고 행동하는지를 스스로 보이거나 말할 수 있어야 한다. 나 또한 상대에게 내 생각이나 기분을 표현할 수 있어야 한다. 그래서 산들초등학교 사람들은 상대에게 자신의 의사나 기분을 표현해야 한다고 생각한다. 그리고 그런 과정을 통해서 서로 변화해 나간다고 생각한다. 아래는 그와 관련된 한 학부모와 교사의 말이다.

〈119〉

성격이 직설적인 사람이 많잖아요. 처음에는 당황스럽고 힘들지만 그 사람이 원래 직설적이구나, 나한테 나쁜 마음이 있어서 그런 게 아니구나 생각하고, 그 사람 때문에 상처 받았을 때 나 이렇게 해서 기분 나빴다고 얘기하고, 그 사람도 자기가 그렇게 얘기하면 힘들어하는구나 하는 것을 알고 조절해가는 그런 게 이해하는 것이 아닐까 생각해요. 서로의 마음을 조절해가는 것, 그러니까 조금씩 변해가는 거지요. (진우 엄마)

〈120〉

산들에서 한 가지 또 배운 것은 톤을 올리지 않으면서 제 말을 하는 것을 연습했다고 할까요. 처음에는 말을 하다가, 입을 닫다가, 그 다음에 부딪히지 않으면서 한 마디씩 던지는 것들이 어느 날 보면 저 사람들이 그런 것들을 들었구나라는 게 느껴질 때가 있더라고요. (손영애 교사)

이러한 과정을 통해서 서로 다른 사람들이 서로가 하나임을 느껴간다. 상대가 비록 나와 다르게 말하고 행동하지만 내가 그 사람의 입장이 되어, 보고 느끼고 행동하려고 노력하는 과정에서 상대와 공감하게 된다. 그처럼 공감하기 위해서는 내 마음이 열려 있어야 하고, 열려 있다는 것은 지금까지 살펴본 것처럼 상대의 언행의 이면을 들여다보고, 상대가 나를 볼 수 있게 나를 드러내는 것이다. 그렇게 했을 때 서로 변화해가고 마침내 공감할 수 있게 된다. 한 학부모는 그 점을 다음과 같이 말한다.

〈121〉

사람이 사람을 이해한다는 것은 쉽지 않다고 생각해요. 가장 편한 말이 이해한다는 말일 것 같아요. '나는 당신 이해해. 그렇지만 나는 아니야.' 이렇게 얘기가 전개되는 것처럼요. 저는 이해한다는 말보다 공감한다는 말을 좋아하고, 제 나름대로 그렇게 되려고 해요. 제가 그 사람의 입장에서 사물이나 관계를 되짚어서 똑같이 느끼려고 하는 것, 내가 지금 '저 사람의 입장이라면 이렇게 느낄 수도 있을 거야.', '그래, 이렇게 느꼈을 때 어떻게 해야 되지?' 그런 것들을 끊임없이 서로가 (생각해보는 거지요). 그런데 사실 얘기하지 않으면 모르거든요. 그것들을 계속적으로 얘기하려면 사람들에 대해서 마음이 열려 있어야 되구요. 그게 나와 같은 생각을 가진 사람이건 다른 생각을 가진 사람이건. 그런 열려 있는 마음이 우선적으로 되고, 그 열려 있는 마음속에서 상대방의 마음에 들어가서 같은 수준에서 같은 느낌으로 바라보려고 하는 게 참 중요하다고 봐요. 그런다면 우선 내 이기심을 좀 죽일 수도 있잖아요. 그러면서 비슷하게 바라봤던 부분을 서로 합의해나갈 수 있고. (경화 엄마)

이상의 이야기를 정리하면, 산들초등학교 사람들은 서로 다른 생각을 가지고 함께 살아가기 위해서는 우선 각자의 생각을 부담 없이 서로에게 이야기할 수 있어야 하고, 그러기 위해서는 모두에게 열린 마음이 필요하며, 열린 마음으로 상대를 대하게 되면 그 과정에서 서로 변화하고 공감하게 된다고 본다. 그리고 이러한 태도와 관계는 산들초등학교가 야심차게 추진하고 있는 각종 체험학습 활동을 예정된 절차에 따라서 진행하는 장면에서가 아니라 일상의 일을 함께 해나가는 장면에서 발휘되고 발견된다.

이러한 사실은 앞의 제1장 제2절에서 살펴보았던 과제, 즉 서로 다른 사람이 서로를 긍정하거나 이해함으로써 비분업적인 방식으로 통합된다는 것이 무엇을 의미하는지를 알 수 있게 해준다. 산들초등학교 사람들의 말과 그들이 살아가는 모습에 따르면 서로를 이해한다는 것은 열린 마음으로 상대방 언행의 이면을 들여다보는 것이다. 즉, 상대를 내 기준으로 판단하고 내 기준에 따라서 변화시키려고 하는 것이 아니라, 상대의 관점으로 또는 상대가 놓인 상황에서 사태를 바라보는 것이다. 그렇게 했을 때 서로는 상대로 인해서 새로운 것을 배우고 변화해간다. 그로 인해서 서로 공감하고, 상대를 자신으로 인식하며 책임감을 느끼기도 한다. 그 점에서 서로를 이해하는 일은 서로에 의해서 교육하는 일이며, 새로운 자신을 함께 형성해 나아가는 일이다. 한편, 이해는 일방적으로 이루어지는 것이 아니라 상호 간에 이루어지며, 그 일이 잘 이루어지려면 서로가 자신을 상대에게 드러내 보여야 한다. 즉 이해는 반드시 상대가 존재하고, 그 상대가 자신의 처지나 관점 등을 드러내 보일 때 가능하다는 점에서 표현과 짝이다. 표현이 없이는 이해가 불가능하고, 이해가 따르지 않는 표현은 표현이 아닌 것이다.

이러한 이해는 대규모로 구조화된 현대 사회에서 소외된 채로 살아가는 현대인들이 안고 있는 과제를 해결할 수 있는 실마리가 될 수 있다. 지금까지 공동체를 추구해온 대부분의 사람들은 대규모로 조직화되고 구조화된 현대 사회에서 사람들이 소외된 채로 살아가는 것은 그들 사이의 차이로 인해서 분리되었기 때문이라고 생각했다. 따라서 소외의 문제를 해결하기 위해서는 그 차이를 제거하거나 교육에 의해서 동질성을 내면화해야 한다고 믿었다. 그러나 최근 들어서는 그것이 불가능하다는 것을 알게 되었고, 그에 대한 대안으로 차이의 공동체를 제안하고 있다. 그러나 차이의 공동체에서 말하는 똘레랑스(tolerance), 즉 서로의 다름을 인정하고 수용하는 것만으로는 서로 다른 타인이 통합될 수 없다. 그러나 산들초등학교의 사례를 통해서 드러난 이해는 서로 다른 타인들을 교육적인 관계로 맺어주고, 그로 인해서 비분업적인 방식으로 통합되게 한다. 그것은 서로 다른 사람들이 그들 사이의 차이를 제거하거나, 분업적으로 관계를 맺지 않고도 통합되어 살아갈 수 있음을 의미한다.

2) "각자에게 주어진 삶을 잘 사는 것"

산들초등학교 사람들이 앞에서 살펴본 것처럼 열린 마음으로 서로를 대해야 한다고 생각하는 이유는 서로가 다르기 때문이기도 하지만, 그 이전에 그들이 서로 만나지 않을 수 없기 때문이고, 그들이 서로 만나지 않을 수 없는 것은 그들이 함께 해야 하는 일이 있기 때문이다. 그들이 함께 하는 일은 좁게는 계절학교와 같은 학교의 행사를 가리키기도 하지만, 일반적으로는 아이를 기르고 가르치는 일을 모두 포함한다고 볼 수 있다. 그리고 그 일은 그들로 하여금 서로 만나게 하기도 하지만, 그들로 하여금 서로를 인정하고 이해하는 관계를 맺게 하기도 한다. 즉 그들이 새로운 관계로 만나는 데도 역시 무엇인가의 매개가 요구되는 것이다. 물론 이때도 매개가 되는 것은 일이지만, 이때의 일은 종전의 일과는 성격이 다르다. 아래는 그에 관한 한 교사의 말이다.

〈122〉

선생님들이 부정적인 모습을 보여도 감싸 안고 도와주려고 한다는 거지요. 그 사람을 평가하고 그런 분위기가 아니에요. 그런 부분을 좀 더 강화시키는 방식은, 인위적으로 연수를 강화하고 그런 것이 아니라, 일을 통해서 커뮤니티를 만들어내는 방식으로 가면 된다고 생각해요. 수업 토론도 그렇고, 앞으로 한 달에 한 번씩 선생님들이 돌아가면서 내가 생각하는 학급 경영, 나의 교육철학, 내 속에 있는 교육에 대한 생각들 학급 운영에 관한 모든 생각들을 발제해서 이야기하기로 했어요. (이정호 교사)

즉, 교사들은 계절학교와 같은 행사나 별도의 연수를 통해서 서로를 열린 마음으로 대하도록 하는 것이 아니라, 수업과 같이 교사들이 일상적으로 하는 일들에 관하여 함께 이야기를 나누는 과정에서 그러한 관계를 형성하도록 한다는 것이다. 그 점은 교사뿐만 아니라 학부모들 역시 마찬가지이다. 교사와 학부모 모두 각자에게 주어진 일을 충실히 하는 가운데, 누구나 쉽게 할 수 있는 사소한 것부터 각자의 형편에 따라서 할 수 있는 만큼 하는 것이 필요하다고 말한다. 그리고 그러한 과정에서 서로 이해하는 관계가 형성된다고 말한다. 그 점을 좀 더 자세히 살펴보면 아래와 같다.

산들초등학교 학부모들은 그동안 다 함께 참여해야 한다는 생각에서 학교의 각종 행사뿐만 아니라 교사의 일상적인 교육활동에 관해서도 의견을 제시하고, 교사가 자신의 교육관과 다르게 지도할 때는 산들초등학교의 교육관과는 맞지 않는 사람이라고 말하거나, 교사의 허락도 없이 임의로 교실 환경을 바꾸기도 했다. 그 결과 교사들은 위축되고 <사례 34>에서 볼 수 있는 것처럼 아이들이 잘못을 범해도 지적하지 않으며, 그 결과는 <사례 35>에서처럼 아이들의 지나친 반항으로까지 이어졌다. 그리고 교사들이 자주 바뀜으로 인해서 학교도 안정성을 잃게 되었다. 그것은 결국 아이들의 혼란으로 이어지게 되었다. 따라서 학부모들은 아래와 같이 교사의 영역과 학부모의 영역을 구분할 필요가 있음을 알게 되었다.

〈123〉

우리 학부모들이 경계해야 될 부분 중 하나가 그런 거라고 생각해요. 공동체지만, 부부도 서로 다 알지만 각자 고유하게 자기가 싸안고 가야 되는 부분이 있다고 봐요. 관여까지 안 하더라도 그 부분까지 다 알려고 하는 부분들이 오히려 서로 힘들게 하지 않나 하는 생각이 들거든요. (윤미 엄마)

〈124〉

아이 일은 아이에게 맡겨라, 교사 일은 교사에게 맡겨라. 이게 굉장히 중요하다고 생각하거든요. 학부모회가 선생님들이 하시는 일과 아이들에게 도움 주기 위해서 하는 것이지 우리 일을 만들기 위해서 하는 것은 아니라고 보거든요. 참여를 하건, 사업 계획을 세울 때 선생님이 하는 일의 보조나 따까리가 됐건 선생님이 편하고 학교 일이 편하면 우리 아이들한테 도움이 되는 거라는 생각이 들어요. 학부모를 위한 회의나 학부모를 위한 행사가 아니라 학교를 위하고 아이를 위하고 선생님을 위한 방향으로 나갔으면 하는 게 제 생각이에요. 저도 가끔은 학부모가 따까리가 아니냐는 생각이 들 때가 있지만 선생님이 편하면 그런 편한 마음과 과정이 아이한테 온다고 생각하거든요. 그것을 중점에 두고 학부모회의 방향을 잡았으면 하는 게 제 생각입니다. (은희 엄마)

즉, 학부모가 교사와 동등한 수준에서 모든 것을 알아야 한다고 주장함으로써 서로를 힘들게 하고, 교사가 하는 모든 일을 학부모가 동등하게 하려고 할 경우에 교사를 불편하게 하고, 마침내 그 부정적인 파급은 아이들에게로 돌아온다는 것이다. 그리고 학부모들은 아이의 일과, 교사의 일을 각각 아이와 교사에게 맡겨야 한다고 말했다. 그와 함께 학부모들은 학부모 자신이 부모로서의 역할을 충실히 하는 것이 필요하다고 보았다. 학교의 각종 일에 교사와 동일한 수준으로 참여하려고 할 경우에 부모로서의 역할을 소홀히 하게 됨으로써 오히려 아이들에게 부정적인 결과를 초래하게 된다는 것을 알았기 때문이다.

〈125〉

각자에게 주어진 삶을 잘 사는 것이 제일 중요한 것 같애요. 자기 역할이라든지, 각자의 삶들이 있잖아요. 가정 잘 꾸리는 것 이런 것들이 참 중요하다고 생각해요. 내 아이와의 관계를 잘 풀어내고, 그런 작은 것들이 중요하다는 생각을 많이 하게 되더라고요. 그게 산들을 더 살찌게 하고 크게 하는 것이 아닌가 그런 생각을 많이 해요. 공동체라고 해도 각자의 역할이 있잖아요. 내가 2학년 학부모고, 5학년 학부모고. 그 상황에서 열심히 해야 한다는 생각이 들어요. (소담 엄마)

〈126〉

학부모들이 가정에서는 애한테는 소홀히 하면서 학교에서는 열심히 한단 말이지요. 밤늦게까지 열심히 대책회의하고 애는 그 사이에 개판 치고 있고, 남의 집에 맡겨져 있고. 그런 것들을 돌아봐야 되거든요. 그리고 또 학교에다 모든 문제를 던져놓고 학교에서 문제를 해결하는 방식으로 참여하고 회의하는 것이 아니라, 자기 위치에서 자기 공간 속에서 그 옆 이웃에게 전파될 수 있게 하는 것으로 공동체라는 개념을 그렇게 바라봐야 하지 않겠는가 생각해요. (김정식 교사)

이처럼 학부모가 학교의 각종 행사에 주도적으로 참여하기 이전에 가정에서 아이에 대해서 부모로서의 역할을 충실히 할 때 그 영향이 이웃에게 확산된다고 보는 것이다. 산들초등학교 사람들이 제시하는 함께 일하는 또 다른 방식은 주변의 사소한 것부터 같이 하는 것이다. 공동체라는 이상을 세우고 그것을 실현하기 위해서 무리하게 노력하는 것이 아니라, 문방구가 없는 동네에 사는 아이들을 위해서 준비물을 하나씩 더 구해서 챙겨 보내고, 음식을 함께 나눠 먹으면서 살아온 이야기 등을 함께 나누는 것이다. 그렇게 하는 과정에서 서로의 언행의 이면을 알 수 있게 되는 것이다.

〈127〉

일로 부딪혀야 한다. 몸으로. 말로 하지 않고. 같이 밥 먹고. 슬리퍼 끌고 갈 수 있는 사람끼리 만나고. 애 보기 힘든 사람 같이 봐주고. 데려가기 힘든 사람 같이 데려가주고. 이런 작은 것들이 편안해져야 이루어질 것 같아요. 그런 것이 편안해지면 외부에 대해서 유연해질 것 같아요. 가족도 그렇지 않아요. 내부에서 편안하고 가족이 식구들이 편안하고 행복하면 여유가 있는데 그렇지 않으면 외부에서 조금만 뭔가 와도 굉장히 심각한 문제가 일어나잖아요. (소담 엄마)

〈128〉

멀리 있는 것들을 막 그림을 그리는 것이 아니라, 가까운 것에서 편안한 관계 속에서 넓혀가는 것이 필요하다는 생각이 들더라고요. 사실 잘 안 맞는 사람도 있잖아요. 그런 것에 집중하고 있는 동안 오히려 가깝게 해결할 수 있는 것을 제대로 하지 못했구나 하는 생각이 들면서, 그렇게 생각하고 나니까 오히려 하나씩 하나씩 넓어지게 되더라고요. 그러면서 요즘에는 많이 편안해지고, 내 생활 전반이 아이들과의 관계, 산들이라는 걸로 해서 내 삶의 촉수가 넓어진 것 같거든요. (소담 엄마)

〈129〉

산들리에는 문방구가 없으니까 준비물이 있으면 밑에서 하나 더 사서 올려 보내 주고, 맨 처음에 1학년에 왔을 때도 자기 애보다 남의 애를 같이 챙기고, 그 집에서 가서 시집살이 얘기하면서 삼겹살도 구워서 같이 먹고 하니까 공유할 수 있는 것들이 무수하게 많더라는 거지요. 사소한 것부터 함께 할 수 있으면 함께 하는 것이고, 사소한 것에서 함께 하지 못하면 아무리 커다란 틀을 놓고 인생 전반에 걸쳐서고 얘기한다고 하더라도 그것은 공허한 말뿐인 이야기로 끝이 난다고 생각을 해요. 우리 마을 엄마들은 거의 대부분 그런 성향이 강한 것 같아요. (예은 엄마)

한편 위에서 살펴보았던 것과 같은 일상의 사소한 일을 함께 하는 것 외에 학교에서 치르는 행사에 참여할 경우도 누구나 똑같은 일을 똑같은 수준에서 하게 하기보다는 각자의 형편이 허용하는 범위 내에서 할 수 있게 하는 것이 필요하다고 말했다. 그렇게 하도록 하는 과정에서 각자가 처한 다양한 상황을 고려하게 되는 것이다. 아래는 그와 관련된 학부모들의 말이다.

〈130〉

일이라는 게 도대체 뭐냐라고 했을 때 소담이네 반 엄마들이 힘들었던 게 자기가 몸으로 때워야 하는 것으로 생각하고 있었더라고요. 내가 학교에 가지 않으면 학교 일을 안 하는 것이라는 생각이 암암리에 있었던 모양이에요. 그거 아니다. 내가 못할 때 밥 한 끼 사주는 것, 선생님 도시락 싸주는 것, 힘든 사람 힘들지 않느냐 위로해주는 것, 고맙다고 말해주는 것이 함께 하는 것 아니냐 그랬어요. 그런 거라면 나도 함께 할 수 있을 거라는 얘기가 나오더라고요. (소담 엄마)

〈131〉

처음에는 '왜 참석 안 해? 그렇지만 참석해!' 그랬는데, '못 하면 할 수 없지. 시간 낼 수 있을 때 하면 되지.' 그래요. 직장 때문에 못 나오는 엄마에 대해서 굳이 나오라고 하지 않아요. 그 엄마도 미안해해요. 그거 알거든요. 그것으로 된 거라고 생각해요. 그런 엄마까지 끌고 갈 수 있는 게 엄마들의 다듬어진 성장이라고 봐요. (은희 엄마)

그리고 학부모들은 비록 각자의 형편이 허용하는 범위 내에서 학교의 일에 참여한다고 하더라도 적게 참여하거나 참여하지 않는 사람을 비난하기보다는, 참여할 수 없어서 미안해하는 마음을 통해서 참여하는 것과 다름없는 유대감을 느끼기도 했다.

〈132〉

제가 제일 기억에 많이 남는 어머니는, 나는 그래서 그분이 너무 좋아요. 차량비 선납 때문에 전화했는데 당장 돈이 없고 힘드시대요. "근데 혹시 나중에 돈이 너무 모자라면 한 번만 더 전화해줄래요. 그때 상황 되면 선납할게요." 그렇게 얘기해주시는 거예요. 그분은 너무 기억이 오래 남는 거예요. 사람들이 다 안 낸다고 하면 다시 전화해달라고요. 그러면 어떻게 해서라고 만들어서 선납하겠다는 거예요. 우리가 차량비 선납과 관련해서 너무 많이 알았어요. (인숙 엄마)

즉, 산들초등학교 사람들은 각자에게 주어진 삶을 충실히 살아가면서, 이웃 사람들과 일상의 사소한 일들을 함께 하고, 그 일과 관련해서 열린 마음으로 이야기를 나누는 과정에서 서로를 이해하고 공감대를 형성하게 된다고 본다.

그러면서도 한편으로는 실천을 지나치게 강조함으로써 실천의 내용이나 방향을 두고서 갈등을 빚거나, 실천을 강요함으로써 또 다른 갈등이 발생할 여지가 남아 있기도 하다. 아래는 실천을 강조하는 한 교사의 말이다.

〈133〉

그때마다 어쩔 수 없이 행하지 않으면 안 되는 것이 있다는 거지. 해야 되느냐 말아야 되느냐 논의되는 것보다 더 중요한 것이 실천이다. 일이 조금 잘못되어도 실천되어져서 뭔가 되면 그게 공동체로 간다. 민주적인 논의구조보다 중요한 것이 실천이다. 공동체를 지향하는 가장 핵심적인 결론. 합의보다 중요한 것, 논의보다 중요한 것, 회의보다 중요한 것. 우리는 회의 속에서 문제를 풀라고 했다는 거지. 그보다 더 중요한 것들이, 옳고 그름을 따지는 것보다 더 중요한 것들이 실천이라는 거지. 그 실천은 어떻게 해야 하느냐. 작은 것부터 해야 된다는 거지. 함께 할 수 있는 것부터. 바로 여기에서 놓친 것 중에 하나가 그 많은 것들을 한꺼번에 틀을 손대려고 하니까 그것을 따라붙기 힘든 사람들이 있고, 그것들을 논의를 풀어가는 방식이라는 틀에 있어서 이정호 선생이나 나한테도 책임이 있지만 박명준 선생한테도 책임이 있다고 봐요. (김정식 교사)

위의 김정식 교사가 실천을 강조하는 데는 나름대로의 이유가 있다. 앞의 <사례 82>에서 학부모가 지적한 것처럼 산들초등학교 사람들은 교사와 학부모 모두 무엇인가 해야 한다고 선언하거나 결정하고도 하지 못한 것들이 많다. 유치원에서 매주 수요일마다 아이들을 데리고 나들이를 가야 한다고 결정하고서는 정작 도우미가 필요할 때는 아무도 나서지 않는다든가, 교사들끼리 연수를 충실하게 하겠다고 하고서 빼먹는 경우가 더 많다거나, 가장 기본적인 자신의 담당 업무를 소홀히 하는 경우가 많았다. 그리고 그로 인해서 학교가 기본적으로 해야 할 일도 못하게 되는 일이 잦았다. 신미희 교감과 자주 갈등을 빚은 원인도 거기에 있었다. 김정식 교사는 바로 이 점을 지적하고 있다.

그러나 내가 보기에 일부 교사나 학부모들이 말만 앞서고 실천은 게을리하는 데는 그럴만한 까닭이 있었다.

첫째, 그들은 일반적인 학교에서 중요시되거나 기본적인 업무라고 여기는 일은 대체로 교사를 관료적으로 통제하기 위한 일이라고 인식한다. 따라서 산들초등학교의 교사와 학부모들은 그동안 일반 학교에서 요식적으로 해왔다고 생각하는 일들은 대체로 거부했다. 앞의 <사례 77>에서 손영애 교사가 다른 교사들에게 불만을 가진 것도 이런 인식의 차이 때문이다.

둘째, 그들은 이상을 지나치게 앞세운다. 달리 말하면 자신이 놓여 있는 현실을 모르기 때문이라고도 할 수 있다. 산들초등학교 사람은 자신들이 감당할 수 있는 것보다 훨씬 많은 종류의 일을 과도하게 시도한다. 그로 인해서 시도만 하고 맺지 못하거나, 놓치는 부분이 생기는 것이다. 앞의 <사례 7>에서 박명준 교사가 지적한 것처럼, 산들초등학교보다 교사의 수가 훨씬 많은 일반적인 학교에서도 전 교사가 참여해야 되는 행사 하나만을 치러내는 데도 많은 어려움이 있는데, 산들초등학교는 그런 행사를 매달 치르다시피 한다. 그런 행사들에 치중하다 보면 일상적으로 해오던 일들이 소홀해지는 것은 당연하다. 그리고 내가 보기에는 그 여파가 아이들의 일상생활로 나타났다. 위에서 김정식 교사도 바로 이런 점들을 지적하고는 있지만, 산들초등학교라는 상황을 충분히 고려하지 않는 가운데 실천만을 강조할 때는 문제의 원인을 교사나 학부모 개개인에게서 찾게 되고, 그로 인해서 그들과의 사이에서 또 다른 갈등을 불러일으킬 염려가 있었다.

2 산들에서 살아온 세월의 힘으로

나는 그동안 산들초등학교에서 이루어지는 행사를 중심으로 지켜보았기 때문에 이상과 같은 변화를 알아채지 못했다. 설령 내가 그런 변화를 눈치챘다고 하더라도, 그것은 각자의 내면에서 사적이고 은밀하게, 그리고 우연히 이루어지기 때문에 내 비디오카메라에 담기는 쉽지 않았을 것이다. 아래는 그런 변화의 한 단면을 보여주는 말이다.

〈134〉

이만큼 성장한 것도 큰 성과라고 보거든요. 일반 학교에서 이렇게 이루려면 몇 백 년이 걸릴 수도 있는 거잖아요. 우리가 너무 욕심을 내는 게 아닌가 하는 생각도 들어요. 그동안 서로 견제하고 너 이랬지 저랬지 하다가 이제는 조금씩 느꼈다고 봐요. 선생님들도 느꼈을 거고, 학부모들도 우리가 선생님 영역을 침범하면 안 되겠구나 하는 것을 서로 조금씩 느꼈다면 이제는 이렇게 해야겠구나 하는 방향이 잡히지 않을까 생각해요. 그런 것들이 이제 공동체로 가는 시작이 아닐까, 말로만 공동체가 아니라 진짜 마음으로 느끼지 않을까 생각해요. (현수 엄마)

위의 인용문에서 알 수 있는 것처럼 산들초등학교의 교사와 학부모들은 학교의 여러 행사들을 함께 치르는 동안 교사와 학부모 간, 교사 간, 학부모 간에 주체와 들러리, 참여와 동원, 그리고 공동체와 이기적인 집단 등의 문제와 관련하여 갈등을 겪으면서 각자의 역할이나 살아가야 하는 방향을 새롭게 모색했다. 그리고 그러한 결과는 행사가 아닌 일상적인 삶의 장면에서 조금씩 나타나게 되었다. 학부모들은 그러 변화를 '또 하나의 가족 같다'는 말로 표현했다.

〈135〉

자주 만나다 보니까 은연중에 나도 모르게 정이라는 게 들었어요. 만나면 반갑고, 은연중에 오랫동안 만났다는 느낌을 받아요. 그중에 조금 거리감을 느끼는 사람도 있고, '저 사람은 정말 괜찮다.', '졸업을 하더라도 연락을 하고 싶다.' 이런 걸 느끼는 사람도 있고 그래요. 햇수로 4년째 접어들지만 정이 많이 들었어요. (승준 엄마)

〈136〉

또 하나의 가족 같아요. 친구보다 식구들보다 더 자주 만나거든요. 오히려 그 관계를 초월한 새로운 가족이 생긴 것 같은 느낌이 많이 들어요. 졸업하고 나중에 산들을 떠나서라도 산들을 생각하면 미소가 떠오르고, 몇 십 년이 지난 다음에도 그 가족에 대해서 어떤 문제를 들으면 같이 염려해줘야 되고 들어줘야 되고 그런 마음을 계속 지속해서 가졌으면 좋겠어요. (연하 엄마)

산들초등학교 사람들이 이처럼 정이 들고 서로를 반갑게 맞이하게 되는 것은 위의 인용문에서 알 수 있는 것처럼 자주 만났기 때문이다. 그러나 모든 사람이 자주 만난다고 해서 반드시 정이 들지는 않는다. 그리고 그들이 갈등의 과정 속에서 이러한 변화를 보였다고 해서 모든 갈등이 이와 같은 변화로 나타나는 것도 아니다. 그렇다면 왜 이들에게 이런 일이 발생하게 되었는가? 이정호 교사는 다음과 같이 대답했다.

〈137〉

산들에서 지금까지 살아온 세월의 힘으로 바뀌어져 나가는 거라니까요. 서로가 갈등의 과정을 겪으면서 힘든 과정을 겪으면서 이것은 문제다, 이것은 별로 바른 것이 아니라는 것을 감각적으로 이해하는 부분이 크다고 생각해요. 우선 내 속에서 그러니까. (이정호 교사)

'산들에서 살아온 세월의 힘'. 이것이 그의 대답이다. 그는 산들초등학교에서 3년 넘게 살아오면서 여러 사람들과 많은 갈등을 겪었고, 갈등을 겪을 때마다 이것은 옳지 않다는 것을 감각적으로 느꼈다. 그런데 그것이 옳지 않다는 것을 느낀 것은 그이지만, 그것을 느끼도록 한 것은 그의 표현대로라면 '산들에서 살아온 세월의 힘'이다. 그가 만일 다른 곳에서 살았다면, 또는 산들초등학교에서 잠시만 살았다면 그런 변화를 겪지 않았을 것이다. 그렇다면 '산들에서 살아온 세월의 힘'이란 무엇일까? 그들이 살아온 산들에서의 세월이란 무엇인가? 그 세월은 다른 학교에서의 세월과 어떤 점에서 다른가? 이 질문에 대한 대답은 일상 속에서 서로를 이해하는 일, 즉 교육적 관계 또는 공동체가 어떻게 형성되는가라는 질문에 대한 대답이 될 수 있을 것이다.

1) "부딪힐 수밖에"

산들초등학교가 다른 학교와 다른 점 가운데 하나는 학교의 규모가 작다는 점이다. 학교가 작기 때문에 교사는 개별 아이들의 특성을 좀 더 잘 알고 그에 적합하게 지도할 수 있다. 학부모들에 대해서도 잘 안다. 그 점은 학부모들 역시 마찬가지다. 같은 학년 학부모들끼리는 모르는 사람이 없고, 다른 학년의 학부모라고 할지라도 3년 이상 살아온 사람들은 서로에 대해서 잘 안다. 교사들의 경우는 그 수가 많지 않기 때문에 유리병 안에 살고 있다고 말해도 좋을 정도로 속속들이 학부모들에게 노출되어 있다. 교사와 학생, 학부모와 교사가 서로를 잘 아는 것이다. 그것은 일차적으로 학교의 규모가 작기 때문이다.

산들초등학교는 규모가 작을 뿐만 아니라 다양한 사람들이 함께 모여 있다. 앞서 언급한 것처럼 산들초등학교의 교사들은 "앞바퀴 교사"와 "뒷바퀴 교사"로 나뉘고, 학부모는 산들사람과 희망사람으로 나뉜다. 그리고 희망사람은 다시 "쎈사람"과 "밥퍼아줌마"로 구분된다. 이들은 모두 각자 살아온 과정이나 현재 살고 있는 여건, 그리고 사고가 서로 다르기 때문에 그들 사이에는 아래 학부모의 말에서 볼 수 있는 것처럼 거리감이 존재한다.

〈138〉

맨날 얘기하면 우리는 서로 아니까, 이 사람이 어떤 심정을 가지고 얘기한다는 것을 아니까 사심이 없어요. 의견이 다르더라도 크게 와전되지 않는데 희망 엄마들하고 특히 감투를 쓰고 계신 분들하고 대화하다 보면 서로 이해를 못하는 거예요. 나도 이해 못 하고, 그분도 나를 이해 못 하고. 저 사람은 왜 저러나, 왜 저렇게 앞뒤가 꽉꽉 막혔나 그렇게 되더라고요. (수현 엄마)

그럼에도 불구하고, 산들초등학교 사람들은 서로 다른 사람들이 모여서 무엇인가를 함께 해야 한다. 그 전형적인 경우가 앞서 살펴본 여름계절학교와 가을계절학교다. 계절학교를 하는 기간 동안은 매일 같이 일곱 명의 교사와 20명 가까운 학부모들이 함께 일을 해야 한다. 그 외에도 교사들은 적어도 1주일에 한 번은 주례회의 자리에서 한자리에 앉게 된다. 학부모들 역시 학부모 회의와 각종 학부모 행사를 위해서 많게는 일 년에 70회 정도 만나게 된다. 그리고 이런 자리에서는 사적으로 만나는 경우와 달리 자신과 다른 사람, 다른 사고를 가진 사람과 의견을 나누고 일을 함께 할 수밖에 없다. 어느 학부모의 다음과 같은 말은 그 점을 잘 보여준다.

〈139〉

일반적인 학교에는 대표 엄마들만 가면 되는데 여기는 일반 어머니도 다 참석해서 함께 해야 되는 학교잖아요. 일반적으로는 학부형들이 학교에 참여할 일이 없어요. 아이를 위해서 개인 면담 외에는 갈 일이 없잖아요. 운동회나 그런 일 외에는. 그런데 여기는 학교의 어떤 프로젝트를 놓고 같이 무슨 일을 할 때 부모들이 와서 같이 파트를 나누어서 협력해야 하잖아요. 그리고 머리를 짜서 같이 도모해야 되니까. 그래서 사람들을 바꾸는 거지요. 사람이 달라서가 아니라 학교 교육이 사람을 바꿨다고 생각을 하지요. (영민 엄마)

그리고 산들초등학교 사람들은 자신과 다른 사람과 함께 일을 하는 과정에서 서로의 견해가 다름으로써 다른 사람과 충돌하게 된다. 이때 일부 "앞바퀴 교사"나 "쎈사람"들은 자신의 의지대로 관철해나가지만, 대부분의 사람들은 그러지 못하고 그로 인해서 마음에 상처를 입는다. 그렇지만, 그렇다고 해서 함께 해야 하는 일을 안 할 수는 없다. 때에 따라서는 "앞바퀴 교사"나 "쎈사람"도 항상 자신의 의지대로 관철시킬 수 있는 것은 아니다. 2003년 여름계절학교를 진행하는 과정에서 알 수 있듯이, "앞바퀴 교사" 중심으로 무리하게 행사를 진행했을 경우에는 "뒷바퀴 교사"들이 소극적으로 참여하거나 방관한다. 결국 함께 해야 하기 때문에 부딪히기도 하지만, 함께 해야 하기 때문에 부딪히지 않아야 하기도 했다. 전형적인 경우가 다음과 같은 예다.

〈140〉

애들하고 나들이를 갔는데 거기에 민들레꽃이 피어 있어요. 저는 그곳이 유적지이기 때문에 꽃을 꺾으면 안 된다고 생각하는 입장이고 나영숙 선생님은 애들이 갖겠다고 하면 그것을 꺾어도 된다고 생각하는 거예요. 그 상황에서 나영숙 선생님은 제가 안 된다고 하는 그 자리에서 애들하고 꽃을 꺾었어요. 그게 순간순간으로서는 굉장히 감정적으로 힘이 들어요. 제가 이만큼 힘들면 그 사람도 이만큼 힘들어요. 그것이 산들에서 힘든 부분이에요. 근데 그것이 따로 떨어질 수 없는 부분이고 하나가 돼서 가야 하는 부분이기 때문에 힘들 수밖에 없지요. (오미진 교사)

위의 예에서 두 교사는 유적지에 있는 꽃을 꺾어도 되는가를 두고 서로 견해가 달랐다. 그 상황에서 나영숙 교사가 오미진 교사의 의사를 무시하고 아이들에게 꽃을 꺾어도 좋다고 말했고, 무시당한 오미진 교사는 감정을 추스르는 게 쉽지 않았다. 그럼에도 불구하고 자신의 감정을 드러낼 수 없었다. 아이들을 함께 지도하는 처지에서 감정을 드러낼 경우 관계가 더욱 악화되고, 함께 생활하는 것이 힘들어지기 때문이다. 이런 상황에서 일부 사람들은 학교를 떠나기도 하지만, 대부분의 사람들은 산들초등학교를 떠나지 못한다. 결국 그들은 이런 상황에서 함께 살아나갈 방안을 모색할 수밖에 없었다. 그 점은 다음에서 볼 수 있는 것처럼 어른들만이 아니고 아이들의 경우도 마찬가지였다.

〈141〉

아이들 사이에 갈등이 생겼을 때 다른 학교에서는 반이 갈리면서 해결될 수 있는데 여기서는 갈등이 생기면 죽이 되건 밥이 되건 해결을 해야 한다는 거지요. 끝까지 가야 하니까. 그게 불편하기도 하면서 좋은 점이기도 한 것 같아요. 그것을 통해서 하나의 과정을 배우는 거니까. (연하 엄마)

2) "부모의 복사판"

만일 이런 상황에서도 아이들이 큰 탈 없이 자랐다면 부모들 사이의 갈등 또는 부모와 교사 사이의 갈등, 그리고 교사들 사이의 갈등이 발생하지 않거나 그 갈등의 양상이 심각하지 않았을 수 있다. 그러나 아이들 자신은 학교에서 행복해하지만 그것이 좋은지에 대해서는 모든 사람이 동의하지 않았다. 그것은 앞의 <사례 35> 외에도 여러 장면에서 발견되었다. 예를 들면 산들초등학교의 어른들은 아이들이 자연 속에서 자연과 교감하는 가운데 자라게 하는 데 많은 관심과 노력을 기울였지만 아이들은 쓰레기를 버릴 때 종이와 일반 쓰레기를 뒤섞어서 버리고, 그것조차 꼭꼭 눌러 담지 않음으로써 쓰레기통은 항상 지저분하게 넘쳐나고, 쓰레기봉투 값이 연간 80만 원이 소요됐다.

또한 산들초등학교가 야심을 가지고 국악특기적성 교육을 3년 동안 실시했지만, 아이들은 3년 내내 도라지 타령 수준의 곡만 연주하고, 국악관현악 대회에 나가서는 음도 맞지 않아서 망신만 당하고 돌아왔다. 또 고학년 아이 하나는 해금을 부는 악기인 줄 알고 선택했다가 일년 내내 흥미를 갖지 못했다. 또한 산들초등학교는 아이들에게 학교 학습 이외의 학습 부담을 줄여주고 자연 속에서 즐겁게 생활하도록 한다고 했지만, 정규 수업 이외에 특기적성 수업과 동아리 활동 등을 다양하게 배치함으로써 아이들을 오히려 혹사시키는 경우마저 있었다. 다음은 그에 관한 한 학부모의 지적이다.

〈142〉

산들에서 특기적성이나 이런 것을 하는 게 너무 좋아가지고 해봤는데 2년을 보내고 나서 아이들 혹사시키는 것이 아닌가 하는 생각을 했어요. 어린 애가 한창 산에서 뛰어놀고 특기적성까지 하고 집에 돌아왔을 때 널브러지는 모습을 보면서 굉장히 안타까웠어요. 좋은 것은 좋은 건데 버릴 것은 없나 이런 생각을 했어요. (미진 엄마)

위의 부모가 말한 것처럼 아이들의 이런 모습을 보면서 교사를 비롯한 어른들은 자신들이 지금까지 해온 것들을 재검토하고 수정하지 않을 수 없었다. 교사들이 2004년 2월에 있은 간담회에서 제2기를 선언하고 아이들의 일상생활과 학습에 좀 더 치중하겠다고 밝힌 것도 이런 이유 때문이었다. 그러나 부모들이 아이들의 모습에서 좀 더 심각하게 발견하는 것은 자신들의 모습이었다. 부모들은 자신들이 말로 요구하고 기대하는 것과는 다르게 아이들이 자라가는 모습을 보면서 자신의 삶을 되돌아보지 않을 수 없었다. 앞의 <사례 35>에서 볼 수 있는 것처럼 아이들은 다른 사람의 말을 주의 깊게 듣기보다는 자신의 주장을 더 강하게 내세웠고, 그 점은 거의 모든 교사와 학부모들이 인정하는 문제였다. 한 학부모는 아이들의 그런 모습을 보면서 다음과 같이 말했다.

〈143〉

아이들을 볼 때 부모의 삶이 저 안에 농축되어 있구나 그런 느낌을 참 많이 받아요. 아이들에게 나타나는 모습 하나하나가, 행동 하나하나가 결국은 그 부모의 복사판이거든요. 그래서 저는 우리 아이 모습을 보면서 항상 반성하고 깨닫고 느끼고 그러지요. 저 아이들이 자연과 교감하고 사람과의 관계를 공동체적으로 잘 맺기를 바란다면 부모들이 그런 삶을 살아야 그게 애들한테 전수되거든요. 부모가 그런 공동체적인 삶을 산다는 게 어떤 것이냐 그런 생각을 끊임없이 하면서 사는 사

> 람하고 안 하면서 사는 사람하고는 질적인 차이가 그래도 있지 않겠는가. 그래서 저는 잘하든 못하든 그런 화두는 던지면서 살아야 된다고 생각해요. (경화 엄마)

위에서 학부모는 자신이 아이들에게는 자연과 교감하고 타인과 교감하면서 공동체적으로 살아가기를 바라지만, 아이들이 그것과는 동떨어진 모습으로 살아가는 모습을 보면서 자신의 삶을 되돌아보았다. 자신이 다른 사람과 공동체적으로 살지 못하기 때문에 그 모습이 아이들에게 전수되었다고 본 것이다. 그는 아이들이 공동체적으로 살아가기를 바란다면 부모 자신이 그런 삶을 살고, 공동체적인 삶이 어떤 것인지를 늘 자문하면서 살아야 한다고 생각했다.

3) "떠나는 교사들"

산들초등학교 사람들이 자신의 삶을 되돌아보고 변화하게 된 또 하나의 원인은 교사들이 자주 학교를 떠나는 데 있었다. 2002년 2월에는 한상희 교사가 떠났고, 2002년 8월에는 신미희 교감이 떠났고, 2003년 2월에는 박명준 교사와 진도향 교사가 떠났다. 그 가운데 박명준 교사는 산들초등학교가 새롭게 시작할 때 주도적으로 참여한 사람이었다. 그리고 2004년 2월에는 유치원 교사를 포함하여 조현숙 교사, 송현주 교사, 오미진 교사가 떠났다. 지난 3년 동안 교장과 교감, 유치원 보조교사까지 포함해서 2001년에 함께 근무했던 교사 11명 가운데 7명이 떠났다. 그들이 학교를 떠난 것은 모두 동료 교사 또는 학부모들과의 갈등 때문이었다. 그들 중 한 사람은 자신이 떠나는 이유를 다음과 같이 말했다.

〈144〉

사람들은 누구나 다 교사들이 떠나간다는 거에 대해서 생각하고 긴장하죠. 교사가 자꾸 바뀐다는 것은 안 좋은 거죠. 그 사이에 보조교사도 바뀌었잖아요. 장윤정 선생님도 어른들에 대한 불신감이 자꾸 생긴다고 너무 무섭다고 했어요. "선생님 나는 어른들이 이렇게 정직하지 못하고 이런 모습이 있는 게 너무 갈등이 되고 무서워요."라고 말했어요. 그랬을 때 저도 떠나고 그러면 사람들은 조심스럽게 다가올 수밖에 없는 구조가 되거든요. 그곳으로부터 다시 시작하는 게 훨씬 더 현명하다고 생각했어요. 제가 떠남으로써 그것은 만들어질 거라는 생각이 있었고요, 그렇게 되는 부분이 있다는 생각이 들었어요. (오미진 교사)

물론 오미진 교사가 오로지 산들초등학교를 주도하는 "앞바퀴 교사"들이나 "쎈사람"들에게 경각심을 주기 위해서만 학교를 떠난 것은 아니지만, 그가 떠나는 행위가 다른 교사나 학부모에게 자신들이 그동안 해온 일을 다시 생각하게 하는 데는 충분했다. 그 점은 아래의 학부모의 말에서도 알 수 있다.

〈145〉

준비 없이 오신 분들 있잖아요. 그분들은 여기 와서 한 달만 지나면 겁을 먹어요. 자기가 아이들한테 요만큼만 해도 학부모들한테 탄압을 받지 않을까 그런 두려움이 많이 깔린 것 같아요. 너무 학부모들이 과감히 참여하니까. 다른 학교에서는 십 년이고 이십 년이고 그런 일이 없었거든. 겁이 나는 거야. 그러니까 여기서 일 년 이 년 겪어보고 일의 양이 많고, 간섭하는 사람이 많고, 지켜보는 사람이 많고 그러다 보니까 여기를 떠나는 거야. 그분들에 대한 고뇌도 이해해야 돼요. 십 년 이십 년 몸에 밴 그 습성을 산들학교에서 버리라고 할 수는 없잖아요. 그것을 감싸고 변화시켜줘야 하거든요. 조금씩 조금씩. 그런데 산들 학부모는 너무 과감히 변하는 것을 좋아해. (연수 아빠)

교사들이 자꾸 떠나는 것은 학부모들에게만 그동안 자신들이 해온 일을 다시 생각하게 한 것은 아니었다. 그 충격은 "앞바퀴 교사"들에게 더 크게 다가갔다. 2004년에 세 명의 교사가 떠나게 되자 "앞바퀴 교사"들은 그 자리를 자신들과 같은 생각을 가지고 있는 사람들로 채우려고 했다. 그래서 그들은 매향시 교육청뿐만 아니라 이웃 교육청까지 수소문해서 적합한 교사 세 명을 어렵게 찾아냈다. 그리고 그들로부터 산들초등학교에 오겠다는 약속을 받았다. 그러나 마지막에 최종적으로 결정해야 하는 순간에 세 명이 모두 포기했다. 산들초등학교가 일이 너무 많아서 힘들고 학부모가 무섭다는 것이 그 이유였다. 결국 "앞바퀴 교사"들은 급히 다른 교사를 물색할 수밖에 없었다. 그 점에 대해서 김정식 교사는 다음과 같이 말했다.

〈146〉

떠나는 교사들이 있었어요. 그러면서 산들은 돌아보지도 않는다고 그래요. 산들초등학교 쪽에 대고는 오줌도 안 싼다는 말을 들었어요. 떠나고 싶지 않은 학교를 만드는 것도 중요해요. 이번에 세 분의 교사들이 오게 됐었어요. 그런데 오케이가 거의 다 됐다가 세 분 다 '노'를 했어요. 그 이유가 두 가지였어요. 하나는 '근무하기 힘들다', 산들초등학교는 뭐도 많고 뭐도 많고 그래서 죽어난다고 소문이 났어요. 둘째는 '학부모가 무섭다'였어요. (김정식 교사)

이런 요인들에 의해서 "앞바퀴 교사"들이나 "센사람"들은 더 이상 자신이 옳다고 생각하는 것을 타인에게 강요할 수 없었다. 거기에다 산들초등학교는 이미 외부에 많이 알려졌고, 많은 사람이 관심을 가지고 바라보기 때문에 과거에 그래왔던 것처럼 한두 사람의 힘으로 나머지 사람을 이끌고 가는 방식으로 학교를 운영하기에는 한계가 있었다. 지금까지 해왔던 것처럼 내부의 치부를 덮어둔 채 포장만 근사하게 해서 보여줄 수 없던 것이다. 또한 떠나간 사람뿐만 아니라 새로 오는 사람마다 아이들이나 교육과정 운영, 각종 행사 등에 관하여 동일한 문제를 지적하는 것도 그들로 하여금 자신을 다시 생각해보게 하는 계기가 되었다.

그리고 여기에는 연구자인 내 영향 또한 있을 수 있다. 나는 교사 워크숍 등이 있을 때 연구자로서 참여하기도 했지만, 때로는 그들이 특정한 주제나 이슈에 관하여 이야기해주기를 요청할 때 비판적인 관점에서 말하곤 했다. 그 일은 교사 워크숍 등과 같은 공식적인 자리에서 이루어지기도 했지만, <사례 100>의 경우처럼 사적으로 이루어지기도 했다. 그리고 이런 점 외에도 연구자인 내가 현지에 존재한다는 사실, 내가 현지에서 자료를 수집하는 행위가 어쩌면 더 큰 영향을 미쳤을 수도 있다. 누군가가 지속적으로 자신의 행위를 지켜본다면, 지켜보는 사람을 의식하지 않을 수 없을 것이다. 거기에다 비디오카메라라는 권력의 무기를 들고 지켜볼 때는 그 의식의 정도가 더 심했을 것이다. 그래서 어떤 사람은 카메라의 사각지대를 찾아서 자리를 잡기도 하고, 내가 나타날 것이 예상되는 장소에는 외모를 좀 더 단정히 하고 참석하기도 했다. 그리고 무엇보다도 그들은 내가 질문하는 행위를 통해서 자신의 생각을 정리하기도 하고, 자신의 생각을 발전시키기도 했다. 나는 3년 내내 그들과 수시로 면담하면서 두 가지 말을 자주 들었다. 첫째는 나하고 얘기하면 가르치려고 하지 않아서 좋다는 것이었고, 둘째는 나와 이야기를 하고 나면 자신의 생각이 정리되어서 좋다는 것이었다. 한 학부모는 다음과 같이 말했다.

〈147〉

항상 질문을 많이 해서 늘 생각하게 해줬지요. 답을 준 것은 아니지만 질문을 하면 집요해지잖아요. 그러니까 집요하게 또 생각하게 되지요. 저 같은 경우는 그런 면에서 많이 배웠어요. 많은 사람들이 그럴 거라고 생각해요. 질문을 통해서 답이 나올 때까지 생각을 끝까지 가져가보는 것 그런 점들을 배울 수 있었어요. (범수 엄마)

나는 면담을 하는 동안 항상 질문만으로 그들로 하여금 자신의 생각을 자연스럽게 말할 수 있게 하려고 노력했다. 그러기 위해서 나는 면담을 하는 동안 항상 현재의 이야기는 이전의 이야기와 어떤 관련이 있고, 이후로 어떤 질문을 어떻게 해야 하는지를 동시에 생각해야 했다. 거기에다 비디오 촬영까지 해야 했으므로 일상적인 대화보다 몇 배나 더 정신을 집중해야 했다.

4) "다 함께 홍역을"

이런 상황 속에서 그들은 지금까지 자신이 가지고 있던 사고와 일하는 방식을 되돌아보고, 자신의 사고와 일하는 방식을 새롭게 모색하지 않을 수 없었다. 그 일은 물론 쉬운 일이 아니었다. 이전의 자신을 부정해야 하기 때문에 고통이 따르는 일이었다. 그렇지만 하지 않을 수 없는 일이었다. 지금까지 살펴본 것처럼 더 이상 자신의 의지대로, 자신이 중심이 되어서 살아갈 수 없기 때문이었다. 그 사실을 한 교사는 '구성원 전체가 한꺼번에 태풍 치듯이 같이 홍역을 앓는다'는 말로 표현했다.

〈148〉

여기는 나 혼자만 하는 게 아니라 여기에 있는 구성원 전제가 한 꺼번에 태풍 치듯이 같이 홍역을 앓는다는 거예요. 다른 데서는 이렇게 안 되지만 여기서는 그런 것을 경험했어요. 그래서 소중해요. 사람마다 차이는 있겠지만 나와 같은 변화를 경험한 사람이 많이 있을 거예요. (김정식 교사)

물론 그 홍역의 정도는 사람마다 다를 것이다. 그러나 한 가지 분명한 것은 학교의 각종 행사에 더 많이 참여한 사람일수록, 자신과 다른 사람과 더 많이 부딪힌 사람일수록, 산들초등학교에서 더 오래 살아온 사람일수록 그 열이 심하다는 것이다. 한 학부모는 다음과 같이 말했다.

〈149〉

2003년 여름 계절학교 때 많이 울었어요. 처음에는 분해서 울었지요. 너무나 억울하다 보니까 울었거든요. 교사들이 학부모들을 무시하는구나 하는 생각 때문에. 끝까지 울고, 울음이 진정되고 여름방학 지나고 나서 좀 편안해지면서 문득 그런 생각이 들더라고요. 혹시 그 사람들이 힘들어한 것이 이 부분은 아니었을까. 우리도 겨우 이삼 년간 갖추어온 학부모회 조직 나름대로의 흐름이 무시됐을 때 이렇게 화가 나는데 선생님들도 역시 그러지 않았었을까. 교사들 나름대로 룰이 있는데 그 룰들이 성심을 다한다는 학부모 집단에 의해서 흐트러져버리니까 그 속에서 그 사람들이 얼마나 불안하고 힘들었을까 하는 생각들이 들더라고요. (범수 엄마)

위 학부모는 2003년에 학교운영위원회와 학부모회의 총무를 맡아서 학교의 각종 행사에 주도적으로 참여했다. 그는 2002년에도 가을계절학교를 총지휘하다시피 했다. 그러나 2003년 여름 계절학교에서 교사들이 학부모들을 배제하고 교사 주도적으로 행사를 치르자, 교사들의 행태에 대해서 분개했었다. 처음에 그는 그것이 분하고 억울해서 울고 또 울었지만 점차 진정되면서 자신이 자기만을 중심으로 사태를 바라보았다는 것을 깨달았다. 그리고 교사의 관점에서 사태를 바라볼 수 있게 되었다. 이처럼 다른 사람과의 갈등을 겪고, 그 과정에서 고통을 겪으면서도 자신의 생각을 바꾸어나간 것은 "밥퍼아줌마"들도 역시 마찬가지였다. 그들은 아이들의 문제에 관하여 서로 이야기를 나누다가 처음에는 남의 자식에 관하여 이러쿵저러쿵 왈가왈부하는 것에 대해서 불쾌해하고 언성을 높이기도 했지만, 아이에 대해서 다시 생각하고, 다시 이야기를 주고받는 과정에서 섣불리 판단해서 이야기해서는 안 된다는 것을 알게 됐다. 그리고 그런 과정에서 학부모들 사이의 관계가 좋아졌다. 다음은 그와 관련된 한 학부모의 말이다.

〈150〉

고통 속에서 이루어진 거지 아무 일도 없이 처음부터 우리 반 분위기가 좋은 것은 아니었어요. 진도향 선생님이 담임을 맡으면서 전교에서 문제 학년으로 찍히고, 선생님들이 아이들 몇 명을 문제아라고 찍어서 얘기하고, 우리 반이 아닌 엄마가 전화해서 '애가 문제다', '엄마가 문제다' 그러면서 민감해져 있고, 부모한테 얘기하는 과정에서 니가 우리 애에 대해서 얼마나 아냐 그러면서 감정이 튀기고, 다시 아이에 대해서 생각해보고, 그런 것이 오가는 과정에서 만들어진 것이거든요. 섣불리 얘기하거나 판단할 수 있는 것이 아니구나 하는 과정이 있으면서 서서히 만들어졌어요. (윤미 엄마)

5) "내가 변하지 않고서는"

앞서 살펴본 것과 같이 산들초등학교 사람들은 자신과 다른 다양한 사람과 부딪히고, 더 이상 자신의 의지대로 다른 사람을 좌우할 수 없게 되면서 자신을 되돌아보고 자신이 변화해야 함을 깨닫게 되었다. 아래는 김정식 교사의 말이다.

〈151〉

산들에서 살아왔던 삶이 변화하게 했어요. 민주적인 것들이라든지, 참여라는 것들이라든지 등등 더 좋은 학교다, 더 나은 것들이라고 얘기하는 것들을 내가 했어요. 그 좋다고 하는 것들을 했는데 그것은 현실의 것들이 아니고 책의 얘기야. 나도 그러하고 사람들을 볼 때 자기중심에 있어요. 내가 변하지 않고서는 안 된다는 거지요. (김정식 교사)

김정식 교사는 자신이 지금까지 이상적이라고 생각해왔던 것을 시도해봤지만 그것이 산들초등학교의 현실 속에서는 이루어지지 않는다는 것을 알게 되고, 그 원인이 바로 자기중심적인 사고에 있었다는 것을 깨달았다. 그리고 산들초등학교가 지금까지 안고 왔던 문제를 해결하기 위해서는 자신이 변화해야 한다는 것을 자각했다. 그 점은 학부모들의 경우도 마찬가지다.

〈152〉

처음에는 무슨 이런 사람들이 다 있나. 못됐다. 그랬는데 지금은 나한테도 문제가 있고, 나도 좀 더 배워야 하고, 함께 어우러져 나가도록 끊임없이 노력해야겠구나 그런 생각들을 많이 하게 됐어요. 적어도 나도 다른 사람처럼 남한테 상처를 주는 입장에 서지는 말아야겠다. 새로 오는 사람들한테 따뜻하게 말 한마디라도 해줄 수 있는 사람이 되어야겠다 하는 것들이 제 경험에서 나오는 변화들인 것 같아요. 마음의 변화지요. 그리고 예전에는 상종을 말아야지 그랬던 사람들도, 이제는 나름대로 입장이 있고 그럴 수 있다는 마음의 여유를 가지게 됐어요. (성진 엄마)

즉, 이들은 산들초등학교에서 살아오는 동안 자신을 기준으로 상황을 바라보고 타인을 판단할 경우에는 아무리 좋은 제도를 들여놓아도 그 결과는 제도가 지향하는 바와는 동떨어진 모습으로 나타나게 된다는 것을 알았다. 그리고 문제가 발생하게 된 데는 타인에게만 원인이 있는 것이 아니라 자신에게도 있다는 것과, 다른 사람도 그들 나름의 입장이 있다는 것을 알았다. 그 점을 이정호 교사는 다음과 같이 말했다.

〈153〉

나도 그 사람을 판단만 하는 거야. 평가하고. 저 사람한테는 이런 부분들에서는 한계가 있구나 이렇게 해버리면서 아예 선을 그어버리려고 하는 것이 내 속에 있었던 것은 인정해야 될 것 같애. 그런 식의 생각들이 내가 교직에 20년 동안 있으면서 굳어져 있었던 것 같애. 그것을 내가 이 학교에 와서도 못 깼던 거고. 그리고 그것들이 자꾸 무리수를 두었고, 무리수를 둔지를 몰랐고. 박명준 선생 문제도 내가 그때 다가가서 따뜻하게 말했더라면 그런 갈등은 안 생겼을 것 같은 후회는 들어요. (이정호 교사)

이정호 교사는 자신의 관점을 기준으로 타인을 판단하고 타인이 그 기준에 부합하지 않을 때는 그 사람과 더 이상의 관계를 가지려고 하지 않았다. 그리고 설령 그와 무슨 일인가를 같이 해야 할 경우에는 그 일을 하는 데 필요한 만큼만 만났다. 그것은 어쩌면 그가 스스로 고백하고 있는 것처럼 20년간의 교직 생활이 그를 그렇게 만들었는지도 모르겠다. 교사들은 자신보다 훨씬 어리고 나약한 아이들을 상대하면서 자신에 대하여 이의를 제기받는 경험을 별로 해보지 못한 사람들이다. 이와 함께 "앞바퀴 교사"들은 자신들이 점점 더 자기중심적으로 되어가는 원인이 그동안 자신들이 만들어 놓은 것을 지키거나 옹호하려고 한 데 있었음을 알게 되었다. 그것은 결국 자신을 지키거나 옹호하기 위한 것이었다. 그래서 이정호 교사는 다음과 같이 말했다.

〈154〉

나는 누가 우리 학교 욕하면 싫어요. 내 자식 욕하는 것 같고. 우리 학교 애들 문제 있다고 얘기하면 싫어요. 듣기 싫어요. (이정호 교사)

이런 이유에서 "앞바퀴 교사"들은 자신이 만들어 놓은 산들초등학교의 시스템에 이의를 제기하거나, 그것을 위협할만한 요인이 발생하면 강력하게 제재를 가해서 자신들의 위세를 굳건히 하려고 했다. 누군가가 자신들이 추구하는 것과 다른 의견을 제시하면 강력하게 차단하거나 묵살하곤 한 것도 같은 이유에서였다. 그들에게 있어서는 현재 함께 살아가고 있는 사람들보다 자신이 만들어 놓은 학교가 더 중요했던 것이다. 결국 그 학교도 사람을 위한 것임에도 불구하고 말이다. 이정호 교사는 다음과 같이 고백했다.

〈155〉

조현숙 선생님은 첫해 굉장히 힘들었거든. 나는 조현숙 선생님이 힘들어야 한다고 생각했어요. 승진할 수 있는 토대로 여기에 와가지고 학교의 전체적인 맥을 흐트러뜨렸다는 원망도 있었고, 그 사람이 첫해에 보이는 아이들을 대하는 태도가 학교나 교육을 또는 아이들을 깊게 고민하는 사람이 아니라는 불신이 컸어요. 아이들을 끊임없이 경쟁시킨다든지, 그래서 학부모도 되게 힘들어하고, 맨날 한다는 게 모둠별로 경쟁시키거나 계속 딱지 붙이거나 벌청소를 시키거나 기존 학교에서 우리가 봤던 학급 운영의 부정적인 통제적 요소로 학급을 막 끌고 가는 거야. 그리고 처음에 왔을 때 주례회의에서 어떤 발언을 하는데 우리가 볼 때는 도대체 산들에서 저런 얘기로 토론을 해야 하나 하는 답답함이 있었어요. 그래서 우리도 공격적으로 나갔는데, 악의적으로 나간 것이라기보다는 '답답하다', '당신 틀렸다' 그렇게 하면서 학교의 헤게모니를 굳건하게 만들려고 하는 잠재적 욕구들이 드러났을 것 같애요. 그러니까 조현숙 선생님이 힘들었을 것이고. 손영애 선생님도 작년에 그 연장선에서 힘든 부분이 있었을 것이고. 그런데 올해 손영애 선생님이 왔다면 달랐을 것 같애. … 그게 우리가 잘못한 부분이 있다는 거지요. 의도했건 의도하지 않았건. (이정호 교사)

이런 홍역앓이 속에서 산들초등학교 교사와 학부모들은 자신의 기대대로 상대가 변화하기를 요구하기보다는 각자의 방식대로 열심히 살아가도록 돕는 것이 오히려 아이들을 위한 일이라는 것을 알게 됐다. 즉 자신들이 아이들을 위한 일이라고 생각해서 미리 만들어 놓은 틀 안에 다른 모든 사람을 억지로 밀어 넣기보다는 각자의 삶을 잘 살도록 돕는 것이 결국은 아이들을 위하는 길이라는 것을 알게 됐다. 그 점을 한 학부모는 다음과 같이 말했다.

〈156〉

("뒷바퀴 교사") 그 사람들의 헌신을 일방적으로 요구할 수는 없는 것이라고 생각해요. 그 사람들이 편안해져야 그 안에서 자연스럽게 풀려서 나오는 것들이 진정 건데기가 되는 것이지, 학부모들이 보고 있으니까 구색 맞추듯이 이렇게 저렇게 움직여주는 것은 그 사람들 삶에도 도움이 안 되고 그렇게 살아가는 모습을 보는 아이들에게도 도움이 안 된다고 봐요. 애들은 그냥 깨달아버리기 때문에. 남에게 보이기 위해서 살아가는 삶의 태도가 옳지 않다고 봐요. 차라리 그 선생님 방식이 있으면 그 선생님이 열심히 할 수 있는 방식을 택해서 최선을 다하는 모습이 아이들에게 훨씬 더 긍정적이라고 보는 것이지요. 주변의 상황이 그러니까 어쩔 수 없이 맞춰가는 모습 이것은 아닌 것 같아요. (범수 엄마)

요컨대, 산들초등학교 사람들이 더불어 살아가기 위한 방안을 모색하게 된 것은 그들이 처한 상황 때문이었다. 그들은 작은 학교 안에서 늘 서로 노출되어 있는 가운데 크고 작은 행사를 함께 해야 했다. 그 과정에서 의견의 차이나 각자 놓여 있는 여건의 차이로 인해서 부딪힐 수밖에 없었고, 계속 부딪히기만 할 경우에는 함께 살아갈 수가 없었다. 그 경우에 떠나는 것도 한 가지 방법이지만 일부 교사를 제외하고는 갈 데가 없었다. 그런 상황에서 아이들은 점점 더 어른들이 기대하고 예상했던 것과 다르게 자라고, 일부 교사가 떠난 자리에 다른 교사들이 오기를 꺼려했다. 그런 사태가 계속될 경우에는 산들초등학교가 지속되는 것은 말할 것도 없고 존속하는 것도 위태로웠다. 이런 상황 속에서 산들초등학교 사람들, 특히 "앞바퀴 교사"들과 "센사람"들은 그동안 자신들이 해온 일을 되돌아보지 않을 수 없었다. 자신들이 만들어 놓은 상황에 자신이 갇히게 되고, 그 상황의 압력을 더 이상 견뎌낼 수 없게 되자 비로소 자신을 되돌아보게 된 것이다. 그 점은 듀이(J. Dewey)가 반성적 사고는 기로 상태(forked-road situation)라고 말하는 상황에서 비로소 나타난다고 말하는 것과 동일하다. 그는 다음과 같이 말했다.

> (반성적) 사고가 시작되는 것은 **岐路的 狀態**(forked-road situation)라고 일컫는 것이 타당한 경우일 것이다. 이는 애매한 상태이며, 모순을 보여주는 상태이며, **兩者擇一**을 요하는 상태이다. 우리의 심적 활동이 **甲**에서 **乙**로 평온무사하게 **滑走**하는 한, 혹은 우리의 구상력이 마음껏 **想念**을 즐길 수 있도록 허락되는 한, 거기에는 **反省**에로의 요구가 없다. 그러나 하나의 신념으로 이끄는 도중의 곤란이나 장애가 우리를 멈추게 한다. 어떠한 결정을 내릴 수 없는 불안한 가운데서, 비유적으로 말한다면, 우리는 나무에 오르게 된다. 즉, 우리는 여러 사실 중에서 새로운 **發見**을 조사하기 위한 어떤 발판을 찾고자 애쓴다. 더 많은 **狀態**를 좌우할 수 있는 시야를 얻어, **現在**의 여러 사실이 상호 어떻게 관련되어 있는가를 판단한다. (Dewey, 1933/1979: 25-26)

산들초등학교 사람들은 듀이가 말하는 기로 상태 또는 상황압력을 더 이상 견딜 수 없는 상황에 놓임으로써 비로소 그동안 자신들이 옳다고 믿었던 신념을 되돌아보았고, 그것을 부분적으로 수정했다. 이정호 교사는 그것을 '산들에서 살아온 세월의 힘으로' 또는 '감각적'으로라고 표현했다. 그리고 산들초등학교 구성원의 대부분이 이런 상황 안에 함께 놓여 있기 때문에 김정식 교사는 그것을 '구성원 전체가 한꺼번에 태풍 치듯이 같이 홍역을 앓는다'고 표현했다.

그리고 역으로 나 역시 그런 상황에 의해서 반성적으로 사고했다. 앞서 밝힌 것처럼 나는 줄곧 공동체와 교육공동체에 관한 나름대로의 규정을 가지고 산들초등학교를 바라봐 왔다. 만일 내가 경제적으로 풍부할 정도로 여유가 있거나, 산들초등학교가 내가 기대하는 모습을 보여주었더라면 나는 현재와 같이 나를 되돌아보는 방식으로 이 글을 쓰지 못했을 것이다. 엄격하게 말하면 나 역시 상황압력에 의해서 나를 되돌아본 것이다. 그 점에서 보면 산들초등학교 사람들이 내가 기대한 공동체로의 모습을 보여주지 않은 것은 나로서는 다행이라고 말해야 할지도 모르겠다. 그들이 아니었으면 나 역시 내 생각이 옳다고 믿고 "센 사람"으로서 살아가고 있을 테니까 말이다.

이러한 사실은 서로 다른 사람들이 언제 어떤 상황에서 어떻게 서로를 이해하는 관계를 형성하는지, 즉 어떻게 해서 공동체를 형성하게 되는지에 관한 질문에 대답을 제공한다. 산들초등학교 사람들의 삶에 비추어볼 때 공동체는 퇴니스(Tönnies, 1887)가 말한 것처럼 개인의 자발적인 본질의지에 의해서 형성되는 것이 아니라, 상황의 압력에 의해서 형성된다. 공동체는 개인 사이에 교육적 관계가 형성되어야 하고, 교육적 관계가 형성되기 위해서는 상황 조건이 갖추어져야 한다. 공동체는 서로 다른 사람들이 함께 존재하는 곳에서, 각 개인이 자신을 기준으로 살아갈 수 없는 가운데 무엇인가를 함께 해야 하며, 그 세상을 벗어나서 다른 곳에서는 살 수 없을 때 형성된다. 구성원이 모두 같거나, 구성원 중에 누군가가 또는 서로가 자신을 기준으로 삼아서 살아가려고 하거나 그렇게 할 수 있을 때, 함께 무엇인가를 하지 않아도 되거나 그곳을 떠나 다른 곳에서 살아갈 수 있을 때는 그들 사이에 공동체가 형성되지 않는다. 그 경우에는, 서로를 이해하고, 그 이해를 통해서 함께 변화해 나가는 경험이 불가능하기 때문이다. 그것은 마치 물이 증발하는 것은 물의 속성 때문이기도 하지만, 더 이상 내려갈 곳이 없기 때문이기도 한 것과 마찬가지다.

3 교육에 의한 공동체

이러한 상황압력 속에서 산들초등학교 사람들은 다양한 사람들이 서로 어울려 살아가기 위해서는 어떻게 해야 되는지를 새롭게 알게 되었을 뿐만 아니라 공동체가 무엇인지에 관해서도 새롭게 인식하게 되었다. 그리고 그러한 공동체에 관한 인식은 지금까지 살펴본 것처럼 지난 삼 년 동안의 지난한 삶의 과정 속에서 구체화된 것이다. 그 점을 한 학부모는 다음과 같이 말했다.

〈157〉

처음에는 단순히 아이들 때문에 모였다고 생각하고, 그것을 추상적인 구호로 뽑아낸 것이 공동체라고 생각했어요. (이제는 공동체가) 추상적인 그림에서 구체적인 삶으로 들어온 것 같아요. 다른 사람이 도움도 주기는 했지만, 반대되는 의견이나 사람의 진심이라는 것이 전달되기도 쉽지만 통하기 힘들다는 것을 배울 때 굉장히 많이 아파하면서 거기서 또 배우는 같아요. (범수 엄마)

이들이 그동안의 삶의 과정을 통하여 공동체와 관련해서 새롭게 알게 된 것으로는 동일한 목적을 지향하는 사람들이 모든 일에 평등하게 참여하는 집단이 아니라, 다양한 사람들이 일상 속에서 각자의 역할을 수행하는 과정에서 공통의 일을 매개로 서로 이해하는 관계를 맺어 가는 것이다. 따라서 공동체는 서로 다른 사람 사이의 관계에서 형성되는 것이고, 그 관계 속에서 서로는 서로에 의해서 새로운 것을 배우고 변화해 간다. 그들에게 있어서 이것이 교육이고, 그들의 공동체는 '아이들의 교육을 위한 공동체'가 아니라 그들 '자신이 서로 교육이라는 관계로 맺어진 공동체', 즉 '교육공동체'다. 공동체는 교육공동체인 것이다. 이 점을 좀 더 자세히 살펴보면 아래와 같다.

1) "인생을 통해서 교육을 주고받는"

지금까지 살펴본 것처럼 산들초등학교 사람들은 산들초등학교가 추구하고 내세웠던 것과는 달리, 계절학교 등과 같이 교사와 학부모가 행사를 함께 치러내는 활동을 공동체적인 것으로 보지 않았다. 그것은 다음과 같은 이유 때문이었다. 산들초등학교는 학교의 각종 행사와 활동에 교사와 학부모가 다 함께 평등하게 참여하도록 허용한다고 했지만, 많은 경우에 학부모의 참여가 제한적이었으며 설령 참여가 허용된다고 해도 학부모의 지나친 참여로 인해서 오히려 교사들을 불편하게 하고 위축시켰다. 또한 "뒷바퀴 교사"들 역시 "앞바퀴 교사"들이 사전에 만들어놓은 계획에 따라서 제한된 범위 내에서만 참여할 수 있을 뿐이었다. 그리고 "쎈사람"들 역시 자신이 의도한 바대로 밥퍼아줌마들을 이끌고 가려고 함으로써 "밥퍼아줌마"들의 참여를 제한하거나 강요하는 현상이 발생했다.

이러한 과정에서 다수의 교사와 학부모들은 불편함을 느끼고, 그런 문제를 해결하기 위해서는 서로가 열린 마음으로 상대의 말과 행동을 받아들일 필요가 있다는 것을 알았다. 또한 "앞바퀴 교사"나 "쎈사람"들 역시 자신의 가치나 기준을 다른 사람에게 일방적으로 강요할 경우에 상대가 학교를 떠나거나 참여하지 않음으로써 그동안 자신들이 해온 일들을 되돌아보지 않을 수 없었다. 그러는 과정에서 공동체는 주어진 행사를 여러 사람이 힘을 합해서 함께 치러내는 데 있는 것이 아니라, 그 일을 치르는 과정에서 서로의 의견이 장애 없이 오고가는 데 있다는 것을 알게 되었다. 그리고 그처럼 서로의 의견을 자유롭게 주고받을 수 있는 것을 '관계'라는 말로 불렀다. 다음은 관계에 관한 한 학부모의 말이다.

〈158〉

공동체라고 했을 때는 혼자는 아닌 것 같애. 더불어서 하는 것이고, 그 더불어서 하는 것이 처음에 두 명이 출발할 수도 있고 여럿이 출발할 수도 있고. 넓게 시작했다가 나중에 두 명만 남는 것도 공동체가 되기도 하더라고요. 그 속에는 관계의 문제가 있는 것 같더라고요. 둘 이상의 사람이 관계를 맺어가면서 일을 해나가고 삶을 살아가는 어떤 형태들이라는 생각이 들어. 그 속에서 이뤄내는 게 다양하게 나타나는 것이고. (소담 엄마)

산들초등학교 사람들이 공동체를 이야기하는 데 있어서 관계를 중요하게 여기는 이유는 산들초등학교에 다양한 사람들이 모여 있고, 그로 인해서 서로 갈등이 발생하고, 불편함을 넘어서서 때로는 긴장감과 불안감을 느낀다는 데서도 찾을 수 있다. 이런 문제를 해결하기 위해서는 한두 사람의 주도적인 견해로 다른 사람의 의견을 판단하고 차단하기보다는 다양한 사람의 의견이 함께 수렴되도록 할 필요가 있었다. 따라서 그들이 가지는 공동체의 개념은, 다음에서 볼 수 있는 것처럼, 동일한 목적을 추구하기 위해서 모인 '동질적인 집단'에서 '다양한 사람들이 모인 집단'으로 변화했다.

〈159〉

처음에 추진위원 입장은 공동체는 더불어 싸안는 공동체라기보다 목표를 함께하는 사람을 옹호하는 것이라는 이미지가 더 강하게 다가왔어요. 점점 몇 년 살다 보면서 서로 부딪히고 살아가는 과정에서 그것만이 아니라 우리 전체 울타리가 공동체고, 그 안에는 다양한 모습을 가진 사람들이 있다는 사실을 깨닫기 시작했어요. 저는 그것이 중요하다고 봐요. 제가 계속 적대적인 감정을 가지고 갔다면 공동체라고 할 수 없겠지요. 우리 사는 과정이 계속 부딪히고 만날 수밖에 없기 때문에 해결이 됐다고 봐요. … 상진 엄마 문제도 풀리고. (윤미 엄마)

그리고 위에서 말하고 있는 것처럼 모든 사람이 모든 일을 동시에 다 함께 하도록 할 경우에는 다른 사람의 의견이 받아들여지지 않을 뿐만 아니라 원하지 않거나 형편이 되지 못해서 참여할 수 없는 사람에게까지 강요하는 결과가 발생했다. 다양한 사람들이 함께 어울려 살기 위해서는, 다음에서 학부모가 말하고 있는 것과 같이, 공동체라는 것은 모두 다 함께 하는 관계가 아니라, 할 수 있을 때 할 수 있는 사람이 하는 관계, 즉 그러한 '개인 간의 차이가 허용되는 관계'로 보아야 할 필요를 느끼게 되었다. 다음의 학부모는 과거에 공동체는 모두 같이 함께 해야 한다고 믿었던 자신의 사고가 경직되어 있었으며, 그런 사고의 이면에는 자기중심적 사고가 자리 잡고 있었음을 고백하고 있다.

〈160〉

공동체는 모두 다 같이 함께 해야 한다는 게 우리의 경직된 사고에서 나왔다는 생각이 들어요. 모두 다 같이 가야 한다는 것은 나를 위한 것일 수 있다는 생각을 해요. 소담 엄마가 튀지 않기 위해서 했다는 것처럼 나 역시 아이들을 모두 다 (같이 하게) 해야만 (내가) 능력이 있다고 생각되어질 수 있어요. 남한테 평가되는 게 아니라 나 스스로. 그

> 런 생각에서 각자가 자유로워지고, 학교 일도 꼭 해야 되는 것이 아니라 할 수 있을 때 하고, 할 수 없으면 다른 엄마가 하고. 나 아니면 안 된다는 것은 곧 다른 사람을 신뢰하지 않는 것이랑 같다고 생각해요. 다른 사람을 나만큼 신뢰하면 내가 없어서 힘들면 다른 사람이 할 수 있고, 그때 내 아이는 충분히 잘할 수 있을 것이라고 생각하기 때문에. (예은 엄마)

또한 산들초등학교 사람들은 학교의 각종 행사에 각자의 여건이 허락하는 범위 내에서 참여할 수 있게 함으로써 다양한 사람들이 함께 살아갈 수 있게 했지만, 그런 일들에 참여하기 이전에 각자에게 주어진 역할을 충실히 수행하는 것도 또 다른 종류의 다 함께 하는 일이라고 생각했다. 부모는 부모로서, 교사는 교사로서 자신의 역할을 잘할 때 그것이 아이들의 성장에 도움이 된다는 것이다. 아래는 그와 관련된 김정식 교사의 말이다.

〈161〉

> 예전에는 공동체 얘기하고 그런 말 나왔을 때 뜬구름 같기도 하고, 어떤 때는 제도적인 것들로 해석해서 봤고, 학부모들과 함께 어떻게 해야 되고, 꼭 함께 해야 하는 것이라고 봤는데 지금은 그보다는 내가 있는 그 자리에서 최선을 다하는 것이라고 봐요. 교사는 교사로서, 학부모는 학부모로서, 학생은 학생으로서 자기 역할을 좀 더 잘하면서 다른 사람을 살펴보는 것이라고 생각해요. 함께 한다는 것이 자기 있는 자리를 놓아두고 이리 뭉쳐야 하는 것이 아니라 자기 자리에서 최선을 다하면서 다른 사람을 돌아보는 것, 그게 함께라는 거지요. (김정식 교사)

그러나 다양한 사람들이 함께 살아갈 수 있는 방안을 이상과 같은 방식으로만 모색했다면 그것은 굳이 공동체라고 부르지 않아도 된다.

예를 들면 회사에는 사장을 비롯한 여러 명의 직원이 있으며, 각 직원은 자신에게 부과된 일을 한다. 이때 사장이 말단 직원의 일을 한다거나 말단 직원이 사장의 일을 하는 것은 아니다. 따라서 이런 경우는 초유기체라고 부르는 것이 타당하다. 그러나 산들초등학교 사람들은 자신에게 주어진 일을 충실히 하는 데만 머무르지 않고, '자기 자리에서 최선을 다하면서 다른 사람을 돌아보는 것', 즉 '다른 사람을 돌아보는 일'을 하도록 요구받는다. 그리고 아래에서 볼 수 있는 것처럼 그렇게 하는 데서 공동체가 형성된다고 본다. 즉 공동체는 각자에게 주어진 일을 하는 가운데, 그리고 자신이 할 수 있는 범위 내에서 각종 행사 등에 참여하는 가운데 서로를 이해하는 관계인 것이다.

〈162〉

공동체를 특별하게 규정지어서 보는 것보다 그냥 서로가 좀 더 이해하는 거라고 볼 필요가 있어요. 예전에는 공동체를 바라볼 때 학교 운영위 그 자체가 민주적으로 만들어지고 선출되고 의사결정구조가 만들어지면 공동체라고 본 적이 있었다는 거예요. 그리고 다음에는 참여라고 하는 것을 공동체의 중요한 부분으로 봐 왔던 게 이 학교의 상이었던 것이고. 그런 과정을 밟아가면서 어떤 것이 진정한 것인가를 탐색하고 자기 말들을 해간다는 거지요. 그래서 지금에 와서 공동체라고 하는 것은 (서로가 좀 더 이해하는) 그런 식으로 (보게 돼요). 다른 사람들도 그런 식으로 보는 것들이 느껴져요. 이것은 여러 선생님들이 얘기하는 것이기도 해요. (김정식 교사)

따라서 이러한 공동체는 이제까지 살펴본 것과 같이 특정한 행사를 교사와 학부모가 함께 힘을 합해서 치러내는 데 있는 것이 아니라, 아래의 인용문에서 알 수 있는 것처럼, 각자가 자신의 일을 성실히 수행하는 가운데 가까운 이웃들과 일상의 사소한 문제들과 관련해서 이야기를 나누는 과정 속에 존재한다. 한 학부모는 이 점을 다음과 같이 말했다.

〈163〉

일은 관계 속에서 어떤 행사를 하는 거지요. 가정에서도 대소사가 있잖아요. 그거는 그냥 어떤 행사예요. 진정한 공동체는 그 무수한 평범한 날들 속에 있는 거예요. 아주 평범한, 일상이라는 거 있잖아요. 밥 먹고, 자고, 사소한 것 갖고 얘기하고 그런 과정 속에 있는 거지요. (수민 엄마)

그런데, 위 학부모의 말에서 공동체가 일상의 평범한 날들 속에 있다는 것은 단순히 행사를 치르는 과정에는 공동체가 없다거나, 일상의 평범한 날들 속에는 어디에나 항상 공동체가 존재한다는 것을 의미하는 것은 아니다. 어떤 일을 하건 그 일과 관련해서 서로 이야기를 나누는 과정 속에 공동체가 존재한다는 것이다. 위에서 말하는 '관계' 역시 이 점을 두고 하는 말이라고 볼 수 있다. 즉 관계를 중심에 두고 보면 일상의 일이나 행사는 모두 관계를 형성하는 데 매개가 되는 것이다.

이상과 같이 공동체를 서로 다른 사람들이 서로를 이해하는 관계로 볼 경우에, 한쪽이 다른 쪽에게 자신의 사고나 주장을 일방적으로 강요할 때와 달리 양자 사이에 변화가 따르기 마련이다. 산들초등학교 사람들은 자신들의 삶의 경험을 통해서 자신들이 많이 변화했다는 것을 스스로 느끼고, 공동체는 바로 그런 변화를 불러일으키는 것이라고 생각했다. 다음은 그와 관련된 학부모들의 진술이다.

〈164〉

혼자서 가는 게 아니고. 혼자서 갈 수 있는 상황이 아니잖아요. 그룹을 이루어서 가는데 일반의 공교육에는 보내고 싶지 않은 욕구가 있고, 뭔가 다른 것을 지향하는데 거기에서 모여진 공동체이거든요. 그들의 시선은 있겠지요. 맨 처음에 의도하고자 하는 어떠어떠한 바람들. 그 시선이 있는데 그것을 조율해가면서 가는 과정이 공동체인 것 같아요. (수민 엄마)

〈165〉

변화되는 모습을 발견할 수 있다는 것이 공동체가 아닐까. 어차피 똑같은 마음으로 시작한 것이 아니잖아요. 아무 생각 없이 산들을 선택했는데 아이들은 좋아지고 엄마도 좋아지고. 변화를 본인도 느끼고 다른 사람도 느낄 거야. 그런 모습을 서로 발견하고 느끼는 게 공동체가 아닐까. (연하 엄마)

즉, 산들초등학교 학부모들은 산들초등학교에 서로 다른 기대를 가지고 왔다가, 자신들 사이에 그 기대가 다름으로써 발생하는 갈등을 해소하는 과정에서 자신이 변화하는 모습을 발견하게 됐다. 물론 이때의 변화에는 인형을 만들 줄 몰랐던 교사가 학부모로부터 인형 만드는 방법을 배우게 되는 수준의 변화도 포함되지만, 그보다 더 근본적인 변화는 그들이 말하는 것처럼 열린 마음을 갖게 되었다는 점일 것이다. 즉 다른 사람을 자신을 기준으로 바라보지 않게 되고, 그럼으로써 삶을 살아가는 태도가 변화했다는 점일 것이다. 그리고 이와 아울러 공동체의 개념을 새롭게 가지게 되었다고 볼 수 있다. 따라서 공동체가 서로 이해하는 관계 속에서 그 안의 개인들이 변화해가는 것이라고 한다면, 공동체는 외부로부터 주어지거나, 처음부터 만들어져 있는 것이 아니라 개인들이 노력해서 만들어 가는 것이다. 좀 더 정확히 말하면 아래의 학부모가 말하고 있듯이, 개인들이 서로 이해하는 관계를 맺을 때 부수적으로 형성되는 것이라고 볼 수 있다. 아래의 학부모는 그것을 공감이라고 불렀다.

〈166〉

공동체라는 것은 저절로 생기는 것도 아니고, 사람들 마음속에 딱 있어서 찾아내는 것도 아니고, 결국은 만들어가는 산물이라고 생각해요. 그런데 그 산물이 교감이라면 교감이고 공감이라면 공감인데 그런 얘기 과정 속에서 (만들어지지요). 그러니까 토론 문화도 상당히 중요하지요. 우선 마음이 열리고 그걸 토론해 나가고. 그런데 토론 활동이라는 게 실천 활동과 매개되지 않으면 상당히 공허한 울림에 지나지 않고. 그러니까 같은 장에 있는 사람들이 공동체성을 획득하기가 가장 쉽지요. 그러면서 점점 높은 수준의 질을 담보해 나갈 수 있을 것도 같구요. (경화 엄마)

결국 공동체는 서로 다른 사고를 가진 사람이 서로를 이해하는 관계를 맺을 때 형성되는 것이며, 그 관계로 인해서 개인들은 서로 변화하고 공감하게 된다고 볼 수 있다. 그리고 경우에 따라서는 뒤의 <사례 178>에서 볼 수 있는 것처럼 상대에게 책임감을 느끼기도 한다. 그리고 산들초등학교 사람들은 이처럼 서로 다른 개인들이 서로를 이해하는 관계 속에서 변화해가는 모습을 '교육'이라고 말했다.

〈167〉

하나의 인간이 잘 살아가는 그 자체가 교육이잖아요. 학교를 다녀서만 교육이 아니라 인생을 통해서 교육을 주고받는 관계라면 그것이 다 교육공동체라고 생각해요. 주연이 엄마가 전화해서 우리 애가 니네 애 때문에 괴롭고 누구 때문에 괴로운데 이런 문제가 있다더라 하고 같이 고민하고, 걱정하고, 풀어보고, 같이 의논해서 얘기한다거나 그런 모든 것들, 행사에 품앗이로 나와서 같이 하고 그런 등등이 모여서 공동체가 되는 것 아닌가요? (윤미 엄마)

위에서 '잘 살아가는'이라는 말은 경제적으로 부유하다거나 사회적인 지위가 높다는 것을 의미하지는 않는다. 그것은 혹시 '잘사는 것'이 될 수도 있지만, 교육은 될 수 없다. 여기서 잘 살아간다는 것은 인생을 통해서 교육을 주고받는 것이고, 인생을 통해서 교육을 주고받는 것은 일상을 살아가는 동안 다양한 장면 속에서 주변의 다양한 사람들을 서로 이해함으로써 자신이 변화해가는 것이다. 즉, 서로 다른 사람이 열려 있는 마음으로 서로를 이해함으로써 서로 변화하는 것이 교육이고, 그것이 잘 사는 것이다. 즉 이제 그들에게 있어서 교육은 자신이 가치 있다고 생각하는 것을 아이들에게 가르치는 것만이 아니다. 어찌 보면 그들에게 있어서 훨씬 더 중요하고 본질적인 것은 후자가 아니라 전자다.

그리고 그들은 공동체가 그러한 변화를 가능하게 하는 것이라고 생각한다. 바로 그런 점에서 그들에게 있어서 공동체는 서로를 교육하는 공동체, 교육적 관계로 맺어진 공동체, 즉 교육공동체인 것이다. 그리고 이러한 교육공동체는 정형화된 상태로 존재하는 것이 아니라 자신이 타인과 이해하는 관계를 맺을 때 문득 드러난다. 한 학부모는 그것을 '부정형의 아메바'라고 불렀다.

〈168〉

교육이라고 하는 것은 삶에 서로 물결처럼 간섭하는 관계인 것 같아요. 끊임없이 퐁퐁 떨어지는 돌덩어리(들에 의해서 생긴 물결)들이 서로 간섭하고 만나고 간섭하고 만나고, 사라졌다가 또 만나고 이런 관계들이 계속되는 건 아닌가, 서로에게 영향을 주고받는 것 아닌가 이런 생각이 들거든요. 아이들이 어떤가에 따라서 선생님들도 많이 바뀌더라고요. 저 역시 배운다는 측면에서, 그리고 다른 사람들에게 생각할 거리를 준다는 점에서 보면 저도 많이 이 안에서 배우는 거지요. 배우기도 하고 알게 모르게 다른 사람에게 상처를 주기도 하고. 교육공동체는 뭐 그런 관계들이 맺어져 있는 것 같아요. 그게 어떤 틀 속에 있는 것이 아니라 부정형의 아메바처럼 꿈틀꿈틀 (거리는 거지요). (범수 엄마)

아메바(Amoeba)는 단세포 동물로서 겉 부분은 겔(gel) 상태로 약간 단단하고 속은 유동성의 졸(sol) 상태다. 아메바는 안의 졸과 밖의 겔이 순환적으로 변환하면서 이동한다. 즉 아메바는 일정한 형태가 없고, 안과 밖의 구분도 없다. 위에서 학부모는 아메바의 이런 특징에 비유해서, 교육공동체는 부정형의 아메바처럼 꿈틀거리는 것이라고 표현했다. 즉 공동체는 정형화된 형태를 띠고 있지 않으며, 만일 정형화된 형태를 가진다면 그것은 더 이상 공동체가 될 수 없는 것이다.

2) "끈끈하고 유연한"

산들초등학교에는 다양한 사람들이 모여 있으므로 지난 3년 동안 그들이 해결해야 할 주요한 과제는 어떻게 하면 다양한 사람들이 충돌이나 긴장 없이 어울려서 살아가는가였다. 그리고 이와 관련된 또 하나의 과제는 외부로부터 새로 들어오는 사람을 어떻게 대해야 하는가였다. 특히 작은 규모의 학교를 유지하려고 노력함에도 불구하고 간혹 무리한 방법으로 전입해 들어오는 사람들을 어떻게 받아들일 것인가가 항상 산들초등학교의 딜레마였다. '다 함께' 속에 이들을 포함시킬 것인가가, 포함시킨다면 어떤 방식으로 포함시킬 것인가가 그들이 해결해야 할 또 하나의 숙제였다. 이러한 숙제를 해결하는 과정에서 나타난 공동체의 속성이 끈끈하고 유연한 것이다. 한 학부모는 다음과 같이 말했다.

〈169〉

안에서는 끈끈하고 관계 자체가 편안하고, 편안하기 때문에 자유로울 수 있고, 그런 관계고, 외부나 다른 이질적인 집단 개인에게도 탄력적으로 유연하게 받아들일 수 있는 품어낼 수 있는 공동체였으면 좋겠어요. 새로 오는 엄마들한테도 정말 잘 오셨습니다. 그렇게 말하고, 당신이 원하는 것들이 산들에 있습니다. 이렇게 말할 수 있으면 좋겠고, 그 사람들이 여기 와서 함께 녹아서 같이 가는 산들이 됐으면 좋겠어요. (예은 엄마)

유연하다는 것은 두 가지를 의미한다. 첫째는 산들초등학교 사람들 사이의 관계에 있어 다른 사람을 자신의 기준으로 판단하지 않고 이해하는 것이다. 그럼으로써 <사례 170>의 경우에서 볼 수 있는 것처럼 그들 사이에 끈끈함이 발생한다. 둘째는 외부로부터 들어오는 사람들을 배타적으로 대하지 않는 것을 의미한다. 산들초등학교에는 해마다 새로운 신입생이 들어오고, 공립학교이기 때문에 새로운 교사들이 발령받아 온다. 그중에는 산들초등학교가 추구하는 것에 동의하는 사람도 있지만 그렇지 않은 사람도 있다. 신입 학부모와 기존 학부모, 전입교사와 기존의 교사 사이에는 항상 낯섦과 긴장이 발생하고, 이러한 긴장을 해소시키기 위해서는 기존의 사람들이 유연해질 필요가 있다. 그리고 앞서 살펴본 것처럼 이 유연함을 유지하도록 하는 것이 열린 마음이다.

그러나 이러한 희망과는 달리 아직 산들초등학교의 모든 사람이 서로에게 유연한 것은 아니다. 아래의 학부모 말에서 알 수 있듯이 아직도 내부적으로는 집단 간에 갈등의 골이 남아 있다. 비록 그렇기는 하지만 산들초등학교 사람들은 최근에 이를수록 더 많은 사람들 사이에 서로를 이해하는 관계가 확산되고 있으며, 그런 관계를 유지하기 위해서는 각자가 어떻게 살아가야 하는지를 더 많은 사람들이 자각하고 있다. 그 점에서 아직까지는 희망적이라고 볼 수 있다. 그리고 끈끈하고 유연한 관계가 산들초등학교의 모든 사람에게 확산되기 위해서는 시간이 필요한 것도 또한 사실이다.

〈170〉

학부모들은 그룹 그룹이 생겼어요. 하지만 그 그룹 그룹이 모여서 또 전체가 됐거든요. 그것을 다 통합해내는 데 교장의 역할이 있다고 생각해요. 그런 역할이 미진하기 때문에 그룹 그룹이 끈끈하면서 대립되는 면이 있지요. 그렇기는 하지만 산들이라는 이름으로 개별적으로 끈끈해요. 3년 동안 아주 많이 친해졌어요. 반별로도 친해졌고, 반 내에서도 뜻 맞는 사람들끼리 아주 많이 친해져서 속내를 드러낸다고요. 교사들도 그럴 것 같애요. 이제 그런 것을 통합해내는 사람이 필요해요. 그러면 잘 되는 거고, 그렇지 못하면 끈끈함으로 인해서 감정싸움이 계속되는 거지요. 감정이 끈끈하기 때문에 더 증폭되는 거예요. 이 아줌마랑 나랑 끈끈하지 않으면 이 아줌마가 당한 일에 내가 열 낼 일이 없어요. 그것이 다 유연해지면서 통합해내면 아주 건강하고 좋은 집단이 되겠지요. 거기에 교사까지 다 들어온다면 더 말할 나위 없이 좋은 게 되는데, 그러려면 좀 더 시간이……. (예은 엄마)

이상에서 살펴본 산들초등학교 사람들이 새롭게 가지게 된 공동체의 개념은 '교육공동체'라는 한마디로 요약할 수 있다. 이 점을 역으로 말하면 적어도 그들에게 있어서 교육적이지 않은 공동체는 공동체가 아니다. 공동체는 서로 다른 사람들이 다양한 삶의 장면 속에서 서로를 이해하는 관계를 맺을 때 형성되는 것이며, 개인들이 그런 관계를 맺을 때 서로 변화하게 된다. 그것이 그들의 교육이다. 그럼으로써 그들 사이에는 끈끈한 유대감이 형성되고, 외부의 사람들에게도 유연하게 대할 수 있게 된다. 즉 이때의 공동체는 한정된 지역에 가시적인 형태로 고정되어서 존재하는 것이 아니라 아메바처럼 유연하고 유동적으로 존재하게 되는 것이다.

산들초등학교 사람들은, 모든 사람이 항상 그런 것은 아니지만, 공동체와 교육의 개념을 위와 같이 새롭게 가짐으로써 그들이 그동안 겪어왔던 소외의 문제를 해결했다. 즉 그들은 서로를 이해함으로써 상대와 내가 통합되고, 그로 인해서 제3의 나를 형성해간다. 그것은, 타인의 의사에 반해서 자신의 이상을 실현함으로써 자신으로부터의 소외 문제는 해결하지만, 그것이 타인으로부터의 소외를 유발하고, 결국은 자신으로부터도 소외되는 결과를 초래하는 것과는 전혀 다르다. 내가 타인과 통합됨으로써 내 안의 주관적 자아와 객관적 자아도 통합되고, 성장해가는 것이다. 달리 말하면 그들은 자신이 만들어 놓은 상황의 압력 속에서 소외의 문제를 극복하기 위해 공동체와 교육의 개념을 새롭게 가졌다고 볼 수 있다.

그런데, 보기에 따라서는 이런 공동체 개념은 산들초등학교 사람들이 자신이 처한 상황을 공동체로서 유지하고 설명하기 위한 과정에서 나타났으므로 그들에게만 타당한 개념이라고 말할 수도 있다. 그러나 그들의 삶과 우리의 일상적인 삶 사이에는 유사성이 있을 수 있고, 그런 유사성이 더 잘 드러나는 삶의 장면들이 있을 수 있다. 따라서 그들이 새롭게 형성한 공동체와 공동체 개념은 우리의 일상 삶에 적용되고 그것을 설명하는 개념이 될 수 있다. 특히 다양성이 더욱 증대되고 있는 현대 사회에서는 이와 같은 공동체 개념이 더 큰 의미를 가질 수 있다.

예를 들면 유경희(2000)는 최근 들어 우리나라 각지에서 생겨나고 있는 공동육아 협동조합 가족들 사이의 공동체성 형성 과정에 관한 연구 결과를 기술하면서 공동육아 협동조합 가족들 사이에서 진정한 의미의 공동체성을 발견할 수 없으며, 이상적인 공동체는 허상이라고 말했다. 이와 함께 그는 공동체 대신 다른 용어가 필요하지 않는지 자문하고, 그가 연구한 그 가족들 역시 자신들의 현실적인 조건에 따라서 공동체 개념을 수정해가고 있다고 보고하고 있다. 아래는 그와 관련된 그의 말이다.

〈171〉

연구 대상이 된 공동육아 협동조합 가족의 공동체성을 한마디로 이야기하자면 그들 가족 간의 특수한 공동체성일 뿐이지 더 넓은 사회와의 관계 속에서의 진정한 의미의 공동체성은 아니다. … 참 모순되게도 집단 내 가족들 간의 공동체성이 단단하게 형성되면 형성될수록 집단 밖의 외부 가족들이 수용될 가능성은 더욱더 어려워지고 외부 사회와는 단절된 삶을 살아가게 된다는 것이다. … 이상주의적인 공동체 개념은 하나의 허상이고 말 그대로 이상일 뿐이다. … 어떻게 보면 '공동체라는 용어 대신의 다른 용어가 필요한 것은 아닐까?' 하는 생각도 하게 된다. 결국 공동체 개념이란 정의하기 나름이며, 이곳의 참여가족들은 집단 구성원의 조건에 맞는 현실적이고 합리적인 공동체로 그 개념을 수정해가면서 나름대로의 공동체성을 형성해가고 있다. (유경희, 2000: 278-280)

공동육아 협동조합 가족의 삶을 산들초등학교의 공동체 개념에 비추어보면 그들 사이에 진정한 의미의 공동체성이 존재하지 않는다기보다는, 다른 의미의 공동체, 즉 교육공동체가 형성되고 있다고 볼 수 있다. 그 점은 그들이 참여와 갈등의 과정 속에서 공동체 개념을 수정하고 일상의 삶이 변화하며 서로 유대감을 형성해가고 있는 데서 알 수 있다. 만일 그가 9개월 이상의 기간 동안 참여관찰을 하고 공동육아 협동조합 가족들 사이에 상황압력이 좀 더 강하게 작용했더라면 교육공동체로서의 모습을 더욱 선명하게 볼 수 있었을지도 모른다. 어쨌건 공동체를 이와 같은 방식으로 이해할 때 우리는 한 집단이나 사회 속에서 이루어지는 인간의 삶을 더 잘 이해할 수 있고, 현대 사회가 안고 있는 소외의 문제, 즉 실존의 과제에 대한 하나의 해답을 얻을 수 있다. 이 점은 다음 장에서 좀 더 상세히 알아본다.

V 교육의 눈으로 보는 삶

이상에서 나는 지난 3년 동안 산들초등학교 사람들이 공동체로서의 새로운 학교를 만들기 위해서 어떤 노력을 했는지, 그 과정에서 그들 사이에 어떤 갈등을 겪었는지, 왜 그 갈등을 겪을 수밖에 없었는지, 그 갈등을 해결하기 위해서 노력하는 과정 속에서 어떤 종류의 경험을 했는지 등을 살펴보았다. 특히 그들이 경험한 내용을 주로 공동체의 개념과 교육의 개념의 변화와 관련하여 살펴보고, 그들이 왜 그런 변화를 경험하게 되었는지 알아보았다.

그들은 기존 학교에서의 소외 문제를 해결하기 위해 모두가 평등하게 참여하는 공동체 학교를 꿈꾸었다. 그러나 그들은 서로의 차이로 인해서 갈등할 수밖에 없었으며, 서로 갈등하고 갈등을 해결하는 과정 속에서 공동체는 서로의 다름을 인정하고 이해하는 속에서 서로 배우고 성장해가는 것이라고 생각하게 되었다. 그리고 그런 과정에서 이루어지는 것이 교육이라고 생각하게 되었다. 따라서 그들에게 있어서 공동체는 교육공동체였다.

그들이 이러한 사고의 변화를 경험하게 된 것은 대부분이 산들초등학교를 떠나지 못하는 가운데 서로 부딪히면서 함께 살아갈 수밖에 없었기 때문이다. 나는 그들이 살아가는 모습을 지켜보면서 내가 그리고 있던 공동체의 모습대로 살아주기를 기대하기도 하고, 그들이 내 기대대로 살아가지 않자 절망하기도 했다.

이하에서는 그동안 그들이 살아온 모습과 관련하여 교육적 존재로서의 인간이란 어떤 모습인지 살펴보기로 한다. 그 가운데 첫째는 인간으로서 소외되지 않고 타인과 더불어 실존한다는 것이 무엇인지를 알아보는 것이다. 둘째는 집단적 존재로서의 인간이 함께 살아가는 곳이 사회라면 그 사회 속에서 결회체와 공동체는 서로 어떤 관련이 있는지 알아보는 것이다. 셋째는 교육적 존재로서의 인간이란 무엇이며, 인간은 언제 왜 교육적 존재로서 살아가는지 살펴본다. 그리고 인간에 대한 그러한 이해는 교육학의 이론적 논의에, 일상을 살아가는 사람들에게, 그리고 현실의 학교 교육을 개선하는 데 어떤 시사를 제공하는지 살펴본다.

1 공존으로서의 실존

사람들은 무력감을 느낄 때 비로소 자신이 소외되어 있다는 것을 알기 시작한다. 의사는, 치료하면 살릴 수 있는 희망이 있는 환자를 진료비를 내지 않는다는 이유로 퇴원시키는 병원 관리자를 보면서 무력감을 느낀다. 사람들은 무력감이 깊어질 때 자신의 행위의 의미를 의심하게 되고, 의미의 상실은 일탈행동으로 나타나기도 한다. 이정호 교사가 이전에 근무하던 학교에서 관리자가 승진 점수를 미끼로 교사들을 비열하고 치졸한 방법으로 통제하는 데 대해서 항의했지만 공허한 메아리로만 들려오게 되자 수업만 마치고 일찍 퇴근하는 등의 행동을 한 것도 바로 이런 것이다. 그러한 일탈행동은 자신의 존재를 상대에게 확인시키고자 한 것일 수도 있다. 이정호 교사는 상대가 그러는 자신에 대해서 아무런 반응도 하지 않자 자신이 그들, 그 세계로부터 철저히 소외되었음을 깨닫고 마침내 사직을 결심했다. 다른 세계에서 자신의 존재를 확인하려고 했던 것이다.

산들초등학교에 자원해서 왔던 교사들, 도시의 대규모 학교에 자녀를 보내다가 산들초등학교로 전입해 온 학부모와 그 아이들도 모두 자신의 존재를 확인하기 위한 것이라고 볼 수 있다. <사례 17>에서 볼 수 있는 것처럼, 기계적으로 운영되는 도시의 대규모 학교에서 아이는 숫자 하나이거나, 때로는 있는지 없는지도 모르기 때문에 그 숫자 안에도 들지 못하는 그야말로 무존재다. 이런 상황 속에서 학부모들은 자기 아이의 존재를 확인하기 위해서 작은 학교를 선택했다. 그리고 자신들이 이상적이라고 생각하는 교육활동을 전개했다. 그들은 그것이 아이를 비롯하여 자신의 존재를 확인하는 길이라고 생각했고, 그 일들을 하는 동안 자신이 하나의 존재자로서 살아 있다는 느낌을 받았다. 그래서 이정호 교사는 특히 2001년부터 2002년 사이에 자신은 산들초등학교에서 교사로서의 존재감을 느낀다는 말을 자주 했다.

즉, 그들은 그렇게 하는 것이 소외되지 않고서 살아가는 것, 실존하는 것이라고 생각했다. 자신이 주체가 되어서 자신의 의지대로 결정하고, 선택하고, 실행하는 것이 그들의 실존이었던 것이다. 이렇게 함으로써 그들은 행위하는 자아와 행위해야 한다고 생각하는 자아가 분리되지 않고, 자신과 자신이 하고 있는 일이 분리되지 않으며, 자신과 타인이 서로 분리되지 않고, 자신과 자신이 살고 있는 세계가 분리되지 않는다. 그들은 모두 같은 이상, 같은 목적, 같은 생각을 가지고 있다고 믿었다. 따라서 자신과 타인과 세계가 통합되었다고 믿었다.

그러나 그것은 그들의 잠시 동안의 착각이었다. 산들초등학교는 공립학교이므로 해당 학구에 거주하면 누구나 입학할 수 있고, 해마다 20명 가까운 아이와 가족이 입학하고, 교사도 해마다 바뀌었다. 그들은 각자 서로 다른 생각을 가지고 있었고 처지도 달랐다. 새로 오는 사람뿐만 아니라 함께 있던 사람 사이의 차이도 드러났다. 그들은 각자의 요구와 주장을 내놓았다. 그러자 "앞바퀴 교사"나 "쎈사람"은 산들초등학교의 시스템을 유지하기 위해서 이견을 차단하거나 배척했다. 그 과정에서 서로 갈등하고 모두가 소외되었다. 자신이 주체가 되어서 자신의 의지대로 학교를 운영하는 것은 소외의 문제를 근본적으로 해결하는 것이 아니었다. 그것은 그들 내부 사람들뿐만 아니라 외부사람들로부터도 소외되는 것이었다. 전입생 문제를 두고 학부모들 사이에 갈등이 발생한 것이 바로 이 점을 의미한다. 결국 그들은 자신들이 추구해온 공동체가 허구임을 알게 되었다. 앞의 <사례 157>에서 범수 엄마가 이제 공동체가 '추상적인 그림에서 구체적인 삶으로 들어온 것 같다'고 한 말은 바로 이 점을 의미했다. 내가 보기에 그들이 새롭게 자각한 공동체에서 실존(exist)한다는 것은 바로 공존(co-exist)한다는 것을 의미했다.

산들초등학교 사람들은 한편으로는 서로 갈등하기도 하지만, 다른 한편으로는 그 갈등을 해결하기 위해 노력하는 과정에서, 그리고 일상의 사소한 일들을 함께 하고 그 일과 관련해서 대화를 나누는 가운데 서로 정을 느꼈다. 아래의 말에서 알 수 있는 것처럼, 경우에 따라서 상대가 자신이 이해할 수 없는 행위를 했을 경우에는 비난하기도 하지만, 상대가 그 행위를 어떤 배경 속에서 왜 했는지를 알게 됨으로써 그를 이해하고 공감하기도 한다. 그리고 자신도 타인에 의해서 그처럼 이해받을 수 있으리라는 기대 때문에 자신을 스스럼없이 드러내 보일 수 있게 된다. 다음은 한 학부모의 말이다.

〈172〉

이해하고 정이 쌓여가는 것 같아요. 사람들한테 다. 교장 선생님한테도 그렇고, 선생님한테도 그렇고. 학부모들 사이에서도 그렇고. 너무 잘 알고 그러니까, 그 사람이 그렇게 행동해서 '왜 저렇게 한대'라고 한순간 말할 수 있지만, 또 한 번 되짚어서 생각해보면 이해가 돼요. 그래도 참 힘들겠구나, 안타깝기도 하고. 그런 것들이 가능한 공간이 산들초등학교가 아닌가 싶어요. 다른 학교에서는 있을 수 없잖아요. 한 가지 행동만 보고 그 사람에 대해서 판단하고 말아버리니까. 좋은 거 아닌가요? 다른 사람도 나를 그렇게 봐줄 것 아니에요. 내가 뭔가 실수를 해도, 물론 그 상황에서는 비난하겠지만, 또 다시 풀 여력이 생기고 그 사람이 나를 이해줄 것 같은 기대를 해서 엄마들하고 지내는 것도 편안해요. 요번에 새로 온 엄마들은 누군지 모르지만. (예은 엄마)

산들초등학교 사람들이 이처럼 서로를 이해하고 스스럼없이 드러내 보일 수 있는 것은 다음 학부모의 말에서 알 수 있는 것처럼 하나의 기준으로 상대방을 평가하지 않기 때문이다. 예를 들면 교회와 같은 경우도 여러 사람이 함께 모이는 곳이지만, 사람들은 그곳에서 산들초등학교에서와 같은 편안함을 느끼지 못한다. 그곳은 신앙심이라는 한 가지 기준으로 신도들을 평가하기 때문이다. <사례 86>의 경우처럼 상대가 도덕적인 기준을 적용해서 자신을 바라볼 때 불편함을 느끼는 것도 바로 이런 이유 때문이다. 그러나 산들초등학교의 경우는 일상적인 관계 속에서 서로를 열린 마음으로 이해하려고 노력하기 때문에 자신의 치부도 상대에게 드러내 보이고 상대로부터 좋은 점을 배우기도 한다.

〈173〉

인간적으로 부딪히는 게 너무 좋아요. 다른 데서 부딪히는 거하고 달라요. 제가 교회에 다니는데 거기도 다른 여러 사람이 모이는 공동체잖아요. 거기는 한 가지 기준으로 되잖아요. 그 기준을 삼아서 사람을 평가하잖아요. 산들은 처음에는 취약한 부분을 스스로 드러내지 않아요. 그렇지만 지나면서 편하게 자신을 보일 수 있어요. 저조차 숨기고 싶어 하는 것을 숨김없이 드러내고, 다른 사람의 좋은 면을 진심으로 좋아해주고 같이 나눌 수 있다는 게 저한테 도움이 많이 된 것 같아요. 그렇게 맺은 인간관계가 정말 좋아요. (연하 엄마)

〈174〉

한꺼번에 모여서 얘기하는 게 좋아요. 내가 과민한 시각으로 봤는데 어떤 엄마는 여유 있게 생각한다고 할 때 그 과정을 통해서 다른 시각을 가질 수 있잖아. 나는 민감하게 생각하지만 애들 크는 과정이라네 하면서 놀라다가 아이들의 성장과정 자체를 받아들일 수 있잖아. (윤미 엄마)

〈175〉

뭐든지 좀 찬찬히 들여다보는 법을 배웠어요. 제가 일반 학교에 있었다면 나영숙 교사를 그렇게 기다리거나 그 교사의 내면까지 이해하기 위해서 그렇게 많은 시간을 투자하지 않았을 것이라고 생각하거든요. 그런데 산들에서는 그것을 놓치면 실패하기 때문에 많이 들여다보려고 했었고요. 그것이 사람과의 관계를 굉장히 좋게 하고 서로를 이해하게 하는 부분이 되었다고 생각해요. (오미진 교사)

이런 관계는 비단 학부모들에서만 발견되는 것은 아니다. 교사들 사이에서도 일부 "앞바퀴 교사"가 자신의 기준에 따라서 나머지 교사들에게 당위적인 삶을 요구하던 것에서 벗어나 모두가 한 사람의 교사로서 자신의 견해를 이야기하고, 다른 교사들은 그 이야기를 경청하고 그 말의 의미를 이해하고 공감하려고 노력하게 되었다. 아래는 교사들의 변화된 모습에 관한 한 교사의 진술이다.

〈176〉

선생님들이 술자리에서 하는 얘기를 들어보면 옛날하고 달라요. 자기가 살아가는 중심에서 어떻게 풀어야 될 것인가 하는 문제가 술자리에서 나와요. 큰 이견 없이. 그리고 대화를 하면서도 산들은 이래야 돼 이런 당위적인 얘기들이 안 나온다는 거예요. 한 명이 나와서 좍 설명하고 설파하는 것들이 아니라, 사람들이 다 돌아가면서 얘기하고 사람들이 하나하나의 얘기를 끝까지 다 경청해준다는 거예요. 거기에 '맞어' 한다든지, 첨언한다든지 그러고. 그런 것들을 지켜보면서 유쾌했어요. 좀 더 본질적인 것을 해석하려고 하고, 지켜보려고 하고 있지 않느냐 하는 생각이 들어요. (김정식 교사)

그리고 사람들 사이의 이러한 관계는 단순히 서로가 자신의 생각을 자유롭게 드러낼 수 있게 됨으로써 해방감을 맛볼 수 있게 한다거나, 서로의 동질성을 확인하게 해주는 데 그치는 것은 아니다. 사람들은 서로 열린 마음으로 대화하고 서로를 이해하려고 노력함으로써 앞의 <사례 174>에서 볼 수 있는 것처럼 상대로부터 내가 배우기도 하거니와, 내가 상대의 이야기를 주의 깊게 듣고 이해함으로써 상대는 자신의 생각을 더욱 발전시켜나가기도 한다. 다음의 말은 바로 그 점을 이야기하고 있다.

〈177〉

다른 학교에서는 친한 사람조차도 속내를 드러낼 수가 없거든요. 안 친해서 속내를 안 드러내는 게 아니고, 철학적 동질성이라든지, 내 얘기가 저 사람 속에서 이해되는 구조가 있을 것이라고 믿지 않기 때문에 이야기를 안 하는 거예요. 친한 것은 친한 거지만. 그런데 여기서는 내 속에 이런 생각이 들어 있었나 긴가민가하는 생각들이 막 내 입으로 터져 나올 때가 있어요. 그럴 때는 상호작용이 일어났기 때문에 가능한 거지요. (이정호 교사)

위의 말에서 알 수 있는 것처럼 나도 몰랐던 생각들이 입을 통해서 터져 나오게 되는 것은 상대가 있기 때문이며, 그 상대가 내 말을 주의 깊게 듣고 열린 마음으로 이해하려는 태도를 보이기 때문이다. 따라서 그 생각은 비록 내 입에서 나왔다고 해도 나 혼자만의 생각이 아니라 공동의 생각이라고 볼 수 있다. 결국 그 공동의 생각 속에서 상대와 나는 하나로서 존재하며, 그럴 때 나는 상대와 하나가 되는 느낌을 갖는다. 앞의 <사례 164>에서 말하는 서로 다른 시선을 조율한다거나, <사례 119>에서 말하는 서로의 마음을 조절하고 변화해간다는 것 역시 이것을 의미한다고 볼 수 있다. 그리고 이처럼 하나가 되는 느낌은 상대에 대한 나의 적극적인 행동으로 이어진다. 다음의 경우가 그 예이다.

〈178〉

그거는 어느 모임에서도 많이 듣는 거예요. 정말로 실감하게 됐지요. 내 아이만 바라보고 잘 키워서 안 되는 것이라는 것을. 많이 접촉하니까요. 여기서는 애들이 서로 속속들이 알고 부모도 함께 그렇기 때문에 남의 아이도 책임이 느껴져요. 전에는 친구 데리고 와서 그 애가 버릇이 없으면 그 애가 간 다음에 내 애한테만 얘기하지요. 예전 같으면 친구가 놀러 와서 버릇없이 행동을 해도 '니네 엄마 무섭다' 그럴까봐서 모른 척 했는데, 이제는 쫓아가서 나무라지요. 책임이 느껴지더라고요.

> 알기 때문에 그렇겠지요. 한 번 보고 말 관계라는 느낌을 지나서 책임을 느끼고, 주변 친구들이 개선돼야 내 아이도 거기에 묻혀서 그렇게 되는 거잖아요. 예를 들면 욕을 안 하게 하려면 주변을 개선해야 잖아요. 같이 책임이 느껴지지요. (주연 엄마)

상대를 내가 이해하고, 상대 역시 나를 이해하는 경험이 반복됨으로써 상대와 나는 점점 더 많은 면에서 하나로 인식되어가고, 상대뿐만 아니라 상대의 자녀까지도 나 자신 그리고 내 아이로 받아들이게 된다. 그리고 단순히 그들을 배려할 뿐만 아니라 그에 대한 책임감까지 느낀다. 위의 사례에서 서로 속속들이 알기 때문에 남의 아이에 대해서까지 책임감을 느낀다는 것은 바로 이 점을 의미한다고 볼 수 있다. 상대에 대해 책임감을 느끼는 것은 상대를 나로서 인식해야 가능하기 때문이다.

요컨대, 그들은 서로가 열린 마음으로 상대를 대하고, 그 과정에서 상대로부터 배우고, 때로는 자기 안에서 자신도 모르고 있던 생각이 터져 나오는듯한 경험을 하는 속에서 서로를 초월한 새로운 자신을 만들어가고, 새로운 자신으로서 살아나간다. 그들은 자신의 그러한 변화가 상대로 인해서 가능함을 알고, 나로 인해서 상대가 변화함을 안다. 이런 일이 가능한 것은 서로가 다르기 때문이다. 만일 그들이 서로 한 치도 빈틈없이 동일하다면 이런 일은 불가능했을 것이다. 그들은 서로 다름에도 불구하고 서로의 안에 자신이 있음을 알게 되고, 비록 피를 함께 나누지 않았어도 타인이 바로 나와 다름이 없다고 느낀다. 그래서 상대의 자녀까지도 자신으로 인식하고 책임감을 느낀다. 그들은 이런 관계 속에서 자신과 타인과 세계가 통합되어 있다. 그들은 서로에 의해서 실존할 뿐만 아니라 공존하고, 공존할 뿐만 아니라 실존한다. 그들이 실존하는 것은 공존하기 때문이다.

이런 사실은 현대 사회가 안고 있는 소외의 문제를 어떤 방향으로 해결해가야 하는지에 관하여 중요한 시사를 제공한다. 인류는 생존의 문제를 해결하기 위해 더불어 살아야 했고, 더불어 사는 과정에서 집단이 대규모화되고 질서가 구조화되었다. 구성원들은 구조화된 질서에 따라서 이질화되고 분리되면서 소외의 문제가 발생했다. 그동안 많은 사람들이 이 문제를 해결하기 위해서 구조를 제거함으로써 구성원을 평등하게 하거나, 구성원 사이의 차이를 유지하는 가운데 동질성을 내면화함으로써 공동체를 형성하려고 시도했다. 그러나 그것은 또 다른 결회체를 만들고 또 다른 소외를 유발하는 일이었다. 최근 들어서는 일부 사람들이 이 문제를 해결하기 위해서 차이의 공동체를 주장하기도 하지만, 그것은 서로 다른 사람들 사이의 차이를 허용하기만 할 뿐 그 차이가 사람들을 어떻게 관계 짓는지는 설명하지 못했다.

산들초등학교의 공동체는 바로 이 점을 설명해준다. 산들초등학교 사람들은 갈등의 과정을 통해서 함께 살아가기 위해 서로의 차이를 인정하고, 상대의 관점에서 상황을 바라봄으로써 새로운 인식을 얻게 되며, 그로 인해서 서로 통합됨을 느낀다. 즉 산들초등학교 사람들은 차이로 인해서 분업적 관계가 아닌 교육적 관계를 맺고, 교육적 관계로 인해서 실존하며 공존하는 것이다. 이런 점에 비추어보면 현대 사회에서 소외의 문제를 해결하는 방안은 기존의 분업적 관계를 제거함으로써 또 다른 소외를 유발하고 생존마저 위태롭게 하는 대신, 개인들 사이의 교육적 관계를 다양하게 활성화하는 데서 찾아야 할 것이다. 어쩌면 최근 들어서 인터넷 통신을 매체로 해서 사람들이 다양하고 활발하게 네트워크화 되는 것은 그러한 관계를 모색하는 한 가지 움직임이라고 볼 수 있을지도 모르겠다.

2 공동체와 결회체

그러나, 산들초등학교 사람들이 이처럼 공동체와 교육의 의미를 새롭게 깨닫고, 삶의 방향과 방식을 새롭게 인식함으로써 그들 사이의 관계가 종전의 그것에 비해 원만해졌다고 해서 산들초등학교가 바로 그들이 말하는 공동체 그 자체인 것은 아니다. 산들초등학교는 다른 학교나 다른 삶의 장소와 마찬가지로 사람들이 살아가는 장소 가운데 하나일 뿐이다. 그곳에는 다른 곳과 마찬가지로 지금도 여전히 기쁨과 슬픔, 웃음과 울음, 기대와 실망, 협력과 갈등이 함께 있다. 최근에는 또 다시 전입생 문제로 교사와 학부모, 학부모들 사이에 갈등을 빚고 있다고 한다.

산들초등학교는 지난 2004년 6월에 모 텔레비전 방송국으로부터 방영을 제안받았다. 교사들은, 산들초등학교가 전에도 서너 차례 방영되었지만 그때마다 방송국의 기획 의도와 편의에 따라 편집되어 단편적으로 소개되고, 오히려 그로 인해 외부로부터 전입과 관련된 문의만 많아진다는 점을 우려해서 방영을 거절했다. 그럼에도 불구하고 방송국에서 여러 차례 요청해 오자, 교사들은 현재 우리나라 학교교육이 가지고 있는 문제점을 지적하고 공교육이 나아가야 할 방향과 희망을 제시하는 것도 산들초등학교가 해야 할 일이라는 점을 고려해서 방영을 허락했다.

그런데 이번에는 경우가 달랐다. 방송국에서는 학교가 만들어지게 된 과정과 학교에서 운영되고 있는 교육활동, 학교 시설, 그에 대한 산들초등학교 사람들의 소감 등을 1시간 동안 상세하게 소개했다. 그리고 효과는 즉각 나타났다. 방영 이후로 산들초등학교의 홈페이지에는 방문객 수가 부쩍 더 늘었고, 학교로 찾아와서 전입을 문의하는 사람도 더 많아졌다. 전입과 관련된 문의만 응대하는 사람이 따로 필요할 정도였다. 아래는 그 방송을 보고 전입을 문의한 한 학부모가 산들초등학교 홈페이지에 남긴 글이다.

〈179〉

숨 쉬는 공기 같군요.

현재 신도시에 거주하고 있습니다. 아시다시피 신도시는 최악의 교육환경입니다. 학원과 학습지가 아니면 아이들의 삶은 유지가 되지 않습니다. 조그만 신도시 내에서의 학부모 간 빈부차별은 정말 역겨울 정도입니다. 올해 초등 1학년인 우리 조카는 벌써 전쟁터에 내몰려 있습니다. 조카의 부모인 저희 오빠와 새언니도 나름의 교육철학으로 아이를 자유롭게 키우고자 하였고 많이 노력했습니다만 초등학교에 보내니 정말 힘들다고 이야기합니다. 주류를 따라가지 않았을 때에 가해지는 주류에 의한 폭력은 정말 도가 지나치더군요.

아래에 교장 선생님께서 하신 당부의 말씀을 보며 제가 이기심이 지나친 것인가 했지만 맹모삼천지교라는 말이 절 더 강하게 붙드는군요. 그 전부터 산이 가까운 곳에서 아이들 키우고자 해서 의정부 쪽으로 집을 옮길까 하고 있었는데 내년에 유치원을 보내야 하는 큰애를 보면서 학교를 어쩌나 망설이고 있었는데요, 어제 텔레비전을 보고 산들초등학교가 정말 숨 쉬는 공기 같이 제게 다가왔습니다. 현재 살고 있는 곳과 그다지 멀지도 않구요. 그래서 그곳 학군으로 이사를 하고자 합니다. 그런데 어디로 이사를 가야 그곳 학군이 되는지 궁금합니다. 학부모님들 많은 조언 부탁드립니다. 정말 그곳의 일원이 되고 싶습니다. (감자)

위에서 알 수 있는 것처럼 대다수의 학부모들에게 산들초등학교는 오아시스와 같은 곳으로 비쳤다. 이런 부모들 가운데 일부가 앞의 제3장

제3절에서 살펴보았던 것과 같은 방법으로 거주지를 옮기고 전입해 왔다. 이런 사람이 하나 둘 늘어가면서 그나마 좁은 교실이 더 비좁아졌다. 상황이 점점 더 학교로서는 감당할 수 없는 방향으로 흘러가자, 교사들은 이 문제를 두고 여러 차례 대책회의를 했다. 그 결과 내린 결론은 운영위원회의 회의를 통해서 2004년 6월 이후로 산들리에 이사 왔다가 다시 돌아가는 사람은 아이도 데리고 내려가는 것을 공식화하고, 그 원칙을 학부모에게 알리는 것이었다. 그리고 학교 홈페이지에도 그것을 게시했다. 아래는 그 내용이다.

〈180〉

★☆ 전입학 문의에 대한 답변 (필독)☆★

우리 학교 전입학 관련 질문에 답변입니다. 먼저 우리 학교에 보내주시는 여러분의 지지에 감사를 드리며, 우리의 교육 현실 속에서 저희 학교에 거는 기대와 희망이 전입학과 관련한 문제로 다가올 때 유연한 입장을 취할 수 없음을 대단히 송구스럽게 생각합니다. 전입학과 관련하여 부정확한 정보로 문의가 폭주함은 물론이고, 이미 적정 학생 수를 초과하고 있어 우리 학교가 추구하는 '작은 학교' 교육활동이 심각하게 지장을 받고 있습니다. 이에 다음과 같이 전입학과 관련하여 문의가 많았던 부분에 대해 말씀을 드리고자 합니다.

1. 우리 학교는 대안학교가 아닌 공립보통학교로서 국가가 지정한 정규 과정을 준수하고 있으며 교과, 학사 일정 등 모든 운영 방식이 기존 학교와 다르지 않습니다.
2. 우리 학교 전입학 조건은 우리 학교 학구에 전 가족이 실거주하는 경우에 한합니다. 학구는 무릉도 매향시 춘래면 산들리, 산중리, 산하리 입니다.
3. 우리 학교는 복식학급이 운영되던 시절의 13평 크기의 매우 작은 교실로 건축되어 학급당 20명 이내가 적정하나, 이미 4-5명씩 초과되어 교실에 학생 사물함도 비치하기 어려운 실정입니다. 또한 여러

가지 여건상 교실증축 계획도 가지고 있지 못합니다(현재 6학년을 제외한 모든 학년이 25명 이상의 과밀 수준입니다).

4. 현재 우리 학교의 학구는 산들산도립공원 지역으로서 건축 제한이 엄격하여 주거 단지가 형성되어 있지 않고, 요식업을 중심으로 상가만이 형성되어 부동산 중개가 거의 이루어지지 않는 실정입니다.
5. 현재 학구 이외의 학생은 폐교 직전에 희망시 지역에서 전입한 학생들이며, 현재는 학급당 적정 학생 수를 초과하여 학구 외 학생은 받아들일 수 없는 실정입니다. 통학버스도 이분들이 자치적으로 전세버스를 임차하여 운영하고 있습니다.
6. 주소지만 이전하는 경우는 실거주 확인 과정에서 입학을 취소하며, 임시 거처를 구하여 전입하였다가 다시 학구 외 지역으로 이사하는 경우는 반드시 전학해야 합니다.

※학부모님께도 간곡하게 부탁드립니다. 학부모님의 학교에 대한 애정과 자부심, 그리고 열정이 얼마나 소중한지 알고 있습니다. 그러나 그것이 또 다른 외부 분들에게 과장되거나, 혹은 전입학과 관련된 부정확한 정보가 제공되는 일이 발생하지 않도록 세심한 배려를 해주시기 바랍니다.

내부적으로 전입학과 관련된 많은 어려움이 있을 것을 예상하면서도 대중매체에 학교를 노출하게 된 것은 저희 학교 교육의 내용들을 자랑하고 싶어서가 결코 아니었습니다. 다만 우리나라 공교육에 작은 희망과 꿈이 있음을 함께 나누고 싶은 생각, 그리고 각자가 처한 현실과 조건에서 서로 뜻과 힘을 모아 학교 개혁에 힘쓰시는 분들께 '소박한 과정의 사례'를 공유하는 것이 나름대로 저희가 해야 할 일이라 여겼기 때문입니다.

우리 학교에 대한 과분한 관심과 격려를 보내주시는 많은 분들께 다시 한 번 깊은 감사와 존경을 드리며, 한 분 한 분 의견에 충분히 답변 드리지 못한 점을 양해해 주시기 바랍니다. 그 밖의 질문은 007-700-7878로 연락주시면 성의껏 답변해 드리겠습니다. 감사합니다. 좋은 날 되십시오. (산들초등학교 홈페이지 운영자)

요컨대, 산들초등학교는, 학생들이 많아짐으로써 정체성을 상실할 위기에 놓이게 되었다. 그리고 그 위기는 과거에 학생들이 줄어듦으로써 폐교될 뻔했던 위기와는 그 방향에 있어서만 차이가 있을 뿐 성격은 동일했다. 따라서 교사들은 그 위기를 해결하기 위해서 학교의 현실을 외부에 정확히 알리고, 위장 전입과 임시 전입의 여지를 사전에 차단하고자 한 것이었다. 그러나 그것은 도덕성을 강조하는 학부모들의 강한 반발을 낳았고, 그로 인해서 도덕성을 강조하는 학부모와 원칙을 강조하는 학부모 사이에도 갈등이 재연됐다. 앞에서 살펴본 공동체와 이기적인 집단의 논쟁이 다시 시작된 것이다.

나는 이런 소식을 듣고도 더 이상 우울하거나 실망스럽지 않았다. 산들초등학교는 하나의 사회이고, 거기에는 결회체로서의 모습과 공동체로서의 모습이 둘 다 있다는 것을 깨달았기 때문이다. 즉, 그들이 깨닫고 내가 발견한 산들초등학교의 공동체는 그들 삶의 한 측면이거나, 특정한 상황에서 두드러지게 드러나는 모습일 뿐 전부는 아닌 것이다. 그동안 내가 공동체와 관련해서 범한 오류가 바로 이것이었다. 나는 산들초등학교 사람들과 마찬가지로 공동체는 순수한 형태로 이 세상에 존재한다고 믿었던 것이다. 그래서 산들초등학교에서 그것이 이루어지기를 기대했고, 그 기대가 이루어지지 않자 실망한 것이다. 그러나 공동체는 원뿔에 있어서의 삼각형에 해당한다고 볼 수 있다. 원뿔이 구성되기 위해서는 원과 삼각형의 두 측면이 모두 있어야 하는 것처럼, 사회도 결회체와 공동체의 두 측면이 다 있어야 존립이 가능하다.

그런데 사회에 있어서 결회체와 공동체 사이의 관계가 원뿔에 있어서 원과 삼각형 사이의 관계와 다른 점은, 원과 삼각형은 서로에게 아무런 영향을 미치지 않는데 비해서, 결회체와 공동체는 상호작용을 하고, 양자 사이의 상호작용으로 인해서 사회가 변화하고 발전해간다는 점이다. 나는 이 점을 설명하는 데는 물과 김의 비유가 적절하다고 생각한다.

물은 항상 낮은 곳으로만 흐른다. 낮은 곳으로 흘러가는 동안 땅을 깎아내기도 하고 각종 침식물을 운반하다가 쌓기도 하면서 강과 계곡을 만들어낸다. 그리고 더 이상 낮은 곳이 없으면 거기에 고이고, 고이면 썩는다. 아래쪽으로 내려간 물이 영원히 그 자리에 고여 있다면 지구 생태계는 존재할 수 없다. 그러나 물은 열의 힘을 받아서 다시 높은 곳으로 올라간다. 그때의 모습(?)이 김이다. 김은 물이 펄펄 끓는 경우처럼 물과 대기 사이의 기온차가 심하지 않으면 우리 눈에 잘 보이지 않는다. 하늘 높이 올라가서 차가운 공기와 만날 때 비로소 우리 눈에 구름으로 보이고, 다시 낮은 곳으로 떨어진다. 그 물을 마시고 대지가 숲을 이루고, 그 숲에 짐승이 깃들어 살아가다가 죽는다. 그런 일이 지구의 탄생 이래 셀 수 없을 만큼 반복되고 반복되고 또 반복되면서 지층을 남기고, 지구의 역사가 만들어졌다. 물이 물로서만 존재하거나, 김으로서만 존재한다면 지구의 현재나 과거나 이후의 미래도 존재할 수 없다.

인간 사회에 있어서 결회체와 공동체 역시 마찬가지다. 사람들이 함께 모여 살기 시작한 이래 사람들 사이에는 질서가 만들어졌다. 한번 만들어진 질서는 사람들에게 편안함을 제공했다. 사람들은 그 질서에 따라 살아가면서 만리장성을 쌓기도 하고 피라미드를 만들기도 하고 우주선을 우주로 날려 보내기도 했다. 그렇지만 다른 한편으로는 사람들이 그 편안함에 안주하고, 앞서 살펴본 이라크 사람들의 경우에서 알 수 있는 것처럼 그 질서는 점점 언제 어디서나 사람들이 따라야 하는 것으로 구조화된다. 그럼으로써 사람들은 질서 속에 갇히고 소외된 삶을 살아가게 됐다. 만일 그 구조화된 질서가 지속되고 사람들이 계속 소외된 채로 살아간다면 사회는 아노미 상태에 빠지고 마침내 존립의 위기를 맞게 될 것이다. 그런 상황에서 사람들은 기존 질서의 모순을 지적하고 새로운 질서를 모색한다. 새로운 질서를 모색하는 과정에서 사람들은 갈등하기도 하지만, 새로운 질서가 정착되고 나면 그 갈등도 적어진다. 그리고 그렇게 해서 만들어진 새로운 질서는 다시 구조화의 길을 걷게 되고, 그것의 모순이 정점에 달할 때 또 다시 그로부터 벗어나려는 탈구조화의 움직임이 싹튼다. 지금까지 인류는 이런 과정을 반복하면서 이 땅위에 다양한 삶의 흔적을 남겨왔다.

인간의 사회에서 구조화된 질서의 모습을 띠는 것이 결회체라면, 그런 구조화된 질서의 모순으로부터 벗어나려는 모습을 띤 것을 공동체라고 볼 수 있다. 인간의 사회에서 이 두 측면은 외따로 존재할 수 없다. 사회가 결회체로서만 존재한다면 사람들은 개미와 다를 바 없이 고정된 역할만 수행하는 가운데 소외된 채로 살아가고, 공동체로서만 존재한다면 사회는 늘 무질서하게 된다. 그리고 이 두 측면은 순차적으로 존재하지 않는다. 그것은 이 세상의 물이 모두 증발한 뒤에 수증기가 다시 물로 내려오지 않는 것과 마찬가지다. 물의 일부는 항상 증발하는 것과 마찬가지로 공동체는 항상 우리 사회의 한 측면으로서 존재한다. 다만 물이 증발하기 위해서는 기압이 낮거나 물에 열이 가해져야 하는 것처럼 공동체의 모습이 드러나기 위해서는 특정한 상황 조건이 충족되어야 한다. 특히 물을 급격히 가열하면 펄펄 끓는 것처럼, 상황의 압력이 강하게 작용할 때는 공동체의 모습이 더 잘 드러난다. 산들초등학교는 이런 점들을 잘 드러내 보인다.

산들초등학교는 상황의 특수성으로 말미암아 구조화의 요구와 탈구조화의 요구가 동시에 강하게 존재한다. 산들초등학교 사람들은 기존의 공립학교 체제를 대신할 수 있는 새로운 학교 시스템을 만드는 것을 자신의 주요 과제 가운데 하나로 삼았다. 그것은 기존 학교에서 나타나는 소외 문제를 해결하기 위해서였다. 그리고 그 일환으로 체험학습을 비롯한 각종 행사를 다양하게 계획했다. 그러나 그 행사들은 학교의 규모에 비해서 지나치게 많았다. 새로운 시스템을 조속히 정착시키고, 제한된 인력으로 다양한 행사를 해내기 위해서는 효율성이 필요했고, 효율성을 충족시키기 위해서는 강하게 조직화될 수밖에 없었다. 그러나 그것은 또 다른 소외를 유발했고, 그 소외는 그들이 기존의 학교에서 극복하고자 한 것과 성격상 다르지 않았다. 이런 상황 속에서 그들은 새로운 소외를 극복하기 위한 노력을 또 다시 해야 했다.

산들초등학교가 지난 3년 동안 보인 모습, 그리고 최근에 다시 불거진 갈등은 이처럼 구조화의 요구와 탈구조화의 요구, 각각의 요구를 반영한 결회체로서의 모습과 공동체로서의 모습이 반복해서 드러나는 것이라고 볼 수 있다. 상황에 따라서 특정한 두 모습 가운데 하나가 좀 더 두드러지게 전경으로 드러나는 것이다. 그리고 그 과정에서 산들초등학교 사람들과 산들초등학교가 변화해간다고 볼 수 있다. 최근에 나는 산들초등학교의 홈페이지에서 다음과 같은 글을 발견했다.

〈181〉

관계 그리고 진화

요즈음 들어 내가 보는 많은 현상(또는 사건이라고 할 수도 있고)을 이해하는 데 있어 고정화된 구조로, 개념으로, 윤리로 해석할 수 없다는 생각이 들 때가 많아진다. 학교 안에서 생기는 많은 일들과 공동체란 낱말을 떠올릴 때면 더더욱 그렇다. 안정, 갈등이 없는 정적인 상태, 고정된 좌표처럼 이상적인 조건을 생각할 때가 있었다. 그런데 요즈음 생각이 많이 바뀌어가고 있다.

사람들 사이의 관계를 규정한 조직이란 것도 쉼 없이 에너지가 유입되는 살아 있는 유기체와 같이 변화하는 것이다. 그러고 보면 어떤 에너지가 유입되기에 운동하고, 운동하고 있기에 변화하고, 운동하기에 불안정해 보이기도 한다. 그런데 역설적으로, 운동하기 때문에 안정을 유지한다. 달리는 자전거가 그러한 것처럼. 우주의 수많은 행성 또한 운동하는 가운데 오묘한 질서를 만든다. 지구가 어떤 행성과 충돌해서 박살난다고 해도 다시 다른 수많은 행성들의 인력에 의해 곧바로 새로운 우주 질서가 창조된다.

우리가 어울려 살면서 생기는 작고 큰 갈등이나 충돌 또한 우주의 질서처럼 새로운 질서를 만드는 기폭제가 될 수 있지 않을까? 우리 안에 새로운 세계를 향하는 커다란 힘(에너지, 열정, 능동성, 욕망?)이 이러한 조건을 더 많이 수용하거나, 이질적인 것을 배척하거나 하면서 새로운 질서를 만들고, 우리의 관계도 진화해 가는 것이 아닐까? 생물의 종이 단순화되는 쪽으로 진화하거나, 복잡해지는 쪽으로 진화하는 것처럼 말이다. 이 모두가 진화이다. (김정식 교사)

위의 글에서 알 수 있는 것 가운데 하나는, 이미 앞서 살펴본 것처럼, 공동체에 관한 김정식 교사의 생각이 바뀌었다는 사실이다. 그리고 그 변화는 산들초등학교에서의 갈등 속에서 이루어졌음을 알 수 있다. 특히 그는 앞바퀴로서의 역할을 해야 했기 때문에 그에게는 구조화의 요구가 더 강했고, 그로 인해서 탈구조화를 요구하는 다른 사람들로부터 더 큰 비난을 받았다. 그 점은 다른 "앞바퀴 교사"나 "쎈사람"들 역시 마찬가지다. 어찌 보면 이런 사고의 변화는 바로 구조화의 요구와 탈구조화의 요구 사이의 갈등 상황으로 인해서 나타났다고 볼 수 있다. 다른 하나는, 김정식 교사가 자신들 사이의 관계도 진화해나갈 것이라고 본다는 사실이다. 말하자면 그는 구조화의 요구와 탈구조화의 요구, 또는 결회체와 공동체 사이의 상호작용 과정 속에서 새로운 질서가 만들어지고 산들초등학교가 변화해갈 것이라고 본다는 것이다.

요컨대, 인간의 사회에서 공동체는 결회체와 함께 사회를 구성하는 한 측면이다. 사회는 양자가 함께 존재할 때 비로소 존재할 수 있다. 사회는 결회체로서의 측면으로 인해서 안정성을 유지할 수 있고, 공동체로서의 측면으로 인해서 지나친 구조화로 인한 모순을 극복하고 새로운 사회로 변화해나갈 수 있다. 그것은 물이 증발되어 순환할 때 물이 썩지 않고 대지가 푸르름을 유지할 수 있는 것과 마찬가지다. 개인들은 결회체의 한 구성원으로서는 소외된 채 살아가지만, 공동체의 한 구성원으로서는 타인과 더불어 새로운 자아를 열어나가는 가운데 실존한다. 한 개인의 삶 속에는 소외의 모습과 실존의 모습이 함께 존재한다. 개인이 결회체의 강한 구조 속에서만 살아가게 될 경우는 개미와 마찬가지로 태초의 모습을 그대로 유지할 수밖에 없고, 공동체의 탈구조화 상태에서만 살아가게 될 경우에는 생존을 위협받을 수 있다. 두 가지 모습이 삶에 함께 갖추어져 있을 때 개인은 다른 사람과 더불어 살아갈 수 있다.

3 교육적 존재

지금까지 살펴본 것처럼 산들초등학교 사람들은 그들의 삶 속에서 공동체의 개념을 새롭게 탐구해왔다고 볼 수 있다. 초기의 그들은 동일한 교육적 목적을 달성하기 위해서 다 함께 평등하게 참여하는 집단을 공동체라고 생각했다. 그러나 그들은 함께 생활하는 과정에서 서로의 사고나 처한 환경의 차이로 인해 갈등을 겪고, 다 함께 참여한다는 것의 의미를 새롭게 모색했다. 그 과정에서 그들이 알게 된 것은 공동체란 각자의 역할을 충실히 하는 가운데 자신과 다른 사람들을 열린 마음으로 이해하는 관계이다. 그렇게 하는 과정에서 서로 배우고, 변화해가며 실존한다. 이 관계가 교육이고 공동체다. 그들이 형성한 공동체에 비추어보면 공동체는 이질적인 사람들 사이의 관계이며, 그 공동체는 현실의 삶 속에서 형성되기는 하지만 결회체와는 다른 측면이다.

산들초등학교 사람들이 이처럼 공동체의 개념을 새롭게 탐구하고, 변화해나가는 과정은 기존의 이론적 관점으로는 충분히 설명되지 않는다. 이런 점을 비교적 가깝게 설명하고 있는 것은 인류학의 관점이다. 인류학은 인간의 행위를 그 집단의 문화가 개인을 통해서 표현되는 것으로 설명해왔다. 인류학의 관점으로 보면 산들초등학교 사람들이 살아온 과정은 그 집단의 문화가 표현되는 것이라고 말할 수 있다. 그러나 지금까지 내가 살펴본 산들초등학교 사람들의 삶 속에는 문화적 과정으로 설명되는 점도 있지만 설명되지 않는 점, 즉 삶의 과정을 통해서 기존의 사고 또는 문화가 변화해나가는 점도 있었다. 이 점을 설명하기 위해서는 새로운 이론적 관점이 필요했다.

이하에서는 왜 인류학의 관점으로는 그 점이 충분히 설명되지 않으며, 교육은 그 점을 어떻게 설명할 수 있는지 살펴본다. 그리고 산들 초등학교 사람들의 삶을 교육의 관점에서 설명한 것을 토대로 삶과 교육 사이의 관련에 관한 기존의 설명이 가지는 한계를 극복할 수 있는 방안을 모색해본다.

1) 문화적 과정

지금까지 여러 분야의 학문들이 인간을 이해하기 위해서 노력해 왔다. 인류학도 그 가운데 하나다. 전통적으로 인류학, 그 가운데 문화 인류학은 인간의 행위를 문화와 관련하여 설명하는 데 관심을 가져왔다. 인류학은 일반적으로 인간의 행위는 문화가 표현된 것이므로, 행위를 이해하거나 설명하기 위해서는 그 이면의 문화를 알아야 한다고 생각한다. 이런 관점이 가장 전형적으로 나타나는 경우가 문화결정론(cultural determinism)이다. 문화결정론에 따르면 인간의 행위는 문화에 의해서 결정된다. 인간은 문화를 표현하도록 하는 수단일 뿐이다. 이런 관점을 전형적으로 보여주는 사람은 미국의 인류학자 화이트(L. White)다. 그는 인간과 문화의 관계를 아래와 같이 말한다.

> 인간-문화 체계에서 인간은 종속변수이고, 문화는 독립변수이다. 인간이 무엇을 생각하고 느끼며, 하는지는 그의 문화에 의해서 결정된다. 그리고 문화는 그 자체의 법칙들에 따라서 행동한다. (White, 1969/2002: 439)

만일 화이트가 이 시대에 활동했더라면 인간과 문화 사이의 관계를 컴퓨터와 컴퓨터 프로그램 사이의 관계로 비유했을 것이다. 컴퓨터가 모니터에 어떤 그림을 보여주는가는 거기에 깔린 프로그램에 따라서 달라지는 것처럼 인간의 행위와 문화 사이의 관계로 마찬가지라는 것이다. 위의 인용문에서도 알 수 있듯이 문화결정론에 따르면 인간이 세상을 인식하고, 실천하는 것은 문화에 의해서 좌우된다. 그러므로 야노마모(Yanomamo)[10] 남자들은 부인이 다른 남자와 잠을 잔 것을 알게 되면 상대 남자에게 몽둥이 결투를 신청하고, 이뉴잇(Innuit)[11] 남자들은 노래 대결을 신청하고, 주니(Zuni)[12] 인디언은 아마도 자신의 부인이 남편을 바꾸려고 한다고 생각한다(한국문화인류학회 편, 1998). 이처럼 동일한(?) 사태에 대하여 다르게 행위하는 것은 문화가 다르기 때문이다.

인간이 문화에 따라서 세상을 다르게 해석하고 실천한다는 생각은 문화결정론자가 아니어도 문화를 연구하는 사람들의 공통된 전제이다. 예를 들면 구디너프(W. Goodenough, 1981)는 문화는 특정한 집단의 사람들이 따르는 "행위의 표준"이라고 말한다. 즉 인간은 문화를 준거삼아서 세상을 바라보고 행동한다는 것이다. 문화에 대한 이러한 설명은 그 초점이 인간에게 맞추어져 있을 뿐 문화결정론과 동일한 사고를 담고 있다. 이러한 사고에 따르면 문화는 인간으로 하여금 세상을 인식하도록 하는 개념 또는 개념의 체계이고, 인간은 그 문화에 따라서 외부의 세상을 인식하고 실천한다.

이러한 관점에 따르면 산들초등학교 사람들이 보이고 있는 삶은 문화적 과정으로서 해석될 수 있다. 산들초등학교 사람들은 자신들이

---

10) 남아메리카 베네수엘라와 브라질 국경 부근에 사는 인디언. 야노마노는 '진짜 인간'이라는 뜻을 가지고 있다.

11) 우리에게 에스키모(Eskimo)라고 알려져 있는 민족. 에스키모는 '고기를 날로 먹는 사람'이라는 뜻이며, 그들은 스스로를 "이뉴잇"이라고 부른다. 이뉴잇은 '사람다운 사람'이라는 뜻이다.

12) 미국 남서부의 리오그란데 강 서쪽에 거주하는 인디언.

가지고 있는 공동체의 개념에 따라서 산들초등학교의 시스템을 만들어서 운영했다. 즉, 그들이 가지고 있는 공동체 개념이 산들초등학교라는 구체적인 모습으로 나타났다고 볼 수 있다. 그런데 산들초등학교 사람들이 새롭게 만들었던 학교 시스템, 즉 공동체의 개념은 현실 속에서 어려움에 부딪혔다. 그 어려움이 발생하게 된 근본적인 원인은 사람들의 사고나 각각이 놓인 상황이 모두 서로 다르다는 점에 있었다. 특히 산들초등학교가 새롭게 만들어질 때 함께 참여하지 않았거나, 학교가 만들어지고 난 이후에 입학했거나 발령받아 온 사람들은 모든 일을 모두가 다 함께 하는 것에 대하여 거부감을 가지고 있었다. 또 다 함께 참여하도록 허용해도 각자가 처한 여건이 서로 다르기 때문에 모두가 평등하게 참여할 수 없었다.

이런 상황에서 일부 "앞바퀴 교사"들이나 "쎈사람"들은 자신이 만들어 놓은 시스템을 유지하기 위해 자신의 공동체 개념에 따라서 다른 사람들이 참여하기를 요구했다. 그 결과 다수의 "뒷바퀴 교사"들이나 "밥퍼아줌마"들은 각자의 살 길을 모색했다. 침묵하거나, 참여하지 않거나, 마음에 맞는 사람끼리만 어울리거나, 탈출하는 것 등이 그 예다. 그리고 그로 인해서 사람들 사이의 관계는 점점 더 소원해지고 불편해지며, 마침내 불안과 긴장 속에서 살아가게 되었다. 그러는 과정에서 아이들의 문제는 더욱 심각해지고 마침내 "앞바퀴 교사"나 "쎈사람"들도 인정하지 않을 수 없을 만큼 악화되었다. 그 대표적인 사례가 아이들이 국악관현악합주대회에 참가했을 때 보여준 태도다. 그리고 교사들이 떠나고 새로운 교사를 물색하는 과정에서 "앞바퀴 교사"들은 다시 한 번 산들초등학교가 안고 있는 문제가 무엇인지를 객관적으로 확인하게 되었다.

이런 상황 속에서 다수의 학부모들이 먼저 더 이상 기존의 공동체 개념을 가지고 산들초등학교가 유지되는 것이 불가능하다는 것을 깨닫고 새로운 관계 방식을 모색했다. 뒤이어서 "앞바퀴 교사"나 "쎈사람"들 역시 자신들이 가지고 있던 기존의 공동체 개념에 문제가 있음을 깨닫고 수정했다. 초기에 그들은 '아이들의 교육을 위해서 다 함께 평등하게 참여하는 것'을 공동체라고 생각했지만, 이제는 '각자 자신의 위치에서 자신의 역할을 충실히 하는 가운데 자신과 다른 가까운 이웃을 이해하면서 함께 성장해가는 관계'를 공동체라고 생각하게 되었다. 이 점을 달리 말하면 그들은 새로운 문화를 형성해낸 것이다. 그리고 그들은 그 개념에 기초해서 학교를 새롭게 변화시켜나가고 있다.

이처럼 산들초등학교 사람들이 공동체의 개념을 새롭게 형성해나가고, 그 과정에서 그들 자신과 학교를 변화시켜가는 모습은 문화와 인간의 관계를 설명하는 기존의 관점으로는 충분히 설명되지 않는다. 물론 화이트(L. White)는 문화과정을 문화의 흐름(the stream of culture)으로 설명하기도 한다. 그에 따르면 문화는 시기와 장소에 따라서 문화의 구성요소들이 상호작용하는 가운데 새로운 조합이 이루어지고, 새로운 요소가 들어오고, 쓸모없는 요소가 떨어져 나가기도 하면서 변동하는 거대한 흐름이다(White, 1969/2002: 434; 이문웅, 1977: 54). 그는 이것을 문화과정으로 보았으며, 이런 과정은 인간에 의해서가 아니라 '그 자체의 법칙'에 의해서 이루어지는 것이다(White, 1969/2002: 435). 그것은 마치 컴퓨터 프로그램이 변화하는 데 컴퓨터는 영향을 미치지 못하는 것과 유사하다.

그가 문화와 인간의 관계를 이처럼 문화에 중심을 두어서 설명하는 것은 인간 행위의 의미를 명확하게 설명하기 위해서다. 그것은 마치 언어학자가 언어의 의미를 언어들 사이의 관련에 의해서 설명하려고 하는 것과 마찬가지다. 그는 이 점을 다음과 같이 말한다.

> 인도-유럽 언어들 사이에서 나타나는 성장과 변화들은 인간의 신경, 근육, 감각 또는 말을 가능하게 하는 기관들로 설명될 수 있는 것이 아니고, 또 인간의 희망, 필요, 두려움, 상상력 등으로 설명될 수 있는 것이 아니다. 언어는 언어로서만 설명할 수 있다. (White, 1969/2002: 448)

그러나 비록 그의 이런 문제의식을 받아들인다고 해도, 문화가 변동하는 '그 자체의 법칙'이 무엇인지 설명하지 못하면 그는 아무 말도 하지 못한 것과 다름없다고 볼 수 있다. 즉, 그의 설명 방식에 따르면 산들초등학교에 관하여 다음과 같이 이야기할 수 있다. '산들초등학교 사람들의 공동체 개념을 새롭게 형성한 것은 그 사람들이 아니다. 그들이 가지고 있던 기존의 문화가 그 자체의 법칙에 따라서 변화한 것뿐이다. 그런데 그 법칙이 무엇인지는 모른다.'

해석주의 전통의 인류학자는 문화와 인간, 또는 문화와 개인의 행위 사이의 관련에 관한 이러한 제한점을 벗어나기 위해서 문화를 행위의 원인으로 보는 대신 행위의 맥락으로서 바라본다. 예를 들면, 기어츠(Geertz, 1973/1998: 25)에 따르면 문화는 행위를 구성하는 하나의 맥락이며, 행위는 그 맥락 안에서 이해될 수 있다. 물론 그의 이런 설명은 문화결정론이 가지고 있는 한계, 즉 인간의 행위가 문화에 의해서 결정된다는 사고를 벗어날 수 있게 해주기는 하지만 행위자와 문화 사이의 관련은 설명하지 못한다는 한계를 가지고 있다.

2) 반성적 사고

문화가 지시하는 대로 살아가는 존재로서의 인간이 아니라 새로운 문화를 형성하면서 살아가는 존재로서의 인간을 설명할 수 있으려면 먼저 양자 사이의 차이가 무엇인지 명확하게 구분할 필요가 있다. 그 점을 행위자로서의 개인의 차원에서 살펴보면 그것은 문화의 적용(application)과 문화의 반성(reflection)으로 구분할 수 있다. 양자는 산들초등학교 사람들이 평등한 집단으로서의 공동체 개념에 따라 산들초등학교에서 공동체를 만들려고 한 행위와, 현실 속에서 그것이 불가능함을 알고 공동체의 개념을 수정하는 행위에 각각 상응한다. 이 두 행위를 구분 짓는 가장 핵심적인 것이 바로 적용과 반성이다. 적용이 기존의 개념을 기준으로 세상을 바꾸는 일이라고 한다면, 반성은 세상을 기준으로 기존의 개념을 바꾸는 일이라고 볼 수 있다. 그리고 문화적 과정으로는 설명되지 않는 존재, 즉 비문화적 존재로서의 인간이 어떤 존재인지 알기 위해서는 반성이 무엇인지 알 필요가 있다. 듀이(J. Dewey)는 반성을 다음과 같이 설명한다.

> 어떠한 信念을, 혹은 상상된 知識의 형식을 그 신념 혹은 知識의 形式을 지지하는 근거에 비추어 적극적인 不撓不屈의 태도로 주의 깊게 고찰하는 것, 그러한 信念 및 지식의 형식이 지향하는 여러 결론을 면밀히 고찰하는 것, 이러한 것이 反省的 思惟를 구성한다. (Dewey, 1933/1979: 20)

듀이에 따르면, 반성이란 어떤 신념을 그 신념이 근거로 하는 것에 비추어서 그것이 타당한지 여부를 판단하는 것이다. 공동체의 개념을 예로 들어서 말하면 반성한다는 것은 공동체가 추구하는 것, 즉 실존에 비추어서 그 개념의 타당성을 검토하는 것이다. 내가 보기에 산들초등학교 사람들은 지난 3년 동안 그 일을 했고, 그 점에서 그들은 반성적 존재라고 볼 수 있다.

그런데 듀이는, 앞의 인용문에서 살펴본 바와 같이 반성이 기로 상태에서 비로소 나타난다는 점을 이야기하기는 했지만, 반성이 실지로 이루어지는 과정을 충분히 설명하지 못한다. 그것은 반성이 마치 개인 안에서 고독하게 그리고 그 문제사태에만 관련되어서 이루어지는 것처럼 말하고 있기 때문이다. 이에 비해서 조용환(2001a)은 그러한 반성이 타인과의 관계 또는 세계와의 관계 속에서 이루어지고 있음을 밝히고 있다. 그는 다음과 같이 말한다.

> 반성은 과거와 현재와 미래의 시간적 연장선 위에서 자아를 성찰하는 일이다. 반성은 세상 속에서, 역사 속에서, 관계 속에서 나의 존재를 확인하는 일이다. 반성은 거울 앞에 서서 거울에 비친 나를 보는 일이며, 내가 누구인지 묻고 답하는 일이다. 반성을 통해서 나는 자신의 모순과 무지와 부족을 깨달을 수 있다. 그러므로 진정한 반성은 향상과 발전의 출발점이다. (조용환, 2001a: 2)

그에 따르면 반성은 개인 안에서 고독하게 이루어지는 것이 아니라 시간, 공간, 타인 등과의 관계 속에서 이루어지는 일이다. 한 단어의 의미를 알기 위해서는 다른 단어와의 관계를 알고, 다른 단어와의 관계를 안다는 것은 언어 전체를 알아야 하는 것과 마찬가지로 무엇인가를 반성한다는 것은 세계를 다시 살피는 일이다. 그리고 그 일은 타인을 비롯한 타자와의 관계 속에서 이루어진다. 기로사태가 우선 타자와의 관계로 인해서 일어나고, 반성의 과정은 언어적이건 비언어적이건 상대가 인간이건 아니건 타자와의 대화 속에서 이루어진다. 책을 읽거나 타인의 행위를 관찰하거나, 해가 뜨고 지는 모습을 보면서 반성한다.

결국 반성하는 과정은 세상의 타자들과 대화하는 과정이다. 타자가 존재하기 때문에, 더 적극적으로 말하면, 타자가 나로 하여금 반성하도록 한다고 말할 수 있을 정도다. 달리 말하면 내가 세상을 보는 것이 아니라, 세상이 나를 보는 것이다. 반성은 나를 기준으로 세상을 바라보는 것이 아니라, 세상을 기준으로 나를 바라보는 일이라고 말할 수 있다. 그 과정에서 반성하는 사람은 자신의 무지와 부족함과 왜소함을 깨닫지 않을 수 없다. 그리고 이러한 반성으로 인해서 새로운 자신을 열어나간다.

그런데 내가 기준으로 삼고자 하는 그 세상은 항상 나에 의해서 불완전하게 파악된다. 그것은 내가 놓인 상황과 내가 살아가고 있는 세계가 지속적으로 변화하기 때문이다. 이때 변화는 계절이 바뀌는 것처럼 세상이 실지로 변화하는 것일 수도 있고, 세상을 보는 내 눈이 바뀌는 것일 수도 있다. 따라서 반성은 항상 미진할 수밖에 없고, 반성은 또 다른 반성을 낳는다. 그래서 이러한 반성의 과정은 변증법적이다. 반성은 한 번 이루어지고 멈추는 것이 아니라 지속적으로 이루어진다. 그러한 변증적인 반성의 과정을 통해서 개인과 집단이 변증적으로 발전해간다. 산들초등학교도 바로 그런 경우다. 산들초등학교는 초기에 "다 함께 만드는 공동체 학교"를 만들었지만(正), 구성원들의 갈등 속에서 닫힌 공동체를 고수했으며(反), 이후에 그 갈등을 해결하는 과정 속에서 열린 공동체를 만들어 나갔다(合). 만일 이 과정에 자기 부정과 자기반성의 과정이 없었다면 산들초등학교는 계속되는 갈등 속에서 해체되거나, 소수의 전횡과 다수의 피억압과 포기에 의해서 다른 학교와 다를 것이 없는 모습으로 남게 되었을 수도 있다.

3) 교육적 과정

조용환(1998)은 산들초등학교 사람들이 타인들과의 관계 속에서 공동체 개념을 새롭게 탐구하고 변화해나가는 모습, 즉 인간의 반성적 모습을 교육의 과정으로 설명할 것을 제안하고 있다. 그에 따르면 "인류학이 인간의 삶을 문화적 과정으로 이해하는 학문이라고 하면, 교육학은 인간의 삶을 교육적 과정으로 이해하는 학문"이다(조용환, 1998: 149). 인간의 삶을 교육적 과정으로 이해한다는 것은, 한 집단의 구성원들이 살아가는 모습을 서로 가르치고 배우면서 서로의 능력과 품위를 향상시켜가는 과정으로 바라본다는 것을 의미한다. 물론 이때의 삶에는 어떤 형태로든 문화가 작용하고 있다는 점에서 그것을 문화적 과정이라고 볼 수 있지만, 그 삶에는 문화적 과정 이외에 교육적 과정이 함께 있다고 보는 것이다. 그는 삶의 교육적 측면으로 인해 개개인의 인간적 품격이 향상되면서 동시에 사회 전체가 혁신되어간다고 본다. 조용환(2001b: 2)은 이 점을 다음과 같이 말한다.

> 교육은 가르침과 배움을 통한 인간 형성의 과정이요, 사람이 되고자 하는 에너지와, 사람을 만들고자 하는 에너지의 조화로운 만남이요, 그 '만남(communication)'을 통해 최선의 공존 방식을 더불어 모색하는 '공동체 형성(communization)'의 과정이다.

여기에서 만남은 타인을 비롯한 나와 다른 타자와의 만남을 의미한다. 그 타자는 내가 전에 알지 못하던 존재이고, 더불어 살아가야 하는 존재이다. 따라서 나는 그 타자와 만났다는 사실만으로도 그로부터 반성의 과제를 부여받고, 그는 내게 대화를 건네고 있다고 볼 수 있다. 그리고 그에게 있어서 나 역시 마찬가지다. 결국 서로 다른 타자로서 우리는 서로로 인해서 반성하고, 대화를 나누는 가운데 새로운 자아로 형성되어나간다고 볼 수 있다. 즉 서로의 존재로 인해서 서로가 새롭게 형성되어나가고, 그 점에서 서로는 공동체다. 그에게 있어서 교육은 바로 이러한 과정인 것이다.

그의 이러한 설명에 따르면 산들초등학교 사람들의 삶은 교육적 과정으로 설명할 수 있다. 그들은 자신들이 처음에 가졌던 공동체의 개념을 적용한다는 점에서뿐만 아니라, 2000년 초반에 인간으로서 한국 사회에서 살아간다는 점에서 문화적 삶을 살아가고 있다고 볼 수 있다. 그렇지만 그들의 삶이 순수하게 문화가 일방적으로 구현되는 과정은 아니다. 물이 물로서 존재함과 동시에 항상 증발하듯이, 그들은 한편으로는 문화를 준거 삼아서 행동하기도 하지만, 다른 한편으로는 현실적 조건과 타인 등을 준거 삼아서 문화를 수정해가기도 한다. 즉 일상을 살아가는 동안 서로 가르치고 배우면서 서로의 품위를 향상시키고, 마침내 학교 전체가 변화해나간다. 그리고 이런 변화 과정은 그들 스스로 인식하고 있는 것과 마찬가지로 '공동체'를 형성해가는 과정이다.

4) 교육적 존재

인간의 삶과 문화 사이의 관련에 관한 위와 같은 설명은 인간 존재에 관한 기존의 인식을 새롭게 가질 필요성을 제기한다. 앞서 살펴본 문화결정론에 따르면 인간은 문화에 의해서 그 존재가 결정된다. 야노마모와 이뉴잇과 주니의 경우처럼 그가 어떤 집단에 태어나서 성장하는가에 따라 전혀 다른 삶의 방식을 갖게 된다. 그 점에서 인간은 문화적 존재다. 일부 인류학자들은 인간의 이런 모습을 두고서 "문화의 수인(囚人)"이라고 부르기도 한다(이문웅, 1977; 전경수, 1994: 22). 그렇기는 하지만 인간이 태어날 때부터 문화의 수인인 것은 아니다. 인간은 한 집단에 '핏덩이'로 태어나서 살아가는 동안 그가 태어난 집단의 문화를 학습해간다. 이 과정을 인류학자들은 문화화(enculturation)라고 불렀고, 그 과정을 교육과 동일시했다. 그리고 이때의 교육은 문화를 전달(transmission)하는 일이다(Spindler, 1974).

인간이 문화적 존재이고, 문화화 과정에 의해서 문화를 내면화하는 것은 분명한 사실이다. 그러나 인간이 항상 문화적 존재이기만 한 것은 아니다. 문화가 지시하는 대로 살아가지 않는 경우도 존재한다. 그것은 대체로 인간이 놓여 있는 상황과 관련이 있다. 인간은 그가 학습한 문화와 그가 살고 있는 환경이 일치할 때 문화적 존재로서 살아간다. 예를 들면, 이뉴잇들이 거동이 불편한 노인을 북극의 차가운 빙판에 버려두는 것은 사냥감을 따라서 자주 이동해야 하는 그들의 환경 때문이다. 우리가 과거에 대가족 제도를 유지하면서 살아왔던 것은 한 지역에 정착한 가운데 농경 생활을 했기 때문이다. 인간이 문화적 존재로서 살아갈 수 있는 또 하나의 상황은 그가 함께 살아가고 있는 집단의 구성원들이 동일한 문화를 가지고 살아가는 경우다. 만일 조선인과 이뉴잇이 어느 날 초원에서 함께 살아가게 된다면 둘 다 문화적 존재로서 살아가는 것이 쉽지 않다. 그리고 이런 상황에서 어느 한 집단의 문화를 준거로 전체 집단을 조직하고 운영해 가거나, 한 집단의 문화를 교육이라는 이름으로 전달하고자 할 경우에는 정치적 과정이 발생할 수밖에 없다. 산들초등학교에서 갈등이 발생하고, 일부 사람들이 힘자랑을 한 것도 이와 같은 상황에서 발생한 것이다.

위와 같은 상황에서 함께 살아가기 위해서는 기존의 자신의 문화를 판단의 준거로 삼지 않아야 하고, 상대의 행위를 상대의 문화에 비추어서 이해하지 않을 수 없다. 그와 동시에 자신들이 새롭게 놓인 상황이 어떤 것인지를 살펴보고, 나와 타인과 상황을 고려하는 새로운 문화를 형성할 필요가 있다. 산들초등학교 사람들은 그 사례를 보여준다. 그들은 3년 동안 함께 갈등하는 가운데 산들초등학교가 기존의 학교와는 상황이 다르고, 그 구성원이 다르며, 모두가 산들초등학교를 떠날 수 없기 때문에 그에 적합한 삶의 원리를 찾아나가야 한다는 것을 알게 되었다. 그렇게 찾아낸 것 가운데 하나가 공동체에 관한 새로운 개념이다. 그 과정에서 그들은 새로운 문화를 형성하고, 새로운 존재로 형성되어 갔다. 물론 그들이 그렇게 한 것은 그들이 탁월해서가 아니었다. 그렇게 하지 않으면 함께 살아갈 수 없기 때문이었다.

앞서 살펴본 것처럼 산들초등학교 사람들이 살아가는 과정을 문화적 과정이라고만 볼 수 없듯이, 산들초등학교 사람들의 이러한 모습을 문화적 존재라고만 말할 수 없다. 그들은 '되어 있는' 존재이기만 한 것이 아니라 '되어가는' 존재이기도 하기 때문이다. 문화적 존재로서는 되어 있는 존재는 설명할 수 있지만, 되어가는 존재는 설명하지 못한다. 조용환(2001a)은 이처럼 되어가는 존재로서의 인간을 교육적 존재로서 바라볼 것을 제안한다. 그에 따르면 인간은 단순히 '함께 있는(竝存, being together)' 존재가 아니라 '어울려 함께 나아가는(相生, becoming together)' 존재다(2001b).

산들초등학교 사람들은 새로운 상황에 놓이게 됨으로써, 자신과 다른 사람들과의 갈등을 통해서 기존에 자신이 가지고 있는 공동체의 개념에 한계가 있다는 것을 자각하게 되었다. 그리고 그 한계를 토대로 새로운 공동체 개념을 형성했다. 그것은 곧 새로운 자신을 형성한 것을 의미하며, 그것이 가능한 것은 자신과 다른 타인이 존재했기 때문이다.

그 점에서 산들초등학교 사람들은 '어울려 함께 나아가는' 존재, 즉 교육적 존재라고 말할 수 있다.

어울려 함께 나아가는 존재로서의 산들초등학교 사람들은 교육적 존재로서의 인간에 관하여 한 가지 새로운 사실을 알려준다. 그것은 인간이 교육적 존재로서 살아가는 것은 기존의 삶의 방식이 더 이상 현실 속에서 적용될 수 없기 때문이라는 것이다. 지금까지 논의의 연장에서 말하면, 기존의 문화가 더 이상 현실 속에서 기능할 수 없을 때, 즉 더 이상 문화적 존재로서 살아갈 수 없을 때 인간이 자신의 한계를 알게 되고 자신을 반성한다. 이런 장면들은 산들초등학교의 여러 사람들이 반복해서 보여주었다. 그들은 다른 사람들과 갈등하는 과정에서 초기에는 자신을 기준 삼아서 타인을 부정했지만 점차 시간이 지날수록 자신을 회의하거나 부정하고, 다른 사람의 관점을 이해하는 방향으로 심경의 변화를 일으켰다. 만일 그들이 모두 문화적 존재로서만 살아가기를 고집했다면, 즉 자신이 가지고 있는 공동체 개념을 고수하고 그것을 계속 현실화하려고 노력했다면, 더 큰 갈등을 겪고 해체되었을 수도 있다.

이 점을 달리 말하면 인간이 교육적 존재로서 살아간다는 것은 기존의 자신을 포기하는 것임을 의미한다고 말할 수 있다. 인간이 주체로서 자신의 의지대로 세상을 살아가거나 바꾸기보다, 주체임을 포기하고 타인과 자신이 놓여 있는 상황을 이해할 때 함께 어울려 새로운 자신으로 형성되어 나아갈 수 있는 것이다. 그리고 새로운 자아를 형성할 수 있게 된 것은 자신과 다른 타자가 존재하기 때문이라는 점을 고려하면, 교육적 존재 속에서는 주체와 타자가 분리되지 않는다고 볼 수 있다. 달리 말하면 교육적 존재는 바로 공동체적 존재라고 말할 수 있다.

이처럼 인간은 문화적 존재이기만 한 것이 아니라 동시에 교육적 존재이기도 하다. 이때 동시라는 말은 산들초등학교 사람들이 교육적 존재로서의 모습을 보인다고 해도 순수한 교육적 존재로서 살아가는 것은 아니라는 것을 의미한다. 반복해서 지적하는 것처럼 그들은 아버지로서, 어머니로서, 교사로서, 산들마을 사람으로서 살아가는 동안, 즉 문화적 존재로서 살아가는 동안 교육적 존재로서 살아간다. 단지 상황이나 사안에 따라서 교육적 삶의 형식을 좀 더 전경으로 내세우는 것뿐이다.

이런 사실은 교육적 존재로서의 인간의 모습은 산들초등학교와 같은 특정한 장소에서만 드러나는 것은 아니라는 것을 의미하기도 한다. 그런 모습은 산들초등학교의 경우와 같이 한 개인이 더 이상 자신의 가치나 신념에 따라서 살아갈 수 없게 되었을 때, 그와 동시에 그곳 아닌 다른 곳에서는 살아간다거나 외따로 살아가는 것이 허용되지 않을 때 어디서나 드러난다고 볼 수 있다. 그런 모습은 지속적으로 나타날 수도 있고, 순간적으로 나타났다 사라질 수도 있다. 예를 들면 아이가 한 집안에 태어나서 자라가는 과정이나, 신문 구독자가 신문을 읽는 장면, 젊은이가 회사에 신입사원으로 취직해서 살아가는 과정 등에서도 발견될 수 있다.

4 삶과 교육

인간의 삶은 문화적 과정이기만 한 것이 아니라 교육의 과정이기도 하다. 인간은 일상을 살아가는 동안 문화의 수인처럼 문화가 각인시켜 놓은 대로 살아가기도 하지만, 그가 처한 상황이 그것을 어렵게 하거나 불가능하게 할 경우에는 상황이나 타인을 준거 삼아서 문화를 수정하거나 새롭게 형성해가기도 한다. 이런 모습은 인간이 문화적 존재이기만 한 것이 아니라 교육적 존재이기도 하다는 것을 보여준다. 그리고 그런 모습을 교육적 존재로서 설명한다는 것은 문화적 존재로서 보았을 때는 설명되지 않는 점을 설명할 수 있을 뿐만 아니라, 그동안 문화적 존재로서 설명되어 왔던 점도 새로운 관점에서 조망할 수 있게 된다는 것을 의미한다.

그리고 이러한 사실은 삶과 교육 사이의 관련을 새로운 관점에서 설명할 수 있음을 의미하기도 한다. 앞서 잠시 언급한 문화전달이론의 관점에서 보면 교육은 문화를 전달하는 일이다. 이러한 관점은 문화전달이론뿐만 아니라 교육에 관심을 가지는 사람들이 공통적으로 가지는 것이다. 그 관점은 대체로 다음과 같은 구조를 갖는다.

- 교육은 무엇인가 가치 있는 것을 전달하는 일이다.
- 그것이 가치 있는 것은 삶에 유용하기 때문이다.

이것을 도식화하면 '가치 있는 것 → 교육 → 삶'의 관계가 된다. 즉 이 관계 속에서 교육은 가치 있는 것을 전달하거나 획득하기 위한 수단이 된다. 이런 사고는 문화전달이론의 경우도 마찬가지다. 문화전달이론에서 가치 있는 것은 문화이고, 그 문화가 가치 있는 이유는 그 집단 내에서 살아가기 위해서는 반드시 필요하기 때문이다. 한국 사회에서 살아가기 위해서는 한국어를 꼭 학습하거나 전달해야 하는 것과 마찬가지다.

그런데 교육과 삶의 관련을 이런 방식으로 파악하는 것은, 교육이 세상을 설명하는 하나의 관점으로 자리 잡는 데 치명적인 약점을 안을 수밖에 없다. 그 약점 가운데 하나는, 그 경우에 교육 고유의 관점이 없다는 것이다. 이런 방식으로 교육을 설명할 경우에 무엇이 가치 있는지를 결정해야 하지만, 교육은 그 결정을 할 수 없기 때문이다. 그 일은 교육 아닌 다른 관점에 의해서 이루어질 수밖에 없으며, 그 관점은 다름 아닌 문화가 될 수밖에 없다. 교육을 통해서 전달해야 할 가치 있는 것은 집단이나 시대마다 다를 수밖에 없기 때문이다. 결국 이 경우에 교육적 관점이란 문화적 관점을 단어만 바꾸어서 말한 것이라고 볼 수 있다.

교육을 이런 관점에서 바라볼 때, 한 집단 내에서 가치 있는 것에 대한 견해가 다를 경우에는 구성원 간에 갈등이 발생하고, 그로 인해서 교육의 과정은 정치적인 방식으로 진행될 수밖에 없다. 교육이 정치적 삶에 종속되는 것이다. 그 점은 산들초등학교의 경우도 그렇고, 우리나라의 교육과정을 개정하는 과정에 항상 불협화음이 발생하는 경우도 그렇다(이혁규, 2000). 그것은 그들이 각자의 사적 이해관계를 관철시키기 위해서 행동함으로써 발생하는 일이라고 볼 수도 있지만, 각자 가치 있다고 여기는 것이 서로 다르기 때문이라고 볼 수도 있다. 그렇지만 거기에는 교육을 이해하는 사고 구조의 동일성이 자리 잡고 있다.

또한 교육 고유의 관점이 없다는 것은 인간의 삶을 충분히 설명하지 못한다는 것을 의미하기도 한다. 위와 같은 교육의 개념 구조를 가지고 인간의 삶을 바라볼 때 교육은 학교나 학원과 같은 특정한 영역에서 이루어지는 활동에 머무르게 된다. 이를테면 산들초등학교 사람들이 살아가는 가운데 공동체의 개념을 새롭게 모색해가는 과정은 설명할 수 없게 된다. 또한 학자가 학문을 탐구하는 행위나, 아이가 소꿉놀이를 하는 과정에서 가족의 개념을 알아가는 과정은 설명하지 못한다.

기존의 교육의 개념이 이와 같은 한계를 가질 수밖에 없는 이유는 교육과 삶을 시간상의 선후 관계로 연결되어 있는 별도의 활동으로 파악하기 때문이다. 앞의 개념에 따르면 교육은 가치 있는 삶이 정해진 이후에 이루어지는 활동이다. 따라서 이와 같은 의미의 교육이 이루어지기 위해서는 가치 있는 삶을 먼저 결정하고, 그 가치를 달성하는 데 효과적인 소재와 방법을 이어서 선정해야 한다. 그리고 그 가치를 달성하기 위한 교육활동은 별도의 시간과 장소에서 이루어지게 된다. 최근 들어 산들초등학교의 경우에서 볼 수 있는 것처럼, 각 학교에서 기존의 교육에 대한 대안으로서 체험학습을 강조하지만, 교육의 방법만 달라졌을 뿐 교육을 바라보는 개념 구조는 동일하다.

따라서 기존의 교육의 개념이 안고 있는 한계를 극복하기 위해서는 교육과 삶의 관련을 동일한 차원에 분리되어 있는 별개의 활동으로 보지 않아야 한다. 즉 삶과 교육이 별개의 활동으로서 따로 떨어져 있는 것으로 보는 것이 아니라 삶을 곧 교육으로 바라보는 것이다. 삶을 곧 교육으로 바라본다는 것은 지금까지 산들초등학교 사람들의 삶의 사례와 관련해서 검토해온 바와 같이 교육이 일상의 삶의 과정 속에 한 측면으로서 자리 잡고 있다고 보는 것이다. 삶의 한 측면으로서의 교육이란 나와 타자 사이의 관계 방식이라고 볼 수 있다.

인간은 일상을 살아가면서 무수히 많은 타자들과 다양한 관계를 맺고 살아간다. 정치적 관계, 경제적 관계, 종교적 관계, 예술적 관계 등 그 종류는 다양하다. 교육은 그런 관계와 마찬가지로 내가 타자와 맺는 관계 가운데 하나다. 그런데 이때의 교육은 나머지 다른 관계와 동일한 차원에 존재하는 것이 아니라 상이한 차원에 존재한다. 그렇지만 그것이 다른 관계와 별도로 떨어져서 존재하는 것은 아니다. 따라서 교육은 정치적 관계와 관련해서 존재할 수도 있고, 경제적 관계와 관련해서 존재할 수도 있다.

인간이 타자와 교육적 관계를 맺는다는 것은 산들초등학교 사람들의 삶을 통해서 알 수 있는 것처럼 타인의 행동이나 상황을 나를 기준으로 바라보지 않고, 상대의 관점이나 상대의 처지에서 바라봄으로써 새로운 나를 형성해가는 것이다. 조용환(2001b)은 그것을 "교육적 삶의 형식"이라고 불렀다. 그것을 교육적 삶의 형식이라고 부르는 것은 그것이 혼자서 이루어지는 활동이 아니라 상호적이고, 그 과정에는 반드시 기존의 자신을 부정하거나 한계를 자각하는 반성의 과정이 있으며, 그런 과정을 통해서 서로 변증법적으로 발전해나가기 때문이다.

이러한 삶의 한 형식으로서의 교육은 반복되는 일상 속에서는 잘 드러나지 않지만, 산들초등학교의 상황에서처럼 일상의 반복성이 깨졌을 때, 즉 문화와 상황이 일치하지 않게 되었을 때 전경으로 드러난다. 물론 사람은 상황이 문화와 일치하지 않을 경우에도 기존 문화의 관성대로 살아가려고 한다. 그것은 자신의 의지를 관철시키기 위해서 타인에게 억압을 가하는 형태로 나타날 수도 있고, 상황을 바꾸어 놓는 방식으로 나타날 수도 있고, 그 상황을 떠나는 방식으로 나타날 수도 있다. 그러나 그런 방식이 모두 불가능할 때, 즉 산들초등학교와 같은 상황에 놓이게 될 때 교육이 최종적으로 드러난다. 이 점을 사람에 초점을 맞추어서 말하게 되면, 타인을 복종시킬 수 있는 권력이 강한 사람보다 약한 사람에게서, 상황을 변화시킬 수 있는 능력이나 의향이 있는 사람보다 없는 사람에게서, 그 상황을 벗어날 수 있는 사람보다 없는 사람의 삶에서, 그리고 어른보다 아이들의 삶에서 교육은 더 잘 드러날 수 있다. 그 점은 산들초등학교에서 "앞바퀴 교사"보다 "뒷바퀴 교사"에게서, "쎈 사람"보다 "밥퍼아줌마"에게서, 교사보다 학부모에게서 먼저 교육적 존재로서의 모습이 나타난 데서도 알 수 있다.

삶과 교육의 관련을 이런 관점에서 다시 보게 되면 그 관련은 '삶 = 교육 = 가치'와 같은 도식으로 다시 정리할 수 있게 된다. 즉, 삶 그 자체가 교육은 아니지만 삶 속에는 교육이 한 측면으로서 존재하며, 인간은 교육적 삶을 살아감으로써 변증법적으로 성장하고, 타인과 공동체를 형성하면서 살아가게 된다는 점에서 가치가 있다.

삶과 교육의 관련을 이와 같은 방식으로 볼 경우에는 산들초등학교의 경우와 관련해서 지금까지 검토해온 것처럼 인간의 삶을 교육의 관점에서 설명할 수 있게 해준다. 그것은 인간의 삶 가운데 문화적 관점으로는 설명하지 못했던 점을 설명해줄 수 있게 해줄 뿐만 아니라, 문화적 관점이 불충분하게 설명해왔던 것을 새로운 관점에서 설명하게 해준다. 또한 공동체와 관련해서도 공동체의 개념과 공동체의 형성 과정을 명확하게 설명할 수 있게 한다. 교육의 관점에서 보면 공동체는 서로 다른 개인이 교육적 관계를 맺는 것이며, 그 관계는 상황압력에 의해서 자신의 기준을 포기함으로써 형성된다. 이러한 공동체 속에서 개인은 열린 마음으로 상대를 이해하고, 반성적으로 사고하며, 새로운 자신을 형성해간다. 그 안에서 개인은 실존하고 공존한다. 이 점은 기존의 공동체 논의나 차이의 공동체가 설명하지 못했던 점이다.

교육을 삶의 형식으로 볼 경우에 가지는 또 하나의 장점은 교육에 관한 실천의 방향을 새롭게 제시한다는 점이다. 그것은 크게 두 가지 삶의 장면에서 나타난다. 첫째는 일상의 삶의 장면이고, 둘째는 학교 교육과 관련해서다. 일반적으로 교육은 무엇인가 가치 있는 것을 아이에게 전달하는 일로 간주되기 때문에 그 가치가 다를 경우에는 부부 사이에 또는 부모와 교사 사이에 무엇을 언제 어떻게 가르칠 것인가와 관련해서 갈등이 발생할 수밖에 없다. 그리고 그런 교육에 의해서 서로 다른 가치를 내면화한 사람들 사이에 또는 집단 사이에 갈등이 발생할 수밖에 없다. 서로 다른 가치를 내면화했기 때문이다. 그러나 교육을 삶의 형식으로 볼 경우에는 아이에게 교육한다는 것은 내가 아이와 함께 실존하는 것이다. 내 가치를 아이에게 일방적으로 전달하는 것이 아니라 내가 아이를 이해하고, 아이로 하여금 나를 이해하도록 함으로써 함께 교육적 삶을 살아가는 것이다. 그 일은 반드시 학교에서만 이루어질 수 있고 이루어져야 하는 것이 아니다. 또 어른과 아이 사이에만 이루어지는 것도 아니다. 산들초등학교 사람들 사이의 경우에서 볼 수 있는 것처럼, 그리고 나와 산들초등학교 사람들 사이의 경우에서 볼 수 있는 것처럼, 반성적으로 사고한다면 차이가 존재하는 사람 사이에는 언제 어디서나 이루어질 수 있다. 그리고 그렇게 살아갈 때 우리는 이웃과 좀 더 유대감을 느끼면서 살아갈 수 있다.

5 학교와 대안교육

오늘날 많은 사람들이 기존의 학교가 가지고 있는 문제, 즉 학교에서의 소외 문제를 해결하기 위해서 다양한 종류의 대안교육을 시도하고 있다. 그러한 대안교육을 주장하는 사람들은 공통적으로 학교에서 아이들이 소외된 삶을 살아가는 것은 학교의 교육이 일상의 삶으로부터 유리되어 있기 때문이고, 학교의 교육이 일상의 삶으로부터 유리되어 있는 것은 학교에서 지식 위주의 교육이 이루어지기 때문이라고 본다. 따라서 그 문제에 대한 해결책도 탈주지주의 교육에서 찾는다. 탈주지주의의 방향과 정도에 있어서만 차이가 있을 뿐이다. 그러나 지금까지 검토한 교육의 개념으로 오늘날의 학교를 다시 바라본다면 학교에서 발생하는 문제의 근원은 지나친 지식위주의 교육에 있는 것이 아니라 학교가 결회체로서의 성격을 지나치게 강하게 가지고 있기 때문이라고 보아야 한다.

지금까지 인류는 오래전부터 학교 또는 그와 유사한 기관을 만들어서 운영해왔다. 그 학교에서는 문화전달론자들이 주장하는 것처럼 집단의 문화를 전달하는 일이 이루어지기도 하지만, 반성적으로 사고하는 일이 이루어지기도 한다. 그리고 이때의 반성적 사고는 일상적인 삶의 과정에서 이루어지는 것보다 훨씬 더 체계적이고 의도적이다. 즉 학교는 그 안에서 살아가는 사람들로 하여금 교육적인 삶을 살아가도록 하기 위해서 만들어 놓은 장소이다. 달리 말하면 학교는 공동체로서의 장소인 것이다.

인류가 공동체로서의 학교를 만든 이유는, 지금까지 살펴본 바에 비추어보면 사회가 지나치게 구조화되는 것을 방지하기 위한 것이라고 볼 수 있다. 앞서 언급한 것처럼, 많은 사람이 한정된 장소에서 함께 살아가기 위해서는 질서가 생겨나고, 질서가 만들어지면 개인은 질서가 주는 편안함에 안주하고, 나중에는 질서에 의해서 지배받는다. 그 결과 소외가 발생하고, 사회 전체의 위기로 이어질 수도 있다. 이것은 인간 사회가 가지는 자연스러운 현상이다. 그렇다고 해서, 물이 낮은 곳으로 흘러가는 것을 막을 수 없듯이, 사회가 구조화되는 것을 막을 수는 없다. 구조화로 인한 사회의 위기를 막을 수 있는 것은, 물이 한편으로는 낮은 곳으로 흘러가지만 다른 한편으로는 지속적으로 증발되기도 하듯이, 구조화와 병행해서 탈구조화되도록 하는 것이다. 학교가 공동체라는 것은 바로 탈구조화의 장소라는 것을 의미한다. 물이 지속적으로 증발함으로써 썩지 않듯이, 학교라는 공동체가 존재함으로써 사회가 건강을 유지할 수 있다. 인류가 학교를 만든 이유 중의 하나는 바로 여기에 있다고 볼 수 있다.

이 탈구조화에는 인위적인 노력이 필요하다. 산들초등학교의 경우에서 볼 수 있는 것처럼, 사람들이 타인을 이해하고 반성적으로 사고

하는 것은 자발적이기보다는 상황의 압력에 의해서 이루어지기 때문이다. 그것은 물이 증발하기 위해서는 열이 가해져야 하는 것과 마찬가지다. 지금까지 인류는 오랜 세월 동안 살아오면서 산들초등학교의 경우처럼 특정한 상황적 조건이 갖추어졌을 때 교육적 삶이 드러난다는 것을 알게 되었으며, 그런 상황적 조건을 인위적으로 만듦으로써 사람들로 하여금 교육적 삶을 살아가도록 했다.

오우크쇼트(Oakeshott, 1975)에 따르면 학교(school)의 어원인 라틴어 스콜라(schola)나 희랍어 스콜레(schole)는 격리를 의미한다. 즉 고대인들은 교육적 존재로서 살아가기 위한 가장 기본적인 조건이 격리라고 본 것이다. 우리가 익히 잘 알고 있는 플라톤이 세운 학교 아카데미(Academy)는 아테네시 북부의 한적한 곳 아카데미아(Akademia)에 세워졌으며, 플라톤의 제자 아리스토텔레스가 세운 학교 '뤼시움(Lyceum)' 역시 아테네 동부의 교외 뤼케이온(Lykeion)에 세워졌다. 특히 뤼시움이 세워진 곳 뤼케이온은 그리스어 뤼케이오스(Lykeios)로부터 왔으며, 뤼케이오스는 늑대를 뜻한다. 뤼시움이 세워진 곳은 늑대가 많이 살 정도로 한적한 곳이었던 것이다(김안중, 1995: 28). 그 점은 우리 조상의 경우도 마찬가지다. 조선 시대의 서원은 일상 세계로부터 멀리 떨어진 곳에 세워졌다(손인수, 1992: 321). 도산 서원에 가 본 사람은 알겠지만 거기에 가려면 산길을 굽이굽이 돌아가야 한다. 학교가 이처럼 일상의 생활 장소로부터 멀리 떨어진 곳에 위치한 이유는 일의 세계로부터 요구되는 온갖 화급한 일에서부터 해방되기 위해서이다(김승호, 2004: 218-219, 221).

그런데 만일 격리만으로 사람들이 교육적인 삶을 살아간다면 교도소나 정신병원 등에 갇혀서 살아가는 사람도 교육적인 삶을 살아간다고 말할 수 있어야 한다. 그러나 우리는 거기서 교육이 이루어진다거나 그 안의 사람들이 교육적인 삶을 살아간다고 좀처럼 믿지 않는다. 그 이유 가운데 하나는 거기에서는 무엇인가 가치 있는 것이 전수되고 있지 않다고 보기 때문이다. 예를 들면 학교에서의 교과에 해당하는 것이 없다고 보기 때문이다. 그러나 격리된 곳에서 교과를 가르친다고 해서 반드시 교육이 이루어진다고 보기 어렵다. 그 점은 오늘날의 학교가 학생들을 격리(?)시킨 채로 교과(?)를 가르치고 있음에도 불구하고 이른바 '학교붕괴'로 지칭되는 사태에 처해 있다는 사실에 비추어보면 잘 알 수 있다. 즉, 학교가 교육적 삶의 장소가 되기 위해서는 격리와 교과 외에 또 다른 요건이 필요하다고 보지 않을 수 없다. 이러한 사실로부터 우리는 그 요건과 관련하여 다음 두 가지 방향의 추론을 할 수 있다.

하나는 학교에서 학생을 격리시키고 교과를 가르치는 것은 학생들로 하여금 실존적 삶을 살아가게 하는 필요조건은 될 수 있지만 충분조건은 되지 못한다는 것이다. 따라서 학교에서 학생들이 소외되지 않게 하려면 충분조건을 찾아서 제시해야 한다는 것이다. 예를 들면 아이가 흥미를 가지는 것을 학습하게 한다거나, 아이가 흥미를 가지는 방법으로 학습하게 하는 것이다. 그런데 그 경우에 아이가 흥미를 가지는 내용이건 흥미를 가지는 방법이건 그것은 기존의 사회로부터 오는 것이고, 그것을 제공하는 것은 어른이다. 즉 아이는 자신이 보고 들은 범위 내에서 흥미를 느끼고, 어른은 자신이 허용할 수 있고 제공할 수 있는 것만 제공한다. 결국 그것은 유행을 달리 표현한 것이고, 아이를 결회체화하는 것이다. 아이를 기존 사회의 구조화된 질서 속에 밀어 넣음으로써, 사회를 점점 더 경직된 결회체로 만드는 것이다. 그것은 소규모 공동체 운동의 경우에서 볼 있는 것처럼 작은 소외로부터 벗어나기 위해서 더 큰 소외를 불러들이는 것이고, 작은 도적을 잡기 위해 더 큰 도적을 불러들이는 것이다.

다른 하나는 교도소나 정신병원과 달리 학교에서의 격리는 단순한 육신의 격리 이상을 의미한다고 보는 것이다. 육신의 격리 이상이 무엇인지는 고대인들이 격리를 통해서 추구한 것이 무엇인지를 살펴보면 알 수 있다. 김승호에 따르면 고대인이 격리를 통해서 추구한 것은 관조이고, 관조를 통하여 추구한 것은 "사물을 자기 것으로 수용함으로서 궁극적으로는 우주 전체와 합일을 이루는 경지, '카팍스 우니베르시스로서의 인간', 곧 '전인'에 도달"하는 것이다(김승호, 2004: 222-223). 즉, 격리가 추구하는 것은 일의 세계에서 요구되는 것을 더 잘 해내기 위한 기법을 익히는 것이 아니라, 관조를 통하여 세계와 내가 하나가 되기 위한 것이다. 세계와 내가 하나가 된다는 것은 세계를 대상화하지 않고 온전히 있는 그대로 받아들이는 것이며, 나를 기준으로 세계에 조작을 가하여 변화시키는 것이 아니라 세계를 기준으로 나를 변화시키는 것이다. 그것은 바로 앞서 살펴본 반성적 사고를 의미한다. 학교가 격리를 통해서 추구하는 것은 기존의 자기를 버리고 세계와 반성적으로 대화하는 것, 달리 말하면 세계를 이해하는 것이다.

육신의 격리가 소극적인 격리라면 이것은 적극적인 격리이고, 육신의 격리가 '일의 세계로부터의 해방'이라면 이것은 '세계의 이해를 향한 해방'이다. 산들초등학교 사람들의 삶과 관련해서 말하면 열린 마음으로 타인의 다름을 인정하고 이해하는 것이다. 이 적극적인 격리로 인해서 우리는 실존하고 공존하며, 공동체를 형성한다. 격리에는 이 두 가지 의미가 다 있고, 후자가 따르지 않는 전자는 무의미한 것이다. 오늘날 학교붕괴 현상이 발생하는 것도 바로 세계를 향한 이해로 나아가지 않은 채 육신만 가두어 놓고 있기 때문이다.

격리를 이와 같은 것으로 볼 경우에 학교에서 교사와 아이와 학부모가 모두 실존하기 위해서는 탈격리로 나아가기보다는 소극적인 격리에서 한 걸음 더 나아가서 적극적인 격리를 추구해야 한다. 적극적인 격리, 즉 반성이나 이해로 인해서 실존하고 공존할 수 있기 때문이다. 그리고 이 적극적인 격리는 소극적인 격리와 달리 자신이 스스로를 적극적으로 격리함으로써만 가능하다. 그것은 마치 등산의 기분을 맛보기 위해서는 자신의 두 발로 직접 산에 올라야 하는 것과 마찬가지다. 바다에 간다거나, 다른 사람에게 대신 산에 오르게 해서 등산했을 때의 기분을 맛보기를 기대할 수는 없다.

이와 같은 적극적인 격리로서의 삶을 잘 보여주는 것이 이제까지 살펴본 산들초등학교 사람들의 삶이다. 그들은 소극적인 격리에만 머무르지 않고 서로 다른 타인을 이해하는 것을 공동체의 가장 중요한 요건으로 삼고 있으며, 항상 그런 것은 아니지만, 그런 삶을 실지로 살아갔다. 그리고 학문공동체에 속한 사람들은 이와 같은 적극적인 격리로서의 삶을 산들초등학교 사람보다 더욱 일상적이고 체계적으로 살아간다.

이봉재(2002)에 따르면, 현재까지 과학이 발전하게 된 것은 한두 명의 천재적인 과학자의 재능 때문이 아니라 과학자 공동체 때문이다. 그 안에서는 누구나 자신의 의견을 자유롭게 개진하고 그 의견들은 체계적으로 검토되고 승인받는다(이봉재, 2002: 151, 153). 서로의 의견을 자유롭게 개진한다는 것은 서로의 차이를 충분히 드러낸다는 것을 의미하고, 그것을 체계적으로 검토한다는 것은 기존의 이론에 의해서 진위를 판정하는 것만이 아니라, 그 의견을 계기로 해서 기존 이론의 적합성을 검토하는 것까지도 포함한다. 즉 서로에 의해서 반성적으로 사고하는 것이다. 이 후자가 없다면 과학은 발전할 수 없다. 천재적인 과학자는 이런 과학 공동체 안에서 자라고, 그 공동체에서 자란 천재적인 과학자의 기여에 의해서 과학이 발전하는 것이다. 즉 과학 공동체 안에서 과학자와 또 다른 과학자가 실존함과 동시에 공존함으로써 과학이 앞으로 열려 나아가는 것이다. 지동설이나, 만유인력의 법칙이나, 상대성 원리나, 불확정성 원리 등이 모두 이런 과학 공동체로부터 태어난 자식들이다. 그 점은 과학만이 아니라 그 밖의 다른 학문 분야의 공동체 역시 마찬가지다. 그리고 산들초등학교 역시 그 성격에 있어서는 동일하다. 단지 정도나 수준에 있어서만 차이가 있을 뿐이다.

이런 사실에 비추어볼 때 자신을 적극적으로 격리한다는 것은 산들초등학교 사람들의 경우에서 알 수 있는 것처럼 열린 마음으로 타인의 다름을 인정하고 이해하는 것이기도 하고, 과학자 공동체의 경우처럼 서로의 의견을 충분히 개진하고 검토하는 것이기도 하다. 즉, '학문을 직접 하는 것'이다. 학문을 직접 한다는 것은 기존 학자의 연구 결과를 기억하고만 있다거나, 기존의 학자가 연구한 그 분야를 자신이 연구하는 것만을 의미하지 않는다. 그것은 일상 속에서 학문의 관점이나 안목과 태도에 따라서 타인과 함께 서로를 이해하면서 살아가는 것을 의미한다. 산들초등학교 사람들이 "공동체는 평범한 날들 속에 있다."고 한 말 역시 이 점을 의미한다. 즉, 일상 속에서 서로를 이해하는 가운데 살아갈 때, 그 안에서 교사와 아이와 부모가 실존한다. 즉, 그것이 교육적인 삶이고 공동체적인 삶이다. 학문을 하는 일이 일상 속에서 서로를 이해하는 일과 다른 점이 있다면, 일상에서는 그 일이 우연적이고 산발적이며 비체계적으로 이루어지는 데 비해서 학문은 그 일을 의도적이고 계획적이며 체계적으로 한다는 점이다.

따라서 학교에서 교사와 아이와 학부모가 소외되지 않기 위해서는 교사와 아이로 하여금 자신을 적극적으로 격리하도록, 즉 학문하는 삶을 살아갈 수 있도록 제도적으로 지원하고 보장해야 한다. 그럴 때 교사와 아이와 학부모가 공존하고, 우리 사회가 건강성을 회복할 수 있을 것이다. 비유적으로 말하면, 학교는 고여 있는 물을 증발시켜서 새로운 순환을 준비하는, 그리하여 물을 지속적으로 맑게 하고 대지를 푸르게 하는 적도상의 바다와 같은 곳이기 때문이다. 그렇게 하는 것이 시간이 많이 걸리고 비용도 많이 들기는 하겠지만 시행착오를 반복하는 것보다는 더 경제적일 것이다.

VI 인간으로서 살아간다는 것

1 산들초등학교와 더불어 지새운 3년

지금으로부터 3년 전 나는 교육공동체를 볼 수 있을 것이라는 기대를 안고 산들초등학교를 처음 방문했다. 그때 산들초등학교는 학생 수가 30명 이하로 줄어서 폐교될 예정이었으나, 여러 뜻있는 학부모와 교사들이 힘을 합해서 자신의 자녀를 전학시키고, 학교의 각종 시설과 제도를 개선함으로써 새롭게 태어나고 있었다. 나는 그런 모습이 그때 내가 가지고 있던 교육공동체의 개념에 부합한다고 생각했다. 나는 다른 사람들이 일반적으로 생각하고 있는 것처럼 공동체란 '여러 사람이 평등한 상태로 무엇인가를 함께 하는 집단'이라고 생각했다. 그 연장에서 교육공동체는 '아이들의 교육을 위해서 교사와 학부모가 조화롭게 협력하는 집단'이라고 생각했다.

그러나 실지로 내가 산들초등학교에 가서 본 모습은 기대한 것과 달랐다. 그들은 '다 함께 만드는 새로운 공동체 학교'라고 내세우고는 있었지만, 그리고 자신들이 만들어 놓은 새로운 학교 시스템을 공동체적으로 운영하기 위해서 열심히 노력하고 있었지만, 그 이면에서는 늘 갈등하고 있었다. 그리고 그 갈등은 항상 힘의 논리에 의해서 해결되곤 했다. 나는 그런 모습을 보면서 산들초등학교를 완성된 공동체로 보기보다는, 갈등을 상생적으로 해결해나가는 과정을 공동체로 볼 수 있는 방안을 모색했다. 그리고 그것을 교육공동체로 보려고 했다.

그 후로 나는 그들이 갈등하는 모습을 긍정적인 눈으로 주목했다. 특히 2003년 이후로 교사와 학부모 사이의 갈등이 눈에 띄게 악화된 것을 발견하고, 그들이 그 갈등을 해결하는 과정을 주시했다. 그들은 양쪽이 모두 갈등을 해결해야 할 필요성을 인식하는 가운데 각자 각종 회의와 워크숍 등을 연속적으로 진행했다. 그리고 최종적으로 2004년 2월에 교사와 학부모가 한 자리에 모여서 간담회를 열었다. 나는 거기에서 내가 기대했던 공동체를 볼 수 있다고 믿었다. 그렇지만 그 자리는 갈등을 해결하기보다는 서로의 입장 차이를 분명하게 드러낸 자리로서의 성격이 더 강했다. 나는 그런 모습을 보고 거의 절망하다시피 했다.

나는 그 일 이후로 연구 방향을 수정했다. 내 현실적 여건이 동일한 방식으로 연구를 계속 진행하는 것을 허락하지 않았기 때문이었다. 나는 그 일을 계기로 그동안 연구해온 과정을 되돌아보고, 거기에 중대한 오류가 있음을 알게 됐다. 그 오류는 내가 사전에 설정한 공동체의 개념에 비추어서 현지를 바라보려고 했다는 점이었다. 그 후로 나는 산들초등학교의 학부모, 교사, 지역주민, 아이들과 반구조화된 면담을 했다. 나는 그들에게 산들초등학교가 공동체라고 생각하는지, 언제 공동체임을 느끼는지, 공동체 일원으로서 살아가려면 어떻게 해야 하는지 등의 질문을 했다.

나는 그들과 면담하는 동안, 그리고 면담 내용을 전사해서 검토하는 동안 그들은 내가 보려고 했던 것과는 다른 관점에서 공동체를 보고 있으며, 내가 보아왔던 것과는 다른 장면에서 공동체를 느끼고 형성해오고 있었다는 것을 알았다. 그들은 자신들의 공동체란 '서로 다른 사람이 열린 마음으로 서로의 다름을 인정하고 이해하는 가운데 함께 변화해나가는 관계'라고 생각하고 있었으며, 그러한 공동체를 형성할 수 있게 된 것은 '산들에서 살아온 세월의 힘' 때문이라고 대답했다. 나는 그들이 말하는 공동체가 무엇이고, 산들초등학교에서 그동안 어떤 일이 있었는지를 다시 검토하였다. 그리고 그들이 지난 3년 동안의 삶의 과정을 통해서 궁극적으로 해결하려고 한 문제가 무엇이었으며, 그 문제에 대한 그들의 대답은 공동체와 관련된 기존의 대답이 해결하지 못한 점을 어떻게 해결해 주는지 살펴보았다. 그리고 그러한 검토 결과를 토대로 인간의 삶을 교육의 관점에서 바라본다는 것이 어떤 것이며, 그 일은 우리가 일상을 살아가거나 현재 우리나라 학교 교육의 문제를 해결하는 데 어떤 시사를 제공하는지를 다시 생각해보았다.

산들초등학교 사람들이 새로 만든 시스템은 "아이중심"과 "체험학습" 그리고 "다 함께"라는 세 가지 원리에 의해서 구성되었다. 산들초등학교는 아이들이 참 삶을 살아갈 수 있게 하기 위해서 학교의 각종 시설과 환경을 아이들이 편안하게 생활할 수 있게 만들었다. 학습은 가능하면 체험학습 형태로 이루어지게 했다. 학교의 각종 의결 사항은 교사와 학부모의 민주적인 회의 과정을 거쳐서 결정하고, 결정 사항을 함께 참여해서 시행할 수 있게 했다. 산들초등학교의 그런 특징이 가장 잘 나타는 것이 계절학교였다. 이 과정에는 교사뿐만 아니라 학부모가 함께 강사나 도우미로 참여해서 아이들을 함께 지도하거나 지원했다.

그러나 교사와 학부모가 일상적인 교육활동과 각종 행사활동을 함께 하는 과정에서 교사와 학부모 사이에, 학부모들 사이에, 그리고 교사들 사이에 누가 주체고 누가 들러리냐는 문제를 두고 갈등이 발생했다. 그것은 일부 학부모가 무분별하게 학교의 교육활동에 참여하거나 간섭했기 때문이기도 했지만, 일부 교사나 학부모가 자신이 생각한 것을 중심으로 행사를 이끌고 가려고 했기 때문에 생긴 것이기도 하다. 그 결과 나머지 사람들은 자신들이 참여하는 것이 아니라 동원된다고 생각하게 되었다.

이런 와중에도 산들초등학교는 점차 외부에 좋은 학교로 알려졌고, 많은 사람들이 입학을 문의해왔다. 그 가운데 일부 사람은 위장 전입을 해서 아이를 입학시키거나, 창고나 폐가 등에 잠시 이사 와서 살다가 다시 원래 살던 곳으로 돌아갔다. 학교는 그런 사람의 자녀들을 선불리 돌려보낼 수가 없었다. 기존의 학부모들 사이에서는 이런 학부모나 아이들을 어떻게 바라보아야 할지를 두고 갈등이 발생했다. 작은 학교를 유지하기 위해서는 그들을 돌아가게 하는 것이 타당했지만, 그 경우에 자신들이 외부 사람들에게 이기적인 집단으로 비치는 것이 염려되었다. 그리고 그것은 공동체적이지 못하다고 생각했다.

그런데 이런 갈등들은 대체로 힘의 논리에 의해서 해결되었다. 교사들 사이에 아이들의 문제나 학교의 교육활동을 두고 갈등이 발생할 경우 "앞바퀴 교사"들은 "뒷바퀴 교사"들의 의견을 받아들이지 않고, 자신들이 생각하는 방향으로 이끌고 갔다. 학부모들 사이에도 일부 "쎈 사람"이 자신들의 생각을 중심으로 "밥퍼아줌마"들을 이끌고 가거나, 자신의 생각을 강요했다. 그리고 자신의 생각과 다른 의견이 나오면 묵살하거나, 차단했다. 또 일부 학부모들은 교사의 교육활동에 적절하지 못한 방법으로 이의를 제기하거나, 교사의 교육활동에 간섭함으로써 교사로 하여금 아이들을 방임하도록 만들었다. 그 결과 아이들이 학교에서 무분별하게 생활하는 사례가 자주 발생했다.

이런 상황에서 다수의 "뒷바퀴 교사"나 "밥퍼아줌마"들은 침묵하거나 점점 더 학교의 행사에 참여하는 것을 꺼리고, 일부 마음에 맞는 사람들끼리 모이게 되었다. 이처럼 서로 소통이 단절됨으로써 그들은 긴장한 가운데 서로를 바라보게 되었으며, 그런 상황이 지속되면서 자신의 존재에 대한 불안감마저 느끼게 되었다. 그리고 교사들 가운데 절반 이상이 학교를 떠나고, 새로 오는 사람은 오기를 꺼려했다. 그들은 이런 상황을 해결해야 할 필요를 느꼈다. 그들은 점차 자신의 생각을 표현하고, 다른 사람이 자신과 다른 처지에 있거나 자신과 다른 생각을 가지고 있다는 것을 인정할 필요를 느꼈다. 그리고 타인의 언행과 상황을 자신의 관점이 아니라 상대의 관점에서 바라볼 필요가 있음을 알게 되었다. 그렇게 하기 위해서는 자신을 비우고 마음을 열어야 한다고 생각했다. 그리고 자신이 느끼는 문제나 생각을 여러 사람들과 함께 공개적으로 논의해야 한다고 생각했다. 학부모들은 학교의 행사를 통해서가 아니라 일상생활을 통해서 가까운 이웃이나, 학급의 다른 학부모들을 그와 같은 자세로 대하려고 노력했다. 교사들 역시 2004년에 접어들면서 자신의 생각만을 고수하기보다 다른 교사들의 생각을 듣고, 의견을 함께 나누어야 할 필요를 느끼고 그런 관계들은 만들어나가려고 했다. 그 결과 그들은 점점 서로를 자신으로, 산들초등학교를 공동체로 느껴가기 시작했다.

이런 변화 속에서 그들은 자신들이 그동안 공동체를 잘못 생각해 왔음을 깨달았다. 그들은 공동체는 학교의 각종 활동에 모든 사람이 평등하게 참여하고, 학교의 시스템이 그런 참여를 보장하는 것이라고 생각했었다. 그렇지만 갈등의 과정을 겪으면서 공동체는 그런 활동을 하는 데 있는 것이 아니라 자신에게 주어진 일을 충실히 하는 가운데 자신과 다른 사람들을 이해하는 관계 속에 있다는 것을 알게 되었다. 그리고 이웃들과 이런 관계를 맺어나가는 과정 속에서 그들 자신이 성장해간다는 것도 알게 되었다. 따라서 그들은 공동체는 '인생을 통해서 교육을 주고받는 관계'라고 생각하게 되었다. 그들에게 있어서 공동체는 서로 교육하는 관계, 즉 교육공동체인 것이다.

산들초등학교 사람들이 이처럼 공동체의 개념을 새롭게 알게 되고, 그들 사이의 관계가 개선되고 산들초등학교가 새로운 방향으로 변화되어가게 된 것은 산들초등학교의 특수한 상황 때문에 가능했다. 산들초등학교는 학교 규모가 작은 데다가 학교의 각종 행사에 모든 교사와 다수의 학부모가 함께 참여해야 하므로 서로 부딪힐 수밖에 없었다. 거기에다 다양하고 자기주장이 강한 사람들이 함께 모여 있기 때문에 갈등의 여지가 더 많았다. 그럼에도 불구하고 일부 교사들을 제외하고 나머지 교사와 거의 대부분의 학부모들은 다른 학교로 떠나는 것이 쉽지 않았다. 그들이 보기에 적어도 다른 일반 학교보다는 더 나은 점이 있기 때문이었다. 내가 보기에 그들이 말하는 '산들에서 살아온 세월의 힘'은 바로 이런 것이었다.

나는 산들초등학교 사람들이 이처럼 살아온 것은 어떤 문제를 해결하기 위한 것인지를 다시 생각해보았다. 나는 그것이 대규모화되고 관료화된 기존의 학교에서 교사와 아이와 학부모 모두 겪게 되는 소외의 문제를 해결하기 위한 것이며, 그 문제는 현대 사회에서 많은 사람들이 관심을 가져온 것이라는 점도 알게 됐다. 산들초등학교 사람들은 이 문제를 해결하기 위해서 교사와 학부모가 평등하게 참여하는 가운데 아이들의 체험학습을 위해서 협력하는 공동체를 꿈꾸었다. 그러나 그들은 그 과정에서 구성원들 간의 다양한 차이와 구조화할 수밖에 없는 상황의 요구로 인해서 갈등하고 또 다시 소외를 겪어야 했다. 그들은 이 문제를 해결하기 위해서 서로의 다름을 인정하고 이해함으로써 함께 변화해가는 길을 찾았다. 그들은 그것을 공동체로 보았고, 그 공동체 안에서의 관계를 교육으로 보았다.

공동체를 이와 같은 것으로 볼 경우에 공동체가 무엇인지 분명해지고, 공동체가 어떻게 형성되는지도 알 수 있게 됐다. 공동체는 서로 다른 사람이 교육적 관계를 맺는 것이고, 교육적 관계는 기존의 자신을 버리고 반성적으로 사고할 때 형성되며, 반성적 사고는 상황의 압력에 의해서 더 이상 자신을 기준으로 타인을 판단하거나 변화시킬 수 없을 때 드러난다. 이 점은 차이의 공동체를 비롯해서 기존의 공동체 논의가 충분히 설명할 수 없던 점이었다. 또한 공동체를 한 집단이나 사회가 교육적 관계로 맺어진 상태로 볼 경우에 거기서 대규모로 조직화된 현대 사회에서 많은 사람이 겪고 있는 소외의 문제를 해결할 수 있는 방안을 찾을 수 있었다. 이러한 공동체 속에서는 서로가 실존하고 동시에 공존하므로, 서로 다른 사람이 무모하게 동질화되거나 분업적 관계를 맺지 않으면서도 통합될 수 있었다.

또한 나는 산들초등학교 사람들이 새롭게 깨닫고 형성하기도 하는 공동체는 실체로서 존재하는 것이 아니라 사회의 한 측면임을 알게 됐다. 사회는 공동체와 결회체의 모습을 모두 지니고 있으며, 사회가 결회체로 인해서 안정성을 유지한다면 공동체로 인해서 지나치게 구조화됨으로써 발생하는 문제가 해결되어간다는 것을 알게 됐다. 사회에서 결회체와 공동체는 변증적으로 순환하는 가운데 발전해가는 것이다. 그리고 개인은 그 속에서 소외된 삶과 실존의 삶을 동시에 살아가며, 그런 순환의 과정 속에서 개인도 함께 발전해감을 알게 됐다.

또한 나는 산들초등학교 사람들이 공동체 개념을 새롭게 깨닫고, 공동체를 형성해가는 과정을 분석하고 검토하는 과정을 통해서 삶과 교육 사이의 관련 또한 새롭게 파악할 필요가 있음을 알게 되었다. 지금까지 여러 학문 분야에서 인간을 이해하기 위해서 노력했고, 인류학 역시 그런 노력을 해왔다. 인류학의 관점에 따르면 인간의 삶은 문화적 과정이다. 따라서 동일한 인종이라고 해도 그가 어떤 집단에 태어나서 자라는가에 따라서 전혀 다른 삶을 살아간다. 이러한 설명은 고정된 집단의 삶을 설명하는 데는 유용할 수 있지만 산들초등학교의 경우처럼 변화해가는 집단의 삶은 설명하지 못한다. 이와 달리 조용환(1998)은 인간의 삶을 교육적 과정으로 볼 것을 제안했다. 그의 관점에 따르면 산들초등학교 사람들은 일상의 삶 속에서 직접적이지는 않지만 서로 가르치고 배우는 가운데 새로운 공동체의 개념을 형성해가고, 함께 성장했으며, 공동체를 형성해갔다. 따라서 그들의 삶은 교육적 과정으로 볼 수 있다.

이런 관점에 따르면 산들초등학교 사람들은 교육적 존재라고 볼 수 있다. 기존의 인류학의 관점에 따르면 인간은 문화의 수인(囚人)이라고 불릴 정도로 문화의 영향을 강하게 받는 존재로 상정되어 왔다. 그리고 교육은 새로운 구성원에게 그 집단의 문화를 내면화하는 일로 간주되어 왔다. 그러나 인간이 문화적 존재로서 살아가는 것은 그들이 처한 상황이 문화와 일치할 때만이다. 한 집단이 살아가고 있는 환경이 달라지거나, 구성원이 달라질 경우에는 기존의 문화를 삶의 준거로서 의존할 수 없다. 따라서 구성원들은 새로운 문화를 모색하지 않을 수 없으며, 그 과정에서 자신을 반성하고 타인과의 관계 속에서 새로운 문화를 형성한다. 산들초등학교 사람들이 자신과 다른 사람들과의 관계 속에서 새로운 공동체 개념을 형성한 것이 그 예다. 즉 인간은 교육적 존재인 것이다. 인간은 교육적 존재이기 때문에 타인과 함께 형성되어 나가고, 공동체를 형성하는 가운데 살아갈 수 있는 것이다.

이처럼 인간의 삶을 교육적 과정으로 보고, 인간을 교육적 존재로

본다는 것은 교육과 삶 사이의 관련을 새로운 시각에서 바라본다는 것을 의미한다. 그동안 교육은 삶의 한 영역으로서, 삶에 유용한 지식이나 기술 등을 전달하는 일로 간주되어왔다. 그 결과 교육은 인간의 삶을 설명하는 고유의 관점을 갖지 못하고, 그 관점을 문화 등에 의존해왔다. 또한 학교 등과 같이 일정한 시간과 장소에서 이루어지지 않는 활동은 교육으로 설명될 수 없었다. 그런 일이 발생한 것은 교육과 삶을 시간상 선후 관계로 연결된 별개의 활동으로 보아왔기 때문이다. 따라서 이런 한계를 극복하기 위해서는 교육과 삶이 별개의 활동이 아니라, 교육이 삶의 한 측면으로서 존재하는 것으로 바라볼 필요가 있다. 그렇게 했을 때 인간의 다양한 삶의 장면을 교육의 관점에서 설명할 수 있을 뿐만 아니라, 기존의 학교 교육이 갖는 의미를 좀 더 근본적인 시각에서 설명할 수 있다. 즉 학교는 일상적인 장면에서는 삶의 한 측면으로서 자리 잡고 있으면서 잘 드러나지 않는 교육을 전경에 드러내어 살아가도록 제도화한 곳이라고 볼 수 있다. 따라서 오늘날 학교 교육의 문제를 해결하기 위해서 근본적으로 해야 할 일은 학교에서 교사와 학생이 교육적인 삶을 살아갈 수 있도록 하는 것이고, 그것은 바로 교사 자신이 아이와 함께 학문을 하면서 살아갈 수 있게 하는 것이다.

2 또 하나의 공동체

이상의 내용은 내가 산들초등학교 사람들의 삶을 지난 3년 동안 지켜보면서, 그리고 그들이 자신의 삶에 관하여 이야기한 내용을 다시 정리하면서 알아낸 것이다. 내가 알아냈다기보다 그들이 지난 3년 동안의 삶을 통해서 깨달은 것을 내가 다시 정리한 것이라고 보는 것이 더 정확할지도 모르겠다.

나는 지금까지의 작업을 해오면서 인류학자는 사람들이 일상을 살아가면서 만들어놓은 문화라는 텍스트를 정리하고 해석하는 사람이라는 생각을 줄곧 떨칠 수가 없었다. 그들은 지난 3년 동안 자신의 삶을 살아가면서 그들이 처한 상황에 적합한 문화를 계속 만들어갔다. 그 안에는 공동체뿐만 아니라 교육, 아이, 학습, 자유, 평등, 인생 등등 수많은 개념들이 함께 자리 잡고 있다. 핸슨(Hanson, 1975)이 지적한 것처럼 그 문화는 일관된 체계를 이루고 있는 것이 아니었다. 그들의 문화는 한 가지 공통된 흐름을 가지고는 있었지만, 각각의 개념들이 때로는 동떨어져 있고, 때로는 불일치하기도 하고, 또 때로는 모순되기도 했다. 그런 불일치와 모순은 서로 다른 사람 사이에서 발견되기도 했지만 한 사람 안에서도 발견되었다. 나는 그들이 만들어 나가는 문화 속에서 이리저리 얽히고설킨 개념들을 다듬고 정리해서, 공동체에 해당하는 장만을 따로 뽑아내어 글로 담아냈다고 볼 수 있다. 다른 연구자라면 다른 점에 주목하거나, 공동체에 주목했더라도 다르게 정리해냈을 것이다. 그렇지만 지금의 나는 이렇게 할 수밖에 없다. 그것이 현재 나의 한계다.

그 점은 산들초등학교 사람들 역시 마찬가지라고 생각한다. 한때 나는 상당 기간 동안 산들초등학교에서 이루어지고 있는 각종 교육활동을 부정적으로 보았다. 특히 교사들이 아이들의 현재 상태는 고려하지 않고 자신이 좋다고 생각하는 것을 무리하게 아이들에게 강요하듯이 학습하도록 하는 것을 보면서 기존의 학교와 크게 다를 것이 없다고 생각했다. 자신들이 그동안 낭만적으로 가져왔던 교육관을 엄밀한 검토 없이 섣불리 적용하는 모습을 보면서 많은 우려를 한 것도 사실이다. 자신들이 가지고 있는 교육적 신념을 실현하기 위해서 주변 동료들과의 관계는 소홀히 하거나 적대시하는 모습을 보면서 가슴이 답답한 적도 여러 차례 있었다. 그래서 교사 워크숍 자리에 참석해서 그런 점들을 신랄하게 지적하기도 했다. 그런데 나중에는 나의 그런 행위 역시 나를 중심으로 사고하고 판단하는 것이라는 것을 알게 되었다. 그들은 내가 아니었고, 당시의 그들로서는 그것이 한계였던 것이었다. 내가 그들에게 취한 태도는, 지구는 평평하고 끝이 있다고 믿는 고대인에게 왜 수평선 너머까지 항해하지 않느냐고 나무라는 것과 다름이 없었다.

지금 생각해보면 나 역시 고대인이다. 내가 지금까지 산들초등학교의 공동체에 관하여, 공동체와 교육 사이의 관련에 관하여, 공동체와 결회체 사이의 관련에 관하여, 그리고 삶과 교육의 관련에 관하여 무슨 이야기인가를 했지만 할 수 있는 모든 이야기를 다 한 것은 아니다. 내가 할 수 있는 만큼만 한 것이다. 어쩌면 나는 틀린 이야기를 했거나 하고 있는지도 모르겠다. 그럼에도 불구하고 나는 이야기한다. 이 점은 나뿐만 아니라 모든 인간이 가지는 한계라는 생각이 든다. 산들초등학교에 관하여 누가 무슨 이야기를 해도 그가 할 수 있는 만큼만 할 수 있고, 그만의 한계가 있을 것이기 때문이다.

그럼에도 불구하고 나는 지금까지 긴 이야기를 해왔다. 나는 이 이야기를 왜 했는가? 졸업하고 박사학위를 받기 위해서라는 것도 한 가지 이유가 될 수 있다. 그러나 박사학위는 반드시 산들초등학교를 연구해야만 받을 수 있는 것도 아니고, 반드시 박사학위를 받아야 하는 것도 아니다. 그렇다면 나는 사람들과 이야기를 나누기 위해서 이야기하고 있다고 말할 수밖에 없다. 내가 그동안 산들초등학교에서 보고, 듣고, 겪고, 느끼고 생각한 것, 그리고 그들의 삶에 관하여 내가 다시 정리한 것을 독자들에게 보여주기 위해서 이야기를 하고 있는 것이다. 그렇게 함으로써 나는 독자들에게 새로운 이야기를 전하기도 하지만, 독자들로부터 내가 어떤 한계를 안고 있는지 지적받아서 고쳐나갈 수 있게 되기를 기대하는 것이다.

그것은 산들초등학교 사람들이 자신이 현재 무엇에 관하여 고민하고 있고, 그 문제에 관해서 자신은 어떻게 생각하고 있는지를 이웃 사람들과 함께 나누는 것과 마찬가지다. 그들은 함께 이야기를 나누는 과정에서 서로가 보지 못했던 점을 서로에 의해서 알게 되고 함께 성장해 나갔다. 나 역시 그것을 기대하고 있는 것인지 모르겠다. 물론 독자와 나 사이의 대화는 산들초등학교 사람들이 일상적으로 나누는 대화와는 수준이 다른 것은 분명하다. 그러나 내가 보기에는 그 성격에 있어서는 산들초등학교 사람들이 그들끼리 거칠게 나누는 대화와 본질적으로 다르지 않다. 그것은 고대인이나, 중세인이나, 현대인이 모두 한계를 가지고 있는 것과 마찬가지다. 그리고 수준의 차이와 한계가 있기는 하지만, 그 대화를 통해서 교육적 관계를 맺고 있는 것도 또한 사실이다.

내가 산들초등학교 사람들의 삶을 엿보면서 알게 된 가장 중요한 것은 바로 이것이 아닌가 생각한다. 내가 이런 점을 깨닫게 된 것은 지난 3년 동안 귀찮을 정도로 쫓아다니면서 비디오카메라를 들이대어도 그들이 싫다고 하지 않고 선선히 응해주었기 때문이다. 또한 그들이 자신의 삶을 내게 드러내어 보여주고, 이야기해 주었기 때문에 가능했다. 그 점에서 나와 그들 사이에 교육적 관계가 맺어져 있다고 볼 수 있다. 즉 그들과 나는 이 논문 속에서 하나의 공동체인 것이다.

이제 나는 그들이 내게 가르쳐준 것을 매개로 독자와 공동체를 형성할 차례다. 그것이 내가 그들로부터 진 빚을 갚는 길이라고 생각한다. 그것은 내가 부모로부터 입은 사랑을 자식에게 베풀고, 스승으로부터 받은 은혜를 제자에게 전해주어서 갚는 것과 마찬가지다. 그렇게 해서 종족이 영속되고, 학문이 영속되듯이 우리의 공동체가 형성되고 유지될 수 있을 것이라고 생각한다. 그 점에서 보면 나를 드러내어 독자와 대화하고 교육적 관계를 맺어나가는 것은 더불어 살아가는 존재로서의 인간의 의무라고 볼 수밖에 없다. 교육은 권리가 아닌 것이다. 내가 그 의무를 충실히 할 때, 내 공동체는 바로 지금 여기에 살아 숨 쉬는 것이다.

내 가슴에는 산들초등학교의 한 학부모와 면담하는 과정에서 들은 말이 아직도 긴 여운으로 남아 있다. 그는 다음과 같이 말했다.

〈182〉

저는 나이를 먹을수록 좀 편안해지는 것을 느껴요. 마음에 여유가 생기는 게 오픈 마인드가 된다고 그러나요. '사람들은 참 많이 다를 수 있어.' 이런 기본적인 전제에서 출발하는데, '다를 수 있지만 서로 같이 노력하고 얘기하다 보면 같은 부분이 꼭 생기더라.' 저는 그 부분을 믿어요. 그 부분을 믿기 때문에 만나서 얘기하고, 같은 수준으로 맞춰간다는 게 이게 진짜 최상의 것인지 진짜 나쁜 결정인지 그거는 저도 판단할 수 없을 때가 많아요. 이게 진짜 애들한테 좋은 일인지 나쁜 일인지 그걸 판단할 수는 없어요. 그렇지만 그것을 만드는 과정에서 많은 사람들과 얘기하다 보니까 '아, 이거는 그래도 최선은 아니지만 차선이라고들 얘기하고 차선인 것 같애.' 이런 마음이 모아질 때가 있잖아요. 그러면 저는 그것을 그대로 해요. (경화 엄마)

부록

질적연구를 한다는 것: 산들초등학교에서 교육인류학자로 태어나다*

1 부끄러운, 그러나 설레는

나는 교육인류학자다. 나는 "산들초등학교의 교육공동체 형성에 관한 교육인류학적 연구"(2004)로 박사학위를 받았다. 내가 이 논문을 작성하기 위해서 현지연구를 하던 과정을 떠올리면 한편으로는 부끄럽고, 다른 한편으로는 가슴이 설렌다.

나는 박사학위 논문을 작성하기 위해서 2001년부터 2004년까지 3년 동안 산들초등학교[1])에서 현지연구를 수행했다. 유례없이 길게 현지연구를 수행했다. 그 과정에서 질적연구자로서 해서는 안 되는 실수와 시행착오를 많이 범했다. 현지에서의 연구자의 역할과 관련해서, 현지 사람들과의 관계와 관련해서, 현지 사람들을 관찰하거나 면담하는 일과 관련해서, 자료를 기록하고 정리하는 일과 관련해서 등등 질적연구를 수행하는 전 과정을 통해서 크고 작은 실수를 범했다. 부끄러운 기억들이다.

---

* 이 글은 "산들초등학교에서 교육인류학자로 태어나다"(김영천 편, 2008. "질적연구: 우리나라의 걸작선". 서울: 문음사, pp. 613-646)를 일부 수정한 것이다.

1) 가명이다. 이하에서 연구 현장과 관련해서 등장하는 인명과 지명은 모두 가명이다.

그렇지만, 그 당시 나는 아직 30대 후반의 나이였고, 무엇인가를 새롭게 시도하고자 하는 열정이 있었다. 아침 일찍 집을 나서서 현지에 가는 동안 무엇을 살펴볼 것인지, 누구를 만나서 무슨 이야기를 어떻게 나눌 것인지, 왜 그것을 듣고 보아야 하는지 등을 생각하노라면 전날의 피로가 풀리고, 새로운 힘이 솟곤 했다. 현지에 가서 현지 사람들이 살아가는 모습을 보고, 그들의 이야기를 듣다 보면 내가 그동안 생각해보지 못했던 새로운 생각들이 실타래처럼 풀려나왔다. 밤늦게 집에 돌아오는 차 안에서는 하루 종일 듣고 본 것이 무엇이고, 그것은 어떤 의미가 있는지, 그 과정에서 내가 실수한 것은 없는지, 다음에 어떤 점들을 더 보충하고 보완할 것인지 등을 생각하다 보면 다음 날이 기다려졌다. 그렇게 3년의 세월을 지냈다. 기억만으로도 가슴 설레는 나날이었다.

나는 이런 과정을 통해서 본격적으로 교육인류학을 배우고, 교육인류학자로서 길러졌다. 요즘은 질적연구에 관한 책이 많이 출판되고, 각 대학에 질적연구와 관련된 강좌가 개설되어서 많은 새로운 연구자들이 단기간에 질적연구를 배우고 질적연구물을 양산해내지만, 몇 년 전까지만 해도 국내에는 질적연구 관련 서적이나 강좌가 많지 않았다. 그리고 나를 교육인류학의 세계로 안내하고 지도해주신 조용환 교수님께서는 "현지연구와 질적분석", "교육문화기술법 연습" 등과 같은 질적연구 관련 강좌를 개설하고 강의시간에는 학생들을 매서울 정도로 엄격하게 지도하시지만, 당신의 제자들이 논문을 작성하기 위해서 현지에 가서 자료를 수집하거나 논문을 작성하는 과정에는 별로 간섭하지 않으신다. 당사자에게 철저히 맡기신다. 고요한 수영장이 아닌 거친 바다에서 헤엄치는 법을 스스로 터득하도록 하신다. 내게도 그렇게 하셨다.

이것은 교육인류학 분야에서 문하생을 길러내는 전통적인 방식이기도 하다. 아마도, 교육인류학은 문화인류학의 영향을 강하게 받았기 때문에 그 전통이 더 강하게 살아 있다고 보아야 할 것이다. 문화인류학자들은 대체로 오랫동안 낯선 곳에 가서 연구하므로, 지도교수와 제자가 자주 만나서 지도하고 지도받기가 어렵다. 또한 지도교수는 현지의 사정을 잘 알지 못하므로 적절하면서 구체적인 지도를 하기는 더욱 어렵다. 그러다 보니 지도교수는 학생에게 맡기고, 학생은 스스로 문제를 해결해나가지 않을 수 없다. 그리고 그 과정에서 학생은 자신만의 연구방법이나 스타일을 만들어가기도 한다. 나 또한 그랬다. 결국 나는 가장 전통적인 방법으로 질적연구자로서 길러진 셈이다.

나는 산들초등학교에서 3년 동안 현지연구를 하면서 질적연구 방법과 관련된 다양한 이슈들을 몸으로 겪고 체득했다. 관찰이나 면담 등과 같은 연구기법과 관련된 것뿐만 아니라, 현지에서의 연구자의 위치, 참여관찰의 의미, 연구 행위의 의미, 연구결과의 타당성 등에 관하여 구체적으로 다시 생각하고, 그에 대한 나름대로의 대답을 찾을 수 있었다. 그와 함께 교육인류학이라는 학문이 무엇이고, 그것은 구체적으로 무엇을 대상으로 어떤 방법과 절차에 의해서 연구가 이루어지는지, 이후로 무엇을 더 공부해야 하는지 등에 관해서도 생각을 정리할 수가 있었다. 말하자면, 산들초등학교는 나로 하여금 교육인류학자로서 다시 태어나게 한 곳인 셈이다.

나는 '현지연구 전문가(professional field worker)'가 되기를 꿈꾼다. 내 눈에 보이는 모든 낯선 사람, 낯선 집단이 내게는 공부의 대상이다. 유아, 아동, 청소년, 정신지체인, 정신이상자, 매춘여성, 범죄자, 형사, 프로 바둑기사, 프로 야구선수, 기자, 정치인, 타워팰리스 주민, 이주민 등등 내가 알지 못하는, 나로부터 멀리 떨어진 모든 사람들이 내게는 스승이다. 그들은 어떤 눈으로 세상을 바라보며 살아가는지, 그 눈은 어떤 과정을 통해서 어떻게 형성되고 변화해가는지 궁금하다.

그렇지만, 앞으로 내가 그 꿈을 이루며 살 수 있을지는 알 수 없다. 그들을 연구하자면 산들초등학교에서 그랬던 것처럼, 적어도 1년 이상은 나의 일상을 떠나서 그들의 세계에 머물러야 한다. 그러나 현재 그리고 앞으로의 내 일상이 그것을 허용할지는 의문이다. 편안한 집, 정든 가족, 익숙하고 해야 하는 일 등을 떠나고 그만두기가 쉽지 않을 것 같기 때문이다. 어쩌면, 비록 만족스럽지는 못하지만, 교육인류학자로서 몸과 마음을 현지에 푹 담근 채 제대로 된 현지연구를 하는 것은 산들초등학교가 처음이자 마지막일지도 모른다.

그래서 내게는 산들초등학교에서 연구하던 과정을 떠올리는 것은, 결혼한 지 십여 년이 지난 지금 과거의 연애시절을 떠올리는 것처럼, 아쉬우면서도 가슴 설레는 일이다. 나는, 연애시절의 서툰 내 모습 속에서 열정을 느낄 수 있듯이, 산들초등학교에서의 부끄러운 내 모습 속에서 내가 꿈꾸는 교육인류학자로서의 이상을 찾아볼 수 있기를 바란다. 그리고 그때 내가 느끼고 생각한 것들을 되새기는 과정을 통해서 앞으로 내 공부의 방향을 다잡을 수 있기를 바란다. 더불어서, 내 회상이 교육인류학 또는 질적연구를 공부해보고자 하는 사람들에게 반면교사라도 될 수 있다면 그 또한 좋은 일이다.

2 우연한 만남

2000년이 거의 다 저물어갈 무렵 나는 산들초등학교에 관한 이야기를 처음 들었다. 경기도 어느 도시에 살고 있는 학부모들이 자녀들을 그 도시 근처에 있는 폐교 직전의 농촌 소규모 학교에 보내서 학교도 살리고, 아이들로 하여금 자연환경에서 마음껏 뛰놀며 살아가게 하려고 한다는 것이었다. 기존의 공교육을 지배하고 있는 비민주적이고 비교육적인 관행을 배척하고 공교육의 대안적인 모습을 모색하려고 한다는 말도 함께 들었다. 나는 그 말을 대수롭지 않게 들었다. 당시 여기저기서 우후죽순처럼 생겨나던 대안학교의 붐이 공립학교에까지 번져가고 있나보다고만 생각했다. 내가 그 학교를 연구하게 되리라고는 꿈에도 생각하지 않았다. 그때 나는 박사학위 논문의 연구 대상으로서 선승(禪僧)을 염두에 두고 불교의 선수행과 관련된 자료를 모으고 있었다. 내가 선승을 연구대상으로 삼고자 했던 것은 교육학과 교육인류학의 정체성에 대한 문제의식이 있었기 때문이다.

나는 1994년 대학원에 입학한 첫 학기에 "교육인류학연구"라는 과목을 수강했다. 나는 그 강좌를 통해서 교육인류학이 무엇인지 알기보다는 오히려 '교육인류학이란 무엇인가'라는 질문을 가지게 되었다. 내가 제출한 그 강좌의 학기말 보고서 제목도 "나는 교육의 어떤 문화적 측면을 교육인류학의 연구대상으로 할 것인가?"였다. 그 보고서 속에서 학생의 학습 과정을 문화적 갈등으로 바라보고 그 과정을 연구할 필요가 있음을 밝혔다. 그로부터 2년 뒤에는 "교육인류학의 성격과 과제"라는 제목의 글을 우리 학회의 월례발표회에서 발표하기도 했다. 그때까지만 해도 나는 이것이 얼마나 심각한 질문인지, 이 질문이 이후의 내 공부의 방향을 어떻게 결정하게 될 것인지 짐작하지 못했다.

나의 문제의식은 박사과정에 진학해서 더욱 본격화되었다. 나는 매 학기 장상호 교수님의 강의를 수강했다. 지금은 퇴임하셨지만, 그때 그분은 교육학의 정체성을 가장 많이 고민하고, 많은 연구 성과도 이루어내고 있었다. 그분은 교육학이 독자적인 학문으로 자리 잡기 위해서는 교육인 것과 아닌 것을 구분할 수 있는 고유한 이론적 관점과 연구방법을 갖추어야 한다고 강조하셨다. 나는 교육학이 하나의 학문으로서 자리 잡기 위해서는 사회학이 학교를 사회적 집단으로 보고 설명해내고, 정치학이 정치적 갈등의 장으로 보고 설명해내고, 경제학이 경제적 교환의 장으로 보고 설명해내듯이, 교육학은 학교나 학원뿐만 아니라 가정이나 국회의사당이나 시장 등을 교육의 장으로 보고 설명해낼 수 있어야 한다고 생각했다. 그렇게 할 수 있을 때 교육학이 명실상부한 독자적인 학문으로서 자리매김될 수 있을 뿐만 아니라, 우리나라 학교 현실의 문제를 적절히 파악하고, 그 문제를 해결하기 위한 방법도 찾아낼 수 있으리라고 생각했다.

그러기 위해서는 다양한 삶의 장면을 교육으로 보고 설명해낼 수 있는 개념과 연구방법이 필요했다. 그렇지만 교육의 개념을 내가 자의적으로 결정할 수는 없었다. 기존의 여러 교육의 개념 가운데 하나를 내가 임의로 선택할 수도 없었다. 내가 결정하건 선택하건 타당한 근거가 있어야 했다. 나는 그 근거를 교육의 실제로부터 찾아야 한다고 생각했다. 일반적으로 용인되는 교육의 개념에 근거해서 교육이 전형적으로 이루어지는 장면을 연구하고, 그 결과에 근거해서 교육의 개념을 정교하게 가다듬고, 이 개념으로 다양한 삶의 장면에서 이루어지는 교육의 실제를 찾아보고 설명해낼 수 있어야 한다고 생각했다. 나는 선승들이 수행하는 장면이 교육의 실제를 보여주는 전형적인 장면이 될 수 있다고 생각했다. 그리고 질적연구방법으로 대별되는 교육인류학의 연구방법에 의해서 그 장면에서 교육의 전형을 찾아볼 수 있을 것이라고 생각했다.

그래서 나는 주위에 불교와 관련이 있는 사람들을 통해서 선승들이 수행하는 장면을 연구할 수 있는 방안을 모색했다. 그분들을 연구하려면 내가 출가하는 길밖에 없었다. 2000년 겨울에는 통도사에서 수행하시는 어느 스님을 만나서 내 관심사를 밝히고 가능한 방법을 묻기도 했다. 그분은 내게 출가할 수 있는 방안을 몇 가지 일러주셨다. 나는 처에게 내 계획을 말하고, 내가 머리를 깎고 1년 정도 집을 떠나 있어도 좋은지 물었다. 처는 그렇게 해야 한다면 그렇게 하라고 대답했다. 만일 그대로 시간이 흘렀다면 아마도 나는 그 길로 머리를 깎고, 지금과는 다른 삶을 살게 되었을 것이다.

그러나, 인생에는 항상 예상하지 못한 일이 벌어지기 마련이다. 내 인생 역시 그랬다. 내가 소속되어 공부하고 있던 서울대학교 교육학과가 2001년 3월부터 BK21연구사업의 지원을 받게 되었다. 학과에서는 연구단을 구성했다. 나는 여러 연구팀 가운데 교육기초학연구팀에 속하게 되었다. 덕분에 나는 매달 60만 원씩 지원을 받고, 생활비를 걱정하지 않아도 되었다. 지도교수님께서는 교육공동체를 연구주제로 잡으시고, 서울 근교에 있는 여러 도시 가운데 연구 대상이 될 만한 지역을 조사하라고 하셨다. 나는 서울 근교의 도시 네 곳을 추천했다. 그중에는 산들초등학교가 위치한 매향시도 포함되어 있었다. 산들초등학교에 대해서도 함께 소개했다. 지도교수님께서는 산들초등학교를 중심으로 지역사회에서 교육공동체가 어떻게 형성되어가는지를 연구해보라고 하셨다. 산들초등학교에서도 내게 자신들이 하고 있는 일을 학문적인 관점에서 기록하고 정리해달라고 부탁해왔다.

나는 학교가 아닌 곳을 연구하고 싶었다. 교육인류학이 학교뿐만 아니라 인간 삶의 다양한 장면을 교육 현상으로서 설명할 수 있다는 것을 입증하기 위해서는 그 대상이 가능하면 학교와는 거리가 멀어야 했다. 또한 나에게 낯선 곳을 연구하고 싶었다. 인류학자들이 익숙하고 편안한 곳을 떠나 낯설고 불편한 곳에 가서 연구하듯이 나도 그렇게 하고 싶었다. 제대로 된 현지연구를 하고 싶었다. 그러나 그렇게 할 수 없었다. 생활비를 포기할 수도 없었고, 지도교수님의 말씀을 거스를 수도 없었다. 그렇다고 해서 두 개의 현장을 동시에 연구할 수도 없었다. 결국, 산들초등학교를 연구현장으로 택하고, 그곳에서 공동체가 어떻게 형성되는지를 연구해보기로 했다.

그런데, 공동체를 주제로 해서 산들초등학교를 연구하기로 한 이 결정은 나중에 연구 과정에서 많은 어려움을 불러일으켰다. 그 어려움 가운데 하나는 공동체의 개념과 관련된 것이었다. 나는 그 전까지 공동체라는 말은 들어보았지만, 그것이 무엇인지는 전혀 알지 못했다. 내 귀에는 근사한 구호로만 들릴 뿐이었다. 그렇지만 연구하기로 마음먹었으니 적어도 공동체가 무엇인지 정도는 사전에 알아봐야 했다. 그런데 공동체의 개념이 너무 다양하고 모호했다. 학자들마다 공동체를 논의하는 맥락이 서로 달랐다. 어떤 사람은 기술적인 관점에서 말하고, 어떤 사람은 규범적인 관점에서 말했다. 각각의 관점에서 말하는 공동체가 서로 달랐다. 힐러리(Hillery, 1957)라는 사회학자는 공동체의 개념이 94가지나 된다고 말했다. 일반적으로는 동일한 가치를 지향하거나 동일한 목적을 달성하기 위해서 모인 사람들의 집단을 공동체라고 부르는 것 같았다. 산들초등학교 역시 그런 의미에서 교육공동체임을 내세웠다. 나 역시 교육공동체란 동일한 교육적 이상을 실현하기 위해서 조화롭게 협력하는 집단이라고 생각하고, 그런 모습을 산들초등학교에서 찾아볼 수 있기를 기대했다. 내가 할 일은 산들초등학교에서 교육공동체가 어떤 과정을 통해서 형성되어 가는지를 확인하고 정리하는 일이라고 생각했다. 그러나 산들초등학교는 내게 그런 모습을 보여주지 않았고, 나는 공동체에 관한 그 생각을 한동안 버리지 못했다. 그로 인해서 나는 실망하고 가슴 아파하기도 했다.

다른 하나는 초등학교를 연구한다는 사실과 관련된 것이었다. 나는 한때 초등학교 교사로서 근무한 적이 있었다. 그동안 나는 누구보다도 치열하게 교사로서 살았다. 또한 수업과 관련된 연구를 하기 위해서 여러 초등학교를 방문해서 살펴볼 기회가 많았다. 이런 나의 경험들이 한편으로는 산들초등학교에서 벌어지는 여러 일들이 무엇을 뜻하는지 쉽게 알아볼 수 있게 하기도 했다. 그렇지만 다른 한편으로는 그 일들을 낯설게 보지 못하게 했다. 즉 산들초등학교에서 벌어지는 여러 일들을 연구자로서 살펴보고 이해하려고 하기보다는, 나의 경험과 견해를 기준으로 규범적이고 당위적으로 보곤 했다. 그로 인해서 현상을 있는 그대로 바라보지 못하게 되고, 새로운 사실이나 의미를 찾아내는 일도 어렵게 되었다.

이것은 질적연구, 특히 교육인류학에서는 가장 금기시하는 것이었다. 질적연구가 궁극적으로는 추구하는 것은 대상에 관한 연구를 통해 기존의 자신의 관점을 벗어나서 새로운 관점을 형성하는 것이다. 따라서 연구자가 시종일관 자신의 관점을 고수하는 것은 질적연구 자체를 부정하는 일과 다름이 없다. 그러나 나는 이때까지만 해도 문화상대주의나, 기술적 접근이 무엇을 의미하는지 제대로 알지 못했다. 그저 소리로만 들어서 알 뿐이었다. 나는 이런 어려움과 시행착오의 과정을 거치는 동안 질적연구가 추구하는 것이 무엇인지, 그것은 어떤 방법과 절차에 의해서 이루어지는지 비로소 알게 되었다. 그 어려움으로 인해서 나는 질적연구뿐만 아니라 교육의 개념, 교육과 사회와 문화의 관계, 교육인류학의 정체성 등과 관련해서 많은 것들을 몸으로 깨달을 수 있었다. 일종의 전화위복이었던 셈이다.

3 그림자의 기대

산들초등학교는 해발 400미터 정도의 산들산 정상에 형성된 분지에 위치해 있다. 산들산에는 20만 평이 넘는 울창한 소나무 숲과, 왕조시대의 사찰과 건물들, 능선을 따라서 축조된 산성 등이 있어서 주말에는 많은 도시민들이 찾아와 지친 심신을 쉬어가는 곳이다. 이 산들산은 경기도 희망시와 매향시의 경계이기도 하다.

희망시는 산업화와 도시화의 그늘이 짙게 드리워진 도시이다. 1970년대 이후로 서울시가 청계천 주변을 정비하면서 무허가 판자촌 주민들의 대부분을 이 지역으로 강제 이주시켰다. 그 이후로 희망시는 집 없는 서민과 일용직 노동자들의 마지막 안식처이자, 서울에 아무런 연고도 없이 농촌을 떠나 온 사람들의 중간 거처가 되었다. 그로 인해서 희망시에는, 특히 구시가지에는 다세대 연립주택이 햇빛을 받을 틈도 없이 빽빽이 들어서 있고, 아이들은 부모의 손길을 제대로 받지 못한 채 도시의 그늘 속에서 비틀어지게 자라간다. 그럼에도 불구하고 학교는 관료적 체제에 길들어 있어서 아이들의 상처를 주의 깊게 살피고 어루만지기보다는 대부분 강압적으로 통제함으로써 아이들의 상처를 더욱 단단하게 할 뿐이다. 그 결과 아이들은 자라가는 동안 점점 더 일탈과 비행과 범죄에 빠지고, 희망시는 현재 전국에서 가장 높은 학업중단율을 기록하고 있다.

1990년대를 넘어서면서 흔히 386세대로 일컬어지는 사람들이 이 도시에 이주해왔다. 그들 가운데 일부는 희망시의 가난한 서민들의 권익을 대변하기 위한 사회운동에 헌신하기 위해서 이주해왔고, 또 다른 일부는 서울에 직장을 두고 있으면서 값싸게 거처를 마련하기 위해서 이주해왔다. 그들은 공통적으로 대졸 이상의 학력을 소지하고 있으며, 1980년대에 군부독재 하에서 대학생활을 하는 과정에서 사회에 대한 관심과 비판의식을 강하게 형성하였다. 그러한 이들이 결혼하여 자녀를 낳고, 아이가 초등학교에 입학하던 시기가 2000년을 전후한 때다. 그들은 아이를 학교에 보내는 과정에서 학교체제의 완고한 관료주의를 경험하게 되고, 그 문제를 해결하기 위해서 학교운영위원회 등에 참여하기도 하지만 개인적으로는 해결할 수 없음을 알고 대안을 모색하였다.

그러는 과정에서 그들은 산들산 숲 속에 자리 잡은 산들초등학교의 존재를 알게 되었다. 산들초등학교의 재학생이 26명까지 감소함으로써 폐교 위기에 놓여 있다는 사실을 알고, 그들의 자녀 73명을 산들초등학교에 전학하게 했다. 그와 함께 기존의 관료적 학교 운영체제를 극복하고 아이들이 자연환경 속에서 자유롭게 생활하면서 배울 수 있게 하는 방안을 모색했다. 그들은 그들의 교육적 이상을 실현해줄 교사를 물색하여 초빙하고, 학교의 교육과정과 운영체제를 새롭게 구성했다. 학교의 운영과 관련된 주요한 사안들은 학부모회의와 교사회의 그리고 학교운영위원회 등을 통하여 결정하도록 했다. 교사들은 학교 뒷산에 그네를 매달고, 운동장 한 켠에는 새 놀이터를 만들었다. 수업은 2시간을 연속으로 배치하고, 쉬는 시간을 길게 두어 아이들이 충분히 놀 수 있게 했다. 매주 토요일에는 모든 학생이 야외에서 수업을 하고, 방과 후에는 모든 학생들로 하여금 국악, 선무도 등의 강좌를 수강하게 하고, 여름방학과 겨울방학을 앞두고 1주일 동안은 계절학교를 열어서 아이들로 하여금 예술, 공예, 공연과 관련된 활동에 집중적으로 참여하여 학습하고 발표하게 했다. 이 과정에 교사뿐만 아니라 학부모들도 빠짐없이 적극적으로 참여하도록 했다.

이런 학교 속에서 아이들은 만족스러워했다. 학교 가기를 즐거워했고, 집에 가기를 싫어했다. 해가 지도록 학교에 머물며 놀았다. 방학이 시작되자마자 개학을 기다렸다. 학부모들은 아이들의 그런 모습을 보면서 만족했다. 그리고 학교의 각종 행사에 적극 참여했다. 교사들은 자신들이 만들어 놓은 새로운 체제 속에서 아이들이 행복하게 살아가는 모습을 보면서 더욱 힘이 솟았다. 퇴근 시간이 훨씬 지나 어두워지도록 교무실에 불을 켜놓았다. 내가 처음 본 모습은 그랬다. 바로 이런 모습이 교육공동체가 아닌가 생각했다. 이제부터 내가 할 일은 이들이 어떤 과정을 통해서 여기까지 오게 되었는지를 확인하는 일이라고 생각했다. 그것이 교육공동체가 형성되는 과정을 연구하는 일이라고 생각했다. 그와 함께 나는 그들이 현재 어떤 모습으로 살아가는지를 좀 더 구체적으로 알아볼 필요가 있다고 생각했다.

나는 이 학교에 매주 이틀이나 사흘, 또는 행사가 있거나 사건이 있을 때는 매일 방문했다. 보통 8시 30분쯤 학교에 도착해서 하루 종일 학교의 일상을 관찰하고, 교사들이 퇴근할 때 함께 퇴근했다. 밤에 학부모 모임이 있으면 그 모임에 참석하여 이야기를 듣느라고 밤늦게 귀가한 적이 더 많았다. 어느 날 나는 교사들의 모습을 내 필드노트에 이렇게 역설적으로 적었다.

나쁜 선생님

운동장을 세로 질러 길이 나 있다
교문에서 세상으로 길이 열려 있다
그 길로 낯선 걸음이 아침 해를 타고 온다
호기심, 기대, 환호를 안고 와서
스러지도록 꽃 피우고
흑단 같은 밤톨들을 담아서 뿌듯한 하루를 채운다

오늘도 초신성으로 산다
별이 질 녘에야 누이고 해보다 먼저 일으킨다
힘들지 않다고 말한다
공기가 좋아서?
그렇게 말하는 것은 그의 영혼이다
몸을 태우고 영혼이 빛나고 있는 것이다

그는 그림자마저 함께 소진하게 한다
나쁜 선생님이다
나쁜 학교다

위 글에 등장하는 '그림자'는 연구자인 나를 가리킨다. 나는 산들 초등학교에서의 내 별명을 그림자라고 했다. 현지인들이 연구자로서의 내 존재를 의식하지 않고 자연스럽게 행동하도록 하기 위해서는 내가 그림자와 같은 존재가 되어야 한다고 생각했다. 내가 이렇게 생각하게 된 데는 세 가지 이유가 있었다.

첫째는 내 안의 오만을 억누르기 위해서였다. 나는 1998년까지 초등학교 교직에 있었다. 그 기간 동안 아이들이 교과를 좀 더 잘 배우도록 하기 위해서 교육과정을 분석하고, 교과서 내용을 재구성하고, 수업시간을 조정해서 가르쳤다. 산들초등학교에서 하고 있는 수준 이상으로 교육과정을 재구성했다. 그러다 보니 산들초등학교에서 하고 있는 일, 특히 교사들이 하고 있는 일이 내 눈에는 충분하지 않아 보였다. 내게 조언을 구하면 더 좋은 방안을 제시해줄 수 있을 것 같았다. 그러나 그들은 내게 묻지 않았다. 회의 장소에서도 나를 참관인으로서 대할 뿐이었다. 처음에는 '왜 내게는 묻지 않을까?', '나한테 물으면 더 좋은 생각을 말해줄 수 있는데.' 하는 생각을 가끔 했다. 그럴 때마다 연구자로서 주제넘은 나 자신을 발견하고, 경계해야겠다고 마음먹었다. 만일 그들이 처음부터 내게 의견을 묻고 내 의견을 따랐다면 아마도 나는 내 안에 이런 오만이 자리 잡고 있다는 것을 알지 못하고, 현지연구자가 가장 기본적으로 갖추어야 할 태도를 기르지 못했을 것이다. 질적연구자들이 흔히 말하는 '판단중지'나 '문화상대주의'를 지금도 앵무새처럼 중얼거리고 있을 것이다.

둘째는 나도 모르게 현장에 개입하는 것을 방지하기 위해서였다. 산들초등학교 사람들 가운데 학부모들은 교사들과 달리 내게 여러 가지 조언을 구하기도 했다. 내가 과거에 초등학교 교사였고, 교육학을 전공하고 있으므로 그들이 겪는 어려움을 해결해줄 수 있을 것이라고 생각했다. 교사들 사이에 어떤 이야기가 오고가는지 궁금해하기도 했다. 교사들 역시 학부모들 사이에 어떤 이야기가 오고가는지 궁금해했다. 이런 상황에서 내가 한쪽의 말을 다른 쪽에 옮긴다면 나는 양쪽 모두로부터 경계의 대상이 될 것이 뻔했다. 연구자로서의 위치를 상실하는 셈이다. 그래서 내가 취할 수 있는 것은 침묵이었다. 나는 그들에게 그림자임을 내세웠다. 그림자는 항상 그들 곁에 있지만, 그것을 다른 사람에게 이야기하지 않는다고. 그렇게 해서 나는 그들의 신뢰를 얻고, 그들의 사적인 장면까지도 관찰할 수 있었다.

셋째는 관찰당하는 일에 대한 그들의 부담을 줄이기 위해서였다. 나는 산들초등학교에 대한 현지연구를 시작한 이래 초기의 며칠을 제외하고 모든 장면을 캠코더로 촬영했다. 내가 3년간 촬영한 테이프가 1200개가량 된다. 나는 학위논문을 작성한 뒤, 논문을 다큐멘터리 필름으로 만들려고 계획했었다. 그러기 위해서는 그들의 일상적인 모습을 자연스럽게 촬영할 수 있어야 하고, 그들 역시 촬영당하는 일이 불편하지 않아야 했다. 그래서 나는 그들이 캠코더를 들고 있는 나를 그림자와 같은 존재로 인식하기를 바랐다. 즉 나를 연구자나 관찰자가 아닌 그림자로서 여기도록 한 것이다. 그 결과 얼마간 시간이 지난 뒤에는 그들이 나를 의례히 그들이 활동하는 장소에 나타나서 촬영하는 사람으로 여기게 되었다. 그리고 나 또한 그들의 일상을 관찰하는 동안 촬영에 집중하느라고 오만한 생각을 잊을 수 있었고, 누군가가 내가 관찰한 것에 관해서 물으면 "저는 촬영하는 동안은 아무 생각도 안 해요."라고 대답해서 난처한 순간을 모면할 수 있었다.

4 거미의 기다림

나는 초기에는 산들초등학교에서 이루어지는 여러 활동과 사람들의 모습을 보면서 그것이 교육공동체가 될 수 있을 것이라고 생각했다. 그러나 산들초등학교를 방문하는 횟수가 많아지면서 그 생각에 의문을 가지게 되었다. 그런 의문을 가지게 된 결정적인 이유는 산들초등학교 사람들 사이에 다양한 갈등이 발견되었기 때문이다. 관찰의 범위를 넓혀감에 따라서 교사와 교사 사이, 교사와 학부모 사이, 학부모와 학부모 사이, 학교와 교육청 사이에 갈등이 존재하고 있음을 알게 되었다. 즉 산들초등학교의 어두운 면을 보게 된 것이다.

내가 가장 먼저 확인한 것은 교사들 사이의 갈등이었다. 산들초등학교에는 교사 일곱 명, 교감 한 명, 교장 한 명이 있었다. 첫해에는 교사 일곱 명 가운데 네 명이 산들초등학교의 학생 수가 많아지면서 학부모들이 물색하여 초빙한 교사들이었다. 이들은 기존의 학교체제가 안고 있는 문제를 인식하고 그것을 해결하기 위해서 노력해온 사람들이었다(내 논문에서는 이들을 "앞바퀴 교사"라고 불렀다). 이들은 산들초등학교에서 자신의 교육적 이상을 실현할 수 있기를 바랐다. 그래서 힘든 줄 모르고 밤늦도록 헌신적으로 노력했다. 이와 달리 세 명의 교사와 한 명의 교감은 앞바퀴 교사들과 달리 문제의식이 강하지 않았다. 이들은 앞바퀴 교사가 부임하기 전부터 있었거나, 교육청의 발령에 의해서 부임한 사람들이었다(내 논문에서는 이들을 "뒷바퀴 교사"라고 불렀다). 이들은 앞바퀴 교사들이 기존의 학교의 관행을 무시하는 것을 용납하지 못했다. 특히 작은 학교가 감당하기에는 행사가 너무 많은 데다가, 행사를 준비하느라고 자주 늦게 퇴근하는 것을 싫어했다. 그러다 보니 이들 사이에는 갈등이 잦았고, 양자 사이에는 점점 더 골이 깊어졌다. 마침내는 세 명의 교사들이 학교를 떠나고, 비슷한 사람이 보충되고 떠나는 일이 반복되었다. 그리고 교사들 사이의 갈등은 학교 개혁의 의지를 가지고 온 사람들 사이에도 발생했다. 네 명의 교사들 가운데 한 사람은 초기에는 학교의 행사 등에 적극 참여했지만, 행사가 잦아짐으로 인해서 교실에서의 일상적인 수업활동이 소홀해짐을 지적하고 개선을 요구했다.

그러나 나머지 세 사람이 받아들이지 않음으로써 이 교사 역시 학교를 떠났다.

교사들은 학부모들과도 갈등했다. 교사와 학부모 사이의 갈등은 양면적으로 전개되었다. 첫째는 학부모와 뒷바퀴 교사들과의 갈등이었다. 산들초등학교의 학부모들, 특히 희망시에서 전학 온 학부모들은 산들초등학교의 교사들은 다른 학교의 교사들과는 다르게 아이들을 대하고 수업을 하기를 바랐다. 그런데 교사들에게는 그것이 쉽지 않았다. 희망시에서 산들초등학교에 전학 온 아이 73명 가운데 15명 정도가 부적응아인 데다가, 산들초등학교가 아이들의 자유로운 생활을 표방함으로써 아이들은 지나치게 활동적이었다. 그럼에도 불구하고 앞바퀴 교사들은 대체로 그런 요구에 부응했다. 그런데 뒷바퀴 교사들은 아이들을 평가하여 경쟁하도록 하거나 체벌을 하기도 했다. 그로 인해서 학부모들은 교사들을 구분해서 바라보고, 뒷바퀴 교사들이 자신들의 교육적 이상과 다른 방식으로 자녀를 대하면 교사에게 항의하는 일이 잦았다. 그리고 앞바퀴 교사들 역시 부모들의 항의에 동의했다. 이로 인해서 뒷바퀴 교사들은 산들초등학교를 더욱 떠나고 싶어 했다. 둘째는 학부모와 앞바퀴 교사들과의 갈등이었다. 초기에는 학부모들과 앞바퀴 교사들은 우호적이고 협력적이었다. 그러나 시간이 지남에 따라서 학부모가 학교의 크고 작은 행사를 주관하여 운영하고 간섭함으로써 교사들이 불편해하고, 소극적으로 참여하게 되었다. 교사들은 학부모들의 학교 참여를 제한하고, 교사들이 원하는 내용과 부분에만 참여하기를 요구했다. 그러자 학부모들은 학교가 자신들을 배제한다고 느끼고 반발하였다.

학부모들 역시 갈등했다. 산들초등학교의 학부모들은 크게 셋으로 구분된다. 하나는 희망시에서 전학 온 사람들 가운데 주도적인 사람들("쎈사람")이고, 둘은 희망시에서 전학 온 사람 가운데 평범한 사람들

("밥퍼아줌마")이고, 셋은 산들성 안에 살고 있는 사람들("산들성 사람들")이다. 희망시 사람들은 대체로 안정된 직업을 가지고 있고, 대졸 이상의 학력을 가지고 있다. 그에 비해서 산들성 사람들은 주말에 산들성을 찾는 행락객을 대상으로 음식 장사를 하며 살고, 대부분 고졸 이하의 학력을 가지고 있다. 초기에는 희망시 사람들이 산들초등학교로 전학하는 데 많은 도움을 줬지만, 학교의 행사가 자주 있고 그것도 토요일에 주로 열리자 산들성 사람들은 장사 때문에 자주 참석하지 못하게 되었다. 그러자 쎈사람들이 산들성 사람들의 참여를 무리하게 독려하는 과정에서 갈등이 발생했다. 쎈사람들은 산들성 사람들이 자기 이익만을 추구한다고 생각하고, 산들성 사람들은 쎈사람들을 비롯한 희망시 사람들이 자기들을 중심으로 학교를 이끌어간다고 생각하게 됐다. 그로 인해서 산들성 사람들의 참여가 점점 더 저조하게 되었다.

그 밖에도 산들초등학교는 교육청에서 실시하는 각종 대회나 행사에 참여하지 않았다. 그것은 관료적인 편의를 위해서 아이들을 희생시키는 일이라고 생각했기 때문이다. 또한 아이들끼리의 경쟁을 조장하지 않기 위해서 졸업식장에서 학생들에게 공개적으로 상장을 수여하지 않기도 했다. 그 과정에서 교육장상을 수여하는 것을 거부함으로써 교육청과 크게 갈등을 빚은 적도 있다. 그로 인해 산들초등학교는 대외적으로 더욱 고립되기도 했다.

나는 3년 내내 이러한 갈등의 모습을 반복적으로 관찰했다. 그런데 그들은 그 갈등을 항상 비슷한 방식으로 해결했다. 그들은 대외적으로는 민주적이고 공동체적이며 아이를 위한 학교를 표방했지만, 갈등의 순간에는 가장 강한 권력을 가진 사람의 의사대로 결정되었다. 그 의사에 동의하지 않는 사람은 학교를 떠나거나 배척당했다. 그 권력을 가진 사람은 교사였고, 그 가운데 앞바퀴 교사였다. 그리고 그런 해결 방식은 학부모들 사이에도 동일하게 나타났다. 나는 그 모습을 보면서 산들초등학교가 교육공동체라고 말할 수 없었다. 그 점은 학부모들이나 뒷바퀴 교사들도 비슷하게 느끼고 있었다.

그럼에도 불구하고 나는 그들이 갈등을 현명하게 해결하기를 바랐다. 서로의 주장을 상대에게 관철시키려고 하기보다는, 대화를 통해서 서로의 의견을 통합한 제3의 결론을 이끌어냄으로써 함께 살아갈 수 있는 길을 찾기를 바랐다. 나는 그들이 갈등을 빚을 때마다 한편으로는 안타까움을 느끼면서도, 다른 한편으로는 새로운 가능성에 희망을 걸었다. 그리고 그 희망이 지나친 나머지 그림자로서의 본분을 잃고, 나를 드러낸 적도 있었다.

그것은 2001년 가을에 앞바퀴 교사들 사이에 업무의 과중함을 두고서 갈등이 발생했을 때였다. 초기에는 교사들 모두 새로운 시도에 희망을 가지고 열심히 참여했지만, 5월의 어린이날 한마당, 7월의 여름계절학교, 9월의 가을운동회, 10월부터 11월에 걸친 교사워크숍, 12월에 예정된 겨울계절학교와 송년회, 그리고 매주 토요일마다 있는 야외학습 등이 이어지면서 신선함은 사라지고 교사들은 지쳐갔다. 여느 학교에서는 찾아볼 수 없을 정도로 활동적인 아이들과, 부모들의 무분별한 참여가 교사들을 더욱 힘들게 했다. 이에 앞바퀴 교사 가운데 한 명은 행사를 줄일 것을 제안했지만 받아들여지지 않았고, 그 교사는 교사워크숍에 참여하지 않았다. 교사회의를 하지만 침묵만이 흐를 뿐이었다. 그들 사이에는 더 이상의 논의가 이루어지지 않았다. 각자의 생각을 고수할 뿐이었다. 나는 그 모습을 보면서 그들이 산들초등학교가 놓인 상황을 객관적으로 바라보고 해결책을 함께 모색하기를 바랐다. 그래서 나는 산들초등학교의 홈페이지에서 교사들끼리만 의견을 주고받는 교사사랑방에 이런 글을 썼다.

교사 사랑방에는 그림자만 있다

제 방에서 맨어깨를 부비려고 하지 않고
먼 동네에 가서 갑옷을 구하려고 한다

들으려고 하지 않고
말하려고만 한다
남의 입을 빌어서 설득하려고 한다

모두 남의 방에 가서 떠든다
내 방 구들장은 무너지고 있는데

또 새 집을 지으려고 한다
어제 지은 집이 무너지려고 하는데

교사 사랑방에는 호롱불이 없다

나는 이 글을 통해서 문제를 제기한 교사의 의견을 다른 교사들이 살펴주기를 기대했다. 이때가 2001년 11월 2일이었다. 그러나 그 결과는 정반대였다. 다른 교사들은 아무런 말이 없었지만, 문제를 제기한 교사가 자신들은 서로 믿고 아끼고 있으며, 단지 말을 아낄 뿐이라고 말했다. 그렇지만 그 교사는 유사한 문제를 반복적으로 제기하다가 받아들여지지 않자 그 이듬해에 학교를 떠났다.

그 일 이후로 나는 철저히 그림자로서의 본분을 지키려고 했다. 그러면서도 갈등이 있을 때마다 또 다시 희망을 가졌다. 교사 중에 한 사람이 아이들을 체벌함으로써 학부모로부터 대규모 항의에 직면하여 담임직을 그만뒀을 때도, 유치원 교사와 학부모 사이에 교육관의 차이로 인해서 크게 갈등을 빚을 때도, 학교 통학버스 이용을 두고 학부모들이 갈등을 빚을 때도 나는 항상 그 자리에 그림자로서 있으면서 그들이 갈등을 해결해가는 방식을 주목했다. 그때마다 지난번과는 다른 방식으로 갈등을 해결하기를 바랐다. 그러면 나는 비로소 산들초등학교를 공동체라고 말할 수 있을 것 같았다. 그렇게 나는 산들초등학교 사람들이 공동체로서의 모습을 보여주기를 기다렸다. 나는 그런 내 모습이 마치 거미줄을 치고서 먹이가 걸리기를 기다리는 거미와 같다고 생각했다. 나는 점점 거미가 되어갔다.

5 반성과 전환

희망시 방향에서 자동차를 이용하여 산들초등학교에 가려면 산 정상 가까이에 있는 50미터 길이의 터널을 지나야 한다. 그 터널을 지날 때마다 나는 다른 세계로 들어간다는 느낌을 받았다. 실지로도 그랬다. 터널을 지나면 갑자기 안개 낀 풍경이 나타나기도 하고, 눈이 내리기도 했다. 산들초등학교에 가면 아이들의 표정이 살아 있고, 교장 선생님의 모습에서는 권위를 찾아볼 수 없고, 교사와 학부모가 서로 격의 없이 친구처럼 지낸다. 산 아래의 다른 학교에서는 볼 수 없는 모습들이다. 다른 세상인 것이다. 그런 점을 고려하면 그 터널은 산 아래 세계와 산 위의 세계를 경계 짓는 관문인 셈이다.

그런데 나는 시간이 지남에 따라서 그 터널이 아니라 산들초등학교 자체가 경계지점에 있는 학교라는 생각을 점점 더 하게 되었다. 기존의 학교는 학생들의 개별성을 고려하지 않은 가운데 하나의 획일적인 교육과정에 의해서 학생들을 대량으로 생산하는 방식을 취하고, 그로 인해서 행정 편의적인 관행이 지배적이 되고, 그 속에서 학생과 교사와 학부모가 소외되었다. 그와 달리 산들초등학교는 학생들의 개별성을 고려하는 가운데 부분적으로나마 다양한 교육과정에 의해서 학생들의 개성을 신장하는 방식을 취하고, 그로 인해서 아이 중심적이고 어른들의 희생과 노력을 요구하는 관행이 형성되고, 그 속에서 학생과 교사와 학부모가 주체로서 서기를 희망했다. 그러나 그 과정에서 일부 사람들을 중심으로 의사가 결정되고 집행됨으로써 또 다른 소외를 낳았다. 즉, 산들초등학교 사람들은 근대적인 학교가 양산하는 소외의 문제를 해결하기 위해서 탈근대적인 학교를 모색했지만, 그들이 탈근대적인 학교를 모색해가는 과정은 근대적이었다. 나는 그들이 추구하는 이상과 그 이상을 추구하는 방식 사이에 불일치와 모순이 내재함으로써 근대적인 학교와 탈근대적인 학교 사이의 경계에 머물러 있다고 보게 된 것이다.

나는 내 논문을 이렇게 결론지을 수도 있었다. 그러나 이것은 교육인류학이나 질적연구가 추구하는 바가 아니었다. 산들초등학교의 사례를 통해서 내가 기존의 관점을 수정하거나 새로운 관점을 형성하는 것이 아니라, 권위자의 눈으로 산들초등학교를 해석하여 판단하는 것이었다. 산들초등학교를 내 깨달음의 상대가 아니라 판단의 대상으로 삼는 것이었다. 또한 그렇게 하는 것은, 비록 내게 주어진 것이기는 하지만, 교육공동체의 형성 과정을 탐구하려고 했던 연구 주제를 포기하는 것이기도 했다.

나는 지난 10년 가까이 모색해왔던 교육인류학적 연구를 포기할 수도 없었고, 지난 3년 동안 고민해온 교육공동체의 문제를 포기할 수도 없었다. 그렇다고 해서 마냥 거미처럼 기다릴 수도 없었다. 2003년 1월부터는 BK21연구사업의 지원이 끊겨서 빚을 내서 살아왔지만, 2004년에 접어들면서부터는 더 이상 그것도 가능하지 않았다. 2004년 2월에 또 다시 한 무리의 교사가 학교를 떠나게 되자, 나는 마지막으로 희망을 걸었다. 이제는 부디 종전과는 다른 방식으로 문제를 해결하는 모습을 보여주기를 바랐다. 그러나 내 기대는 다시 어긋났다. 그래서 나는 2004년 2월에 이르러서 논문의 주제를 약간 수정해서 마무리하기로 했다. 산들초등학교의 교육공동체가 어떻게 형성되어 가는지를 연구하는 대신, 산들초등학교 사람들은 자신들이 주요하게 내세우고 있는 공동체가 무엇이라고 생각하는지, 그들은 어떤 장면에서 자신들이 공동체의 일원이라고 생각하는지를 연구하기로 한 것이다.

이것은 단순히 연구 주제의 변화만을 뜻하는 것이 아니었다. 산들초등학교를 바라보는 내 관점을 근본적으로 전환하는 것이었다. 그 전까지 나는 공동체의 개념을 미리 상정하고, 그 개념에 부합하는 모습으로서의 산들초등학교를 확인하려고 노렸다. 즉, 나를 기준으로 산들초등학교가 바뀌기를 기대했다. 그래서 연구자로서의 본분을 잊고 간여하기도 하고, 실망하기도 했다. 그러나 산들초등학교 사람들이 무엇을 공동체라고 생각하는지 살펴보는 작업은, 내가 공동체에 관한 개념이나 기준을 가지지 않은 가운데 그들의 눈으로 그들의 삶의 모습을 바라보는 것이다. 그들이 공동체에 관해서 무슨 말인가를 할 때 그 말이 옳은지 그른지 생각하지 않고, 그들이 그렇게 말한다는 것을 하나의 사실로서 받아들이고, 그 말이 무엇을 뜻하는지, 그들이 왜 그런 생각을 가지게 되었는지 생각하는 것이다. 그들의 눈을 통해서 공동체에 관하여 다시 생각하는 것이다. 나는 초기부터 이 작업을 해야 했지만 내 생각을 버리지 못함으로써 그렇게 하지 못했다. 나는 뒤늦게나마 이 작업을 함으로써 공동체가 무엇인지뿐만 아니라 교육과 공동체의 관계, 공동체와 사회의 관계, 교육인류학 등에 관해서까지도 다시 생각할 수 있게 되었다.

나는 그들의 생각을 알기 위해서 2004년 3월 한 달 동안 43명의 교사, 학부모, 지역주민, 학생들과 면담을 했다. 그들은 지난 3년 동안 산들초등학교에서 살아가면서 다양한 갈등을 겪고, 그 갈등의 과정에서 여러 가지 많은 생각을 했다. 그 가운데 하나가 공동체와 관련된 것이었다. 그들에게 있어서 교육공동체는 동일한 교육적 이상을 가진 사람들이 모여서 무엇인가를 함께 해나가고, 그들과 다른 교육적 이상을 가진 사람은 배척하는 집단이 아니었다. 초기에는 그들도 그렇게 생각했지만, 그로 인해서 서로 너무 많은 아픔을 경험했다. 그들의 말에 따르면, 공동체란 서로 다른 사람들이 상대를 이해함으로써 함께 변화해가는 관계로 맺어진 집단이었다. 그리고 그들은 그 관계를 교육적 관계라고 보았다. 즉 그들에게 있어서 공동체는 교육적 관계로 맺어진 공동체이고, 그 점에서 공동체는 교육공동체였다.

또한 그들에게 있어서 공동체는 별도의 시간과 공간을 점유하고 있는 가시적 실체로서의 집단이라기보다는, 그들이 타인을 대하는 방식, 또는 타인과 관계를 맺는 방식 여하에 따라서 형성되기도 하고 그렇지 않기도 하는 일종의 상태였다. 이런 상태는 그들이 자발적으로 스스로 형성하기보다는 외적인 조건이 그들로 하여금 더 이상 각자의 생각을 상대에게 관철하기 어려울 때, 기존의 방식으로는 더 이상 학교를 유지할 수 없게 될 때 상황압력에 의해서 형성되었다. 특히 앞바퀴 교사들은 교사와 교사 사이, 교사와 학부모 사이에 반복되는 갈등으로 인해서 교사들이 자주 학교를 떠나고, 다른 교사들이 산들초등학교에 오는 것을 꺼리게 되자 학교의 존립 자체가 위태로워짐을 인식하고 자신의 문제해결 방식을 바꾸었다. 그렇지만 그 위기가 사라지자 그들 내부의 갈등이 재연되었다.

나는 이런 모습을 보면서 하나의 사회는 결회체(society)로서의 측면과 공동체(community)로서의 측면을 함께 가지고 있다고 생각하게 되었다. 결회체가 한 사회의 구성원들이 동질성을 기반으로 강한 결속력을 가지면서 이질적인 타인을 권력에 의해 동화하거나 배척함으로써 집단의 동질성을 유지하는 상태라면, 공동체는 한 사회의 구성원들이 서로의 차이를 이해함으로써 함께 변화해가고 유대감을 느끼는 상태이다. 이때 전자가 안정을 추구한다면 후자는 사회의 변화를 추구한다. 그리고 한 사회는 이 두 가지 측면이 순환적으로 전경에 드러남으로써 변화해간다고 생각하게 되었다. 그동안 모호했던 공동체의 개념이 분명해지는 순간이었다.

결국 나는 그들과의 면담을 통해서 공동체뿐만 아니라 교육과 교육공동체에 관해서 다시 생각하게 되었으며, 공동체와 사회의 관계 역시 새롭게 알게 되었다. 그것은 내가 기존에 가졌던 공동체의 개념을 접어두고, 그들이 말하는 공동체가 무엇인지 알아보려고 함으로써 알게 된 것이다. 그 결과 나는 처음에 내가 탐구하려고 했지만 나중에는 포기했던 주제인 공동체의 형성 과정과, 전혀 생각하지 않았던 주제인 공동체가 사회 속에서 가지는 의미까지도 새롭게 알게 되었다. 내가 끝까지 내 생각을 고수했더라면 알 수 없는 것들이었다. 포기함으로써 얻게 된 것이다.

6 독자와의 대화

나는 내 박사학위 논문을 작성하기 위해서 산들초등학교에 갔지만, 산들초등학교 사람들이 한편으로는 자신들이 만들어놓은 학교 속에서 아이들이 행복해하는 모습을 보면서 자신들도 행복해하고, 다른 한편으로는 그런 학교를 만들기 위해서 갈등하고 고통스러워하는 모습을 보면서 점점 내가 그들의 삶에 관해서 논문을 쓰는 일이 어떤 의미가 있는가 하는 의문을 자주 가졌다. 가끔은 '내가 꼭 논문을 써야 하는가?', '꼭 그들에 관해서 논문을 써야 하는가?' 하고 자문하기도 했다. 한때는 논문 쓰는 일을 포기하고 나도 그들처럼 살아가야 하는 것이 아닌가 하는 생각을 하기도 했다. 가끔 인류학자들이 현지연구를 수행하던 중에 아예 현지인이 되기도 하는 심정을 알 것 같기도 했다. 나는 내가 왜, 무엇을 위해, 누구를 위해 그들에 관해서 논문을 써야 하는지 생각했다. 논문을 써야 한다면 무엇을 고려해야 하는지 생각했다.

논문을 씀으로써 나는 박사학위를 얻고, 그 학위를 나의 간판으로 삼아서 취직을 하거나 또 다른 일을 할 수도 있다. 그러나 그것은 이기적인 생각이다. 그들의 치열한 삶을 나의 이익을 위해서 착취하는 일이다. 그것은 내가 세상을 살아가는 방식이 아니었다. 또한 그것은 진정으로 나를 위하는 일도 아니었다. 그것만으로 내가 논문을 쓰는 행위를 정당화할 수는 없었다.

내가 논문을 쓰는 행위는 내가 몸담고 있는 학계에 기여하는 일이기도 했다. 내가 산들초등학교의 사례를 학계에 알림으로써 학계의 사람들로 하여금 공동체와 교육공동체에 관하여 다시 생각하고 논의를 풍성하게 하는 데 기여할 수도 있었다. 고상한 이유이기는 했지만 그것 역시 내가 논문을 쓰는 행위를 충분히 정당화하지 못했다. 그 일 역시 자신의 온 삶을 바쳐서 치열하게 살아가는 산들초등학교 사람들의 삶을 편의적으로 이용하는 일이었다. 더구나 당시의 내가 보기에 내가 아는 학계는 너무 고요하고 안정적이었다. 우리의 학교 현장, 우리의 교육현실은 용암처럼 끓어오르고, 언제 활화산처럼 폭발할지도 모르는 상태인데 학계에서 오고가는 논의는 너무도 높고 멀고 낯설고 차가웠다. 뜨거운 이야기를 차갑게 할 수는 없었다.

내가 논문 작성을 앞두고 가장 염두에 두었던 것은 산들초등학교 사람들이었다. 나는 내 논문이 누구보다도 바로 그들에게 도움이 되어야 한다고 생각했다. 그것이 지난 3년간 맨삶을 내게 보여준 그들에게 내가 할 수 있는 가장 큰 보답이라고 생각했다. 특히 그들이 나와 같은 언어를 사용하고 동시대를 살아가는 사람이기 때문에 그들이 언젠가는 내 논문을 읽게 될 것이라고 생각했다. 내 논문의 독자로서 그들을 고려하지 않을 수 없었다. 그렇지만 나는 그들의 밝은 면만을 언급해서는 그들에게 도움이 되지 않는다고 생각했다. 그들의 현실을 최대한 있는 모습 그대로 기록하는 것이 그들에게 도움이 된다고 생각했다. 그렇게 할 때 그들이 뒷날 지난날을 되돌아보고 어떤 과정을 거쳐서 거기까지 이르렀는지 알고자 하는 데, 앞으로 나아갈 길을 모색하는 데 참고가 될 수 있다고 생각했다. 그와 함께 그들이 일상을 살아가면서 실현하고는 있지만 의식의 차원에서는 인식하지 못하고 있는 점들, 또는 인식하고는 있지만 어지럽게 뒤섞여서 혼란스러운 점들을 드러내고 가다듬는 일을 연구자인 내가 해야 한다고 생각했다.

그중 하나가 바로 공동체와 교육에 관한 그들의 생각이다. 그들은 처음부터 공동체임을 내세웠고, 그 공동체로 인해서 많은 사람들이 갈등하고 상처를 입었다. 그리고 그 과정에서 공동체와 교육에 관해서 다시 생각하게 되었다. 이 과정은 그들이 아이들의 교육을 위해서 수행하는 여러 활동의 배경에서 이루어지기 때문에 잘 드러나지 않았다. 그들은 처음에는 자녀의 교육을 위해서 공동체가 필요하다고 생각했다. 교육이 목적이고 공동체가 수단이었다. 그러나 시간이 지남에 따라서 공동체 자체가 문제의 중심에 자리 잡게 되었고, 공동체 속에 교육이 있음을 알게 되었다. 내가 보기에 그들이 갈등의 과정에서 어렴풋하게나마 깨달은 것은 바로 이것이었다. 나는 그들이 서로 갈등하면서 깨달은 것이 바로 그들이 추구하는 교육이고, 그들이 아이들에게 주려고 하는 교육이라는 점을 드러내서 말해야 한다고 생각했다. 그것이 내가 그들에게 줄 수 있는 가장 큰 도움이라고 생각했다.

내가 고려한 또 하나의 독자는 산들초등학교 사람도 아니고 학계 사람도 아닌 사람들이었다. 그들은 산들초등학교에 자녀를 입학시키기 위해서 산들초등학교를 방문하는 학부모들이기도 하고, 산들초등학교와 유사한 학교를 만들어보기를 꿈꾸는 교사들이기도 하고, 대학의 강의실에서 교육학 관련 강좌를 수강하는 학생들이기도 하고, 다양한 형태의 공동체적인 삶을 꿈꾸는 사람들이기도 하고, 교육정책을 입안하고 집행하는 사람들이기도 하고, 독서를 즐기는 평범한 시민이기도 했다. 연구자가 해야 할 일 가운데 하나는 자신이 연구를 통해서 깨달은 것을 일반 독자에게 알리는 일이라고 생각했다. 그것은 연구자에게 부여된 사회적 책무이며, 연구자가 우리 사회에 기여할 수 있는 길이라고 생각했다. 산들초등학교 사람들이 그들의 삶을 통해서 깨달은 것, 그들이 깨달은 것을 통해서 내가 깨달은 것을 일반 독자들도 함께 깨달을 수 있게 안내해야 한다고 생각했다.

내가 마지막으로 고려한 독자는 연구자로서의 나 자신이었다. 나는 산들초등학교에 관한 내 논문이 결국은 나에 관한 기록이라고 생각했다. 산들초등학교는 학생, 교사, 학부모를 포함해서 전체 구성원이 300여 명 밖에 안 되는 작은 집단이지만, 매일 같이 다양한 사건이 여기저기서 동시다발적으로 발생하기 때문에 한 몸을 가진 내가 그 모든 것을 다 관찰할 수가 없다. 그것을 내 스스로 아는 이상 내가 모르는, 내가 보지 못한 산들초등학교의 모습이 있다는 것을 인정할 수밖에 없다. 따라서 논문에서 내가 산들초등학교에 관해서 하는 말은 산들초등학교 자체를 표상하기보다는 나라는 사람에 의해서 경험된 산들초등학교의 모습이 될 수밖에 없다. 내가 '산들초등학교는 이렇다.'라고 말하지만, 그것은 결국 '나는 산들초등학교를 이렇게 보았다.' 또는 '산들초등학교는 내 눈에 이렇게 보였다.'는 것을 뜻하지 않을 수 없다. 그러므로 산들초등학교에 관한 기록은 나 자신의 눈에 관한 기록이 될 수밖에 없다. 나는 훗날 내가 어떤 과정을 거쳐서 어떤 눈으로 산들초등학교를 보았는지 알고, 거기서 이후의 내 공부의 방향과 내용을 찾을 수 있도록 기록해야 한다고 생각했다.

이와 함께 나는 교육기술지로서의 가능성을 시험해보기로 했다. 지금까지 교육인류학의 연구물은 보통 문화기술지(ethnography)의 형태로 보고되었다. 그런데 문화기술지는 엄밀하게 말하면 문화를 기술한 것이지 교육을 기술한 것이 아니다. 이런 이유에서 우리 지도교수님께서는 교육학 특유의 질적연구를 모색해야 한다고 강조하고, 그 한 사례로서 교육기술지(educography)를 제안했다(조용환, 1999: 103-105). 나는 그동안 간간이 짧게나마 교육기술지 작성을 시도한 적은 있었지만 본격적인 교육기술지를 작성해본 적은 없었다. 나는 내 논문에서 교육기술지의 또 다른 형태를 모색하고자 했다. 산들초등학교의 사례는 그것을 시도하기에 충분했다. 내가 보기에 산들초등학교에는 두 가지 교육이 존재했다. 하나는 어른들이 아이들을 교육하는 것이다. 그것은 우리가 일반적으로 말하는 교육이다. 다른 하나는 어른들 사이의 간접적인 교육이다. 여기에 덧붙여서 산들초등학교 사람들이 살아가는 모습을 연구자인 내가 보면서 배우는 교육이 또 한편에 존재한다. 즉 산들초등학교 사람들과 그 사람들을 바라보는 나 사이에는 세 가지 차원의 교육이 존재하는 셈이다. 나는 이 세 가지 차원의 교육을 함께 엮어서 기술할 수 있는 방안을 모색했다. 그리하여 독자들 역시 그 교육의 세계에 참여하도록 하여 네 번째 차원의 교육을 형성하도록 하고자 했다.

나는 학계의 사람들, 산들초등학교 사람들, 일반 독자들, 그리고 나 자신에게 모두 의미 있는 글쓰기를 모색했다. 물론 각각의 독자 유형에 걸맞은 방식으로 따로 글을 쓸 수도 있지만, 그것은 너무 많은 시간을 요구하는 일이었다. 내가 각각의 독자에게 맞는 형식으로 글을 여러 편 쓰게 될지도 의문이었다. 그래서 내가 택한 것이 형식에 있어서는 산들초등학교 사람들이나 일반 독자가 쉽게 읽을 수 있게 쓰고, 내용에 있어서는 학계의 사람들에게 의미 있도록 쓰는 것이었다. 좀 더 구체적으로 말하면, 산들초등학교 사람들이 한 활동과, 그 활동을 하면서 그들이 갈등하고 공동체와 교육에 관해서 깨달은 것, 내가 그들의 활동과 갈등과 깨달음을 보면서 공동체와 교육과 교육인류학연구에 관해서 깨달은 것을 1인칭 시점에서 서술하는 것이었다. 그렇게 함으로써 나의 글 안에는 나에 관한 기록과, 산들초등학교 사람들에 관한 기록, 공동체와 교육에 관한 새로운 논의, 그리고 교육인류학의 정체성에 관한 모색 등이 함께 담기도록 했다. 특히 1인칭 시점으로 글을 씀으로 인해서 독자들로 하여금 산들초등학교에 관한 내 진술을 절대적인 것으로 받아들이지 않고 하나의 견해로서 받아들이는 가운데, 내 진술의 타당성을 스스로 판단하여 선택할 수 있도록 했다.

7 미완의 글쓰기

나는 2004년 4월에 24일 동안 매일 두세 시간씩만 잠을 자면서 약 300페이지에 달하는 논문의 초고를 완성했다. 초고의 첫 문장은 이렇게 시작했다.

> 그때가 2000년 12월 말쯤이었던 것 같다. 오래전부터 알고 지내던 김정식 교사로부터 산들초등학교에 관한 이야기를 처음 들었다. 당시 그는 …

내가 이렇게 시작한 이유는 질적연구의 특성을 글의 형식에서도 반영하기 위해서였다. 질적연구는 이론으로 현실을 보기보다는 현실로부터 이론을 추구한다. 그 대표적인 경우가 다윈(C. Darwin)의 진화론이다. 그렇다면 논문의 형식 역시 질적연구의 과정을 담아낼 수 있어야 한다고 생각했다. 그래서 나는 일반적으로 논문의 서론에 등장하는 선행연구 검토나, 이론적 논의를 논문의 결론 앞 장에 배치했다. 일반적인 논문에서 현상을 바라보는 관점으로 제시되는 이론적 배경은 제외했다. 그 대신 산들초등학교의 사례에 비추어서 기존의 이론이나 연구를 비판적으로 검토하고 논의를 전개했다. 기존의 공동체 이론으로는 산들초등학교 사람들의 삶의 모습을 설명할 수 없었기 때문에 당연한 결과였다.

그렇게 작성한 초고로 1차 심사를 받았다. 심사위원 가운데 한 분이 내게 이렇게 물었다. "서근원 선생, 소설과 논문의 차이가 무엇인지 아시오?" 내 머릿속에는 이런 대답이 떠올랐다. '사고를 표현한다는 점에서는 같지만, 표현 방식이 서로 다릅니다.' 나는 그 질문에 대하여 잘 모르겠다고 대답했다. 짧은 시간 동안 그분에게 질적연구, 교육인류학, 산들초등학교 사람들의 삶 등에 대하여 설명할 수 있을 것 같지 않았다. 또한 그분께서 그렇게 질문했다는 것은 내가 독자가 충분히 공감할 수 있게 글을 쓰지 못한 탓도 있다고 생각했다. 그분들이 내 첫 독자임에도 불구하고 말이다. 나는 결론 앞 장에 배치했던 내용 중 일부를 서론으로 가져오고, 일부를 보완하여 서론을 다시 썼다. 그리고 처음에 썼던 서론의 첫 문장 이후 내용은 1장 3절의 둘째 문단 이후로 옮기고, 결론 앞의 논의에 해당하는 부분을 새로 썼다. 그 과정에서 초고에서 다루었던 공동체 관련 논의들이 일부 빠지게 되었다. 본의 아니게 나는 두 개의 박사학위 논문을 쓰게 된 셈이다.

그렇게 해서 나는 2004년 8월에 졸업하게 되었고, 내 논문도 함께 세상에 나왔다. 나는 내 논문을 산들초등학교 사람들에게 맨 먼저 갖다 주었다. 그들의 반응은 크게 둘로 엇갈렸다. 교사들 가운데 뒷바퀴 교사들, 그리고 학부모 가운데 중심에 있지 않은 사람들은 자신들의 아픈 곳을 잘 어루만져주었다고 말했다. 자신들이 왜 갈등하고 힘들어하는지 알게 됐다고 말했다. 그와 달리 앞바퀴 교사들은 내가 자신들이 하고 있는 일을 폄하하고 있다고 매우 강하게 비판했다. 그렇지만 며칠 후에 내게 사과하고, 자신의 현실을 객관적으로 볼 수 있게 되었다고 말했다. 내 논문의 내용을 중심으로 학부모 강좌를 열도록 주선하기도 했다. 그리고 시간이 좀 더 흐른 2007년 겨울에는 자신들이 안고 있는 문제를 정확히 지적했다고 말하기도 했다.

나는 이 사태를 보면서 연구결과의 타당성에 관하여 다시 생각하게 되었다. 우리는 흔히 질적연구의 타당성을 검증하는 방법으로 제보자 검증이니, 삼각검증이니 하는 말을 한다. 그러나 나는 모든 경우에 그런 검증방법이 적용되지 않는다고 생각하게 되었다. 산들초등학교 사람들은 자신이 처한 위치에 따라서 내 논문을 달리 읽었다. 특히 앞바퀴 교사들은 자신들이 고안하고 수행하고 있는 교육활동에 초점을 두고 내 논문을 읽었다. 그들에게는 그것이 전경의 관심이었다. 이와 달리 내 논문에서는 그들의 교육활동은 배경이 되고 그것을 둘러싼 어른들 사이의 관계가 전경이었다. 그가 전경과 배경을 바꿔 읽음으로써 내가 논문을 통해서 말하고자 하는 바가 전달되지 않았다.

물론 시간이 지난 뒤에는 그것이 해소되었지만, 이 변화 역시 제보자 검증을 더 어렵게 한다. 이렇게 되면 이제 제보자의 어느 시점의 말을 수용해야 하는지의 문제가 발생하기 때문이다. 또한 숫자로 보면 산들초등학교 내에는 앞바퀴 교사가 아닌 사람이 훨씬 더 많다. 즉 내 논문에 대해서 긍정적인 반응을 보인 사람이 훨씬 더 많다. 그렇다고 해서 내 논문이 더 타당해지는 것은 아니다. 앞바퀴 교사들과 마찬가지로 그들 역시 자신이 관심을 가진 점을 전경으로 내세워서 읽었을 것이고, 시간이 지나면 그들 역시 어떻게 바뀔지 알 수 없기 때문이다. 특히 논문의 목적이 사실을 기술하는 데 있지 않고, 그 사실의 의미를 해석하거나 사실을 토대로 해서 연구자가 논의를 전개하는 데 있을 경우에는 이런 문제가 더욱 심각해진다. 제보자의 검증 범위를 넘어서기 때문이다. 이런 이유에서 사실을 기술하는 데보다는 의미를 해석하고 논의를 확장해나가는 데 목적이 있는 질적연구의 타당성을 제보자에 의해서 검토하는 방법은 별도로 모색할 필요가 있다고 생각하게 되었다.

내 논문에 대한 학계 사람들이나 일반 독자들의 반응 역시 크게 둘로 나뉘었다. 한 부류는 논문의 형식을 문제 삼는 경우였다. 이들은 내 논문이 논문의 형식을 제대로 갖추지 않았음을 지적했다. 그들은 대체로 논문의 내용에 대한 언급은 하지 않았다. 예외도 있었다. 내게 소설과 논문의 차이를 질문한 그분은 교육과 공동체의 관계에 대한 내 논의를 적극 지지했다. 다른 한 부류는 논문의 형식과 내용 모두에 공감하는 경우였다. 그들은 대체로 편하게 읽을 수 있다는 형식상의 장점과, 공동체의 개념에 대해서 다시 생각하게 되었다는 점을 지적했다. 그것은 내가 의도한 바이기도 했다. 그중에는 모 출판사의 출판팀장도 있었다. 그는 내 논문이 발표된 지 얼마 되지 않아서 내 논문을 처음부터 다 읽고 내게 출판을 제안해왔다.

나는 내 논문에 대해서 독자마다 서로 다르게 반응하는 것이 한편으로는 다행이라고 생각한다. 그만큼 다양하게 읽힐 수 있는 여지를 풍부하게 담고 있다는 것을 의미하기 때문이다. 그것은 아마도 질적연구가 가지는 장점일 것이다. 질적연구는 현상을 자신의 안경으로 추상하여 보이기보다는 구체적으로 보임으로써 독자가 그것으로부터 새로운 의미를 발견하도록 한다. 질적연구자가 '있는 그대로'를 강조하는 이유가 여기에도 있다. 그렇지만 다른 한편으로는 연구자가 하고자 하는 바로 그 이야기를 독자가 들을 수 있게 해야 하는 책임이 필자로서의 연구자에게 있기도 하다. 그 점에서 나는 아직 부족한 연구자임에 틀림없다. 다양한 반응 속에 공통된 반응이 있어야 하는데 그렇지 못하니 말이다.

내가 이렇게 부족한 상태로 논문을 마무리하게 된 데는 아마도 다음 두 가지가 관련되어 있는 것 같다. 하나는 아직 내 생각을 충분히 내려놓지 않은 상태에서 사태를 바라보고 논문을 작성했다는 사실이다. 내가 논문을 좀 더 질적연구답게, 교육인류학의 논문답게 쓰고자 했다면 공동체마저도 포기하고, 그동안 내가 모은 자료를 검토하는 가운데 어떤 논의가 가능한지를 찾았어야 할 것이다. 좀 더 철저하게 자료와 현장으로부터 출발했어야 할 것이다. 그러나 나는 현실적인 이유를 핑계로 나를 철저히 포기하지 못했다. 다른 하나는 논문을 서둘러 마무리했다는 점이다. 내가 만일 한 학기만 더 늦추어서 졸업을 했더라면 좀 더 여유 있게 자료를 검토하고, 독자가 좀 더 이해하기 쉽게 글을 쓸 수 있었을지도 모른다. 질적연구를 질적연구답게 하지 못하도록 하는 주요한 원인이 서두름이라는 점을 잊지 말았어야 했다.

8 교육인류학자로서 살아가기

나는 박사학위 논문을 작성하면서 의도한 가운데, 또는 의도하지 않은 가운데 교육인류학연구자로서 다양한 시도와 다양한 경험을 했다. 그리고 그런 시도와 경험들로 인해서 질적연구와 교육인류학에 관하여 많은 것들을 새롭게 알게 되었다. 앞에서 언급한 것들도 그 가운데 일부다. 그것 외에도 몇 가지가 더 있다.

그 가운데 일부는 현지에서 자료를 수집하는 데 있어서 캠코더를 이용하여 기록했다는 사실과 관련되어 있다. 캠코더라는 물건 하나가 연구자로서의 나와 나의 연구를 크게 바꾸어 놓았다. 내가 캠코더를 이용해서 현지를 관찰하고 기록한 것은 연구 결과를 다큐멘터리 필름으로 편집하여 보고하기 위해서였고, 연구 결과를 다큐멘터리 필름으로 보고하려고 마음먹은 것은 현지와 독자 사이에서의 연구자의 위치와 역할에 대한 문제의식 때문이었다.

일반적인 연구에서 연구자는 현지에 관한 한 권위자이고 독자는 무지한 사람이다. 연구자는 현지에 가서 보고 경험했고, 독자는 그렇지 못하기 때문이다. 그래서 연구결과는 일반적으로 전지적 작가 시점 또는 3인칭 관찰자 시점으로 쓰인다. 연구자가 전지전능하거나, 적어도 불편부당한 사람임을 시점을 통해서 암시하는 것이다. 따라서 독자는 연구자가 현지에 관하여 말하는 내용을 수동적으로 받아들일 수밖에 없다.

그러나 연구자는 하나의 사람이고, 그가 현지에 관하여 기술한 것은 현지에 대한 자신의 경험일 뿐 현지 자체는 아니다. 그러므로 현지에 관한 기술 역시 절대적이거나 객관적인 진리로서 제시되기보다는 하나의 경험으로서 제시되고, 그것의 타당성 여부는 독자가 판단할 수 있도록 할 필요가 있다. 그리고 그 과정에서 독자는 연구자가 현지에서 경험한 것을 함께 경험하도록 할 필요가 있다. 그렇게 되었을 때 연구자와 독자 사이에 상호주관성이 형성되고 연구의 타당성이 확보된다. 나는 이러한 점을 독자에게 암시적으로 알리고 연구자인 나와 독자 사이의 관계를 새롭게 형성하기 위해서 1인칭 시점을 택하였고, 나의 경험을 함께 기술했다. 즉 내가 권위자가 되기를 포기하고 독자를 권위자로 세운 것이다.

그러나 이렇게 해도 여전히 글이 안고 있는 한계가 있다. 내가 아무리 정교하게 어휘를 구사한다고 해도 글은 현상을 추상하지 않을 수 없다. 거기에 덧붙여서 글 자체가 현상에는 없던 또 다른 이미지를 만들어 낸다. 때로는 현상의 특정한 측면을 부각함으로써 결과적으로는 현상을 왜곡하기도 한다. 그로 인해서 독자는 의도했건 의도하지 않았건 연구자의 언어라는 필터에 의해서 걸러지고 굴절된 채로 현상을 대하게 된다. 이것은 독자로 하여금 연구자가 의도한 바대로 현상을 읽을 수 있게 한다는 점에서는 장점이 되기도 하지만, 독자가 현상을 직접 충실하게 검토한 가운데 사고하고 판단하도록 하지 못한다는 점에서는 한계가 되기도 한다. 이 문제를 해결하기 위한 방안 가운데 하나가 영상이다. 글에 비해서 영상은 독자로 하여금 현상을 직접 만나게 한다. 독자는 현장의 역동성과 현지 사람들의 정서를 직접적으로 보고 느낀다. 그 과정을 통해서 독자는 연구자가 현지에서 경험한 것을 재경험한다. 영상을 매개로 연구자와 독자가 공동의 경험을 하는 것이다.

나는 이런 종류의 다큐멘터리를 만들고 싶었다. 연구자의 해설이나 자막이 없이 현지인들의 활동과 현지인들의 목소리로만 가득 찬, 그렇지만 그 영상을 통해서 내가 하고 싶은 말을 독자가 스스로 찾도록 하는 다큐멘터리를 만들고 싶었다. 그런 다큐멘터리를 만들기 위해서는 촬영부터 정교해야 했다. 모든 장면은 편집을 염두에 두고 촬영해야 했다. 하나의 행위나 사건을 촬영하기 위해서는 그것이 어떤 배경에서 전개되는지를 먼저 화면에 담아야 했다. 그리고 각각의 행위나 사건은 분명한 의미를 담도록 촬영해야 했다. 또한 현지 사람들로 하여금 자신의 이야기를 자신의 목소리로 분명히 말하도록 해야 했다. 그렇지만 그들은 연기자가 아니기 때문에 이런 화면을 촬영하기란 쉽지 않았다. 나는 그런 장면을 포착하기 위해서 부지런히 움직여야 했다. 내 운전습관이 나빠지게 된 것도 이 때문이었다. 이런 점을 의식하면서 반복적으로 촬영하는 동안 내게는 관찰과 면담에 관한 몇 가지 노하우가 몸에 배기 시작했다. '기록되지 않은 것은 관찰이 아니다', '그림을 그리듯이 관찰하라', '항상 상황을 먼저 살펴라', '관찰에는 초점이 있어야 한다', '면담은 귀로 하는 관찰이다', '제보자의 말을 들으면서 장면을 상상하라', '면담은 대화다', '제보자의 고양된 언어를 이끌어내고 포착하라' 등등. 이런 것들은 모두 내가 영상으로 독자에게 말해야 한다는 생각을 가지고 현지조사를 하는 동안 얻어진 것들이다.

현지를 캠코더로 촬영함으로써 놓친 것도 있다. 그중 하나가 현지를 충실하게 참여관찰하지 못했다는 점이다. 연구자가 참여관찰한다는 것은 현지인의 관점에서 현지의 상황과 행위를 바라보는 것이다. 현지인의 관점에서 현상을 바라보기 위해서는 현지인의 역할을 맡아서 수행할 필요가 있다. 나는 학교에서 방과후 특별활동 교사의 역할을 맡아 보기도 하고, 제보자의 가정에서 과외교사 역할도 해보기는 했지만 그것만으로는 산들초등학교에서 다양하게 이루어지는 일들을 그들의 관점에서 바라보는 데는 충분하지 않았다. 내가 가장 아쉬운 것은 앞바퀴 교사들의 관점을 좀 더 충분히 경험해보지 못한 것이었다. 그래서 나는 공동체 등에 관한 내 생각을 오랫동안 포기하지 못했는지도 모른다. 그렇지만 다른 한편으로는 내가 캠코더로 현지를 촬영함으로써 어느 한편의 입장에도 치우치지 않고 균형 있게 관찰할 수 있다는 장점도 있었다.

현지에 머물지 않고 방문하여 연구했다는 사실도 내 연구를 크게 바꾸어 놓았다. 연구가 시작될 때 나는 현지에 전세방이라도 얻을 수 있기를 기대했다. 그렇게 해야 제대로 된 참여관찰을 할 수 있다고 생각했기 때문이다. 그렇지만 그런 일은 일어나지 않았다. 결국 나는 현지를 방문해서 연구할 수밖에 없었다. 비록 3년 동안 일주일에 평균 3일 이상 산들초등학교를 방문하기는 했지만 현지에 지속적으로 머물지 않음으로써 나는 외부인이 될 수밖에 없었다. 그것은 사회적인 위치에서뿐만 아니라 나의 의식에서도 그렇다. 따라서 나는 사태를 그들의 관점에 충실한 눈으로 바라보지 못하고 관찰자의 시선으로 바라볼 수밖에 없었다. 현지에서 발생하는 일들을 계속 나의 관점으로 바라보다가 뒤늦게서야 관점을 전환하게 된 것도 아마 이 때문일 것이다.

이처럼 나는 산들초등학교에서의 연구과정을 통해서 질적연구자로서, 교육인류학연구자로서 그때까지 알지 못했던 것, 입으로만 알고 있었던 것을 새롭게 배우고 깨달았다. 그 가운데 가장 중요한 것을 한 가지 꼽으라면 현상을 규범적으로 보지 않고 '기술적으로' 본다는 것, 또는 현상을 해석하지 않고 '있는 그대로' 본다는 것이 무엇을 의미하지를 조금 알게 되었다는 점이라고 말할 수 있다. 연구자가 현상을 기술적으로 바라볼 수 있게 될 때 연구자는 자유로워지고, 그 현상과 관련해서 사고가 새롭게 열린다. 이것은 많은 질적연구 안내서에서 또는 질적연구자들이 흔히 하는 말이지만, 내 경험에 비추어보면 이것은 말처럼 쉽지 않은 일이다. 이것은 나의 아집과 편견과 선입견을 제거할 때만 가능한 일이다. 그것은 인간으로서는 좀처럼 도달하기 어려운 일이기도 하다. '그렇구나' 하고 현상을 바라보는 것, 나는 이것을 깨닫기까지 십 년이 걸린 셈이다. 그럼에도 불구하고 나는 아직도 이것을 잘하지 못한다. 따라서 현상을 '기술적으로' 바라보고, '있는 그대로' 보는 일은 질적연구자가 미리 갖추어야 할 조건이라기보다는 연구 과정을 통해서 궁극적으로 추구해야 할 이상이라고 보는 것이 타당한지도 모른다. 질적연구의 과정은 바로 이 아집과 편견과 선입견을 제거해가는 과정이라고 보아야 할 것이다.

나는 앞으로 산들초등학교에서 깨달은 것을 좀 더 정교하게 가다듬고, 체계화하고, 구체화하려고 한다. 교육인류학이 탐구해야 할 주제가 무엇인지, 교육의 눈으로 인간의 삶과 세계를 바라본다는 것이 무엇인지, 그것은 어떤 방법과 절차에 의해서 가능한지, 미완인 채로 남아 있는 교육기술지와 아직 시도하지 못한 교육다큐멘터리는 어떻게 완성할 수 있는지, 질적연구나 교육인류학연구에 관심을 가진 사람들이 나처럼 십 년씩 고생하지 않아도 있는 그대로 본다는 것이 무엇인지 깨달을 수 있게 안내하려면 어떻게 해야 하는지 등을 탐색하려고 한다. 이 가운데 일부는 아직 부족하지만 나름대로의 대답을 모색하기도 했다. 예를 들면 지난해에는 "교육학으로서의 교육인류학 탐색"(2007)이라는 글을 통해서 교육인류학의 탐구 주제와 연구방법론의 윤곽을 검토했고, 올해는 "교육인류학의 수업대화"(2008)라는 글을 통해 학교 현장에서 교사들이 교육인류학의 관점과 방법에 의해서 수업을 이해하고 대화하도록 함으로써 교육인류학의 관점과 연구방법을 구체적으로 익히고, 학교의 수업뿐만 아니라 문화를 전반적으로 전환하는 방안을 제시하기도 했다. 앞으로 나는 나의 연구 경험을 토대로 질적연구의 의미를 재해석하고, 그런 의미를 충분히 살려낼 수 있는 연구 방법과 절차를 체계화하려고 한다. 이와 함께 교육기술지가 갖추어야 할 요건과 형식을 정리해보고자 한다. 그리고 무엇보다도 나 자신이 교육인류학자로서 현지연구 전문가가 되고자 한다. 아니, 그렇게 살고 싶다. ……. 천우신조를 빈다.

참고문헌

강대기(2001). 현대사회에서 공동체는 가능한가?: 개인의 자유와 공동체적 결속 사이에서. 서울: 아카넷.

권현주(2003). 생물진화의 해답 초유기체서 찾는다. 중앙일보, 2003년 2월 6일.

김두환, 정병순(2000). 대안적 지역발전의 기제로서의 결사체 통치체제. 2000 한국공간환경학회 추계학술대회 발표논문.

김선구(1999). 공동체주의와 교육. 서울: 학지사.

김승호(2004). 스콜라주의 교육목적론. 서울: 성경재.

김신일(1988). Durkheim 교육이론 연구. 서울: 교육과학사.

김신일(2003). 교육사회학. 서울: 교육과학사.

김안중(1995). 학교의 본질: 오늘날 학교의 기능은 그 본질에 충실한가?. 교육학연구, 33(4). 서울: 한국교육학회.

백승균 편역(1987). 실존철학과 현대. 대구: 계명대학교 출판부.

서근원(2003). 학교 수업에서의 교사의 딜레마. 수업 실천 다시 보기: 질적 이해와 비평. 한국교육인류학회 2003년 추계학술대회 자료집.

서근원(2004). 산들초등학교의 교육공동체 형성에 관한 교육인류학적 연구. 박사학위논문, 서울대학교.

서근원(2007). 교육학으로서의 교육인류학 탐색. 교육인류학연구, 10(2), 1-40. 한국교육인류학회.

서근원(2008). 수업 개선의 대안적 방안 탐색: 교육인류학의 수업대화. 아시아교육연구, 9(1), 95-132. 서울대학교교육연구소.

손인수(1992). 한국교육사, I. 서울: 문음사,

신명호(2003). 도시공동체운동의 현황과 전망. 한국도시연구소 편. 도시공동체론. 서울: 한울아카데미.

신오현(1984). 소외이론의 구조와 유형. 정문길 편. 소외. 서울: 문학과지성사.

신용하(1985a). 서설: 공동체에 대한 현대인의 추구. 신용하 편. 공동체 이론. 서울: 문학과 지성사.

신용하(1985b). 두레 공동체와 농악의 사회사. 신용하 편. 공동체 이론. 서울: 문학과 지성사.

YBM시사영어사(1999). 시사 엘리트 로열 영어사전. 서울: YBM시사영어사.

유경희(2000). 공동육아 협동조합 가족의 공동체성 연구. 성균관대학교 대학원 박사학위 논문.

유병열(2002). 공동체주의 도덕교육론. 정세구 외. 공동체주의 교육. 서울: 교육과학사.

이문웅(1977). 문화의 수인: 문화과정의 설명을 위한 한 모델. 세계의 문학, 2(4). 서울: 민음사.

이봉재(2002). 과학과 공동체: 인식론적 관점. 김수중 외(2002). 공동체란 무엇인가. 서울: 이학사.

이진우(2002). 해제: 철학자 마르크스, 공산주의에서 공생주의로. 이진우 역. 공산당 선언. 서울: 책세상.

이혁규(2000). 제7차 사회과 교육과정 개정 과정에 대한 문화기술적 연구. 교육인류학연구, 3(3). 서울: 한국교육인류학회.

이홍우(1998). 교육의 목적과 난점. 서울: 교육과학사.

전경수(1994). 문화의 이해. 서울: 일지사.

정문길(1984). 사회학적 개념으로서의 소외: M. 시맨의 경우. 정문길 편. 소외. 문학과 지성사.

조명래(2003). 지역사회의 도전: 도시공동체의 등장과 활성화. 한국도시연구소 편. 도시공동체론. 서울: 한울아카데미.

조용환(1997). 사회화와 교육: 부족사회 문화전승 과정의 교육학적 재검토. 서울: 교육과학사.

조용환(1998). 교육학에서의 문화연구. 김광억 외. 문화의 다학문적 접근. 서울: 서울대학교출판부.

조용환(1999). 질적연구: 방법과 사례. 서울: 교육과학사.

조용환(2001a). 교육적 존재론. 교육인류학소식, 7(1). 서울: 한국교육인류학회.

조용환(2001b). 문화와 교육의 갈등-상생 관계. 교육인류학연구, 4(2). 서울: 한국교육인류학회.

조용환(2002). 교육을 보는 눈. 세상을 보는 눈, 1.6. 서울: 이슈투데이.

최병두(2003). 공동체 이론의 전개과정과 도시공동체 운동. 한국도시연구소 편. 도시공동체론. 서울: 한울아카데미.

최협 외(2001). 공동체의 현실과 전망. 서울: 선인.

추정훈(1993). 공동체형성이론에서 본 사회 통합 교육. 한국교원대학교 박사학위 논문.

추종길(1991). 곤충의 사회 행동. 서울: 민음사.

한경구(1983). 상징전달의 정치적 측면에 있어서의 애매와 모호성에 대하여. 인류학논집, 6. 서울: 서울대학교 인류학연구회.

한경구(1994). 공동체로서의 회사: 일본기업의 인류학적 연구. 서울: 서울대학교 출판부.

한국도시연구소 편(2003). 도시공동체론. 서울: 한울아카데미.

한국문화인류학회 편(1998). 낯선 곳에서 나를 만나다. 서울: 일조각.

야나부 아키라(1982). 翻譯語成立事情. 서혜영 역(2003). 번역어성립사정. 서울: 일빛.

大塚久雄(1970). 이영훈 역(1982). 공동체의 기초이론. 서울: 돌베개.

Abrahams, R.D., Bauman, R.(1978). Festival behaviour. Babcock, B.A. Ed.. *The reversible world.* Ithaca: Cornell Univ. Press.

Bauer, M., Ziegler, G.(2001). *Die odyssee des menschen.* Muenchen, KG: Ullstein Heyne List GmbH & Co. 이영희 역(2003). 인류의 오디세이. 서울: 삼진기획

Bernard, J.(1973). *The sociology of community.* Glenview, IL: Scott, Foresman and Company.

Dewey, J.(1933). *How we think.* Chicago, IL: Henry Gateway Company. 임한영 역(1979). 사고하는 방법. 서울: 법문사.

Durkheim, E.(1897). *Le Suicide: Ètude de sociologie.* 임희섭 역(1990). 자살론. 서울: 삼성출판사.

Durkheim, E.(1902). *De la division du travail social (2nd ed.).* 임희섭 역(1990). 사회분업론. 임희섭 역. 서울: 삼성출판사.

Durkheim, E.(1922). *Éducation et Sociologie.* 이종각 역(1978). 교육과 사회학. 서울: 배영사.

Geertz, C.(1973). *The interpretation of cultures.* New York: Basic Books. 문옥표 역(1998). 문화의 해석. 서울: 까치.

Goodenough, W.H.(1981). *Culture, language, and society.* Menlo Park, CA: The Benjamin/Cummings Publishing Company.

Hanson, F.A.(1975). *Meaning in culture.* London: Routledge and Kegan Paul.

Hillery, G.(1957). Definition of community: Areas of agreement. *Rural Sociology, 20.*

Hughes, J. A., Martin P. J., Sharrock W. W.(1995). *Understanding Classical Sociology Marx, Weber, Durkheim.* London: Sage. 박형신, 김용규 역(1997). 고전사회학의 이해. 서울: 일신사.

Kanter, R.M.(1974). *Commitment and community: Communes and utopia in sociological perspective.* Cambridge, MA.: Harvard University Press.

Marx, K., Engels, F.(1848). *Manifest der kommunistichen partei.* 이진우 역(2002). 공산당 선언. 서울: 책세상.

Nisbet, R.A.(1970). *The social bond: An introduction to the study of society.* 이시준 역(1995). 현대사회학. 서울: 도서출판 한글.

Oakkeshott, M.(1975). A place of learning. *The Colorado College Studies, 12.* The Abbot Memorial Lecture in the Social Science at Colorado College in September 1974.

Oakeshott, M(1989). A place of learning. T. Fuller (Ed.). *The voice of liberal learning: Michael Oakeshott on education.* Yale University Press. 차미란 역(1992). 학습의 장, 상·하. 교육진흥, 1992 가을·겨울.

Pappenheim, F.(1959). *The alienation and modern man.* New York: Modern Reader Paperbacks. 진덕규 역(1982). 현대인과 소외. 서울: 학문과 사상사.

Pappenheim, F.(1962). Alienation and society. 형성사 편집부 편(1982). 소외란 무엇인가?. 역사, 소외, 저항, 혁명. 서울: 형성사.

Popenoe O., Popenoe, C.(1984). *Seeds of tomorrow: New age communities that work.* NewYork: Harper and Row Publisher. 이천우 역(1993). 세계의 공동체 마을들. 서울: 정신세계사.

Poplin, D.E.(1979). *Communities: A survey of theories and methods of research.* New York: Macmillan Publishing Co..

Seeman, M(1972). Alienation and engagement. A. Campbell and P. Converse (Eds.). *The Humna Meaning of social change.* New York: Rusell Sage Basic Books.

Spindler, G.D.(1974). The transmission of culture. Spindler, G.D. Ed.(1974). *Education and cultural process: Toward an anthropology of education.* NewYork: Holt, Rinehart and Winston.

Stacey, M.(1969). *The myth of community studies.* British Journal of Sociology, 20.

Tönnies, F.(1887). *Gemeinschaft und gesellscahaft.* Loomis, C. Ed.(1957). *Community and society.* New York: Harper & Row. 황성모 역(1992). 공동사회와 이익사회: 순수사회학의 기본 개념. 서울: 삼성출판사.

Turner, J.H., Beeghley, L., Powers, C.H.(1995). *The elementary of sociological theory,* 3rd ed. Wadsworth Publishing Company. 김문조 외 역(1997). 사회학이론의 형성. 서울: 일신사.

Turner, V.W.(1969). *The ritual process: structure and anti-structure.* Harmondsworth: Penguin.

Weber, M.(1922). *Gesammelte aufzatze sur wissenschftslehre.* Tubingen: J.C.B Mohr(Paul Siebeck). 양회수 역(1998). 사회학의 기초 개념. 사회과학논총. 서울: 을유문화사.

Weber, M.(1976). *Wirtschaft und gesellschaft: Grundriss der verstehenden soziologie.* Tubingen: J.C.B Mohr(Paul Siebeck). 박성환 역(1997). 경제와 사회, 1. 서울: 문학과지성사.

White, L.A.(1969). *The science of culture: A study of man and civilization.* NewYork: Straus & Giroux. 이문웅 역(2002). 문화과학: 인간과 문명의 연구. 서울: 아카넷.

Young, I.M.(1990). *Justice and the politics of difference.* Princeton, N.J.: Princeton University Press.

산들초등학교 문서 자료

김정식 교사(2003년 12월). 학부모와 함께 만드는 학교, 어른들이 함께 커 가는 학교. 산들초등학교 이야기, 8.

김정식 교사(2003년 7월). 교육적 필요로 만들어 가는 학교 환경. 산들초등학교 이야기, 4.

산들초등학교 및 병설유치원 통학차량운영 학부모회(2003년 3월). 통학차량 이용 신청서 및 서약서.

산들초등학교(2000년 11월 26일). 학교계획 설명회 자료: 새로운 학교, 산들초등학교를 만들기 위한 기초 계획서.

산들초등학교(2001년 1월 20일). 학교계획 설명 자료: 새로운 학교, 산들초등학교를 만들기 위한 기초계획서.

산들초등학교(2001년 3월20일). 2001학년도 산들초등학교 학부모 전체모임 자료.

산들초등학교(2001년 6월 21-22일). 우리 학교 오늘 보기, 그리고 내일 생각하기.

산들초등학교학부모회(2004년 3월 3일). 2003학년도 학부모회 사업.

이정호 교사(2003년 10월). 살아 있는 공부, 만들어 가는 체험 교육과정 2. 산들초등학교 이야기, 6.

이정호 교사(2003년 11월). 어린이가 행복한 학교를 어떻게 만들어 갈 것인가?: 산들 어린이 이야기. 산들초등학교 이야기, 7.

이정호 교사(2003년 4월). 공동체의 자율적 의지와 동력으로 만들어 가는 학교 개혁. 산들초등학교 이야기, 1.

이정호 교사(2003년 5월). 작은 학교, 새로운 교육의 꿈은 이루어지는가. 산들초등학교 이야기, 2.

이정호 교사(2003년 6월). 아이들을 중심에 둔 학교의 하루, 그리고 학교 문화. 산들초등학교 이야기, 3.

이정호 교사(2003년 9월). 살아 있는 공부, 만들어 가는 체험 교육과정 1. 산들초등학교 이야기, 5.

이정호 교사(2004년 2월). 교사들이 갈등과 협력, 그리고 학교개혁을 위한 우리의 꿈. 산들초등학교 이야기, 9.

찾아보기

인명

| B |

Bauer and Ziegler 12

Beeghley 15, 18

| P |

Popenoe and Popenoe 18, 21, 22

Poplin 21, 29, 206

Powers 15, 18

| S |

Spindler 306

| Y |

Young 22

| ㄱ |

강대기 32, 33

구디너프(W. Goodenough) 297

기어츠(Geertz) 300

김두환 23

김선구 18

김승호 317, 319

김안중 317

김정식 교사 39, 42, 49, 50, 55, 134, 234, 235, 246, 251, 262, 293, 294

| ㄴ |

나영숙 교사 241

| ㄷ |

다윈(C. Darwin) 367

뒤르케임(E. Durkheim) 17, 18, 22, 24

듀이(J. Dewey) 256, 301

| ㅁ |

맑스(K. Marx) 17, 19

매킨타이어(A. MacIntyre) 18

| ㅂ |

박명준 교사 49, 56, 60, 129, 235, 244

버나드(Bernard) 28

베버(M. Weber) 29, 30, 31

| ㅅ |

서근원 114

손영애 교사 61, 201, 235

손인수 317

송현주 교사 49, 129, 198, 199, 200, 202, 244

스타시(Stacey) 28

신명호 23, 24

신미희 교감 44, 51, 60, 129, 244
신용하 15, 17

| ㅇ |

양현철 교장 44, 55, 81, 215
에이브럼스와 보만(Abrahams and Bauman) 20
오미진 교사 129, 198, 200, 202, 241, 244, 245
오상두 교사 61, 220
오우크쇼트(Oakeshott) 317
유경희 272
유병렬 18
유선희 63
윤수현 58, 61
이문웅 299, 306
이봉재 320
이정호 교사 49, 50, 55, 87, 116, 129, 134, 199, 201, 202, 203, 207, 220, 221, 237, 253, 276, 277
이진우 17
이혁규 311

| ㅈ |

장상호 341
전경수 306
정명신 교사 49
정병순 23
조명래 23
조용환 209, 302, 304, 307, 313, 330, 365
조현숙 교사 124, 125, 129, 198, 199, 200, 201, 244
진도향 교사 50, 60, 129, 200, 244

| ㅊ |

최병두 22
최협 18

| ㅋ |

캔터(Kanter) 21
콩트(A. Comte) 17

| ㅌ |

터너(Turner) 15, 18, 19, 20, 29
테일러(C. Taylor) 18
퇴니스(F. T nnies) 29, 31, 32, 257

| ㅍ |

파슨스(T. Parsons) 24

| ㅎ |

한경구 20
한상희 교사 50, 129, 244
핸슨(Hanson) 332
화이트(L. White) 296, 299
힐러리(Hillery) 28, 29, 32, 344

주제

| ㄱ |

가을계절학교 239
갈등 75, 352, 353
감정적 또는 전통적인 동기 30
개념 301
개념으로서의 공동체(community) 28, 29
개인주의 18
객관적 자아 271
격리 317, 319
결사(結社) 16
결사적 공동체(associational community) 23, 54
결회(societas) 27
결회(societas)의 원리 15, 17
결회체(結會體, society) 15, 16, 17, 27, 31, 73, 209, 276, 284, 289, 290, 291, 292, 294, 295, 315, 329, 333, 361
결회체적 관계 25
결회체화 318
결회태(gesellschaft) 29, 30
결회태적 결합(vergesellschaftung) 30, 32
결회화(societalization) 35
경제학 342
경험 75
계몽주의 사회사상가 17
고대인 333
공동(communitas)의 원리 15, 17
공동육아 협동조합 272, 273
공동체(community) 15, 17, 20, 28, 31, 32, 33, 35, 69, 75, 119, 162, 163, 171, 172, 180, 196, 197, 227, 236, 257, 258, 259, 261, 263, 264, 265, 266, 267, 271, 275, 276, 278, 284, 289, 290, 291, 292, 293, 294, 295, 301, 305, 307, 314, 316, 319, 323, 324, 327, 328, 329, 330, 333, 334, 344, 360, 361, 363
공동체 개념 19, 28, 260, 298, 299
공동체 형성 33
공동체적 187
공동체적 관계 34
공동체적 존재 308
공동체적인 삶 321
공동체주의 교육론자 22
공동태(gemeinschaft) 29, 30
공동태적 결합(vergemeinschaftung) 30
공존(co-exist) 278, 283, 284, 314, 319, 320, 329
공통의 연대(common ties) 32
공통의 유대 33
과학 공동체 321
과학자 공동체 320
관계 67, 72, 264
관계로서의 공동체 72

관용(tolerance)의 관계 24, 25
관조 319
교과서 114
교육 35, 36, 226, 266, 271, 295, 305, 306, 311, 312, 313, 329, 331, 333, 361, 363
교육공동체 42, 54, 198, 259, 267, 271, 275, 323, 324, 328, 343, 344, 348, 361
교육과정 114
교육기술지(educography) 365
교육을 위한 공동체 117
교육의 개념 342
교육의 과정 36, 309, 311
교육인류학 211
교육인류학자 337
교육적 과정 304, 305, 330
교육적 관계 257, 284, 314, 329, 334, 335
교육적 관점 311
교육적 삶의 형식 309, 313
교육적 존재 36, 276, 307, 308, 309, 310, 313, 330
교육적인 삶 321
교육학 198, 304, 342
교육학의 정체성 341
구조화 13, 290, 291, 292, 293, 294, 316, 328
구조화된 질서 284, 291
구조화된 학교제도 116
그림자 349
그의 체험 198
극단적인 상대주의 25
근대적인 학교 358
기계적 관계 30
기계적 연대 18
기능주의 27
기능주의 사회학자 24
기로 상태 256, 302
기술적 접근 345
기술적으로 374, 375
김 290
꼬뮨(commune) 70

| ㄴ |

내 체험 198
농촌 공동체(rural community) 29

| ㄷ |

다 함께 119, 120, 172, 212, 325
다름 24, 25, 67, 319, 328
다양한 사람들이 모인 집단 260
단절 327
대안학교 83, 116
대체구조 20
대화 75, 302, 305, 319, 335
뎀부(nDembu)족 19
도덕성 187, 289
동원 236
동질성 22, 227
동질적인 집단 260
동화 읽는 어른모임 85
되어 있는 존재 307
되어가는 존재 307
두레형 71
뒷바퀴 교사 50, 106, 120, 123, 134,

142, 186, 188, 191, 197, 199, 203, 204, 212, 213, 215, 220, 240, 259, 298, 313, 326, 352
들러리 120, 212, 236, 325
똘레랑스(tolerance) 23, 227

| ㄹ |

뤼시움(Lyceum) 317
뤼케이오스(Lykeios) 317
뤼케이온(Lykeion) 317

| ㅁ |

만남 304
맑스(K. Marx)류의 갈등주의 사회학자 27
면담 247, 248
모순 291
모순 극복 294
무존재 277
문화 296, 297, 300, 332
문화결정론(cultural determinism) 296, 297, 300, 305
문화과정 299
문화기술지(ethnography) 365
문화를 전달(transmission) 306
문화상대주의 345
문화의 반성(reflection) 301
문화의 수인(囚人) 306, 309, 330
문화의 적용(application) 301
문화의 흐름 (the stream of culture) 299
문화인류학 296
문화적 과정 297, 304, 307, 309
문화적 관점 311, 314
문화적 존재 306, 307, 308, 309, 310
문화적 폭력 22, 35
문화전달론 316
문화전달이론 310
문화화(enculturation) 306
문화화 과정 306
물 290

| ㅂ |

반구조 상태 20
반성 301, 302, 303, 305, 320
반성적 사고 256, 316, 319, 329
반성적 존재 301
반성적으로 사고 314
밥퍼아줌마 134, 135, 144, 183, 184, 185, 186, 188, 197, 204, 212, 213, 250, 259, 298, 313, 326, 354
베버(M. Weber)류의 갈등주의 사회학자 28
변증법적 303
변화 303
본질의지 30, 257
분업 13
분업에 의한 협력 24
분업적 관계 284, 329
분화 14
불안감 193, 327
비디오카메라 247
비문화적 존재 301

ㅅ

사회(社會) 16, 361
사회적 상호작용(social interaction) 32
사회학 342
산들리 77, 78
산들사람 134
산들성 사람들 354
산들초등학교 34, 39, 346
삶과 교육의 관계 35
삶의 형식 314
삼각검증 368
3인칭 관찰자 371
상징적 상호작용론 70
상호긍정(mutual affirmation) 30, 31, 32
상호주관성 372
상황 75, 255, 306
상황 조건 257, 291
상황압력 256, 257, 271, 291, 314, 317, 329, 360
새로운 문화 307
새로운 존재 307
생존 14, 284, 294
서원 317
선택의지 30
소규모 공동체 21
소극적인 격리 319
소사이어티(society) 15, 16
소외 17, 26, 83, 116, 227, 276, 277, 278, 290, 291, 292, 294, 315, 316, 318, 328, 358
소외 문제 18, 23, 31, 271, 275, 284, 292, 329
소외감 18
스콜라(schola) 317
스콜레(schole) 317
실존(exist) 14, 26, 277, 278, 283, 284, 294, 295, 301, 314, 319, 320, 321, 329
실존적인 삶 23
실존하는 존재 36
실천 233, 234, 235
실체로서의 공동체 (the community) 28, 29
쎈사람 134, 135, 137, 182, 184, 185, 186, 187, 188, 189, 197, 203, 204, 212, 213, 240, 246, 255, 259, 278, 294, 298, 299, 313, 326, 353

ㅇ

아노미 18, 290
아메바(Amoeba) 268
IMF 137
아이중심 163, 187, 325
아카데미(Academy) 317
아카데미아(Akademia) 317
안정성 유지 294
앞바퀴 교사 50, 107, 123, 134, 137, 143, 180, 181, 184, 186, 187, 188, 189, 191, 197, 198, 199, 200, 201, 203, 204, 212, 215, 220, 240, 246, 253, 255, 259, 278, 294, 298, 299, 313, 326, 352, 360

야노마모(Yanomamo) 297, 305
어울려 함께 나아가는(相生, becoming together) 존재 307
언어적 상호작용 33
언행의 이면 226
얼라이브(Alive) 74
여름계절학교 122, 239
연구의 타당성 372
연구자 247
열린 구조 175
열린 마음 217, 226, 227, 281, 282, 283, 295, 314, 319
영상 372
영세초등학교 통폐합 운영 계획 79
오나이더(Oneida) 공동체 21
우브왕그우(Wubwang'u) 의례 19
원칙 289
유기적 연대 18
유기적으로 통합 26
의미 75
이기적인 집단 236, 289
이념형(ideal type) 30
이뉴잇(Innuit) 297, 305, 306
이해(understanding) 30, 31, 67, 226, 257, 271, 279, 295, 314, 319, 320, 321, 328
이해관계 30
인간과 문화의 관계 296
인격적인 분리 26
인류학 198, 295, 296, 304, 330
인류학자 332
인식 33
일반적 공동체 (general community) 29
일상적인 관계 66
1인칭 시점 372
있는 그대로 374, 375

ㅈ

자신의 존재를 확인 277
자아 75
잘 살아가는 267
저항 116
적극적 격리 319, 320, 321
적용 301
전도의례(顚倒儀禮) 20
전지적 작가 시점 371
정치적 과정 306
정치학 342
제보자 검증 368, 369
조선인 306
존재감 277
주관적 자아 271
주니(Zuni) 297, 305
주체 74, 75, 236, 277, 308, 325
지리적 영역(geographical area) 32
지식 위주의 교육 315
지역공동체(the community) 28, 29
진화론 367
질적연구 70
질적연구의 타당성 368

ㅊ

차이 227, 284, 328
차이의 공동체(community of differences) 22, 24, 25,

54, 284, 329
차이의 인정 24
참여 236
참여관찰 373
책임감 283
체험학습 325
초유기체 263
초유기체형 71

ㅋ

캠코더 371
코뮤니타스(communitas) 20, 29

ㅌ

타인 11
타자 11, 74, 75, 302, 303, 304, 308
탈격리 319
탈구조화 291, 292, 294, 316
탈근대적인 학교 358
탈주지주의 교육 315

ㅍ

평등 75

ㅎ

학교(school) 316, 317, 331
학교붕괴 83, 116, 318, 319
학문 331
학문공동체 320
학문을 직접 하는 것 321
학문을 하는 일 321
한국도시연구소 18
한국문화인류학회 297
함께 있는(竝存, being together) 존재 307
합리적인 이해관계 30
행위의 표준 297
현상학 198
현지연구 전문가(professional field worker) 339
협력 25
협력하는 관계 24
형성 226
효율성 292
흥미 318
희망사람 134, 135
희망시 83

【저자 소개】

서근원 (coist@naver.com)

서울교육대학교 초등교육과 졸업(교육학 심화 과정)
서울 무학, 구암, 대림초등학교 교사
서울대학교 대학원 교육학과 석사 졸업(교육인류학 전공)
서울대학교 대학원 교육학과 박사 졸업(교육인류학 전공)
서울교육대학교 박사후 연수
서울대학교, 성균관대학교, 중앙대학교, 건국대학교, 세종대학교,
가톨릭대학교, 한국방송통신대학교, 서울교육대학교, 인천교육대학교,
청주교육대학교 강사
대통령자문교육혁신위원회 자문위원
서울대학교 교육연구소 연구원
한국교육개발원 부연구위원(대우)
청주교육대학교 연구교수
한국교육과정평가원 부연구위원
대구가톨릭대학교 교직부 조교수(현)

주요 저서

수업을 왜 하지?(2003, 우리교육)
수업에서의 소외와 실존(2009, 교육과학사)
나를 비운 그 자리에 아이들을(2012, 교육과학사)
학교 혁신의 길(2012, 강현출판사)
학교 혁신의 패러독스(2012, 강현출판사)
해석주의 교육사회학 탐구(2012, 강현출판사)
공동체는 어디에 있을까?(2013, 교육과학사)
수업, 어떻게 볼까?(2013, 교육과학사)

공동체는 어디에 있을까?:

우리 시대의 삶과 문화와 교육, 그리고 질적연구

2013년 1월 30일 1판 1쇄 발행
2016년 11월 20일 1판 2쇄 발행

저 자 : 서 근 원
발행자 : 김 동 규
발행처 : 교 육 과 학 사

저자와의 협의하에 인지생략

경기도 파주시 광인사길 71
전화(031)955-6956~8/팩스(031)955-6037
Home-page : www.kyoyookbook.co.kr
E-mail : kyoyook@chol.com
등록 : 1970년 5월 18일 제2-73호

낙장·파본은 교환해 드립니다.
Printed in Korea.

정가 20,000 원
ISBN 978-89-254-0646-6